新しい世代の発言

若さの生み出す力

（映画俳優）山田真二

若いということ、新しいということは、実に素晴らしいことだと思います。若いぼくらには、この道で長く生活してきたベテランたちほどの実力はありません。けれど若い人たちにはベテランと違つた感覚の演技があります、また無限の可能性があります。それがなければウソだと思うのです。

映画の演技も変つて来ています。石原裕次郎さんの出演は、今までの俳優の中にないものを映画に与えました。それがいいとか悪いとかでなく、それ以前がどうだというのでもなく、昔からあつたもの、今あるものを通らないで行く若い演技があるのだと思います。

ミュージカルプレイ映画を作りたい、それがぼくの大きな望みです。ミュージカル映画は今はアメリカに独占されていますが、日本でも作られていいはずです。それは、あのスケールの大きさや豪華さではとてもアメリカにかなわないとしても、日本独特のミュージカル映画が出来ていいと思うのです。シネスコが日本でも作られるようになれば、やはりミュージカル物も要求されるでしよう。そしてそれは若い人たちの手で作られるのです。

東宝ミュージカルなどでも若い人たちだけにやらせて貰いたいといつも思つています。今の舞台は、各界のベテランや新進が広く出演してバラエテイはありますし、一景一景はすぐれているのですが、全体の統一された印象は弱いように思えます。若い作家、若い音楽家、若い演出家、若い俳優でやつたら、きつと新らしいふんいきの舞台が出来るでしよう。一つ一つの芸は拙くとも、統一されたミュージカルが出来ることは確かです。

ぼくはまだ素人に毛の生えた程度、ベテランの人たちに叩かれるのも勉強ですが、何かベテランに引ずられていけば何とかなるように考えてしまうこともあります。そして今は若さでことに当つていますが、いつまでが「若い」のかと考えると不安を感じます。若いからああも出来る、こうもやりたいと望んではいますが、いつまでも若い若いと言つてはいられません。映画界では毎年数えきれないほどの新人が生産されています。その中で、明日の日の映画界に残つて、いい仕事をするのは何人かと考えると、決して「若い」からとかまえてはいられないのです。

日本の歌、日本のオペラ

（テノール歌手）　五十嵐喜芳

この私達の時代こそ、自由な空気の中に、自己の勉強に精進を重ねる事の可能である恵まれた時代であると共に、ジャーナリズムが新人を甘やかす傾向にある危険な今日ではないであろうか。

音楽家を例にとつて言うならば、才能を認めて貰うと言う事は、幸せなことであるが、しばしば自己の最大の能力を発揮し得る期間を与えられずして、演奏会にのぞまなければならぬという現状も見受けられ、折角芽生えゆく、才能も、自然に崩れる場合もあり、常に厳しい自己批判の必要を感じるのである。

これは、あらゆる芸術の分野に於いても、言い得る事が出来るであろう。

歌手としての私の生涯に、オペラに対する夢は大きく、伝統あるイタリーの音楽に接する機会を持ちたいこと、そして西洋音楽の雰囲気を吸収、消化しなければならぬ事が、先決問題である様に思われる。

また、今日の様な世代の急激な変化と、摩擦の強い時代にこそ、芸術は生れるという通念のみにとどまらず、日本独得の表現方法によつて、日本のよき歌、よきオペラ、その他芸術一般に於いても、確立されていなければならないと思う。

これ等を、生み出して行くことが、恵まれた時代に生きる私達の、今後の大きな使命ではないであろうか。

爽やかな張りのある感触……

KURALA BON

1．さらりとした感触でひからない
2．洗ってもちぢまない
3．陽にやけず色がおちない

倉敷ビニロン

クララボーン

倉敷レイヨン株式会社

SOLEIL

それいゆ　40号　特集　新しい世代

目次

それいゆぱたーん……中原淳一…7

特集 新しい世代 山田真二・五十嵐喜芳・高野耀子・谷洋子・武井義明・芦川いづみ・仲代達矢・石原慎太郎…15

新しい世代の方向 串田孫一・奥野健男・日高艶子・野間宏…23

秋近く……中原淳一…33

亜麻色の髪の少女―(人形)―……松島啓介…52

デザインの感じは色や柄で変る……中原淳一…56

ミルクの研究……58

ミルクを使った料理……吉沢久子…58

新しい女性の言葉の美しさ 田中千禾夫・阿木翁助・竹本員子・森田たま…63

愉しく新しく―その29……中原淳一…72

記録映画ブームは果して偶然か……津村秀夫…74

言葉のアンテナ……80

黒い花の花弁のような――高峰秀子さんのドレス拝見……83

本の修理は誰にでも出来る……中原淳一…88

私の七人の恋人を語る 佐田啓二・若尾文子・池部良・北原三枝…92

エプロンは家庭着のアクセサリー……中原淳一…100

DRESS LIST……吉村祥…104

巴里に帰る荻須夫人にドレスを贈る……中原淳一…106

ジャン・マレエ……村上芳正…110

和服を新しく解釈する……中原淳一…114

女性が煙草を喫う場合に(女性喫煙者実態調査) 杉靖三郎・山野愛子・大宅壮一…120

世話物の魅力……宇野信夫 曽野綾子・江利チエミ・三木のり平・雪代敬子・矢代静一…128

誰にでも出来ておいしく重宝な漬もの……132

ベルトの位置をたのしむ……中原淳一…135

ナフキンリングにもなるエッグスタンド……内藤瑠根…140

秋のはじめの街着……酒井艶子…142

女一人三畳に住む……144

八月は黄色い宵待草を壁に飾る……新町真策…148

暮しの研究・その5 タイト・スカート……中原淳一…150

それいゆが隔月発行であることを今号から表紙に明示することになりました。１９５６の下にある、２４６８1012 の数字がそれで、そのうち、発行当月の数字は大きく表わしました。今号は８月発行ですから８の字が大きくなっているわけです。

うちではこんなお酒の肴を……諸家 162
三つの旅情のうた——詩の鑑賞……鮎川信夫 164
ペットをアップリケしたクッションと二つのおすまし着……内藤瑠根 168
ねまきとまくら……中原淳一 170
空箱で状差をつくる……松島啓介 172
食卓に季節をいろどる果物—梨・葡萄—……不室直治 174
梨とぶどうのデザート……飯田深雪 174
子供のきもの—八月から九月にかけての—……中原淳一 176
それいゆ 草入水晶……桂芳久 180
セレソ・ローサ……松井俤子 183
翼……三谷茉沙夫 187
テーマ小説 意地っぱり……深井迪子 191
鸚鵡……小沼丹 194
空の旅に立つお二人の旅行鞄拝見（根上淳さん・黒田美治さん）……199
生活をたのしくする一つのテクニック……片山竜二 204
リゾートのたのしさをつくる木綿のきもの……宮内裕 206
医学と芸能と二つの道を行く女性（河上敬子さん・三条三輪さん）……210
1956 外車のスタイルブック……216
アップリケのスカート……松島啓介 220
それいゆ映画紹介 空と海の間・灰色の服を着た男……二宮佳景 222
せんたく……上田柳子 226
それいゆ読書案内……田村隆一 232
話題の人……236
ロングランを続けるミュージカル・プレイ……伊藤尚志 238
サラ・ディーン（連載第一回）……242
私の推選するレコード（アンケート）……253
それいゆ・ぱたーん 製図作り方……256

表紙 中原淳一
写真 東正治
柳谷次男
鈴木悦郎
カット 渡辺和子 高橋秀
村上芳正 大内勲
谷口・栄二 大渕陽一

あなたも　わたしも
トービス
服地
トービス服地
はあなたの春
をより明るく
たのしい季節
にいたします
東京駅
名店街
『トービスの店』
TOVIS
東邦レーヨン
株式会社

それいゆ ぱたーん

中原淳一

八月、と言えば、ほんとうは一番暑いさかりであるのに、八月になってから見るスタイルブックは、もう夏のものではピンとこない

八月だと言うと、知らず知らずのうちにも秋の来るのを待っているものらしく、九月の頃にでも着たい様なドレスが目につくものだと言っても、その九月という月が何を着てよいのかさっぱりわからない様な季節で、夏でもないし、秋とも云えない、日中は真夏の様で、朝晩だけはやがて来る秋がしのばれる。そのくせもうすぐほんとうの秋が来るので、そんな九月の為だけのドレスも作りたくない気持でもある。

しかし、九月はよい月！

真夏の暑さとのたたかいもやっと終って、ホッとした心よさに……地厚な木綿のドレスが楽しめる。

ゆるい衿あきに、やゝ平らな感じの衿が返って、U字形に切った胸には、ドレスの色をくっきり浮上らせる様な別色の布でふちとる。八月から九月にかけて楽しめるドレス。

前を高く、横をひろくくった衿明につけた衿が印象的。深いタックに四つのボタンをつけ、スカートでくりかえす。

衿の中から出た帯が、衿をくぐって胸でU字をえがいて、下端で小さく結ぶ。ウエストのダーツを作らず帯の下で切替え

生活の中の音楽

（ピアニスト）　高野耀子

七年振りに父母のいる日本に帰つて、逢う人ごとに「音楽の本場、ヨーロッパで七年間も勉強なさつたのだからさだめし立派なピアニストになつた事でしよう」と言われたり、そういう目で見られたりして、少々とまどつてしまいました。

七年間勉強したからといつて音楽の総てを極められるほど、音楽の道は短かいものではありませんし、ましてや一度か二度国際ピアノコンクールの一等賞を貰つたからといつて、大音楽家の折紙がつくものでもないのです。私はただ、音楽が好きで〳〵七年間一人で勉強していたまでのことなのです。

帰つていろいろな方から「将来の抱負は？」という問を随分受けましたが、私はやはり女性ですから自分の好きな人と結婚して、可愛い子供達に囲まれながらピアノを弾いて過す生活を夢みています

よく「私は芸術家でございます」という顔をした音楽家がいますが、私は何も音楽家は自分の家庭を犠牲にし、自分の人生をかけなくてはなりたたないものと思えないのです。子供と遊びながらでも、お料理を作りながらでも音楽は出来るものだと思つています。

私は一生を音楽に捧げるには女性であり過ぎ、音楽を自分の生活から離すには音楽が好き過ぎるのかもしれません。

音楽というものを深刻がりたくないのです。音楽家といつても別に特殊な人間ではないのですから、普通の人達がする義務を果しながら、生活に立脚した音楽を育てて行きたいと願つています。

今度は夏休みのつもりで久々に父母に逢いに帰つて来ましたが、暮には又パリへ戻つて尚勉強をつづけたいと思つています。

夢のない日本

（映画俳優）谷洋子

私が日本に六年ぶりに帰つてきて、一番感じたことは、この六年間に日本が非常に復興したということでした。

日本人は、世界の人達に比べて、非常に勤勉だということが言えると思いました。

或る日、私は、銀座から新橋を歩いて居りました。

新橋の駅前の広場には、仕事がないのか、働く気がないのか、ルンペンや、パンパンさんがうろうろして居ました。それでも、彼等は、パリーのそういう人達に比べて、ずつと元気そうでした。

日本とは、一体何んでしよう。私は改めて考えました。

ネオンの美しさは、恐らく世界一でしよう。

その美しいネオンの輝やいている素晴しい大きな喫茶店に私は入りました。

慎太郎刈の何人かの若い人が話をしていました。

きくともなく聞いていると、それは金銭取引に関係のある話で、その人達は、多額の現金をどうするという事に熱中しています。

一方では、男女が何か真剣に話をしていましたが、それは、可成りこみ入つた男女関係の話のようで、女の人は、ひどく悲しげに見えました。

私は、ふと、自分が巴里に行く前に始終行つていた喫茶店の事を思い出していました。

その頃は、皆、芸術とか、プラトニックの愛についてとか、そう言う夢のある話が語られていました。

現在には、夢はなく現実的な世相を感じた私は、これが日本の進歩なのか、それとも、退歩なのか、良くは判りませんでした。

時の流れが、私の感傷を越えて、たくましく、時代が建設されているのなら、本当に嬉しいのですが……

我が道を行く

（ジャズ・シンガー）　武井義明

毎日〳〵を仕事に追われ通しで、くたくたになつて我が家に帰り着くのが、午前三時頃やつと自分自身を取り戻した時には睡くて目はあいていてくれない。こんな生活を毎日繰り返している僕に、「未来への願望」という題を出されて書きなさいと言われても、さてなにから書いてよいやら一向に筆が進まない。

併し、人には誰でも未来が有り又それぞれの希望、願いごとが有るものだ。僕だつて沢山有る。だから自分の思つている事をとりとめもなく書き綴つて見ます。

御承知の様に、日本では、僕等の世界（ジャズソング）は流行歌等から比べればとても狭いし、現在では主としてティーンエイジャーにしか支持されていない。しかも今迄は歌だけを唄つていれば良かつたが、これからはマイクにだけ頼つていてはならない。放送テレビ、劇場、とミユージカルもの全盛時代です。芝居、踊り等、広範囲の技能を身につけないと、吾々の社会からは直ぐ脱落してしまう世の中になつて来ました。と同時に、ともすれば、安つぽく解されがちなジャズ（僕は安つぽいだなんて絶対思つていないが）がもつと多くのインテリー層にも理解され、愛される様になつてほしいものだ。或る大のクラシック・フアンの人が「ジャズなんて大嫌い、そうぞうしいし、音楽じやないんですもの」と目の仇の様に頭から毛嫌いしているが、そんな人には是非一度、映画、グレンミラー物語」か「ベニーグッドマン物語」でも見せてやりたい。（決して映画会社の宣伝をしているのでは有りませんゾ）僕だつて、アメリカかぶれじや無い。そうだ！だから僕等の手で、日本のジャズと言うものを育てて行かなくては……。

勿論僕も将来幸福な家庭を築きたいし、又そのための努力も惜しまない。……が、僕はまだ若いんだ、だからもつともつと勉強してゴーイング・マイ・ウエイ。我が道を行くんだ。

不安に動揺する青春

（映画俳優）芦川いづみ

仕事イコール生活。仕事とは生活の総てであり、殆どフリーの時間というものを持たず映画の世界の中でだけ呼吸している私……。何かの機会に、同じ世代の他の人たちの生活を思うとき、ふつと、自分の現在の位置にコンプレックスを感ずることがあります。

いいお芝居をすること。立派な女優になること。それは私の希望の全てです。そのために私が学び取らなければならないことが何と多いことでしょう。それは一生かかつてもおそらく出来ないだろうと思われる程、涯しなくあります。あれも知りたい！これも覚えたいと、どんなことでもぶつかつて勉強したい。新らしいものを知る。見聞きしているものを更に深く識ること、それは何という生き甲斐でしょう。思う存分、じつくり勉強することが許されたとしたら……思つただけでも、その素晴らしさに心がふるえ立つような幸せを予感するのです。

けれども、そんな希いを一ぱい持ちながらも現実の私は、ただ毎日毎日その日その日の仕事に追われて押し流され、何とかその場を間に合わせて過してしまうのです。せめて、その時の必要に迫られたことだけでも一生懸命理解しようとする――それだけで精一杯なのです。そんな風な、やつつけの、いわば間に合わせの知慧だけで大人になつていいものでしょうか。

いい仕事がしたいということは痛切な希いです。それだけに、仕事が与えられた場合、それがいい仕事であればある程、おそれと責任を感じ、同時にそれに立向う自分の未熟さが目立つて、力の足りないことに歯がみしたくなるような思いもするのです。

けれども、そんなことにおかまいなく、仕事はスケージュルに従つてどんどん進められてゆき、否応なしに現実に直面してしまいます。わからないこと、識りたいことは無限にあるように思われるのに、断片的な知識や、その場を切り抜けるために必要な理解をたよりに、手探りをしながら、自分なりに形をつかみとつてゆく――こんな風にして毎日がすぎてゆくことに、かすかな不安を覚えます。青春とは誰もがこのように動揺した気持で迎えるものなのでしょうか。

新しさということ

（新劇俳優）仲代達矢

「新らしい芝居」「新らしい俳優」等という事が言われます。又僕たちは新人等と呼ばれます。ではその「新らしい」と言うのはどういう事なのだろうと僕は始終考えるのです。「新らしい演劇」「新らしい文学」「新らしい絵画」「新らしい音楽」それから「新らしい教育」「新らしいモラル」「新らしい恋愛」に至るまで、これ程容易に使われながらこれ程その解釈、その実践の難かしい言葉はないでしょう。

古い物に対する新らしいと言う一つの考え方があります。では古くさえなければ新らしいと言えるのでしょうか。既成の物を否定する事だけが新らしい事なのでしょうか。僕はそうとばかりは考えたくないのです。それは、僕が俳優という職業を持つている為かも知れません。「劇団生活は軍隊に通じる」とは福田恒存先生の大変うがつた言葉ですが、それはともかく演劇は絵画、文学等の様な個人芸術と違い、共同作業であり、団体生活なのです。ですからそこには、妥協もあり、秩序も又必要な訳です。いたずらに自我の意識の中にもぐり込んで、既成の物や、自分以外の物を否定する事は演劇活動の中では、何ら前進をも建設をも意味しないのです。「新らしさ」その響きには限りない希望と可能性とが感じられます。破壊をも「新らしさ」とは呼びたくないと僕は思うのです。

「新らしさ」の母胎は強靱さだと思ひます。既成の秩序の中で幾ら制約され、圧迫されても、創意を枯渇させない強靱さ、清濁合せ飲んで行ける強靱さです。団体生活、共同作業の中で一個の芸術家である為の努力と忍耐力、何度でも反省し、何度でもやり直す柔軟な弾力。これ等を母胎として新らしい俳優は生まれて来ると僕は考えています。アプレゲールとか太陽族とかいわれる人たちが否定した古い秩序の灰の中から「新らしい生き方」は不死鳥の様に生まれ出てほしいと思います。

僕らの太陽を実らせる

（作家）石原慎太郎

最近いろいろな記事の見出しで、「太陽作家」という別称をつけられるようになつた。蔑称のつもりであろうか、どうも良くその意味がわからない。所謂「太陽族」ばかり書く作家という意味であろうか。とすればそうした小説はもうこちらが勘弁してもらいたい。ああした人間の行動や生活をいくら書いても、いつまでたつても単なる風俗やキワものとしてしか受け取られないのでは仕方がない。それに僕自身も作家として、我々の同世代が持つ同様の人間的な可能性を、彼等とは違つたタイプの人間たちの内にも見出したい。それが若い世代と一緒に生活する若い作家の芸術的使命であると思う。

がしかし逆に言い変えれば、我々の世代は皆ある意味で太陽族でありたい。と言うことは生活の様式でと言うのでは決してない。

大体「太陽族」なる言葉がマンボ族、云々と言つた単なる風俗的呼称として与えられたことは甚だ心外なのだ。要は若い我々が、生活の内での行動を、自分の人間的な実感と素直に結んで健康に生きる人生への態度に問題がある筈である。太陽族の太陽性と言うことはそう言うことである筈だと思う。現代の人間に失われた人間性はそうした生き方からでなければ決して蘇つては来まい。

僕はそうした可能性を決して我々だけの世代に限らずに、出来るだけ多くの人間の内に見出して行きたい。

そうした可能性の上に、作品の中で新しい世代像、そして時代精神と言うものに造形を与えて行きたいと思う。茫大な仕事である。が我々若い世代が、僕が、それをやらなくてはするものはないのだ。我々の内にある太陽を実らせるのだ。

特集

新しい世代の方向

ヒイロー　串田孫一

情熱　奥野健男

愛情　日高艶子

モラル　野間宏

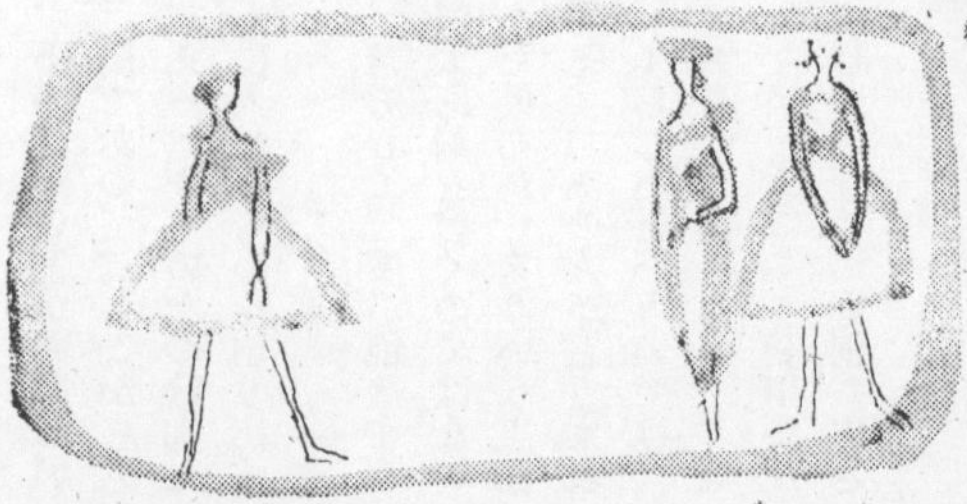

戦後しばらく、アプレ・ゲールという言葉がはやつた。そしてあまり香ばしくないことは、すべてこの一言で片づけられて来た。この言葉が生彩を失い、あまりピンと来なくなり始めたのは、つい最近のことのように思われる。つまりその頃からそんな言葉では処理しきれない新しい世代、伸び伸びとした強い力を持ち、ある方向をめざす明るさの感じられる、新しい世代が擡頭して来たのではないだろうか。

新しい世代の方向 1

ヒイロー

評論家
串田孫一

僕は確かに困つている証拠なのですが、昨日買つて来た黒い製図用のインクを使つて、時々頭の中に浮んで来る形だの、変な顔だのを描いてもいいことにしているノートに、『新しい世代のヒイロー』という題をつけられるような、一人物を描きました。頭の中にある、僕によくは分らないその混沌とした映像を大切にするために、殆んど目をつぶつて、ペン先は、どこをどうつながつて行くのか分らないような線を描きながら、時々なるほどと思つたり、そうかしらと思いながら、自分のぼんやり考えていることを確かめました。

僕は、そんなに始終やつているわけでもありませんが、大袈裟に言えば一つの考えをまとめるために、絵をかいてみるようなことをします。他人から見ればいたずらがきでしょうけれど、僕はかなり、そういう時には真剣なのです。

さてそこで一体どんな人物が出来上つたかと言いますと、それは、今、「それいゆ」というような雑誌の写真に出て来るような美男子たちとは、およそ隔りのある姿だということをまずお断りしておかなければなりません。僕の描いた、そのヒイローをここにごらんに入れることは絶対に出来ません。なぜかと言いますと、それは僕が絵かきではないからとか、下手だからとか、恥しいとか言うよりも、僕の一つの手段であつて、ここから大きな訂正や削除や、またつけ加えるべきものをつけ加えて、そして、文章にしてごらんに入れるものを創り出すのですから。

そうです。創り出すのです。苦労して、僕が創造するのです。力道山論とか、石原慎太郎論を書くのではないのです。また最初からそういう実在の人物を考えて、あの人がどうも現代のヒイローらしいというのでは、僕が女性であるならばともかく、同じ男性でいながらあまり腑甲斐ないことですし、どうしても創り出さなければなりません。

そこでまず風貌です。声優とか、それに類する種類のことをしている人ならともかく、また小説家ですと、風貌よりも、いろいろの意味での内容が先に知られることにもなりましょうが、普通の順序に従つて、まず目に映るところから始めた方がよいと思います。

厳密に、背丈や体重を測ることは出来ませんけれど、大層色の黒い、大柄な人で、髪の毛もばさばさです。と言つても文学青年的にばさばさなのではなく、床屋へ行つてもこんな風にかつて貰いたいという註文などは絶対にしないようなばさばさ。つまりおしやれではありませんでした。残念なことかも知れませんが、そんな風に創られてしまつたのですから止むを得ません。しかし、そんなのはいやだと言わずに、もう少々我慢していて下さい。その顔の色の黒さは、どうも先天的でもあるかも知れませんが、夏の日ざしと、今でもこの地上に、多少疲れた形でふらふらしている紫外線をうけて赤黒くなつているようですから、冬になればやや色は白くなり、またひよつとすると、もう一度よく顔を洗つてもらうと、それはどう変化するか分りません。つまりどうも僕の見るところでは、その黒さの中には多少よごれも加わつているように見られます。

服装ですか。これはこの人の場合あまり問題になりません。夏のことですから、ワイシャツに黒いズボンをは

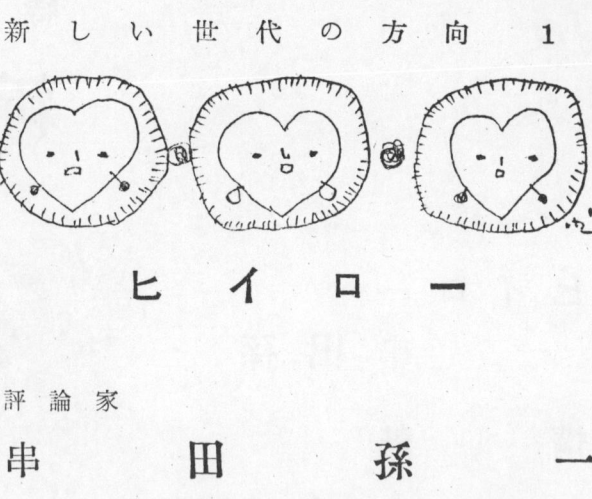

いていてもらいましょう。お望みならばその白のワイシャツは、今箱から出して、ボール紙をぬき出して、ピンを二三本抜いて、のりのついたところをぱりぱり言わせながら腕をとおしたばかりということにしてもよいし、あるいは、それがふさわしいとお思いになるなら、大きくつぎがあたつていても一向に差支えありません。ズボンにしても同様で、どれが特別に似合うこともなく、また、何をはいていても、それは滑稽だと言えません。

僕はなぜこんなことをくだくだと書いたかお分りになつて頂けると思いますが、これだけで七八分どおり、あなたの中に一人の青年のイメージが作られたと思います。顔かたちのことは詳しくは書きません。すべてお望みのように、目が光つているとか、眉毛が太いとか、鼻にはいつも汗をかいているとか、それはどうかよろしいように御想像下さい。ただ折角、髪の毛と顔色と、簡単な服装について書いたこととのつり合いをこわさないようにおねがいします。

ところでここからがむずかしいのです。残りの二三分が、彼をヒイローたらしめるか、凡俗な人間にしてしまうかということになります。そしてまた、その創り主となつた僕にとつてもむずかしいのは、その二三分に、「新しい世代の」という要素をとり入れなければならないからです。

優等生に仕上げることも出来ます。また、いわゆる行動派にもなつてもらえますし、彼が案外甘い詩を作つても、別に滑稽なことはありません。得意になつてみせびらかすこともないでしよう！　見せて貰いたいと言えば恥しそうに笑うではありましようけれど。

このヒイローの可能性を持つている男、言いかえれば可能的ヒイローに何をして貰つたらよいか。いろいろのことをして貰うに越したことはありません。英語の本を読んでもらいましよう。フランス語も読んでもらいましよう。発音は、どこかおくにの訛りがあるようですが、意味は正確にとつていて、あなたにも、それをていねいに教えてくれます。ていねいに。ですから、あなたもそれをていねいに聴いていなければなりません。ほかのことを、徒らに考えたりしてはいけません。

僕は、例えば、あなたがうまく歌える外国語の歌の意味を、その人にお訊ねになつたことを僕は想像してみたのです。彼は万能ではありませんから、楽譜をひととおり見て、いきなり、素晴らしい声でうたい出すことは多分出来ないでしよう。

彼は若干無骨なところはありますが、それは気取ることの出来ない性分であつて、そのために無作法になることはあり得ません。

そんな人が、例えば欣ぶ時にはどうだろう。悲しむ時にはどうだろう。恋愛をすることになつたら、どんな顔をして苦しむだろう。どうか、考えられる限りの色々のことを考えてみて下さい。お任せします。それにしましても、彼にはどうしても出来ないことがあります。それはずるさです。技巧をつかつて人の心をとらえたり、要領よく仕事をしたり、楽をするために、しなければならないことをせずにいること、こういうことが彼には出来ません。ですから、あとはいい加減でいいから、よろしくたのむなどと言うのは実に気の毒なのです。

僕の考えるヒイローはこんな人物です。おとなしくて意地張りな人です。なぜこんな人物を考えたか、また勝手に創つたかという説明も不要だと思いますが、僕が、今、不遜にも、自分をも含めて、すべての男性の中で常日頃いやだいやだと思つていることがあるわけです。

身なりはともかくとして、心構え態度、根性などで。それを大体裏がえしにして行くと、こんなことになるようです。現代には、幸か不幸か知りませんが、すべての人が憧れるような、典型的な人物はいません。尊敬するにしても憧れるにしても、一人物を全面的に尊敬することはないと思います。そこでこの「新しい世代のヒイロー」も結局はめいめいが創るより仕方がありません。ただしその方法としては、僕のような仕方をなさらなくとも、それは一向に構わないのですが。

新しい世代の方向 2

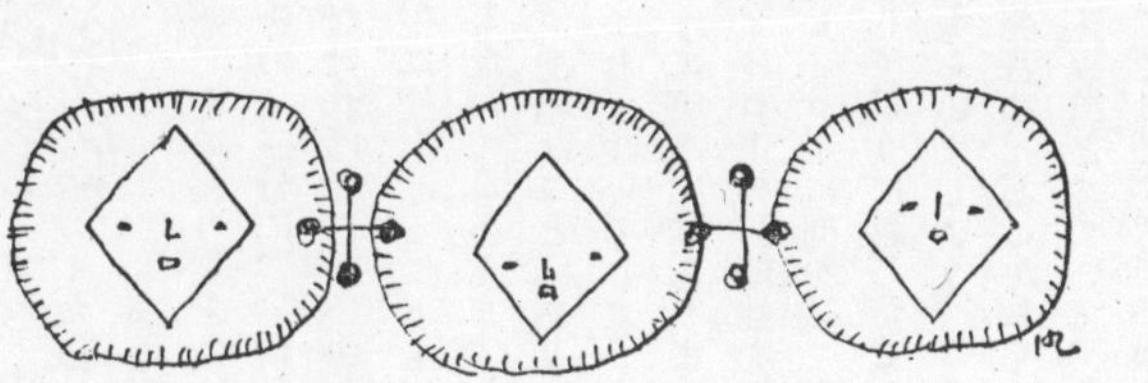

情熱

文芸評論家
奥野健男

若い世代について語れると言われると、ぼくはいつも困惑してしまうのです。それは今のぼくは一体若い世代の中にいるのか、外にいるのか、自分でもよくわからないからです。今までぼくは若い世代の一員として、ぼくらの世代の立場や考えを、大人たちに向つて主張し続けて来ました。文壇では、ぼくは口ばしの黄色い若僧の批評家とされているし、ぼく自身も若いつもりで振舞つて来ました。しかし近頃、石原慎太郎や深井迪子など、ぼくらよりもつと若い世代、つまりあなた方の年代が盛んに活躍しはじめました。あなた方から見ればぼくたちはもう若い世代でなく、大人たちと言うことになるのでしよう。あなた方の世代は、たしかにぼくらと違つた新しさを持つています。とすれば、ぼくはあなた方若い世代の一人として発言するのは何か気がとがめておこがましいような気がしますし、だからと言つて、「今の若い世代」などと大人面してお説教めいたことを言う気には、さらになれません。そんな具合で、ぼくは今、若い世代ということに、中途半端な気持になつているのです。

去年の春、三島由紀夫さんの家に、作家の桂芳久さん、日本文学研究の米人ヴィリエルモさんたちと集つたとき、三島さんが、「ぼくは文壇に出てから、ずつといつも一番若い作家と言われて、ぼくもそのつもりでいたが、いつの間にか今度の誕生日で三十になつてしまつた。ぞつとするね」と言つたところ、ヴィリエルモさんがすかさず「もう自殺はできないね。自殺するなら三十までだ。三十過ぎての自殺は汚らしいもの」とからかい、ぼくたちは三十になつた三島さんに対し乾杯しました。「こうなつた以上、八十才でも九十才でも生きて、あいつ早く死なねえかなと、みんなに嫌がられるようになつてやるよ」と三島さんが言つたので大笑いになつたのですが、それから一年たつてぼくやヴィリエルモさんも、もうやがて、三十才になります。文学の上では、未熟な青二才ですが、少くとも若さに甘えていられる時期は過ぎてしまつたようです。何か人生や仕事に対し腰が座つて来た気持がします。かえつて落ち着いて、若さを発揮できるような気がします。

ぼくは、近頃、年令だけで、若いとか老いたとか言つてもあまり意味がないように思えます。もちろん年令的に若いと言うことは、未来に対する無限の可能性を含んでいるひとつの特権であり、美しさであります。しかし年令だけによりかゝつていると次々に、もつと若い世代が出現して来ます。あなた方も、たとえば、「ジュニアそれいゆ」の読者である、より若い世代からは、大人とみられているに違いありません。ぼくらの世代、あなた方の世代、もつと若い世代、これらの間にはいろいろの違いがありますが、その違いは若いとか大人であるとかの違いでなく、育つて来た時代の違いなのです。たとえば戦争や戦後の物資不足を全然知らない世代と、学童疎開して苦労した世代とでは、戦争に対する考え方も違います。自分たちの世代に共通する考え方や気持、これは大事にしなければなりませんが、もう二十才になつたとか、二十五才になつたとか、そんな年令のことには、余りこだわらない方がよいと思います。

若さや青春の美しさを決定するものは、年令より、情熱と純粋さにあるのです。情熱とは、満ちあふれる生命力のほとばしりです。対象に向つて夢中になつて、働きかけずにはいられないエネルギーです。潑らつとした生きる歓びであります。純粋さとは、打算を忘れた、素直さです。自分の思つたことを妥協せずやりとげる強さです。

年令的には若い人でも、情熱のない人は、まるで老人です。情熱のない若さ、これほどみじめで、醜い存在はありません。「わたしは何に対しても情熱が湧きません」などとニヒルなことを言い、ふてくされているいわゆる教養ある若い人をみると、ぼくはまだ人生に船出もしていないくせにと、どやしつけたくなります。ぼくがいちばんきらいなのは、何の特徴もなく、何も主張せず、何にも興味を示さず、たゞ世の習慣をそのまゝ受け入れて生活している人、まるで何のために生きているかわからない人です。そんな人にはどこにも生き〳〵とした生命の躍動が感じられません。それにくらべればたとえつまらないことでもよい、何かに夢中になつている人の方が、遙かに美しいのです。情熱は若さをかたちづくる最大の力です。白髪の老学者でも、その学問への情熱を燃すときは、深い皺の間から、美しい若者の顔が浮かび出てきます。情熱は青春にもつとも適わしいものであるとともに、年令を超えた若々しさの源泉なのです。人生に勝つた人々は、青春の情熱を最後まで持ち続けた人人と言うこともできます。

　あふれるばかりの生命力のほとばしりはそれを阻もうとする古いものとぶつかります。内容のなくなつた古い習慣や形式や考え方を烈しく嫌います。生命感のあふれた、内容のつまつた、真実を求める若い世代は、古いものを大事にしている旧世代の大人たちに反旗をひるがえします。世の中の進歩は常にこのような新しい考えを持つた若い人々によつて進められて来たのです。

　あなた方今の若い世代に対して世間の風当りは相当強いようです。アプレ、太陽族、全く手のつけられない困つた存在だという非難や批判を始終聞きます。たしかに、一部の青年たちにはそのように非難されても仕方のないような面もあります。しかしあなた方は、その非難を怖れて、ちぢこまつてはいけない。あなた方が若々しい情熱を喪つてしまつたら、世の中の進歩は停つてしまいます。いつの時代でも、旧世代は若い世代に対し今頃の若い者はだらしないと非難めいたことを言うのです。ぼくたちも言われたし、その前の人々も言われた。大人たちの長い経験をもとにしての言葉は、多くの正しさを含んでいます。しかしどうしても納得できないことは堂堂と反ばくし、自分の方が正しいと思つたら、どこまでもやり通して下さい。

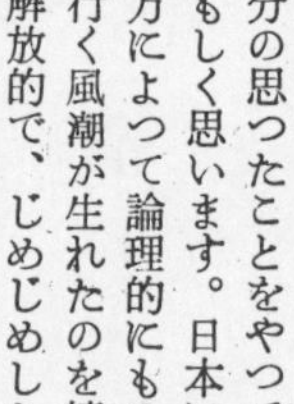

　ぼくは今の若い世代が、大人の気をかねず自分の思つたことをやつて行く勇敢さを頼もしく思います。日本にはじめてあなた方によつて論理的にものを考え処理して行く風潮が生れたのを嬉しく思います。解放的で、じめじめしたところのないのが好きです。ぼくはその意味で石原慎太郎の「太陽の季節」をはじめから支持し、応援して来ました。しかしぼくは、あなた方にもつと情熱的になつて欲しいと思うのです。ぼくにはあなた方があふれるばかりの情熱をどこに注ぎ込んでよいかわからず、迷つているように思えるのです。目標がないのであてもなくたゞ若さをめちやくちやに発散させているように思えるのです。

　もちろん若いときは、いろんなことをやつてみたい。スポーツもダンスも、洋裁も、美術も、音楽も、芝居も学問もやりたいし、恋愛も冒険もしたいしまた楽しく遊んでもみたい。それは若いときだけやれる特権です。ぼくもいろ〳〵なことに夢中になり、また底抜けに遊びました。大人みたいな打算を伴わない、むくわれることを期待しない情熱です。一文の得にもならないことに、我を忘れて夢中になれる、この無償の情熱が、青春の類ない美しさなのです。だがやがてそれだけでは、何かもの足りなくなるのです。いくら楽しく遊んでも、いつも同じようであきて来ます。夢中になつて憧れているだけでは、つまらなくなつて来ます。美しいものを観て楽しんでいるだけではなく、自分も美しくなりたくなつてきます。ファッションモデルやスターになりたいと思うのは当り前です。しかし誰でもがそれになれるわけではありません。人にはそれぞれの違つた才能があるのです。華やかな生活、それは楽しいに違いありませんが、実質を伴わないと空虚なものになります。

　ぼくはあなた方が、いろんなことをやつているうちに、自分にもつともあつた仕事や趣味を見つけられることを希望します。無理に見つけようとしなくても、多分いちばん自分にあつた楽しいものに、いつの間にか夢中になられるだろうと思いますが、そうしたら、それに自分の一切の情熱を注ぎ込んで、やつてみるのです。スポーツでもバレーでも、演劇でも、洋裁でも手芸でも、生花でも八等身になるための努力でもかまいません。すると今までにない深い手応えのある歓びを感じられるようになるでしょう。それは苦しみの伴つた、しかし心の底から揺り動すような歓びです。ひとつのことに打込んでいる人は努力の甲斐あつて少しずつうまくなつて来たのを感じたとき、長い間かかつてひとつの仕事を完成したとき、ものを創り出すことは他に類のない歓びです。他の人にみられない個性的な美しさを持つています。はりのある生き〳〵した姿をしています。人生に対する不屈な力と、安定した落着きが感ぜられます。何でもよいから、ひとつ打ちこめるものを見つけ、それに夢中になるのは、若い時にこそ、できるのです。一切の情熱を傾けて悔いない何かを持つことが、いつまでも情熱を持続させる最大の鍵です。そしてそれがいつまでも、あなたを若々しくさせるでしょう。

新しい世代の方向 3

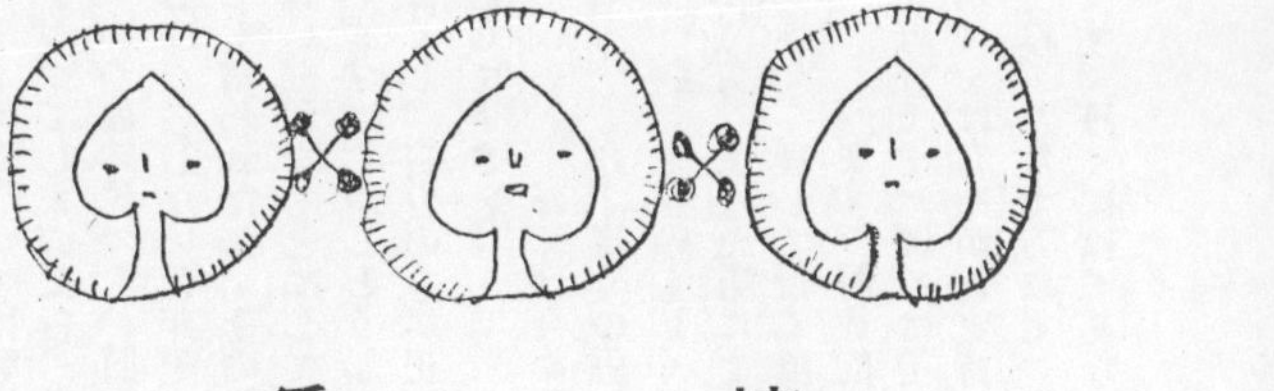

愛情

東大教授日高孝次氏夫人

日高艶子

太陽族なんて不思議な人間が横行する現代にも、道徳とか愛情については非常に古風な考え方をしている青年達もたくさんいるから、そんなに大人達が心配する必要もないだろう。石原台風は相当世の母親達をおどろかしたようであるが、こうした気分は特定の期間に限られたものではないだろうか。実社会を知るにつれてやはり考え方もかわつてくるから、してよい事と悪い事がわかるからである。昔の愛情には側で見ているとおかしい位純情なのもあつた。勿論今もそうした人があるにはあるが一体に少なくなつたようである。何もかもが現実的になつて来たから愛情なども現代の日本に即応したものになるのが本当なのかも知れない。

男女間における愛情の方向

男女の間に薄いカーテンを一枚おろして、そのこちらから愛情をお互いに感じている。また片思いの場合にも、そおつと自分の心の中で楽しんだり苦しんだりしていた私達の娘時代を考えると全く今昔の感がある。この頃は感じたらすぐ行動に移したい衝動にかられるらしいし、また一部ではあるが、そうした行き方が現代人的であるかの様な錯覚におちいつている人もあるらしい。私達から見ればとても恐ろしい様な愛情の安売をする人をよく見かける。現在は愛情の在り方がまちまちで、ある人は先走りすぎているし、ある人は愛情の表現が非常に遅過ぎるといつたきらいがないでもない。私達のグループでもいろいろな方があつて、じいつと見つめているとなかなか勉強になる。人間の愛情なんて実に多種多様で一口には言いがたい。併し現在では、はつきり行動や口に出して現わさないと「私は愛されていない。私は淋しい、悲しい」等と考えるらしいけれど、形にも行動にも現われない愛情、それでいて前に書いた在り方よりずつと深く広い愛情も、その人間によつてまち〳〵であるという事を私達はもつと静かに考えるべきである。甚だしいのには、親に対しても前述の様な考えを持つている子供が非常に多く、親達が愛する子供から白眼視されてなげいている場合がたくさんある。勿論世代の違いで親の愛情は子供の欲している愛情ではなく、常に将来の幸福を考えているからかも知れない。現在青年たちが当座の安易な生活に幸福をより多く考える様になつているのには勿論大きな原因がある。戦争という歴史的な重大なものにつき当つて現実に苦しんだという事であろう。明日よりは今日、今日よりはたつた今、少しでも幸福でありたいと願いながら、大きくなつた人達であるから、そして戦後十年の間も何かの形で不安は身近につきまとい、原爆、水爆の実験等にも将来の希望はもてなくなつた。粗雑な時代には、育つた愛情にも、自から形も方向も変つてくるのが当然であろうから、現在の愛情の方向なるものが常に行動的になつたのも無理からぬ事である。

併し私はこれからの愛情には行動的であると同時に、もつと素直な真実性がほしいと思う。男女の間にも友人関係にもまた肉親との間、単に一社会人としての生活の中に於ても真実の愛情が欲しいと思う。東洋的な愛情の在り方から西欧的な愛情の在り方に方向がかわりつゝあるのは、よいとか悪いとかはさておいて、現実はそうなりつゝある。従つてこれから社会生活に飛込んで行く青年達は、今こそみんなで東洋的なよさと、西欧的なよさとを兼ねそなえたような、中間的な素晴しい日本人の新しい愛情の在り方を作り出して行つてほしいと考える。いやにねち〳〵としたものでなく、また行動だけで気分的には冷い愛情、また自分のその場の気持次第の勝手な愛情等いろ〳〵あるだろうけれど、その中から右にかたむかず左にかたよらず中道を歩む心的な素直な愛情、温かい愛情が好ましい。

私達の「日高パーティー」ではたくさんの青年達が集つているので、愛情の問題について見たり聞いたりする事が非常に多い。甲は非常に古風な考え方をしている、乙は現代的である。しかし愛情の表現は年令だけには左右されないものである。例えば甲である廿才のお嬢さんがあるとする。外から見ていると体格も良いし、身なりもモダンで動作もはき〳〵と実に現代的である。しかしこうした女性必らずしも愛情の点では、その表現方法が現実的でない場合もある。非常に用心深く慎重でなか〳〵行動に出ない。乙である廿九才のお嬢さん、見た所は年をとつているので動作もおとなしく、慎重そうに見え、身なりも上品で好みもよい。もの静かな話振りであつて、昔の様に薄いカーテンをへだてて話をするのではないかと思つていると、決してそうではなく、とても烈しい感情をあらわに出してせまる様な態度の人もあるから愛情の現わし方なんて、いつの時代にも種々雑多なものだと思われる。

近代女性の愛情の表現

このごろの若い方には興味本位に愛情の安売をする人がいる。相手が同じ様な考えの時には大した事もないが、相手が思つたより以上に真面目な場合非常に困る事である。最近もあるお嬢さん、不真面目な考えではなかつたらしいがそんなに自分の方はさしせまつた考えもなくうか〳〵と好意をしめしていた所、相手が非常に真面目で貴女を失つたら死ぬの生きるのという所まで行つた。併し彼女の方はそんな所まで考えていなかつたので大変びつくりしてどぎまぎしてしまつたという話をきいた。これ等は愛情の表現のまちがいで、お嬢さんの方の出方も悪いが男性の受入れ方にも、一途の所があり過ぎたという事が出来る。最近は恋愛の相手としての遊びの様なものが相当に横行していて、将来の夫なり、妻たるによいなどという考えなしにお互いに愛情を示し合つている人々がいる。これはお互いがそのつもりで食物がないと生きていられない様に誰かに愛されていたい欲望の強い人々が、結婚を目標としないで異性に愛されていたいという要求の強い場合である。勿論さほど多いわけではないかも知れないけれど、私の体験ではよく見かける事である。

人を労わる精神を養いたい

私達日本人は思いやりとか、人を労わる精神とかが割合に少ないように思う。私が先年滞米中に見たアメリカ人の人を労わる心、思いやりのある態度には毎度々々感心した。私達にもそうした気持は多分にあるのではあるが表現の仕方が拙く、何か仰々しいと思うような考え方や、わざとらしいと思われはしないかというはにかみに似た思いが災いしてなか〳〵素直な態度で人をほめる事も出来ないし、また愛情等も思つている万分の一も現わせない場合が度々ある。しかし人間が生きている以上瞬時も休みなく神経が働いているのである事を考えれば、一時を惜んで愛情の表現等ははつきりと現わした方が生活が豊かになるし、毎日が楽しいに違いない。人に優しく、人を労わる心は人間生活においてお互いに持つべきであるし精神的な思いやりのサービスは少しずつ習慣として養い育てたいものである。人の気持をこわさない、傷つけない、恥かしい思いをさせない等愛情の、多い少ないに直接連なるものは生きて行く間に随分沢山ある。人の悪口を言う事はいと安い事であつても人をほめる事は往々にしてなか〳〵むつかしい。それは習慣として幼い時から培かわれてくれば別に大した努力なしにすらすらと運ぶ事が出来るが、そうした事を習性として育てられなかつた私達には、ともするとわざとらしい態度になり勝ちで上すべりがし易いし、おもはゆい様にも思われる場合が多い。しかしつとめてそうありたいと考え常に努力して行く事によつて少しずつではあるが、その方が当然の様になるものであろうから改めて行きたいものである。

親と子の愛情の方向について

戦後親子の愛情が変貌してあちこちでお父さんやお母さんが悩んだり悲しんだりしているのをよく見かける様になつた。しかしこれらは決して急に親子の愛情が冷たくなつたとか疎遠になつたわけではなく、愛情の方向というか考え方が変つたという方が正しいのではないだろうか。親子の愛情なんて急になくしたいなんて云つてもなくせるものではないし、またなくなつたのでもないけれど、ものの考えの変化は時代と共に歩むのでどうする事も出来ないものであろう。それらの考え方をよくよく分析して親の方でも考え方を改めるべきである。是が非でも同居したい、娘は遠く手離したくない等という考え方は正しい愛情とは云えない。外国へでもどこへでも本人の行きたい所へやつてやりたい、本人の幸福になる事ならどんなことでもやらせてやりたい。又結婚しても同居をしたいなんていう希みは強く主張しない方が却つて愛情のある態度である。自由をお互いに貴ぶという考え方、それはとりも直さず深い真実の愛情であろう。親と子の愛情の在り方の方向もだん〳〵と形をかえて来たので昔の様にお互いにいつも側にいてなでたりさすつたりする様な小さな細かい愛情の表現は影をひそめて、お互いに迷惑をかけないように思いやりのある愛情、そしてお互いの間にいつも自由を大切にしようとする努力、即ちおおらかな愛情を誰もが輝かしく感じる様になるべきではないだろうか。

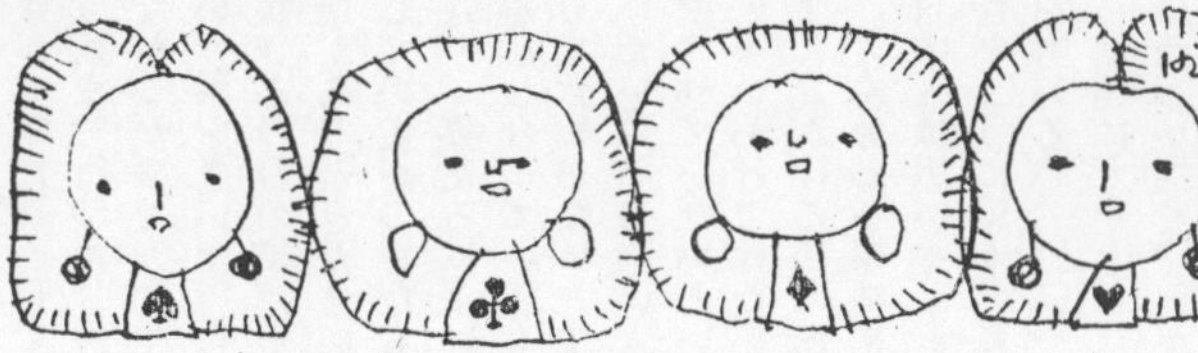

モラル

作家
野間宏

現在、モラルという問題だけに限らず、もつと広く、風俗ということを考えてみても、服装、或いは化粧ということを考えてみても、世界のあらゆる要素といつたものが日本に入つてきて混在しているということが言えると思う。このような日本の中で日本人のモラルの混乱が取り出されるということは、むしろ、当然のことなのである。

つまり、日本人の心そのもの、魂そのものが、自分の目ざす目標、未来の輝きを失つているというところに、このような問題が起つていると言えると思う。

私のところにくる若い人たちの手紙をみても、二三年先に自分がどのようになつているか、その自分の姿を心に描くことが出来ない——そういう不安が、その文章の背後に深く漂つているのが感じられる。勿論、このような不安は青年特有のもので、例えば、私の少年、青年時代、未成年と呼ばれる時代にも同じような不安がなかつたわけではない。それ故に、若い人の心を訪れる不安というものが、たゞ戦後の今日に特有のものだと考えることは出来ない。

しかし、現在のこの青年を内から捉える不安というものは、その青年に自然に生れて来る不安の上に、さらに何ものかが加わつているように私には考えられる。

その何ものかがというのは、勿論、戦後の社会が生み出したもので、戦後の、まだ本当に日本人のものとして成り立つていない日本の社会の問題がそこにあると考えられる。

軍国主義と戦争の長い時代が続き、敗戦によつて、それまでのすべての価値のあるものがひつくり返えされて、民主主義がこの日本に確立されるかに見えたが、再び現在、軍国主義を否定したアメリカが再軍備を唱え、軍国主義の復活が企てられている。このような状態の中で、若い人たちの心は何を取り出して自分の拠り所とすべきか、その拠り所というものを取り出し得ないわけである。

戦後、しばらくの間、日本の社会は本当に若い人たちの心を求め、若い人たちの力を取り出そうとしているかに見えた。それゆえに、戦後のこの荒れ果てた廃きよの中にも、なお若い人たちの夢が生れなかつたわけではない。しかし、現在会社とか銀行とか工場とか、社会のいろんな場所で古い秩序が回復されて、若い人の力が抑えられ、若い人の目ざす夢が退けられるという状態になつたときに、若い人たちは、自分と自分の社会というものが再び切り離され、社会は自分を支配し統制するものであると考えるほかなくなつてきた。

日本の社会は依然として古いものの支配するところであり、若い自分たちはその社会から引き離され、疎外されているのであると考えられるのである。

私は現在の日本の若い人たちの混乱を深く探つて行くと、結局この問題にぶつかると思う。そして、この問題を解くことが出来なければ、現在のモラルの混乱を解いてそこに未来を目ざす一つの透明な筋道を探り出すということは出来ないと思う。社会から切り離され、そして、本人も遠くへだてられているという感じにおびやかされているというこの問題を、私は青年の真只中に入つて取り出してくるということが重要なのではないかと思う。決して大人の立場から、既成社会の立場から見るべきではなく、いま伸びて行こうとしそして伸びて行くエネルギーに押されて、自分自身を前へ進めようとするが、その自分自身をさえぎる存在にぶつかつて彷徨に陥る、その若い心の中に入つて行かなければならないと思う。

しかし、この問題は決してたゞ単に性（セックス）の混乱というふうなところからだけ考えて行くということが出来ないのはまた確なことだと言える。勿論、若い人の伸びて行こうとする力が塞がれると、この出所は性の外にはないことになつてしまう。すべての方向へ伸びて行こうとする力が、たゞこの性という一つの方向にむかつて突き進んで行くとき、性の解放はまるで社会の解放そのものと同じような光と光栄をになうかのような錯覚を与えはじめる。

これが錯覚であることは明かなことであるが、これをたゞ単に錯覚というだけではこの錯覚を破つて、そこから真実の青年の姿を取り出してくることは出来ない。

真実の青年の姿を取り出すためには、性を中心にして放たれている輝きの中に入つてそこにある黒点そのもののあり所を取り出してこなければならない。そして、その黒点というそのものは私が最初考えたような、自分の伸びて行く力そのものを社会から妨げられ社会から切り離されていると考える若い人たちの心と体そのものなのである。このことは、若い人たちが少し自分自身の内部を深く見つめてみればうなずけることではないだろうか。

例えば、私はこのあいだ、自分の働いている職場でどうしても自分の考えや意見が通らないという状態におかれている一人の青年と話し合つたが、そのような状態に自分がおかれると、この青年の恋愛もまた同じような状態に追い込められてしまうのだ。つまり、恋愛もまた今の社会から切り離された自分と同じように、社会の外で結びつくものとなり、恋愛というものが生み出すはずの積極的な価値を結ぶことが出来ない状態になつてしまう。

例えば、その恋愛を通してそれによつて二人の心と体が高められ、互いに利己心と自愛状態に閉じこもるのではなくて、自分自身を他人にさゝげるという一つの社会的に生きる方法をとり出すことが出来ないのである。

それ故その二人はたゞ二人だけの世界を社会とは別につくり出して行くというところに、現実の価値とは違つた、二人のみに通じる特殊的なものをつくり出してしまつていると言わなければならない。勿論、この二人がつくり出すものは社会に背を向けたものではあつても、古い社会を批判、是正する力をそこに見出すことも出来る。しかし、なお二人がそこに留つて、この状態を続けるならば、最初はその古い社会を批判、是正する力があつたとしても、やがて、そのまま二人は社会からきりはなされて、あきらめにおち入りさらに頽廃に陥つて行かなければならない。何故なら、人間は孤立した状態で自分の周囲、職場、社会、さらに日本、世界全体を捉えて、認識して進んで行くということは出来ない。若い人が本当に古い社会を批判し、それを正して行くためには、自分の中にある批判の眼とそれを正して行く力を、自分の周囲に同じ様に生きて悩んでいる同じ若い人たちにむすびつけて行かなければならない。一人から他の一人へ、更に他の一人へと根気強く結びつけて行くことが現在において最も重要なことなのである。

こういうやり方は時間がかゝり、不安と焦燥に駆られている若い人にはなかなかのみ込めないことであるかもしれない。しかし、これ以外に現在の日本、世界の中で、若い人たちが生きて行く方法はないと言える。

しかも、若しこのことに気附いて、自分が孤立した自分から抜け出し、自分の心を隣の者の心に結びつけ、更にそこに他の心を加えるという努力を積み重ねて行くならば、今までは自分の周囲に見えなかつた人の姿がはつきりと見えてくるにちがいない。自分の外に、人間の力を一人の状態においておくのではなく、合わせようとしている人が沢山いるということが見えてくるのである。

現在の職場を抑えている人たち、また日本を古い状態にかえそうと企てている人たち、日本の憲法を軍国主義時代の憲法に引きかえそうとしている人たち、これらの人たちの努力は戦争に向けられているということが出来ると思うが、こういう人たちの力よりも、職場を少しでも古いものから解放しそこで若い人たちの考えを実現しようと努力している人たち、更に再軍備に反対し平和の憲法を守る力を集めようとしている人たちこれらの人たちは本当に平和というものを取り出そうとしているが、これらの力が日本のうちでも大きくなつているということが次第にはつきりしてくるだろうと思う

社会から孤立し、自分の中にあるエネルギーをはつきりとした方向にむけることが出来ないで、不安と焦燥にとらえられている若い人たちは先ずその自分自身を冷静に見つめ、この自分自身を自分の中に閉じ込めておくということなく、日本の社会の中にはつきりと位置附けるということが求められなければならないと思う。未来への出発はそこに始まるのである。

10代のひとの美しい心と暮しを育てる

ジュニア それいゆ

10代の読者から良く聞くことです『私、創刊号からずつと並べてとつてあるんです。いつまでたつても捨てられなくて、古いものを取り出してくりかえしくりかえし見て愉しんでいるのです。いつ読んでみても為になる事が後から後から良く分つて来るんですもの』

ジュニアそれいゆの発行日は、一月、三月、五月、七月、九月、十一月の各月五日です。次号は**九月五日**発売で、特集は**『素晴らしいジュニアになろう！』**特集の名に恥じないすばらしい内容のものを作り出したいと、暑さの中を一生懸命です。御期待下さいませ。

その他、中原淳一先生の**『それいゆジュニアパターン』**絵物語**『シンデレラ』**女流作家各氏の**『ジュニアの愛唱歌によせるものがたり集』**ジュニアスタア出演の『写真物語』や『秋の七草によせる』と題する写真と詩のページなど全頁美しく愉しさの溢れるものです

或るお母さまがこんなことをおつしやいました。『今の十代のひと達はしあわせですね。私たちが十代の頃に**ジュニアそれいゆ**の様な本があつたら……つて良く考えてしまうんですよ。ちよつとした工夫が豊かな生活を作ることなど私が見ても随分役に立ちますわ』

ジュニアそれいゆは10代のひとの美しい心と暮しを育てる雑誌です。大切な10代の時、そのひと達の心を強く摑んで良い大人となるために努力することを、読者の人達と一しよに考える——このことを大きな目的として**ジュニアそれいゆ**は熱心に編集されています。

素晴らしいジュニアになるためには、どんなことを心がけたらいいのでしようか。心の持ち方、エチケットのこと、言葉遣い、又着るもののことなど、10代のひと達におなじみの先生方が、いろいろと考えて下さつています。やがて素晴らしい大人となる日のために

それいゆの皆さま、どうぞ**ジュニアそれいゆ**をあなたの妹さんや小さいお友だちにおすゝめ下さい。その方たちの10代の日日が一そう素晴らしいものとなりますように、そしてやがて大人となつた時に一人一人が素晴らしい大人となつて幸福な美しい生活を持つ様に

或る学校の先生のお話。『手芸なんか気の利いたものを作つているひとに聞くと〝**ジュニアそれいゆ**に出ていました〟と云いますよ始めの中は派手で夢のような本と思つていましたが、内容は本当にしつかりとしていていつの間にかそれを身につけさせる本ですね』

今発売中の**『1956 No.10、夏休み特集』**をどうぞ一度御覧下さいませ。それいゆと同じ様に、中原淳一先生はじめ諸先生が美しさの中に親切にいろいろの問題をとりあげて教えて下さつています。それいゆの妹雑誌として妹さんや小さいお友達におすゝめ下さい。

尚、こんな企画も致しております。それは『ジュニアスタアのリレー小説』雪村いづみ、江原達怡、浅丘ルリ子、牧真介、中川弘子石浜朗、中原ひとみ、武藤章生、野添ひとみ、山田真二さん達ジュニアスタアが次々にバトンを渡して素晴らしいものが進行中です。

ジュニア　それいゆ

1956 No.10　特集 夏休み

只今発売中　¥180

1956 No. 11　特集

素晴しい ジュニアになろう

9月5日発行　¥180

秋近く

中原淳一

『夏と冬とどつちがお好き？』『私は夏』『へえー。私は夏は嫌ですねえ。夏の暑さは防ぎようがありませんもの』――こんな会話も毎年夏になると誰もが二度や三度は交す様です。暑くてたまらない時の、ほんのわずかな気安めにはなるのかもしれないが、何と言つても『夏』は毎年やつて来て、暑い暑い――と言つている内に、ふつと九月の風がふき、さわやかな青い空にそびえ立つ唐もろこしの葉ずれが秋をさゝやく。

――あなたの秋をまつ日の美しさのために――

白い地に、黄色と緑と茶色の縞の厚地木綿で作つたワンピース。やゝ平に折返した衿はダブルになつて、胸で横に縞をあつかつた。スカートではペプラムの様でもあり、フラップを三つ重ねた様でもあるテクニックが立体感を見せて、その浮上つた三つの布の端も胸と同じに縞を横にあつかう。このまま七分袖にして、薄地のウールで秋の服を作つてもいい

モデル　今井美恵子・旗　昭二

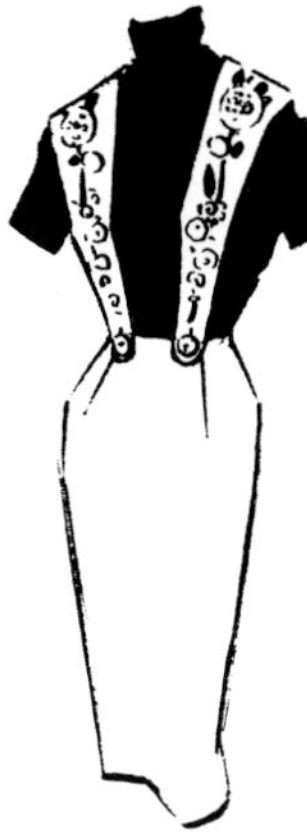

グレイの地厚なデニムのスカートに、インデアンヘッドのこげ茶色を組合せた色調が秋の来るのを知らせる。肩いつぱいに巾をひろげたつり紐はちよつと昔のかみしもの様な印象で、そこには茶・黄・緑・黒・白赤などのフエルトでアップリケがしてあるのがこのスカートを華やかなものにしている。

モデル　**司　葉子・武藤章生**

明るい水色のデニムで作つたワンピース。プリンセスラインに作つてウエストから上だけがダブルのうち合せになつている。前中央に切替をつくり、中央では縫わずに縫代は中に折返して、その下に真赤な布をあてて、その折端から一センチのところを縫つておさえる。そしてそこから赤がのぞいて見えるのが楽しい

モデル　**松田和子・宮　鉄男**

布地は黒のタッサーブロード。胸は大きく開けて、ラグラン風の小さなパフスリーブ。スカートは大きくU字型に切つて、や、緑つぽいレモンイエローの帯をはさみ、前で結んだ感じ。真夏の黒一色は暑苦しいものだが、この黄色の帯の曲線がこの黒のドレスにすがすがしい雰囲気をただよわせる。

モデル **大内順子・中山昭二**

黒と赤との大柄なチエツクのローシルク。上半身はなゝめにつかつてあるが、横に垂直に切つた衿明きから折返つた衿は縞目にそつて裁ち、その下端は黒い布でおさえている。スカートは全円であるが、上部では縞目にそつてふろしき程の大きさの正方形に切り、そのまわりは額椽の様に黒でふちとりがある。

モデル **原田良子・石井満元**

グレイのタッサーブロード。ダブルに打合せた前がスカートにまで続いた感じで、そのまわりにこげ茶色のふち取りがしてある。スカートは、そのU字型の両脇にギャザーをよせたのが、スカートに面白い線と影をつくつている。

モデル　**原田良子・石井満元**

つやつやと光沢のある地厚木綿で、水色の地にピンクと白と黄色の花に緑の葉をそえた、美しいクラシックな模様の布地。それで、形もクラシックな雰囲気にまとめ、白いカラーのまわりと袖つけ、ウエストの切替えには、花と同色のピンクのパイピング。　モデル　**松田和子・宮　鉄男**

白い高いカラーがいかにも若若しく清潔で、ドレスは水色のタッサー。少しカーブした前だけの黄色いベルトの下のフラップが、このドレスに立体感を見せている。八月から九月にかけ着られるドレス。

モデル　**司　葉子・武藤章生**

こげ茶色のブラウスにカラシ色のスカート。このスカートはベルトの巾くらい少しハイウエスト風に仕立てたもので、前をダブルに打合せて共色のボタンを並べ、そのボタンの高さに六つのフラップを両脇に置いたもの。若い人というより、マダム向きの外出用のスカート。

モデル　**司　葉子・武藤章生**

布地提供　東邦レーヨン

黄色いデニムで作つたスカート。黒のブラウスがスカートの黄色をぐつと引立てて大輪のひまわりの花を見るよう。スカートの前の黒いベルトはブラウスと共布をつかい、スカートの中をくぐつて出た感じ。そのベルトから下はプリーツになつている。

モデル　**松田和子・宮　鉄男**

最初のページの縞のドレスと同じデザインを無地で作つた場合。青味がかつた甘い緑色の地厚な木綿で作

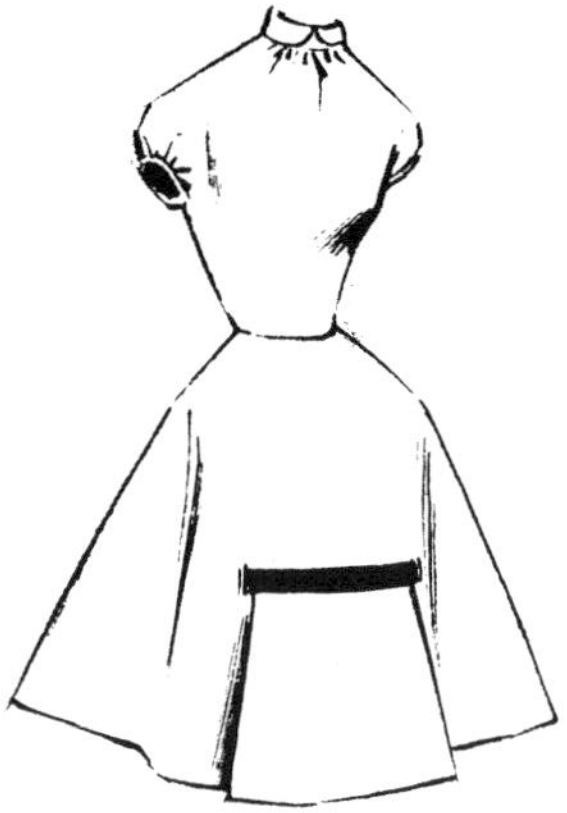

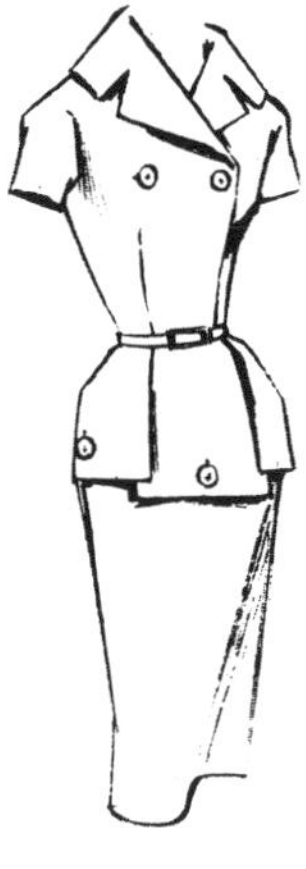

り、これは無地であるので胸は二つのボタンでおさえて横の切替はなし。スカートのフラップの重なりも横縞のないあつかいである。
モデル **大内順子・中山昭二**

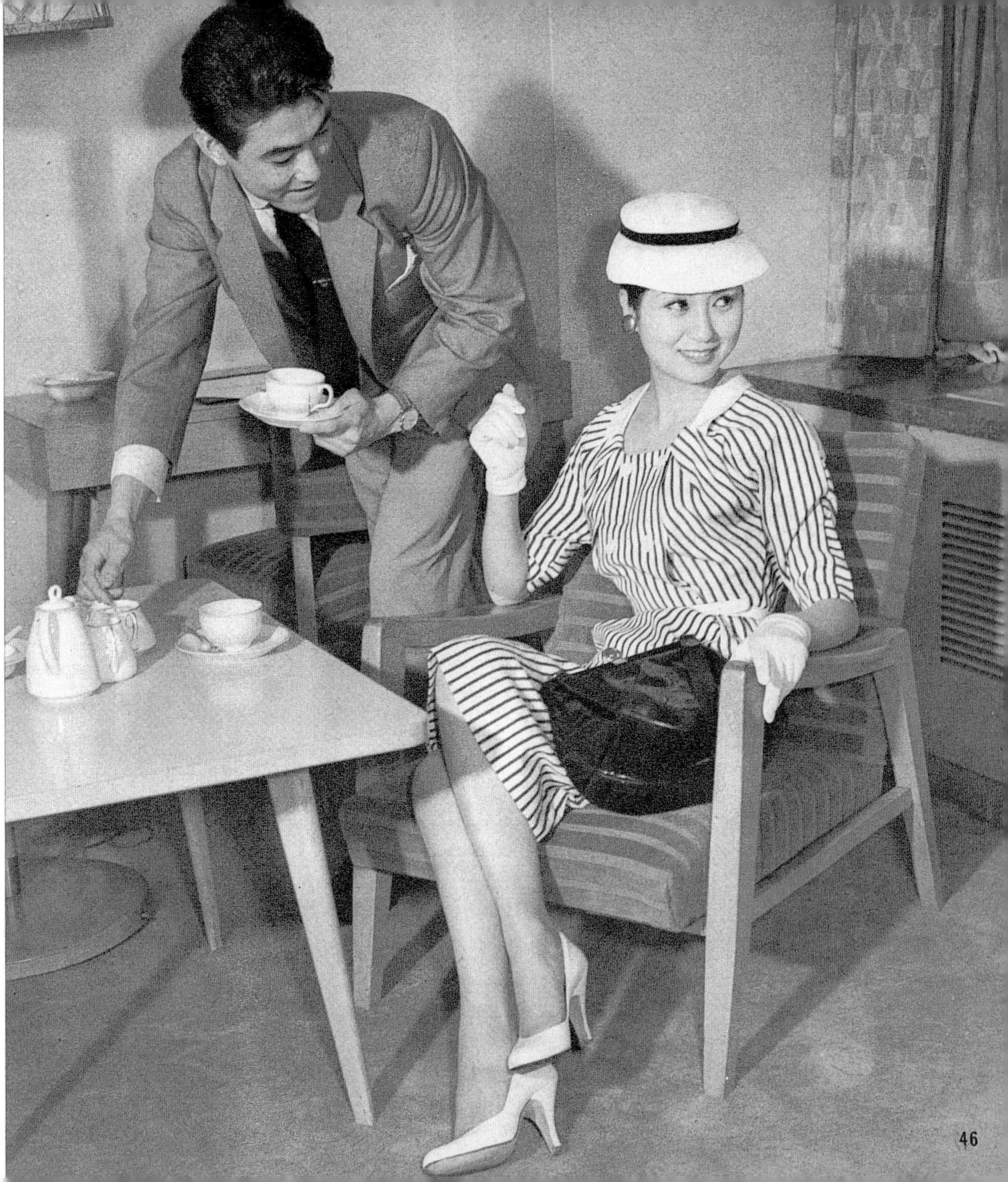

黒と白のあざやかな縞のドレス。白い帽子と白い衿白い手袋に白い靴、それに黒いバッグをそえてこのドレスの黒と白との色調がよけいにあざやかで美しい。脇から裁ち出された布が白いカラーの上から衿明の中に入つた感じ。

モデル　**原田良子・柴田吾郎**

布地提供　倉敷レイヨン

朱に白の水玉を中心に、全円のスカートは額椽の様に色々な布をはぎ合せている。水玉の次は白・

赤・黒・黄・グレイと白の縞の布の順で、その下はレンガ色と黒の細い縞になつている。夏の太陽の下でひときわ美しいドレス。

モデル　**今井美恵子・旗　昭二**

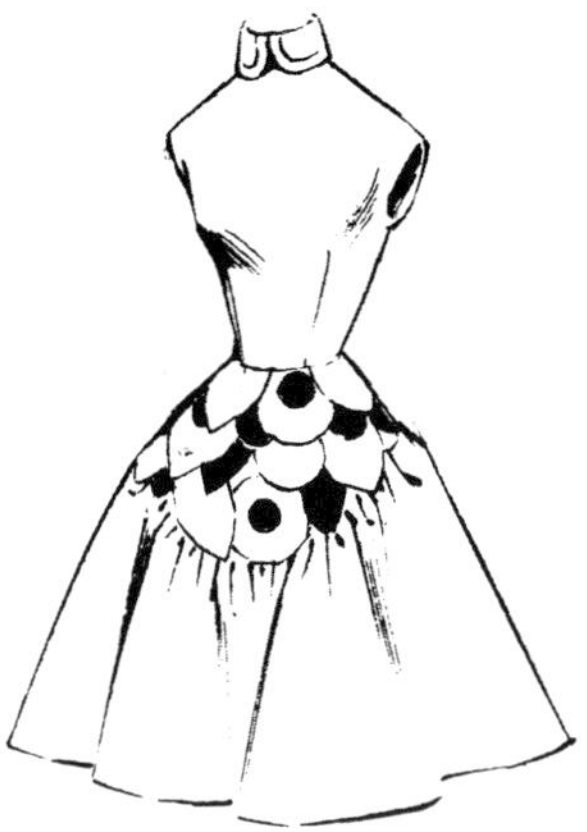

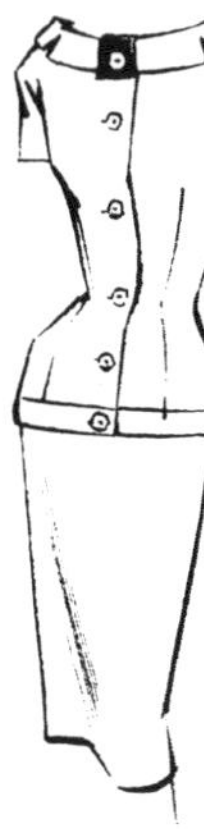

これは座布団地として売つていたこげ茶の地に白とセピヤを絣に織出した布地で作つたトゥピース。白いカラーが全体をぐつと明るく清潔に見せ、前中心にセピヤの無地が衿の中から出て第一ボタンでおさえている。真夏に濃色のドレスを作る場合は、どこかにパッと純白をあしらう方がすがすがしい。

モデル **今井美恵子・旗　昭二**

茶色と白との染模様のチエックのブラウス。それに少し渋味のある黄のスカートを組合せてあるが、このスカートは後より前をぐつと下げて円をえがいて切替え、その下がフレアギャザーになり、そこにドレスと共布の地に、茶・黄・緑・白等の布をつかつて花や葉を思わせるアップリケをしてみた。

モデル **大内順子・中山昭二**

OLIDAY
Collier's

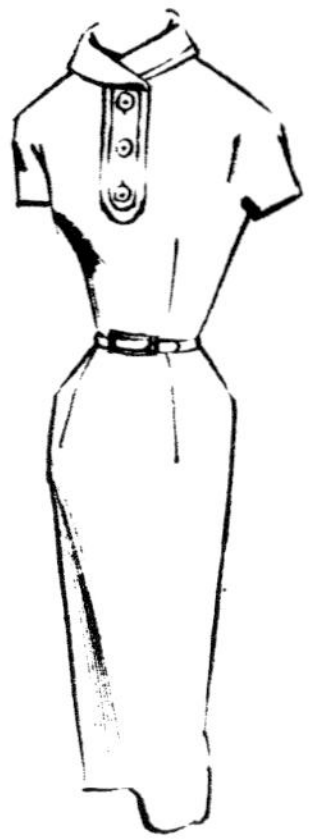

赤と白との縞デニム。可愛いい後あきの衿は前中央ではぎ合せ、それに続けてスカートの裾までを前中心で切つて、ゆるいV字に縞を置く。スカートでは白で強いアクセントをもたせてみた。　モデル　**松田和子・宮　鉄男**

淡い茶色と白と朱の縞を織出した地厚な木綿。白い衿が巾広い前立に続いて、その白いまわりをドレスと共布でふちとつている。木綿でタイトなスカートを作る場合は地厚な布地をえらびたい。　モデル　**原田良子・石井満元**

布地提供　倉敷レイヨン

亜麻色の髪の少女

松島啓介

The way of making

①肌色の布で、顔の型紙に縫代をつけた大きさのものを二枚裁ち、重ねて上を三糎位明けて縫う。②表に返して綿をつめる。③固くつまったら口をかゞる。④ボディも顔と同じように裁って、下を明けて囲りを縫う。⑤12番線の針金で図の寸法に曲げたものを作り、それをボディに通して首の頭の所から三糎位出して肩の辺りまで綿をつめてから、パッキングをつめる。⑥ボディの下をかがる。⑦手は布を二枚重ねて、上を開けて縫う。⑧三糎位縫代を残して表に返し、綿をつめて口をかがる。⑨足も手と同じように縫う ⑩表に返し綿をつめて口をかがる。⑪首を差込むための穴を、首の太さよりやゝ細目にあける。⑫首を差込んでから、抜けないように糸でとめる⑬黒い木綿糸で後頭部から針を差し、目の所をひきしめて顔の凹凸を出しながらまつげの感じに縫って行く。⑭肌色の布を三角に切って巻いて鼻の形につける。口はピンク、眉毛は黄色のウールでつくる。⑮鼻と口をとじつけ、眉毛は糊で貼り、眼は白とグリーンの糸で刺繍する。⑯手をつけ、足は図のような針金を通し、一方の端を曲げる。

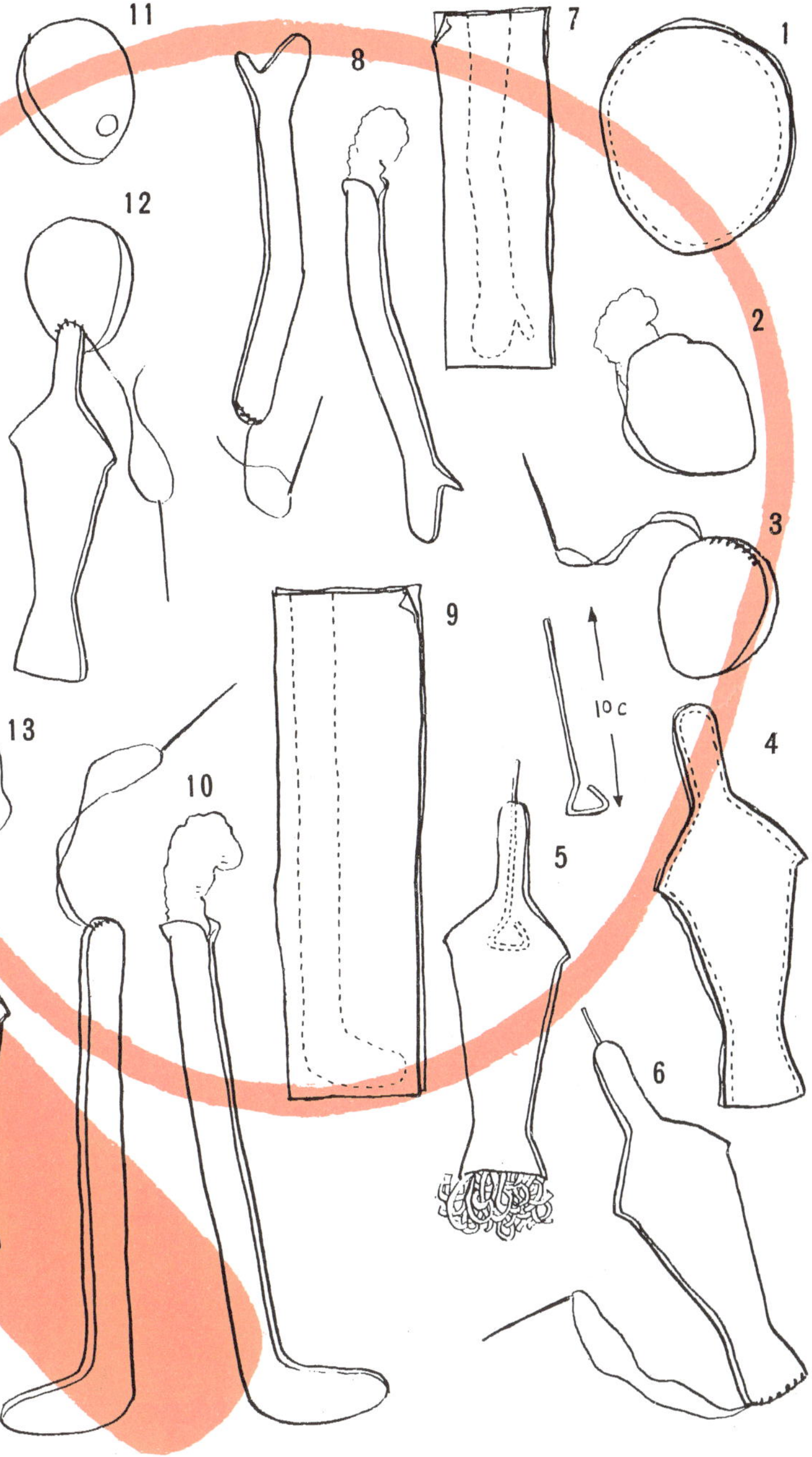

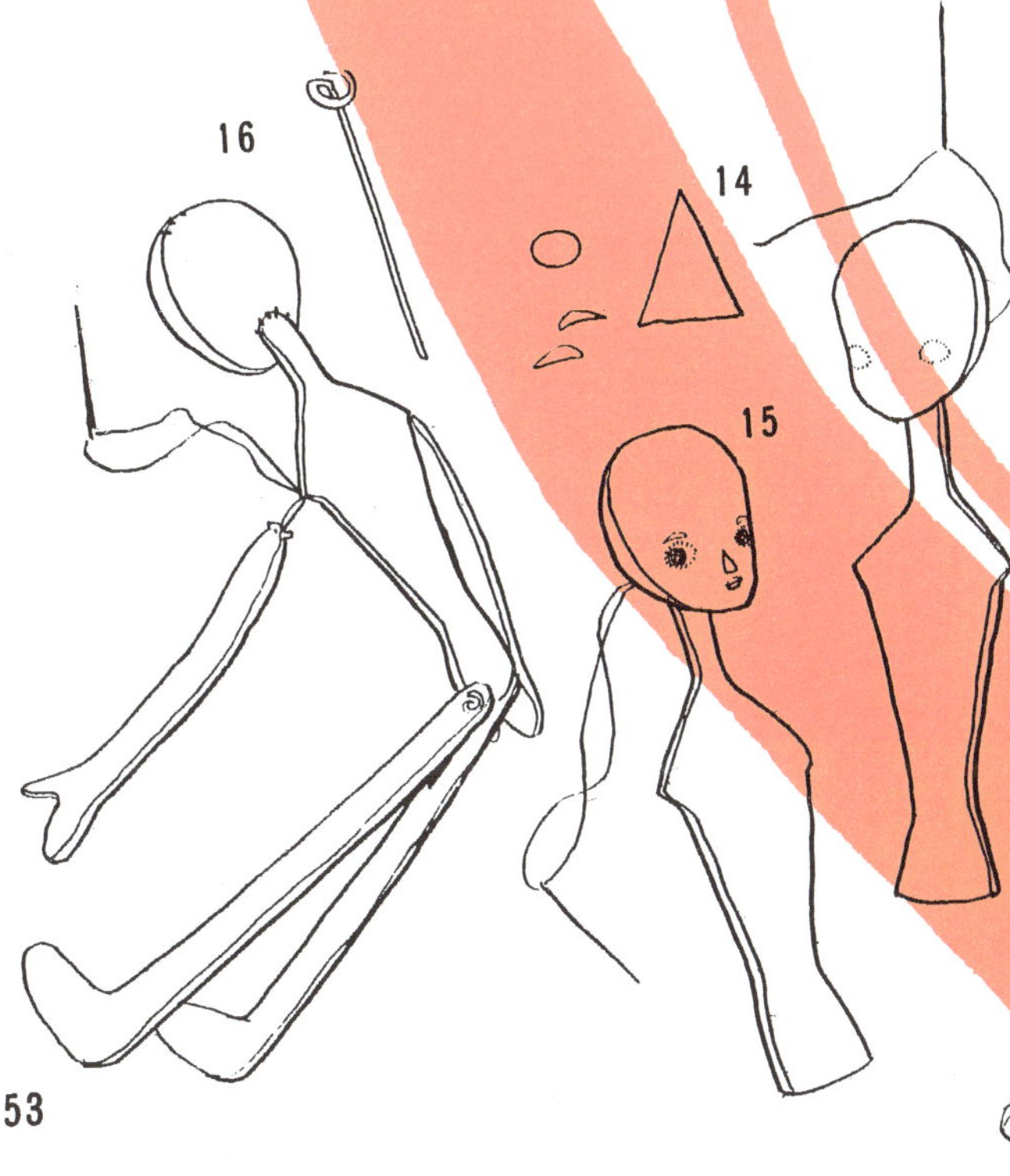

⑰黄色のフェルトかウールで、前髪は六糎位後髪は十五糎位の長さに細長く切る。⑱前髪のフェルトを頭の中心に片端を揃えて糊で貼る。⑲後髪も上半分程に糊をつけて頭の中心を揃えながら貼って行く。⑳左右の髪も同じように貼る。㉑パンティは、白木綿で図の様に下を輪にして裁ち、はかせてから両脇をかがる。㉒袖はドレスの共布を図の寸法に輪に縫い。㉓裏返しのまゝ腕に通して、肩から五糎下の所で綺麗にひだを出しながら縫いしぼり、手に縫いとめでおく。㉔図のように表に返して腕のつけねの所に縫いちぢめる。㉕身頃は後明きにして図の寸法に裁ち、肩を明けて両脇を縫う。㉖着せて後と肩とをかゞり、裾も仕末する胸明きにバイヤステープをかゞる。㉗ペティコート縦二十糎、横六十糎の白い布を輪に縫って裾をかゞる。㉘スカートは身頃と共布を二枚重ねて図の寸法に裁ち、両脇を縫うに逆に着せ、平均にひだを出しながらかゞる。㉙スカートとペティコートを裏返しのまゝ重ねて図のように着せる。㉚スカートはローウエストにはかせ、裾からペティコートが出ないようにする。㉛帽子は芯地を使って作る。型紙通りの大き

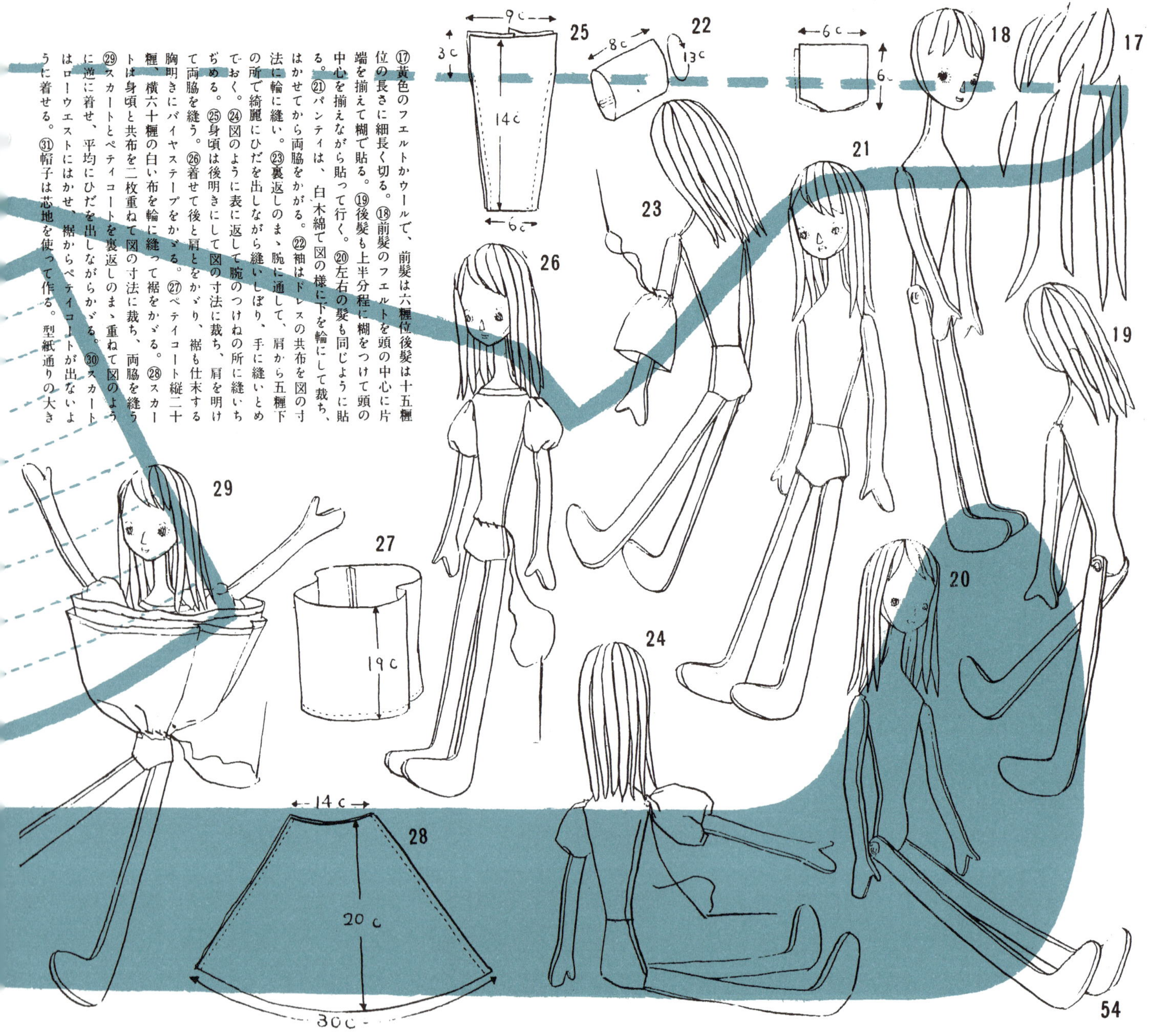

さのものを二枚裁ち、もう一枚は型紙の大きさよりも七粍位大きくなるように裁つ。㉜大きいのを一番下にして三枚重ね、六粍位のミシンステッチをする。㉝図の様に輪にして縫い。㉞表に返して出ている余分な布を中側へ折込んでまつる。㉟縁の部分は、一枚は型紙の大きさに裁ち、もう一枚は型紙の大きさよりも五粍づゝ大きく裁つ。㊱小さい布を他の一枚の布の真中へ糊で貼りつける。次にもう一枚の布を重ねて（糊で貼った布を外側にして）図のように囲りを縫う。㊲表に返して（糊で貼った布が芯になる）アイロンで綺麗にのばし、ミシンステッチをする。㊳糸で図のようにかゞる。

㊴花の作り方　Aウール（こゝでは赤地に白の水玉のドレスなので、淡い赤の花）の張りのある布を花びらの型に切って、囲りがほつれて来ないよう糊をつけて乾かす。Bそれを図のような型にして、C四枚を花の形に合せて真中を縫いつけ、ばらばらにならないようにする。D葉は緑色の布を切って花びらの場合と同じように糊でほつれないようにする。E花を七つ程作り、花の真中の所を藤色の水彩絵具で塗って花の感じを出す。

㊵花を帽子の前側にとじつけて出来上る。

デザインの感じは色や柄によって変る

中原淳一

余り大柄でない格子に簡単な変化をつけた場合

縞をたてとよこに組合せて使った場合

白で作ってボウだけ別布にした場合

スタイルブックからドレスの型をえらぶとき、自分が紺の布地を持っていると、どうしても紺の洋服が目につく。また、スタイルブックの中でいいスタイルが見つかると、それが赤いドレスだと、是非とも赤で作らなければならないような錯覚があるらしい。中にはその色のためにしたデザインもあるが、それはほとんどないと言えるぐらい少い。たいていは一つの例として色をつけたので絶体にそれでなければならないということは余りない。

だから一つのデザインでも色を替えるとずいぶん感じが違うし、縞とかチェックとかの扱いを変えたりすると全く違った感じのものになる。だからスタイルブックの色とか柄にこだわっているとずい分損をする。

友だちのドレスの形が気に入ったときなども、その色や柄が、それでなければならないように見えるのも間違っているわけだ。

これはたった2色しか色を使わないで描いたので充分に変化をたのしむことは出来ないけれども、同じデザインから7枚の違うブラウスを作ることができた。赤で作るか、白で作るかでもずい分違うわけだ。それを考えて自由な気持でスタイルブックから好きなデザインをえらびたい

黒一色で作ってカラーだけ白にした場合

大き目の縞を全部横に使った場合

黒で作って胸元に明るいプリントをあしらった場合

細かい花模様のプリントを素直に扱った場合

ミルクの研究

「朝食はミルクとトーストで…」「苺にミルクをかけて—」など、普通私達が何気なくミルク、ミルクと呼んでいるそれは、牛乳のことであったり、或いは罐詰のコンデンスミルクであったりします。朝早くガチャ〳〵とあの親しみ深い音をさせて牛乳屋さんが配達してくる壜詰牛乳だって皆同じではありません。私達の一番身近にありながら、その違いや効用については案外認識が薄いようです。森永乳業技術部次長粟岩治男氏から伺ったお話をもとに、ミルクの一般的な知識について改めて考察してみました

一口に牛乳と呼んでいる市販の壜詰牛乳にはどんなものがあるでしょうか。

牛乳そのままを清浄殺菌しただけの、いわゆる**市乳**と、均質機（ホモジナイズ）にかけて脂肪球を細かく砕き、表面積を大きくして脂肪を均質化（ホモジナイザー）した**均質牛乳**とがあります。ホモジナイザーにかける際蛋白質も物理的変化をうけて軟質化されるので、消化吸収をたすけます。

ホモジナイズされていない牛乳は、脂肪が上部に浮上って分離し蓋や壜にくっついて、折角の脂肪分が棄てられてしまうわけです、最近では均質化した上、更に栄養素を添加したビタミン入、ミネラル配合等の**強化牛乳**が市販されています。

粉乳にはどんな種類があるでしょう。

全粉乳

これは本当に牛乳の粉、つまり牛乳をそのまま煮つめて乾燥機でかわかしたものですから、このまま育児に使用するとすれば、栄養が不足し完全発育が出来ません。これを家庭で育児用として与える場合には、ビタミンやミネラル補給のため、野菜汁や果汁、肝油等を加えなければならず、相当に手がかかることになります

ミルクを使った料理

吉沢久子

栄養価の高い食品としてだけでなく、お料理の味を引き立てる調味料としても大きな役割をしているミルクを使って、手軽に出来る美味しい家庭料理を御紹介してみましょう。

全脂粉乳は主として医家用に用いられ、医師がその幼児の体質に合せ、種々の栄養素を添加して調合するために用いられます。その他牛乳不足の地方等で還元牛乳用として用いられることもあります。

調整粉乳

全粉乳に添加物を補給して強化したもの。砂糖のみを加えた加糖粉乳は最近では殆ど見当らず砂糖の外更に、子供の発育に必要な穀粉、滋養糖及び牛乳に不足すると思われる鉄、塩、加工工程で熱処理を経るため、熱に弱いビタミン類が破壊され易いので、それ等を補った、いわゆるビタミンやミネラル増強の調整粉乳がこれに代るようになりました。

これは完全食品として綜合的に栄養調整の行われたもので、今日では、育児用としては殆どこの調整粉乳が用いられるようになりました。

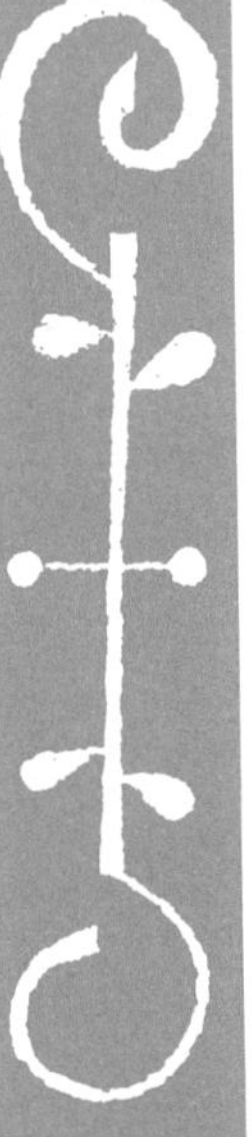

母乳と比べて牛乳は消化が悪いと云われていますが……

蛋白質は胃の中の凝乳酵素によって固まりますが、母乳に比べて牛乳はそれが大きいために硬く固まり消化が劣ると云われます。しかしホモジナイズして抵抗を少くするとか、牛乳もその処理方法によっては大体母乳に近い消化率まで引上げることが出来ます。

一口に牛乳の消化時間といっても、牛乳の種類、調整の方法などの条件によって多少の違いはありますが、極く一般的な標準から云えば、牛乳の消化時間は、つまり摂取してから全部吸収されるまで約一時間位と考えたらいいでしょう。卵の半熟が一時間半、固ゆでなら三時間半というのに比べると、牛乳は非常に消化の良い食品ということが出来ます。

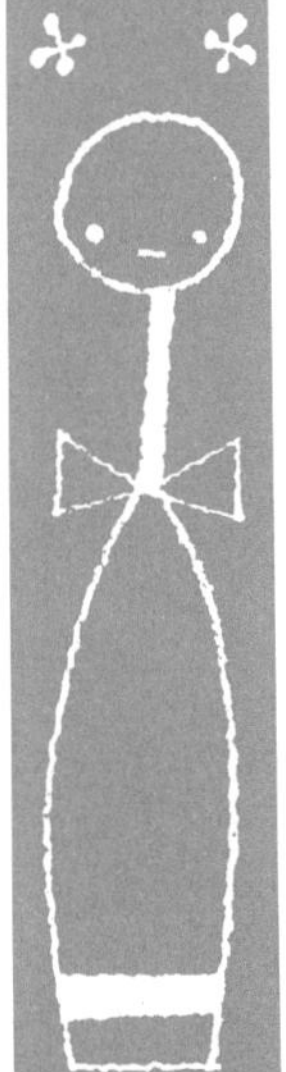

牛乳と温度との関係はどうでしょう。

殺菌と栄養素

壜詰牛乳の許可されている殺菌温度（低温殺菌）は摂氏62度～65度、或は75度で、そのままの温度で前者の場合は30分、後者の場合は15分間、そのまゝ保持することによって殺菌を行います。熱を加えることは消化をたすけますが、その代りビタミン、殊にC、B_1など、稀少な栄養が失われることは免れません。

牛乳を使って

あさりと牛乳のスープ

材料　あさり（からつき）一〇〇〆、たまねぎ半ヶ、牛乳二合、メリケン粉、塩各小さじ二杯、バター大さじ一杯、コショー。

まず、あさりを三合の熱湯に入れてざっと煮立て、貝のスープをとっておきます。次にたまねぎをみじんに切り、バターをとかしたフライパンで、すきとおるまでいため、その上にメリケン粉を入れて、なお、しばらくいためます。これに、貝のスープを入れ、別の鍋にうつして十五分か二十分、とろ火で煮てから、ふきんでこします。こしたスープに牛乳二合を加え、熱くなったら塩味をつけ、好みだけコショーを入れます。カップに盛分け、パセリのみじん切りや、クルトンを浮かします。冷たくしても味のいいスープです。

ライス スープ

名まえはしゃれていますが、これは冷ごはんを利用した牛乳のおかゆで、材料も、適宜に変化をつけてつくればよいものです。

夏は、お茶づけさらさらの味も格別ですが、栄養の点を考え、たまにはこんな食べ方もおすすめしたいものです。

人参、たまねぎ、ピーマンなどの野菜を、こまかくさいのめ切りにして少量の水でゆでておき、そこへ冷ごはんと牛乳を入れ、ふき上らないように気をつけながら、しばらく煮ます。ごはんの量はかげんして、スープの感じが出る程度にして下さい。

あまりべたべたにならないうちに、塩で味をつけて食べます。トースト一きれにこのスープ、あと冷たいトマトなどあれば、朝食に最適です。

乳酸酵と腐敗

しぼったままの牛乳なら、37度～38度位ですから、そのまま放置しておけば微生物の温床となって、二時間位で醗酵が初まります。これは乳酸醗酵ですから腐敗ではありません。牛乳の酸度は普通0・15%位ですが、これが0・22%位まで上ると蛋白質が凝固しはじめ、更に0・25%位になると分離してしまいます。

乳酸菌が働らく酸醗酵は有害ではなく、この原理を利用してヨーグルトのような乳酸菌飲料が作られている程ですが、蛋白質が分離し初め、更に経過して乳酸菌の働らきが鈍り、代りに有害なバクテアアが繁殖して酸度が再び下ってくる。この課程を腐敗というわけです。腐敗した牛乳は有害で中毒をおこします。

保存時間

壜詰牛乳は普通そのままで24時間はもちます。冷蔵庫に入れた場合（勿論冷蔵庫の構造その他の条件によって違いますが）普通家庭用の冷蔵庫の温度を10度位とすれば、そのまゝで24時間もつものなら、その二倍はもつと考えてよいでしょう。

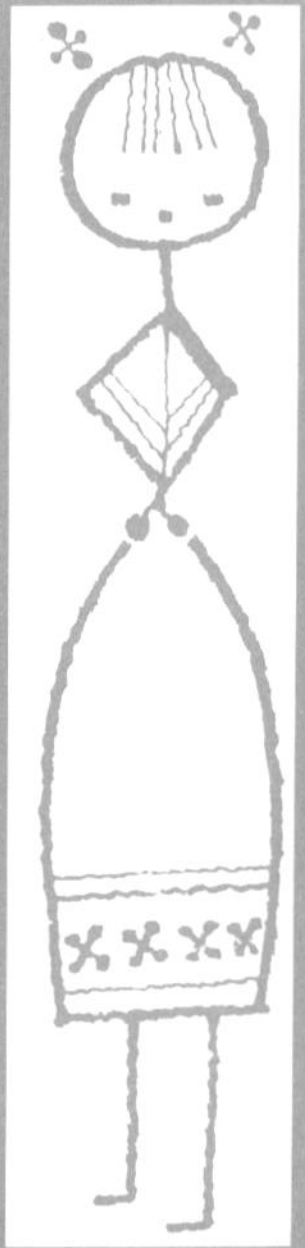

冬の牛乳は夏に比較して濃いと云いますが、夏の牛乳と冬の牛乳との違いはどこから来るのでしょうか。

内地では乳牛は普通秋の終り頃分娩する関係上、受胎期の5～7月頃は牛乳が薄く、反対に冬は授乳期にあたるので、一般には、冬の牛乳は濃く、夏の牛乳は薄いということになっています。

濃い薄いの今一つの原因は飼料です。夏は青草を食べるので水分が多く、冬は油粕等の購入資料や、干草のような濃厚なもので飼育する関係もあります。

夏の牛乳は薄いといっても、その代り青草を食べるので、ビタミンやミネラルにとんでいます。しかし、バクテリヤや汚染物が多いので、夏の牛乳は特に微生物の処理が問題になるわけです。

牛乳はどの位、どのように飲んだらいいでしょう。

カロリー計算でゆけば、牛乳のカロリーは一合につき大体60カロリーですから成人に必要な三五〇〇カロリーを牛乳だけで摂取するとなると大変なことです。成長に必要な蛋白質、殊に日本人に不足している動物性蛋白について云えば一日の蛋白必要量75gの内

牛乳を使って

牛乳を使ったスープのコツ

牛乳料理一般についていえることですが、酸に合うと、牛乳はかたまる性質がありますから、材料のとり合せには、まずその点に気をつけます。

また、ちょっとゆだんをすると、煮込むときにふきこぼれますので、いつも、鍋のふたをあけておくことも、初歩の注意事項です。

ここにあげたあさりスープのように、あとから牛乳を加えて味をひきたたせるものは、でき上りの直前に入れて、さっと煮立ててすぐたべるほうが味がよいものです。

また、ライス・スープは、野菜をいっしょに入れますので、塩味を強くすると、野菜の甘味と牛乳のもつ甘味が、くどい感じをつくるので、あわい味つけが好ましいのです。

ほうれん草の牛乳煮

材料　ほうれん草一わ、牛乳二合、メリケン粉、バター各大さじ二杯、塩小さじ一杯。その他コショー、あるいは、チリ・パウダー。

ほうれん草はたっぷり塩を入れた熱湯でゆがいて、軽く水洗いをし、五センチほどの長さに切りそろえます。次にフライパンにバターをとかし、とろ火でメリケン粉に色がつかないように、よくいためます。メリケン粉の香ばしい香りがしてきたところで牛乳を少しずつ加えてのばし、ゆっくり煮込んで、とろみがついてきたら塩味をつけ、ほうれん草を入れて、一煮立てしてします。これを深皿に盛り上から、赤いチリ・パウダーをふりかけると白と緑と赤の、美しい煮込み料理になります。

1/3は動物性蛋白を摂らねばならないとして、他にも魚や肉からとることも計算に入れると、一日約三合の牛乳を飲むことが望ましいわけです。因みに日本人の牛乳の摂取量を外国と比較してみると、牛乳の消費量を人口で割って換算した場合、一人あたりアメリカでは約四・五合、デンマーク五合に対し、日本人の摂取量は僅かに〇・二合という状態です。菜食することの多い日本人のすべてが、せめて平均三合位の牛乳を飲むようになればもっと体格も向上するでしょう。

又牛乳の上手な乳み方は、ガブガブ飲まずに味わいながら静かに飲むことで、よく「牛乳は嚙んで飲むもの」と云われるのも、このためで、出来れば一合の牛乳を五分位かかってのむ方が望ましいわけです。

煉乳にはどんなものがあるでしょう。煉乳だけで赤ちゃんが育つでしょうか。

低温殺菌の牛乳では長時間保たないので、ミルクに保存性をもたせる目的で出来たのが煉乳です。牛乳そのものを90・5度の温度で殺菌し煮つめて一旦罐につめ、摂氏一一五度の高温で十五分位更に滅菌して冷却したもので、何も添加されていないものをエバミルクと云います。煉乳はその製造工程で高熱を経るため、蛋白質の消化、吸収がよいので、アメリカでは育児用に使われているようですが、このままでは成長に必要な各種の微量栄養素、殊にビタミン類が不足しています。

日本では一般には育児用としてより、むしろ、コーヒーや紅茶、料理などに用いられています。

加糖煉乳

牛乳に15％～17％の砂糖を加えて1/3に煮つめ更に乳糖の結晶を細かに析出するために、特殊な装置の冷却機にかけて処理したもの。以前は育児用にも使われましたが、蔗糖、乳糖等成分の56％は含水炭素で、牛乳の重要な成分である脂肪や蛋白が不足がちですから、もしこれだけで幼児を育てようとすれば大量に摂取しなければなりません。そのため含水炭素の過剰障害をおこすおそれが多いので、発育中の幼児にはこのままでは使わない方がよいのです。育児用としては現在殆ど用いられておりません。

育児用としては、加糖煉乳では糖分が多すぎ、全粉乳やエバミルクでは栄養分の一部に不足のものが出来、冷蔵設備の不完全な日本の家庭では、牛乳は大量保存が困難となります。こう見てくると栄養調整の行われている粉乳が取扱い易くて適当ということになります。

牛乳を使って

いかの牛乳煮

材料　いか二はい、三寸人参一本、たまねぎ一ケ、片栗粉大さじすりきり三杯、牛乳二合。

いかは足をぬいてワタをとり、胴のほうはひらいて、うす皮をむき、足は切りはなしておきます。人参は、一センチ角に切り、塩湯で下煮をしておきます。この人参をゆでたのこりの汁で、いかも、ざっと熱を通し、たんざく形に切ります。あらかじめ、松笠のように、庖丁を入れておいても結構です。

たまねぎは、人参と同じ大きさに切り、バターか、においのない油でいため、これに牛乳を加え、水どきの片栗粉とまぜてとろみをつけ、塩で好みに味をつけておき、いか、人参を入れて、七八分煮込みます。これは、鉢盛りにして、上にパセリの一くきをかざります。

煮込み料理のときのコツ

牛乳を使った煮込み料理というと、どうしても、ホワイトソースが基本になりますが、ここにあげた、いかの煮込みのように、片栗粉を使えば、ごくかんたんに、失敗なくできます。

ホワイトソースの場合、メリケン粉とバターを同量にして使えば、ほとんど、だまができる心配はありませんが、メリケン粉が多い場合、こんな注意が必要です。いためたメリケン粉の熱いうちに牛乳を加えず、一度さましてから、冷たい牛乳を少量ずつ入れ、よくかきまぜながら、といていきます。そして全部の牛乳が、なめらかにまざってから火にかければ、きれいにでき上ります。なお、煮込む場合、強火は禁物です。

ヨーグルトというのは牛乳とどう違うでしょう

新鮮な牛乳を濃縮し、若干の砂糖と香料を加え、雑菌を殺して冷却したものへ、別に純粋培養しておいた乳酸菌を混ぜ合せて醗酵させ、プリンのように固めたもの。

最近米国のハウザー博士がそのベストセラーになった著書の中で「若く見え、長生きさせる食物」としてヨーグルトを賞讃したことから、一般の関心が集まり、需要も高まって来ました。ヨーグルトには優秀な乳酸菌が生きています。これは強い殺菌作用があり、腸内で有害菌を沒くすか、少くともその発生を阻止するので、下痢にもよく、又便泌にもよく、有毒成分を浄化する整腸作用をもっています。

又ハウザー博士は、ヨーグルトの効用について「ヨーグルトの中の乳酸菌は食慾を増進し、肥満型の人の筋肉を引きしめ、端麗な容姿を作らせるように働らく」と云っていますので、最近では、ヨーグルトを「食べるお化粧品」とも云っております。

ヨーグルトは、加熱すると、折角生きている有効菌が死んでしまいますから、熱を加えずそのまま匙ですくって食べます。

牛乳の値段は他の食品に比べて妥当でしょうか。

牛乳を何か贅沢な食品と考えている向もある様ですが、同じ値段で買える他の食品と比べてみると、牛乳の栄養は殆ど完全といってもいい位なのですから、決して高値なものではなく、むしろ簡単に栄養のとれる大衆的な食品ということが出来るでしょう。外国と比べても日本の牛乳の単価は決して高くはないそうです。けれども国民の経済力の負担の点から云えば、一合十五円という牛乳の値段は日本では高いという感じを免れません。牛乳はもっと安くならないでしょうか。飼料や労働力の関係、需給のバランスが非常に不安定なこと等の理由をあげて、業者は現在の値段が決して不当ではないと主張しています。需給のバランスが安定し、オートメーションによって合理化されれば牛乳は現在の価格よりも安くなるだろうということです。栄養価に富んだ優秀な食品である牛乳が、お茶の代りに国民の誰もがふんだんに飲めるようになるのはいつでしょうか。

牛乳を使って

バナナミルクのゼリー

バナナをうすくきざみ、牛乳とお砂糖をかけてたべるのは、どなたもお好きなデザートですが、お客さまの折など、ちょっと手を加えて、ゼリーにしてみましょう。

材料は牛乳一合にバナナ二—三本、砂糖カップ半杯、ゼライス小さじ八杯（ゼライスを買うと、スプーンがついています。そのスプーンなら六杯）、バニラエッセンス少量。

バナナはうすくきざみ、砂糖少量をまぶしておきます。ゼライスを少量の水でとき、熱湯一合と砂糖を加えて、よくとかします。これに冷たい牛乳とエッセンスを加え、小さなゼリー型六ケにバナナを等分して入れた上に流しこみ、かたまらせます。大きなゼリー型に流して、切り分けてたべても結構です。

中華風デザート

中華料理のデザートに、杏仁豆腐というものがあります。この感じに似せたもので、涼しげなもの。

材料　牛乳二合、砂糖カップ一杯半、ゼライス、大さじ八杯。その他桃、西瓜など。

ゼライスを水どきして、熱湯一合を入れるのはバナナミルクの要領と同じです。これに砂糖カップ一杯、牛乳二合を加え、おべんとう箱に流してかためます。

かたまった牛乳羹を、二センチ角に切ります。桃や西瓜も、同じ大きさに切り、のこりの砂糖をまぶして甘味をつけておきます。大きなガラス鉢に、牛乳羹とくだものを入れ、砂糖水を張って、氷のかけらを浮かし、そのままテーブルに出し、めいめいに小鉢にとり分けます。

新しい女性の言葉の美しさ

自分の言葉を持つ

まわりの人に快感を与えその女性を個性のある美しい人と感じさせる……

森田たま（随筆家）

このごろ、若い学生たちの言葉づかいに、男女の区別がなくなつたという事が、ときどき問題になる。どうかすると、男の子の方がていねいで、女の子の方が乱暴な場合すらある。女の子が乱暴な言葉づかいをして、それで男子と対等だと考える人たちもあるらしいが、私は、若い女性の乱暴な言葉づかい、つまり洗練されない言葉づかいは、それだけ社会性に乏しいからだと見ている。

よく、家庭の中で女中をつかう場合、一般に、田舎出の者はすれていないからよく働くと云われ、都会の者は浮薄なように云われるけれど、私から見ると、都会的な訓練は何一つできていないくせに、給料とか、休暇とか、そういうものを公式的に要求するのは、田舎出の方が多い。彼女たちは田舎にいて、世の中はかくかく変化している、働く者にはかような権利があると教えられ、義務や責任の方は棚にあげて、ただ権利だけ主張し、それが正しいと思いこんでいる。よく云えば無邪気であり、わるく云えば無知で図々しい。

若い女性の乱暴な言葉づかいにも、おなじような匂いがある。男とおなじ学校に学び、男とおなじように酒煙草を飲み、男とおなじ言葉をつかう、それが女性解放だと信じているようなところがある。男はふだん乱暴な言葉をつかつていても、時と場合により、たちまちていねいになる。実にスムースに使いわけをするけれども、ふだんゾンザイな言葉をつかつている女性は、そのつかいわけができない。友だち同志、うんそうだよと云つている言葉を、学校の先生や、親類の伯母さんの前でも、それで通す。それが一つのレジスタンスだと思つてつかつているのは、まだしんがあるけれども、大ていの女の子は、人がそれで通しているから、自分もそれで通すという、……お富さんがはやるから、お富さんをうたうという、その程度が多い。したがつて言葉の美しさというものが、すこしも感じられない結果になる。

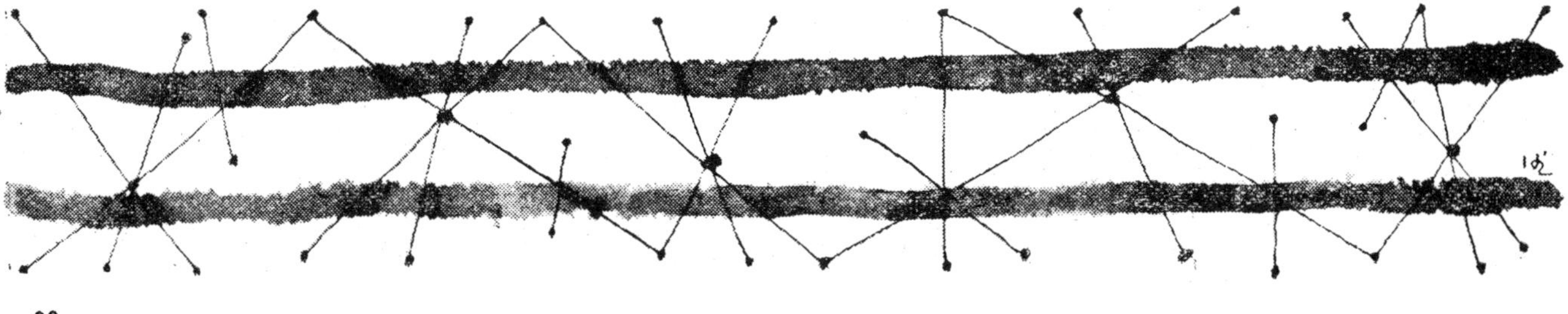

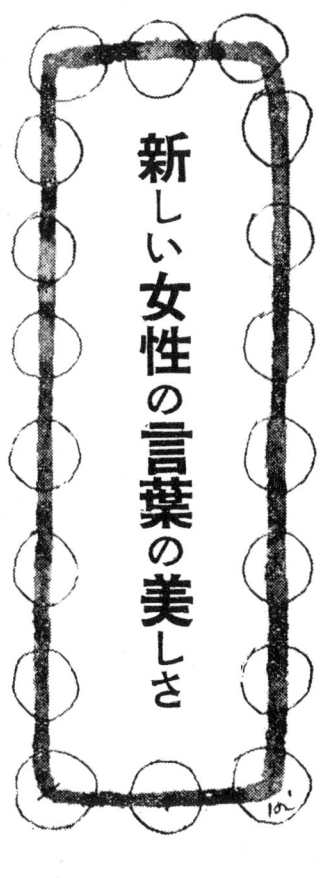

言葉の本音と表われ

女性の人間的自覚がその言葉を荒く男つぽくしたとすれば……

田中千禾夫（劇作家）

私は、男女の言葉に区別がなくてはならないとも思わないし、敬語が必要だとも思わないけれども、言葉の編集ということを、きちんと勉強してもらいたいと思つている。これはべつに女性にかぎつたことではないけれども、男の方は大たい出来ているのに、女の子の方は殆どその神経がゆきとどいていないのを、はがゆく感ずるからである。

若い二十歳のころ、私は敬語というものにひじように反感を持つた時代があつた。味噌汁がおみをつけだの、足がおみあしだの、おみ大きくおなりですことの、さようでございますことの、東京の言葉は何と装飾ばかり多いのだろうと、つくづく呆れた。そうして、そういう言葉を一切つかわないで、しかも眼上の人に、失礼だという感じを抱かせないためには、どんな言葉づかいをすればよいか、田舎ものの私は、寝てもさめてもそればかり考えつめた。

封建制度の社会が、厳然と存在していた頃だから、その中でいわゆる敬語をつかわないで敬意を表すというのは、実に困難なことであつた。眼上の人にむかつて、さようでございますと一ト言云えばすむところを、はあ、そうなのですで通そうと思うと、ちよつとしたゼエスチアが必要だつた。外国の言葉は全部対等のユーだけれども、そのユーにさまざまなニュアンスがあつて、それ相当のゼエスチアがともなう。日本の言葉も敬語をぬけば、やはりゼエスチアがいるという事を、その時発見した。

日本人の話しかたに表情が乏しいのは、あまりに言葉がありすぎるからだと思う。この前新聞の投書に、外国婦人が映画館の窓口で、切符を二匹下さいと云つたら、笑われたという嘆きが出ていたが、まつたく数の勘定一つでも、一人、一匹、一羽、一尾、一個、……かぎりがない。

旦那さんでも、奥さんでも、さまざまな呼びかたがあつて、それで身分を現わしているから、便利なようでもあるが、煩雑さはきわまりない。若い女性がその煩雑さを厭つて、できるだけ単純に、すつきりした話しかたをしたいと思うなれば、まず、現在の日本の言葉を採集して、その中から自分に適当と思われるものをえらび出し、その範囲で編集した言葉をつかう勉強を、しんけんにやつてもらいたいものだと思う。そういう言葉は、まわりの人に快感を与え、その女性を個性のある美しい人と感じさせる。

美しい言葉は、そういう女性がつくつてゆくであろう。結局は言葉も一つの創作である。いたずらに男性とおなじ乱暴な言葉づかいをしているのでは、醜いだけにすぎない。進歩のないところに、美しさはない。

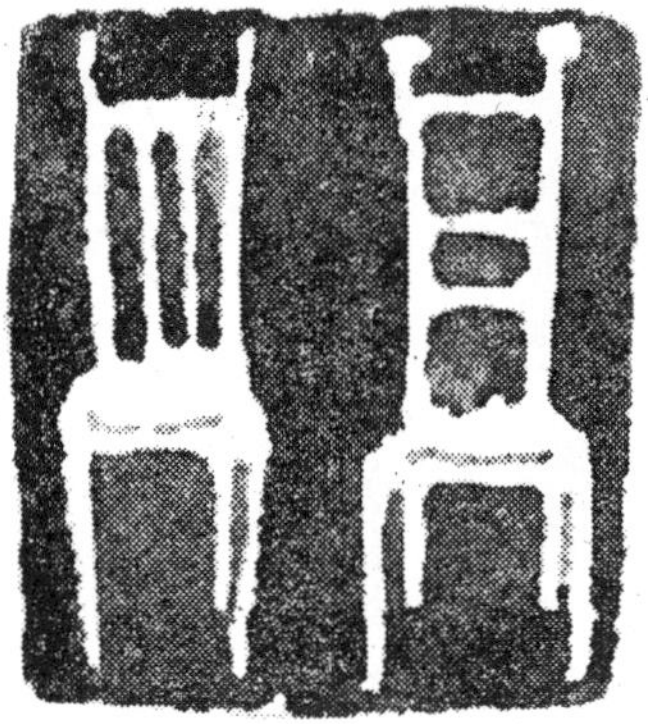

「この頃単純な人間に心をひかれる。又自分も単純になる様に意識してやるが、偽善とみにくさが鼻について馬鹿らしくなる」(1)

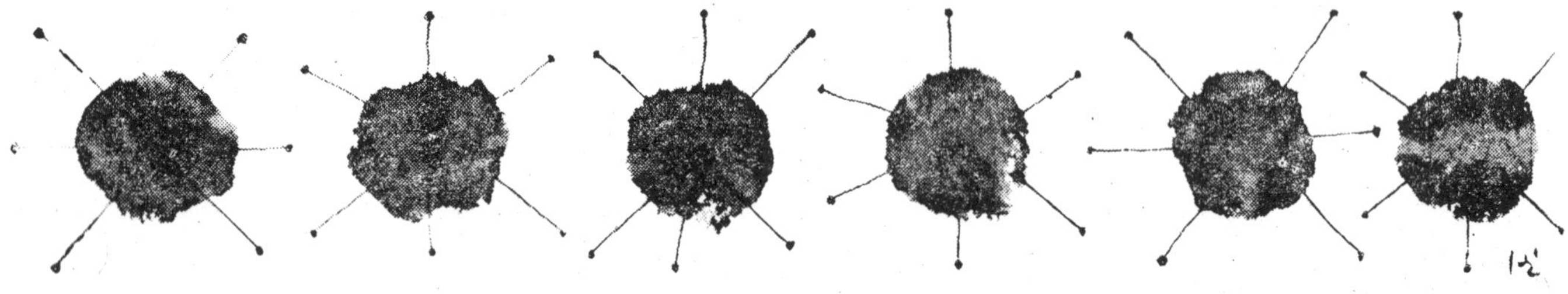

「人間がなんのために生きているのか、自分がどうして生きているのかサッパリわからなくて、キョトキョトしています」②

「昭和十一年にこの世に生を受けて三十一年度の今日迄が自分と云うものを作り上げて来た期間です」③

「私はこをいつた芝居に興味を持ち始めたのは、たしか高等学校一年の時です。その時は、まだ芝居や映画を見ることが好きで、時によつては、浪漫的感情の慰みになりました」④

「この言葉はあらゆる方面から私を感動させ嬉しがらせ且つなお怖がらせるのだ。己の短い生涯を人間の宝石として終るならばなんと幸なことだろう」⑤

この位いにしとくが、以上は廿才に近い五人の男女の作文から適当に抜いてみた。その中で、どれが男性、これが女性の執筆であるかひとつ当ててみて下さい。と云うより、女臭いのをと云つた方が正しい。

しかしこれは明かに注文する方が無理だ。何故なら、いちおう抽象性からなる文字をもとにして、眼で読ませるための書き言葉では、右のように殆んど男女の別がない、或は私のように、末ではあるが明治生れの男からみると、女性の筆がすこぶる男性化している、と云いたい様相にあるからである。

男性化はなにも戦後に始まつたことではないから珍らしいことでは一向ない。しかし戦前の男性化には、男の真似をすることが目立つて、意識の底はやはり女であつた。ホルモンの過剰から逆に来てるふしがあつた。ところがこの頃のはどうもそうではない。改めて断つておくが、それはたいへん結構なことだと私は思う。何故なら、男女の意識よりも人間の意識、男女の性を抜きにした個我意識が先にあると思われるからである。女だからというために先天的に負わされたかのような条件を呑み込んだが最後、女は、いくら女らしくなつてもきりがないのだ。女だから特に優しい言葉を使うというのもその負担の一つにちがいない。

とにかく、書き言葉の上で、男女の性別が無くなり、余計な情感に煩わされず、例ばまた、主語が「私」一つに統一されることなどは、さつぱりと乾燥して、思想の合理性、明晰と云つた上からは、繰り返すが結構なことだ。（男の方が女性化していると指摘されていることは風俗の上からもそうだが、経済的にも男を扶けるなど強力になつた女がふえたからでもあろう。また経済は抜きにして、旧い道徳観念から離脱してみれば、精神的にも女が逞しい例はいくらもある。こうなると男性化とか女性化とかの月並な言葉遣いはもう無意味である）

ところで私の問題は文章論ではなく、耳で聞くところの話し言葉のことである。男女共学になつてから家の娘は言葉が乱暴になつたと嘆く御両親があるそうだが、そういう些末な現象を嘆くよりも、こんな険わしい世の中そのものを嘆いて欲しい。その中を生き抜くためには、女としてよりも、先ず、人間としての立場を把握することが大事なのだ。

戦後、話し言葉の上で何が変わつて来たかということは、女の言葉が男つぽくなつたことだとしても、根本的には、いやな用語だが男女同権をもたらした人間的自覚であることは、勿論、前の書き言葉の場合と同様である。

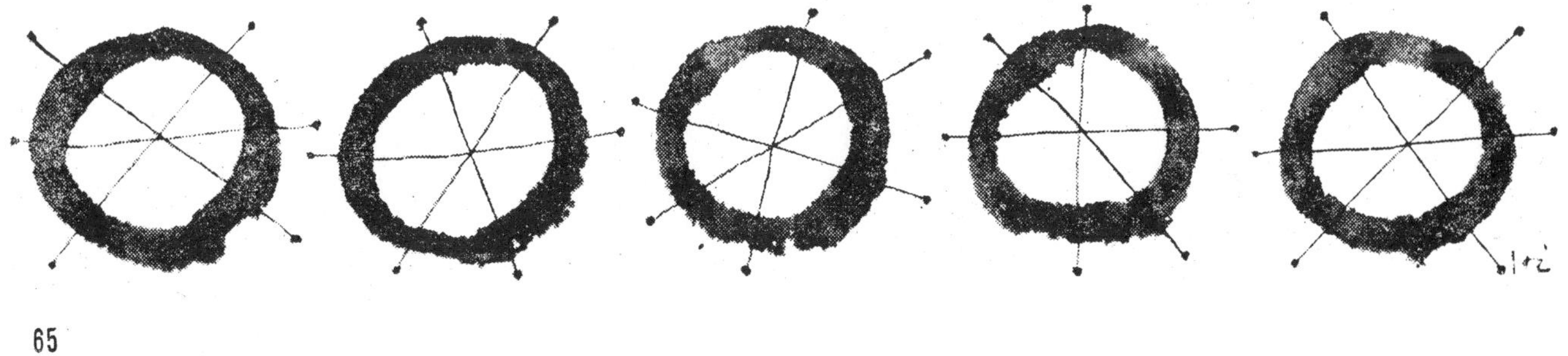

「消防車が来るまでにそこが火の海になつちやつたんだからね。知らせるのが遅いし油なんだからたまらない。あしやすくんぢやつたりさ、がたがたしちやつたり。そしてねえ、もう、火事だあつていうんで自動車も何もサイレンも鳴らないんだからね。でも自分んちのところへ引つ返して来たの。そうしたらね工場の中がね、油だから火がこんなんなつて燃えてんの。そいでもうそこは通れないんだ。それでよその家の裏にはいつて鉄条網くぐつてつちやつた、フフフ」

これは下町の娘さんの会話だが、まことに溌剌たるもので、来たの、燃えてんの、の語尾が眼で読めば辛うじて女らしいだけである。若い男が喋つたとしても通用する。

――きのうねえ、文学史の時間ゆかいだつたのはK先生がね、一時間の授業終つちやつて、そのあとで旅行の話またしますなんて云うのよ。やつたらねえ、その時、女の学生というものは旅行いくと着がえばつかり持つて来て、荷物がかさばつて困る。なにしろ山道歩くんだからね、荷物は最小限度にしなさいつてよ。

――やつぱりどんなかつこうしててもね、やつぱり東京は東京なんだつて云うのよ。

――それやそうね、こないだだつてね、神戸行つたときさ、実に、なんか、やつぱりあか抜けしないわね。わたしたちなんか、あんなかつこうしなくても、こういうふうに振り向くというわけではないけど……やつぱり、なんかあか抜けしないというか。

ある女大生たちである。次は男女の高校生。

――別にねえ、男女クラスつてそんなにいいことないわね。

――悪いわよ、結構、遊んじやつて。

――勉強してるつての、男子クラスよ、ね。

――気の毒よ、男女クラスの中の男子なんて。

――僕なんか思わず知らず大きな声で笑つたら皆が笑つてね、困るんだよ。全然。皆もう全然紳士なんだもん。

――ふうん。

――僕云つてやるんだ、ひんしだつて。

この男学生の洒落は秀抜だ。以上の三つは「ことばの現代風景」（筑摩書房）からの引用である。録音器で採集したものである。

次はお茶の水女子大在学中の岩橋邦枝さんの「逆光線」から、同大学かと思われる女子学生の会話を拾つてみよう。この女子大は他の女子大とは異つた学風を持つているらしい。但し、一般に小説の中の会話は、話し言葉そのものではないけれども。

――有名であるという事は素晴らしいことですわ。世間の評判や喝采が一番確実なものだという気がするんです。先生のこと羨ましいですわ。先生のような「有名人」はいつも生きているという充実感がおありだと思うと。

ここで気になるのは「羨ましいですわ」という一句で、このときはこの女学生繁子はまだ相手の宮島先生と親密ではない。あるへだたりがあるにしても、羨ましいですわ、のぎごちなさは、男女の仲を割り切ろうとするぎごちなさである。「あのですねえ」などと、事務的に話をしようとして出て来る男性化的用語である。「羨ましいわ」「あ

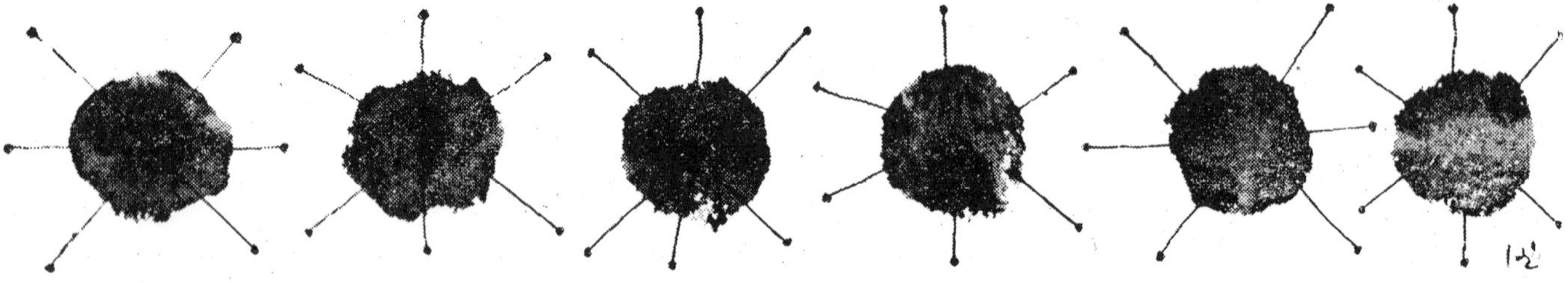

のね」と云うと馴れ馴れしくなりはしないかというコンプレクスのせいであろう。何か旧軍隊的、無性的な匂もする。

「オールド硬派よ。類稀なる純情青年型よ」と演劇部員のFが執りなすように云つた。それからそそるような顎で笑つて附け加えた。「彼、ユーに関心をお持ちでございますのよ。トライすれば」繁子はトライした。

トライとかペイとかおごられとかの特殊用語の珍しさはここだけのことではない。他に例は多とあろう。通用範囲は多少狭くとも、社会的制約を受けない発想の自由の顕われで、消極的抵抗のしるしと云つてもよかろう。男女関係、上下の階級的身分関係、言葉の受ける制約は、まだまだ根強い。

「おばさま、すみませーん、ボールおねがいしますう――ありがとうございました」

「どういたしまして。あなた二年B組の高桑洋子つて知らない？」

「高桑洋子さん？　中等部でございましょうか」

「いいえ、高等部なのよ」

「わたし、中等部でございますから存じ上げませんけど」

これは桂芳久さんの「春の座標」中の会話で、このお上品なる学校は学習院らしい。今の女学生は、「私」のことを「わたし」と発音しているのだろうか。忘れるところだつた。最初の作文の中、偶数の番号が男性ので、残りの三つは女のである。

新しい皮袋に新しい酒を

人と人との間では言葉づかいとは城の外濠のようなものである……

阿木翁介（劇作家）

私は、毎日女性を主人公としたラジオドラマの脚本を書いている。

ひところ、新聞のラジオ評欄にあるドラマの若い女性が使う言葉について、非難の投書がのり、しばらくにぎわつたことがあつたが、若い女性のそれに限らず、ラジオドラマというものは、日本語の問題をどのようにあつかうべきかについての、結論はまだ出ていないようである。

ラジオという影響力のあるものが若い女性の間に流行している言葉を、そのまゝとりあげて、登場人物に使わせることは、日本語そのものにわるい結果を及ぼすという議論は仲々強い。

それならどんな場合も正しい日本語の使用法に則つて、標準日本語でドラマをかゝなければならないかというと、それではきゆうくつだし実感も出ない。

その辺のところで、私はいつも迷うが、まあその両方を適当にとりいれることで、

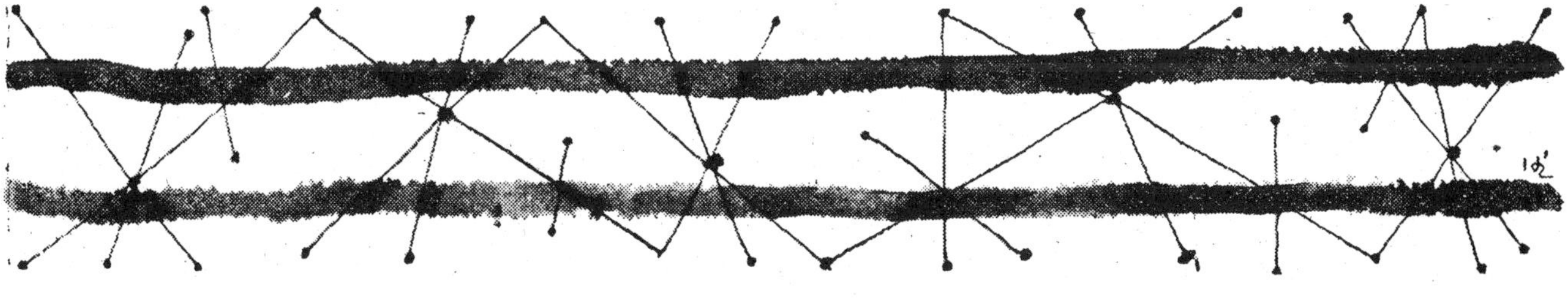

自分の線を出しているつもりだ。

元来言葉は生きものである。二三月前、ラジオ東京テレビのために、大正二年ころに作られた、中村吉蔵作「剃刀」というドラマの演出をした。その時、東京の女性の言葉が、約四十年間に、かなりちがつたものとなつているのをあらためて認識した。

いや、四十年の歳月をまつまでもない。

いわゆる流行言葉は、たちまち古くなつてきえてゆくが、そういう流行言葉でなく、日常の用語に、色々な変化がおこなわれているのだ。

もともと、言葉は、人間と人間のかけはしだから二人の高さがちがうと、そのかけ橋は傾斜する。

つまり敬語卑語の問題がそこにおこる。

日本ほど敬語の多い国はないといわれるが、日本人の生活内容に、その高低の観念がある限り、敬語を使わない方が変におもわれる。

もう一つ女性言葉の問題がある。

敬語と女性語の二重の首かせをうけて、いやがうえにもやさしく丁寧であるのが、日本の女性言葉であろう。

わが国に駐留する外国兵の日本語が、女性言葉であるのも微苦笑をさそうが、この日本独特の女性言葉はちかごろ、飛躍的なかわり方を示して来たようだ。

それは、女性が、解放され地位が向上して来たという自負と、あきらかに、アメリカ流のエチケットで、女性を大事にする風潮がみられ、要するに、若い女の中に、ひどくぞんざいな乱暴な言葉を使う人が多くなつた。

若い美しい女で年令や地位や立場をこえて、年長者の男性に——たとえば、学校の先生とか、医師とか、芸能方面の先輩なぞに、

「ウン、そうだよ、そう思うよ!」

なぞと軽い言葉を使う人が時々目につく。

ところがそんな言葉を使われた男性は、腹を立てるかわりに、一寸くすぐつたい甘さを感じるのだから妙なものだ。

しかし、これが時々まちがいのもとになるのだから若いお嬢さんは注意しなくてはいけない。

矢張りラジオ放送の例だが、ある映画スターが、私の書いたドラマで奥さんの役をやつて、その家の使用人になになにをして下さいませんかという調子でものをいうところを、その人はやりにくいから何々しなさいとか、してちようだいとかに直したいと言つた。

つまりその人は目上のものが使用人に対して敬語を使うのはおかしいというのだ。

それで私は、こういう場合、この人は使用人に敬語を使うのではなく、自分自身の品性のために、丁寧なものの言い方をするのでしようと説明したが、これが大切なところなのである。

つまり、自分の言葉を自分の品位のために使用するという観念が、若い女性に時として必要なことだと思う。

先きに言つたように、

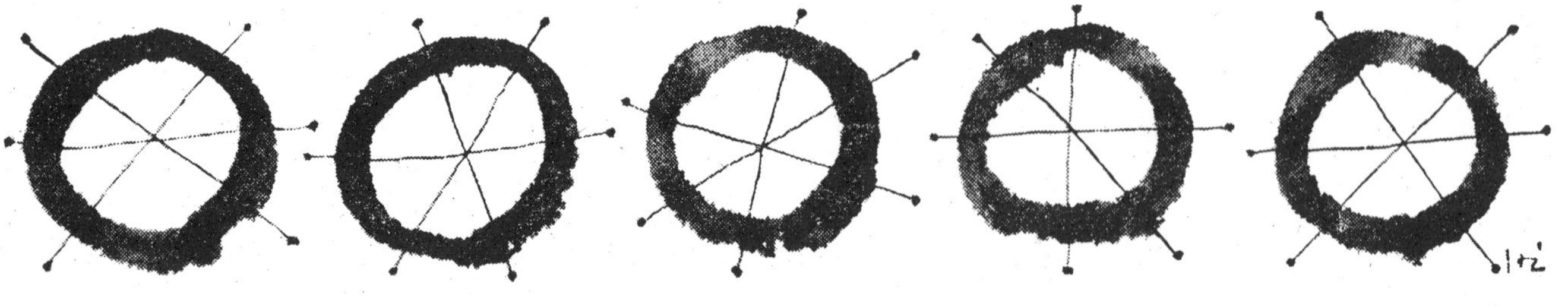

「ウン、そうなんだ！」

というような言葉使いは、親しい仲間同志では、いかにも明るくて面白いが若い女性のスキをねらつているいわゆる「オジサマ族」はその辺に先ず、攻撃の手がかりをつけるのだ。

人間関係に於て、言葉づかいは、城の外壕のようなものであつて、そこをわれとわが手で気がるくうめてしまつたら敵が踏みこんでくるのをまつようなものではないか。

もつとも、敵にふみこんでもらいたいなら話は別だが。

私は仕事の関係で、若い女の人につきあう機会が多い。芸能関係の人、ジャーナリスト、それからいわゆる社交界ではない関係の人たちに多勢の友人がある。その人たちの多くが、新しいよそおいと、軽快な言葉づかいを身につけている。

しかし、同時に、その新しいよそおいと、軽快な言葉使いをしている人の中身は、いいあわせたようになんと純情で古い観念の持主であることか。

新しい皮ぶくろの中には、まだ古い酒がもられているのである。

それだから一度皮の一部が破れると、たちまちにおいゆたかな美酒は地にこぼれてしまうのである。

「太陽の季節」の英子のように、大した度胸もないくせに放縦な行動をすると最後には泣きをみるのだ。

相手の兄弟の間で、五千円パのとりひきをされるような目にあいたくない人は、すべからく、自分の品位を保つため、男性から自分にふさわしい尊敬をかち得るため、品位のある言葉を使つてほしいと思う。

若い女性が、男性からくみしやすしとなめられたら先ず一巻のおわりである。

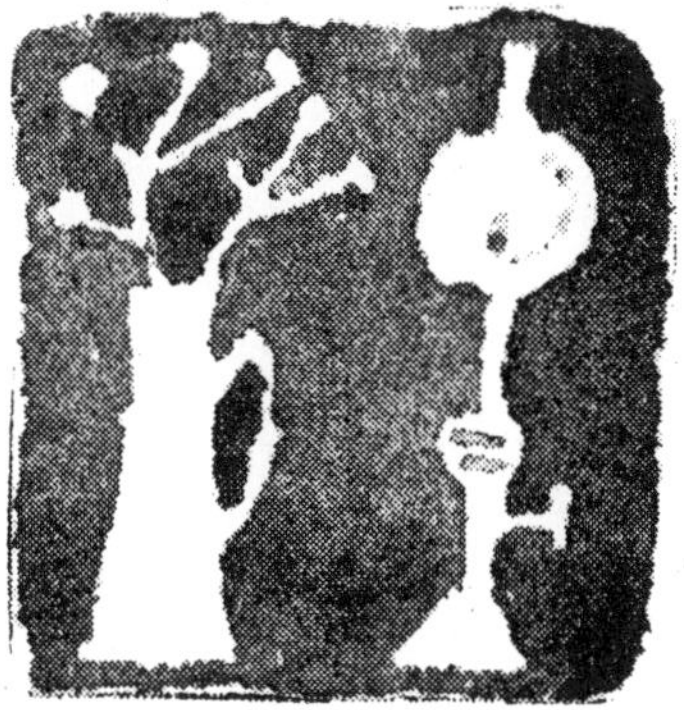

名作にあらわれた言葉の美しさ

一つのことを正しく言い表わす言葉はたつた一つしかない……

竹本員子（作家）

言葉の美しさと一口にいいますが、それには勿論いろいろの条件があるわけです。やたらに形容詞で飾りたてたからといつて、必らずしも、その言葉が美しくなつたわけではありませんし、私たちが「日常使つている言葉」の美しさと「作品の中の言葉」の美しさとは、自らその場を異にしているわけです。

しかも、作品にあらわれた「言葉」は、ただの一句でも、それ自体独立して存在するものではなく、前後の文章や内容に深い関係がありますので、その両面から価値を

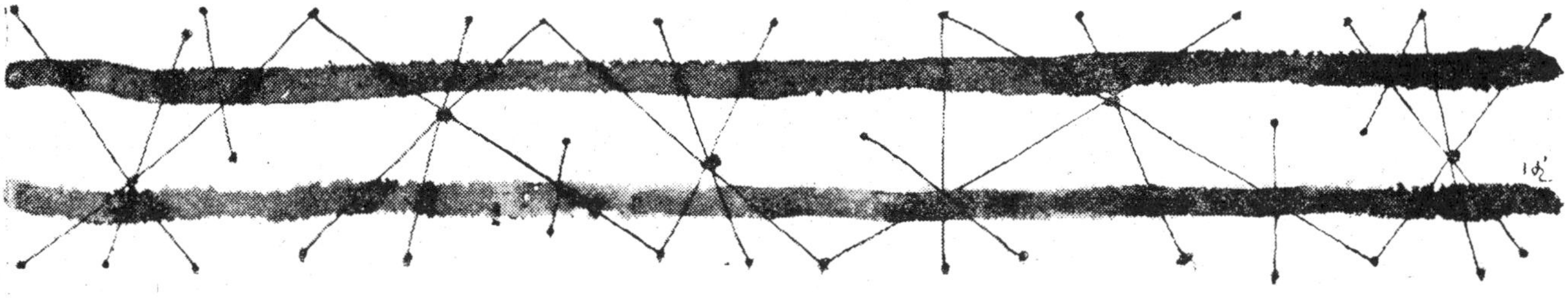

許らなければならない、ということになります。ですから、

「ちくしよう、覚えていやがれ！」

というような、私たちが日常避けなければならぬお行儀の悪い言葉も、時と処を得ると、その作品の最も美しい感動的なピークになることがあるわけです。

今、次のような一文を示されたら、皆さんはどういう感想をお持ちになるでしょうか。

「落花の雪に踏み迷ふ、交野の春の桜がり、紅葉の錦を着て帰る、嵐の山の秋の暮、一夜を明かすほどだにも、旅ねとなれば物憂きに恩愛の契り浅からぬ、わが故郷の妻子をば、行方も知らず思ひおき、年久しくも住み馴れし、九重の帝都をば、今を限りと顧みて、思はぬ旅に出で給ふ、心の中ぞあはれなる。（後略）」

これは南北朝五十余年間の戦記である「太平記」の一節、俊基朝臣東下りの段で、旅路の地名を口調よく文章に織り込んだ有名な道行文。古今の名文のひとつとして、昔の学生はよく暗記させられたものでした。

しかし、今の私たちには、文章の形も、この一節にもうかがわれる敬神崇仏の思想も、はるかに遠い彼岸のものとして映るだけです。

言葉の美しさには、やはりその時代その時代の生活から出た感覚というものがあり、作品を読む場合は、常にそれら時間と空間のつながりを頭にいれておくべきでしよう。特に内外を問わず、古典に対しては。

「言葉」は世の中にたくさんあります。しかし、いつの場合も、ひとつの こ とを正しくいいあらわすのにふさわしい言葉は、たつたひとつしかないといつて過言ではありません。（どんなにごてごてと形容してみても、言葉をつくしたそれだけ、そのものの本質から遠ざかつてしまうことが多いのです。）

選ばれたただひとつの言葉――それがまさに真実である時、はじめてその言葉は、厳しい美しさをたたえて、私たちの胸をうつのです。

にごりえ

「たけくらべ」とならぶ樋口一葉の名作です。華やかな色街の女、菊の井のお力、そして、そのお力に迷つて家も身代も失い、あげくの果て、女を刺して自らも死んでゆく源七の姿が、彫り深く描き出されていますが、それと一しよに仇し女に夫をさらわれた源七の妻のあわれな風情が実に何げなく、しかも印象深く私たちの胸をうちます。その中の一節、貧にやつれて七つも年の多く見える妻お初が、夕方ふらりと性根が抜けたように帰つてきた夫を、心暖くもてなし、子供と一しよに行水をつかわせてやるくだりでは、

――お前さん、蚊が喰ひますから早々とお上りなされと妻も気をつくるに、おい〳〵と返事しながら太吉にも遣はせ我れも浴びて、上にあがれば洗ひ晒せしさばさばの浴衣を出して、お着かへなさいましと言ふ、帯まきつけて風の透く処へゆけば、妻は能代の膳のはげかかりて足はよろめく古物に、お前の好きな冷奴にしましたとて小丼に豆腐を浮かせて青紫蘇の香たかく持ち出せば、太吉は何時しか台より飯櫃取おろして、よつちよい、よつちよいと担ぎだす――

貧しい一部屋に、親子三人の姿が目に見えるようではありませんか。小丼の中に揺

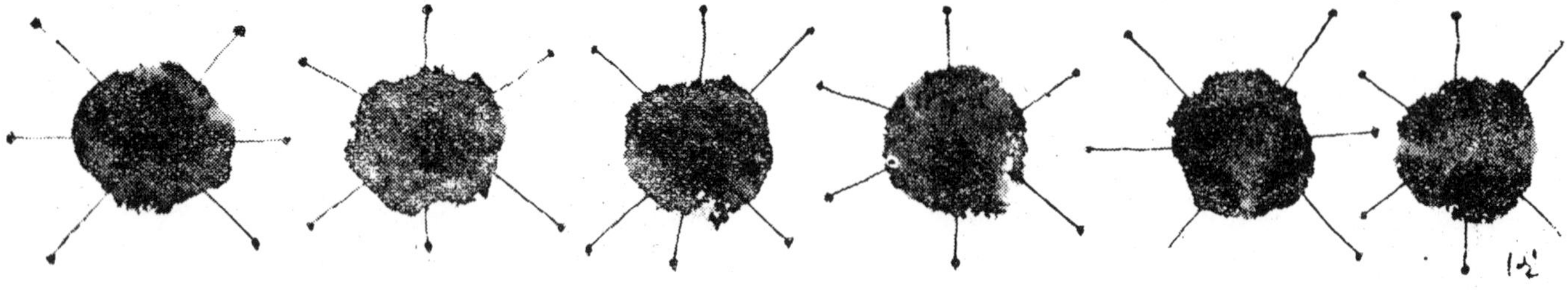

れる豆腐の白さ、添えられた青紫蘇の美しさもさりながら、その香まで漂うようです。

「お前の好きな冷奴にしました」という一言は、いうべき怨みの数々よりも、うちひしがれた夫を何とか力ずけようとする控え目なしかも強い願いを秘めており、またこの母に調子をあわせるかのように、大人の世界の悲しさを知るべくもない幼ない太吉が小さな体をそらせて飯櫃を運ぶ無邪気さが、一そうこの場のあわれを深めています。

高遠なる徳義

作者のヤン・ドルダは現代チエコの代表的作家の一人、一九一五年生れですから、今や四十才の働きざかりです。この作品はナチス・ドイツの占領時代の恐怖と、それに対する人々の抵抗の姿の一齣を描いたものです。

「高遠なる徳義」とは、その言葉が口癖の、ラテン語とギリシヤ語の教師のニックネームです。野暮な服装をしたあばた面の二十年勤続の老教師——彼がある日ラテン語の書取り試験をしようとしていると、ナチスの兵隊が、反独的言辞を吐いたと見られる三人の学生を連れていってしまいます。三人の学生はその夜死刑に処せられてしまい、狼狽した学校当局は保身のため、これら三人の学生のやつたことは正しくなかつたということを「高遠なる徳義」先生を通じて他の学生たちに教えこもうとします。「反独的なことを一言いつただけで、それはもう死を意味する時代でした。先生は大勢の生徒を前にして、どうしたでしようか。彼は口癖の高遠なる徳義を今こそ実行したのです。「三人の行動は正しかつた」彼ははつきりそういつたのでした。生徒たちは一瞬、席をたつてこの老教師に敬意を表しました——物語りはそこで終つています。

この作品の最も劇的な部分は勿論、最後のところです。しかし、別な意味で、人の心をうつのは、三人の学生が教室から連れ去られる情景です。

——この瞬間、ドアまで歩みよつた七年生のハヴエルカ、モウチカ、リシヤネクの三人は自分たちの運命の顔をまざまざと見た。ドアのガラス越しに、鼠がかつた緑の革外套（ドイツ兵士の服装）にくるまつた三人の男が、廊下の明るい窓のところに立つているのが見えたのである。モウチカはふりかえつて教室を見、哀願する眼でその全体を抱いた。それはまるで準備をしてこなかつたところへ凄い問題を出されて、級友に答を小声で教えてくれと頼んでいるかのようだつた。彼の額には大粒の汗が出ていた。最初の腰かけに席をしめていたフランタ・ハヴエルカはもう一度自分の席にかけより、おびえた、狂気に近い動作でインキの蓋をし、もうドアの把手に手をかけているリシヤネクのところへ帰つていつた。あたりを見わたすことも別れを告げることもなく。

彼らの背後にドアが音をたててしまつた時、あとに残つた七年生の一人びとりの背中を氷のような恐怖の爪が走りすぎた——

ここで読者は三人の少年たちを意気地なしと笑うことができるでしようか。歯切れのいいきびきびした文章は何よりも彼らが赤い血の通つた若い肉体と魂を持つていることを私たちに訴えています。そして読者はこれら少年たちにさしつけられた「死」が、いかに不合理であるかということをひしひしと感じないではいられないでしよう。

「オネエギン」「カルメン」「武蔵野」なども御紹介したいと思いましたが、紙数がなくなりました。見てくれのいい言葉が美しい言葉ではないこと、それを考えて多くの名作をじつくりと腰をすえて読んでいくのも楽しいことでしよう。

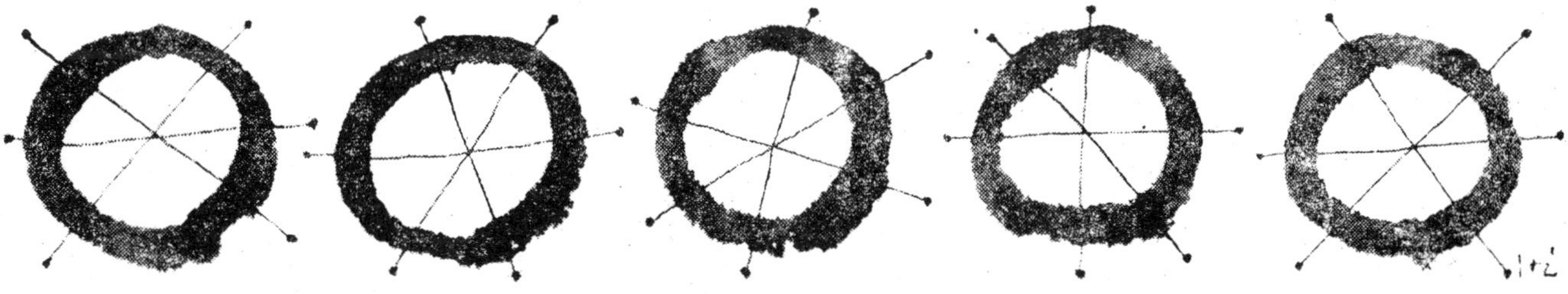

愉しく・新しく　その29

電話

中原淳一

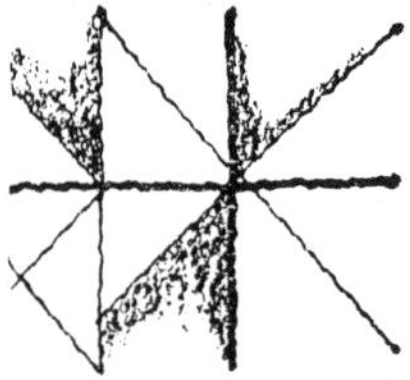

時々胸のすく様な気持のいい電話をきく事がある。そんな時はその日一日気持がよい。電話は相手の顔が見えないし、用件だけをぽつんと相手にぶつける様なものであるから、ほんのちよつとした一言で相手の気分を悪くさせたりするものだ。気持のいい電話は生活の明るさを作る。

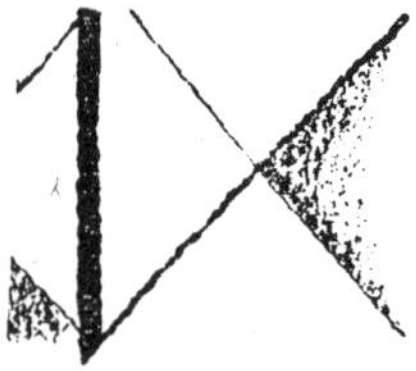

何時迄も後味のわるい音が耳から消えないことがある

ベルがしきりに鳴つている。仕事の途中でちよつと手がはなせないのだけれど大いそぎでとんで出て『はい〳〵』『××さんですか？』『いいえちがいますが』と云い終らないうちに―ガチャン―と切つてしまつた。

　こちらは別に悪い事をしたのでもなく、息せき切つて電話口までかけつけたのに『あゝそれは失礼しました』位は云つてほしいところだ。しかもこちらが―ちがいますが―と云い終らないうちにもう切つてしまうなどと云うのはもつてのほかで、そんな事なら『××さんですか』と問われた時にこちらがガチャンと切つてやりたかつた……などと一日中不愉快なものだ

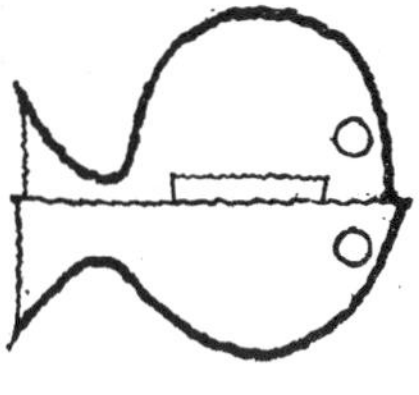

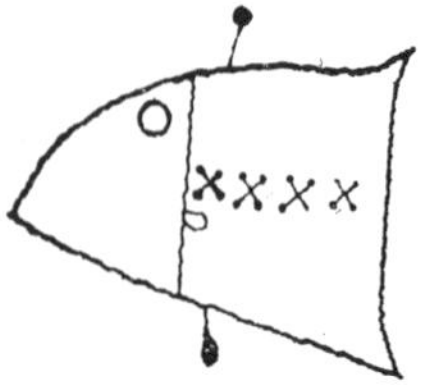

今度はこちらがどこかへ電話をかけて『△△さんですか』たずねたら『いいえ違いますが何番におかけになりました？』と相手は云う。非常に急いでいたのでつい―違うのなら―と大いそぎで切つて又かけなおす

　ところがかけられた相手になつてみれば急いでいるかどうかは電話でわかるはずもなくガチャンと切られた事でどんなに気持を傷つけられたか、ほんのちよつとした事の様で、やられた当人は『何番におかけになりました？』などと親切に云つた事までバカみた様な気になつたと思う。

『あつ失礼しました』この一言にそんなに時間はかからない。

電話では、どんなに急いでいても先方へはわからない

そんなに疑わしいならいらつして見てはいかがですか

『もしもし』『はいはい』『××さんですか……』『いいえ△△ですが…』『あれ！おかしいナ。じやあお宅に○○さんと云う人は居ませんか？』『いいえ居ませんけれど……』『じやあお米やさんじやありませんネ』『そうじやないんです』『へんだナアでは三三ノ一二三四番じやないんですか』『いいえちがいます』『じやあ何番ですか』『五六七八番です』『どうもへんだナ―ほんとうに××さんではないんですか……』とまるでこちらがうそでも言つていると思つているのか、いつまでも切らないで違つたところに電話がかゝつたのを不思議がつている。こちらもいら〳〵してくる。

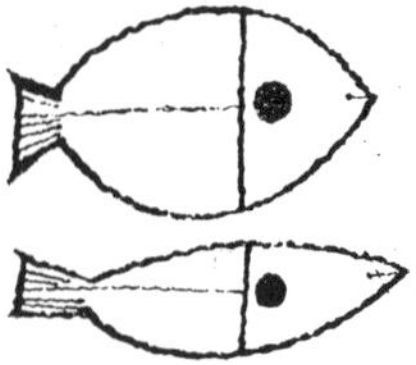

『もしもし。××アパートですか』『はーい』とうるさくて仕様がないと云わぬばかりに気のない返事をする。仕方がないから『おそれ入りますが、○○さんにちよつとお願いしたいんですが』とおそる〳〵たのんでみると『さあ、出かけたみたいですよ』と取ついで呉れそうもない。

　ほんとうに出かけたのかも知れないけれど、そのアパートは各部屋にベルが通じる様になつているはずであるが、そのベルをおして呉れた気配もない。切るに切られず『ああどうもすみません』などと悪い事でもした様にあやまつてみたが、後で聞いたらその時間に相手は部屋に居たそうだ。

不親切な人が電話に出るのなら電話がないとおんなじ

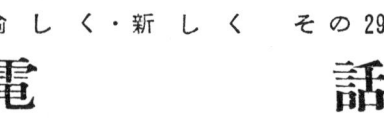

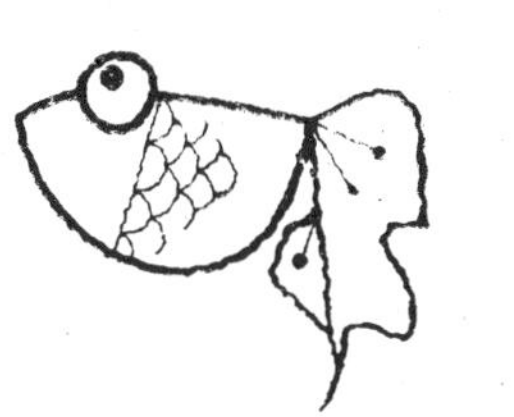

『□□さんのお宅ですか』『はいそうです』『御主人はいらつしやいますか』『どなた様でしようか』といつた応待が、電話口ではよくきかれるものだ。

御主人が居るかどうかときいているのにそれには答えないで—どなたですか—と云うのは、相手によつては居る事にするしいやな相手なら居ない事にするみたいであまりいい気持はしない。

しかしこれは自分の名前も先に云わないのが悪いので、当然『私は○○ですが御主人は御在宅ですか』ときくべきだろう。

言葉が足りなくて自分で不愉快になるのはつまらない事で、先に自分の名を云うのを忘れない様に。

まずかけた自分の方から名乗るのが電話のエチケット

〝頭かくして尻かくさず〟を地でいつたような電話嬢

『もしもし、××様でいらつしやいますか。あーらお母様でいらつしやいますか。私△△と申しますが、○子様はいらつしやいますでしようか……あらどちらへお出かけ遊ばしたんでございましようか……あらさようでございますか……まあさようでございますか……ちよつとお待ち下さいませ』そこでその部屋にいる誰かに大声で話している—ちよつとちよつと、○子さんいないんだつて……うん、どこ行つたかわかンないんだつてサ……お母さんらしいのよ……あのもしもし……お待たせ致しました。では○子さまがお帰り遊ばしましたら……こんなふうなのを最低の最高と云います。

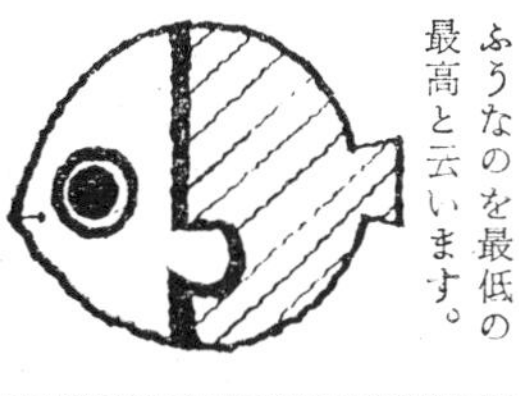

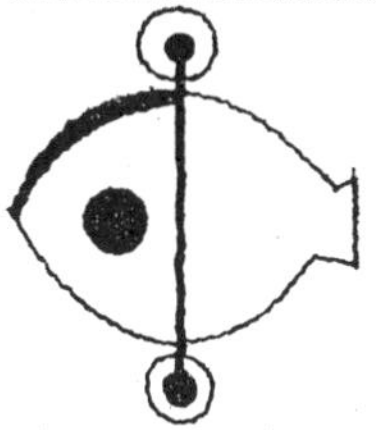

いそぎの用があつて電話をかけているのに何度かけてもお話中ばかりこんなのはほんとうにイラ〳〵するもので、どうにもならない事とはわかつていても腹が立つてならない。

又公衆電話で待つていると、長話のボックスの中の人がニコ〳〵笑いながら話していたりすると、口にこそ出さなくても心の中ではもうカンカンにおこつてしまう。

ところが当人になつてみると、さほど長い話でもなく、時間にしてみればほんの二、三分、でも待つている者には三十分位に思えるものだ。お互に電話は短く簡潔に済ませたい

待たせる方は三分待つ身は三十分

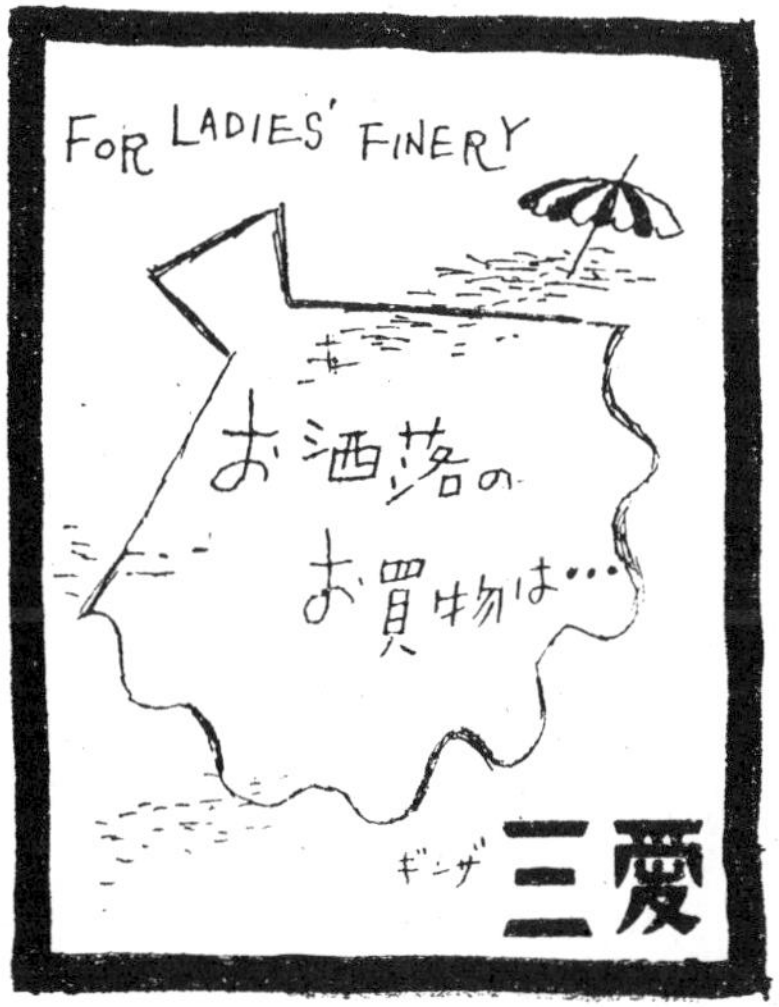

相手によりガラリとひようへん馬鹿丁寧のいやらしさ

『はい〳〵』といかにも—めんどうだ！—と云わぬばかりに少々荒々しい、そしてものうい調子で出て来る。『私××ですが』と云うと、急にガラリと変つた人間の様に『あー それは〳〵いつもお世話になつておりまして……』などと手の平を返した様にもみ手すり手と云つた調子。此も最低の感あり

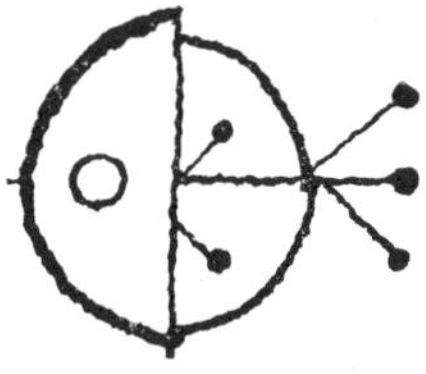

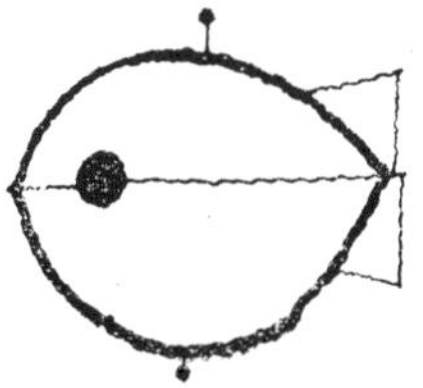

人なつつこい口調でこれと云う程の用でもない電話をかけて来る。—あらそう。まあ嬉しいワ……あらいやだ—じやあそれまでとつても楽しみにしてますワじやあサヨナラ—と云うが早いか相手はまだ一言くらい云いたいのにガチヤリと切つてしまう。最後が急に情緒がなくなるこんな人は口先だけ。

さも電話をかけなれたといつた実のないのも如何？

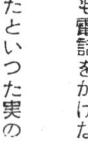

記録映画ブームは偶然ではない

去年から今年へかけて「砂漠は生きている」を始め、数々の長篇記録映画が上映されて来ました。目下上映中の「カラコルム」そして更に「沈黙の世界」と、まだまだこの記録映画ブームは続きそうです。こうした傾向は一体何を物語るのでしょうか？ また、記録映画はどんなふうに創られ、どういう点が現代人に強い魅力を感じさせるのでしょうか？

津村秀夫

あくまでも事実を素材として

日映新社の作つた「カラコルム」というヒマラヤの氷河地帯の調査探険映画は、戦後の日本から生まれた記録映画の中では秀逸のもので評判になりましたが、然もこれは色彩映画なのです。「カラコルム」のほかに、外国の作品ではイタリアの「失われた大陸」（色彩）があり、去年は「青い大陸」（色彩）という海底探険のドキュメンタリ・フィルム（記録映画）も出ました。「緑の魔境」（色彩）という南米の奥地を描いたものも出たし、アメリカのウォルト・ディズニイ・プロダクションの「砂漠は生きている」や「滅びゆく草原」、「水鳥の生活」なども公開されました。この夏にはフランスの「沈黙の世界」と、英国の「大沼湖」も出ます。

この中で、アメリカの作品は真実の記録ばかりとはいえず、部分的にはセット内での撮影と思われるものもあり（リスや野ネズミが地下の巣の竪穴を上下したりする描写その他。リスと他の動物との戦いなどもそれ）、「失われた大陸」や「カラコルム」とは違う点がありますが——しかし「砂漠は生きている」もやはり、広い意味では記録映画の部類に入ります。普通の劇映画とは全く違つて、記録撮影の部分が中心になつているのです。

そのほか日本の作品では広島や長崎の原爆症の不幸な人々の生活を描いた「生きていてよかつた」という佳品もあれば、「絵を描く子ら」、「佐久間ダム」のような教育映画と呼ばれる種類の記録映画もあります。

「カラコルム」や「失われた大陸」、又は「青い大陸」、「緑の魔境」のように——ある特定の探険隊や調査団もしくは旅行者群、そのグループの足跡に従つて、ドキュメンタリ・フィルムを作つて行く方法に対して、教育映画や文化映画（Kulterfilm クルテュア・フィルム）というものはどこが違うのでしょうか。

「カラコルム」や「失われた大陸」のような物は日本では普通に長篇記録映画と呼び、教育映画と呼ばれるものとは区別されています。

カットは「カラコルム」の一シーンより

文化映画はドイツで第一次大戦後に創造されたクルテュアフィルムの直訳ですが、このドイツの文化映画の特色は何よりも科学的だつたことだといえます。

戦後の日本の教育映画は、主として小学生から高校生に至るまでの未成年者への社会教育的な色彩を強くしています。それは戦後の教育映画というものが主として、全国の学校組織に対して働きかけているからです。「絵を描く子ら」や「佐久間ダム」のように大人がみても結構おもしろく、また大人の社会教育として役立つものもかなりあります。

これに対して、戦前の文化映画は映画法という法律によつて、強制的に常設映画館で公開されていたので、最初から大人も未成年の子供たちをも含めての観客を勘定に入れた企画であつたわけです。

だから戦後の教育映画と称するものは、あらかじめ想定された観客層というものが、戦前の文化映画の場合とはちよつと違うといえましよう。だから児童のための劇映画として作られた教育映画さえもあれば、影絵芝居の教育映画もあります。

しかしドイツで戦前に発達した文化映画や、日本で戦前に作られた文化映画はみんな記録映画の手法によるもので、俳優を使い、あるいはセットを使つて一定の物語を描くものではないのです。

これらの記録映画は（「カラコルム」や「失われた大陸」、「青い大陸」などを含めて）、根本的に「二十四の瞳」や「夫婦善哉」や「浮雲」のようないわゆる劇映画とは違う形式と内容を持つています。

そして、現代人のためには、劇映画も無論必要だし、記録映画も必要なのですが、それらの違いは映画を作る作り方の違いばかりでなく、内容的にも目的がかなり違います。作り方からいえば、記録映画はあくまで、事実を素材にして作りますが、その違いを次ぎに考えてみましよう。そうすることによつて、記録映画の価値や美しさをより一層はつきりさせましよう。

事実を尊重せねばならぬ宿命

事実の世紀、という言葉があります。これは二十世紀はもうフィクション（虚構）を入れた物語、すなわち小説文学や劇文学のみでは満足できない時代であり、また、いわゆる劇映画ばかりでは満足できない世紀でもあるという意味です。

文学の方でも記録文学とか、ルポルタアジュ文学（報告文学）とかいうものが、すでに一九三〇年代から世界的に盛になりましたが、これと平行して写真によるルポルタアジュ・フォト（報道写真）が盛になりました。現代人のリアリズムがあらゆる知的生活や芸術鑑賞の分野で尖鋭化してゆき、事実の尊重という観念が進んで行つたわけです。

ということは一つの理由として第一次大戦の影響もありましよう。第一次世界大戦で二十世紀初頭の世界は（特にヨーロッパ）大きな変革を受けましたが、それは社会生活全体としてもそうですが（たとえばロシア革命とドイツの国家主義革命など最大の変化）、欧米の個人生活にも大きな変化が現れました。然もそれがまた約二十年後には第二次世界大戦

映画「カラコルム」をみて

向井潤吉（画家）

「失われた大陸」の演出の、少々むき出しになり過ぎたのに比べると、「カラコルム」はまつとうな記録であり、控え目に淡々と撮影されているだけに、切迫して来る力が強い。そして単なる観客として遠くから眺めるというようよりも、むしろ探険隊の一人に加わつて、共に歩いて行くような息苦しさを覚える。或いはいつの間にかカメラの眼になつたようにも錯覚されて、砂漠の強風や、氷河の冷酷さが痛いほど伝わつてくるのである。それに現実の状況はギラギラとした光と色と思えるが、カラーフィルムの、清冽な水をくぐつたような落ついた調子のために、不思議な美しさが詩をさえ連想さすのである。白黒の画面では、あのマザリシヤリフの回教寺院のサラセン趣味のモザイクの綺麗さも、カープルの町の屋並のトボけた構成の味も、怖ろしい氷河の裂け目もああまで、ひきつける撓やかさは出なかつたろうと思われる。あの無人の草原に、古城に、渓谷に、一人大の字に寝転んでみたい誘惑を感じたのは私だけの妄想であつたろうか。

を招いたのです。その二十年間にも常に世界のどこかで戦争が行われていたものですが、エチオピア戦争、スペイン戦争、支那の内戦などは特に有名であります。満洲事変以後の支那事変も随分長い戦乱でした。その結果また第二次大戦に突入したのですから、二十世紀という世紀の前半は世界大戦で明け暮れしたようなものでもあります。これだけの文明の破壊が二度も行われると、その混乱は社会生活にも個人生活にも大きな影響が与えられます。

二度の大戦でひろくいつて人類の生活が脅威を受けたように、その戦争の余波がまた大きかつたのです。然も二十世紀はまた科学の世紀でもあります。科学の発達が恐ろしく伸びて行つた世紀であり、その科学の発達が二度の世界大戦と結びついたところに、この世紀の怖ろしさがあるといつてもよいでしよう。

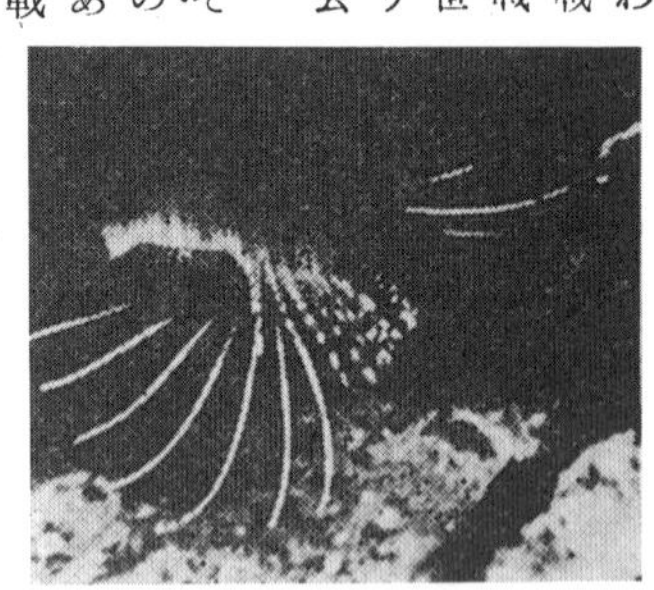
カットは「沈黙の世界」より

然も、もつと怖ろしいことは、その科学の発達が他の精神文化の発達との間にバランスを失つたことです。たとえば政治というものは人類の精神文化の中では大切なものですが、（これによつて人間生活の幸福の基礎が築かれる）――その政治が最もおくれているのが二十世紀の特色といえましよう。

科学文明とか機械文明とかは、もとはといえば人間生活を幸福にするために人間が創造したものです。科学も機械主義（メカニズム）も人類か幸福になるために作つた道具であるべきで、それは十九世紀ではまだ人類によつて道具として、手段として使われていたのです。まだ人類はこれをコントロールしていました。ところがその道具たるべき機械文明があまりに発達したために、今度は逆に人類の方が道具に使われるような有様――というと語弊があるが、少くとも機械文明や科学の発達を持てあますような時代に突入したのです。逆に、それに影響されるようになつたのです。

それが端的に表われているのが、今日の原子力時代です。

世界の政治文化が、このアトムというものをうまくコントロールできるかできないか、という人類の運命に取つて重大な危機に直面したわけです。こういう時代であり、こういう世紀だから、事実というものが尊重されるのは当然のことでしよう。それは何も原子力時代になつたからではなくて、今日の危機にくるまえの約三十数年間ですら、すでに世界大戦を二つも数えているのですから、前にものべたようにどうしても事実を尊重せねばならぬ宿命にあつたといえます。

未知の世界が展開することが……

人類生活が大いに変化しつつある複雑な時代、そういう奇怪な時代だからこそ、個人の体験記録も報告文学も尊重され愛好されてくるわけですが、――更にこういう時代を迎えると、その発達した科学文明と機械文明を以て、人間の集団が組織的に世界の未開地を征服しようという欲望もまた盛になつて来ます。この地球の中の未知の世界をさぐろうとします。

「カラコルム」のような未開地の生活を描いたり、文明をはなれた大自

「滅びゆく大草原」をみて

内田清之助（農博）

去年と今年は動物の記録映画がはんらんし私が見たものだけでも二十一本もあつた。これらの映画はいずれもやかましい輸入のわくを突破して入つて来るのだから、相当優秀なものが選ばれているわけなのである。

そのうちどれが一番よかつたかというと、何といつてもディズニーの「滅び行く大草原」を筆頭にあげざるをえない。

この映画のみどころとしては、野牛の大群、オオツノヒツジやエダツノカモシカの生態、またプレーリー・ドッグという地下に長いトンネルを作つて住むモルモットの類の活やくが異彩を放つ。

処でこれらの動物は、映画では沢山に群れて活やくするが、いずれも今では非常に減つて、その運命のあまり長くない種類である。「滅びゆく大草原」という題名は彼等の悲しい運命を暗示する。製作の意図もそこにあるのであつて、この映画はそうした珍奇な動物の記録を残したという意味で注目すべき作品である。

「青い大陸」をみて

檜山義夫（水産学）

「青い大陸」は記録映画といえるでしょうか。もちろん、アラビアの海に、海の生物の標本を採集しに行く学者たちの旅行を記録するように編輯してありますが、ただ丹念に日記のように撮つた映画ではありません。記録映画風にするように、むしろ撮影のために、この採集旅行は計画され、撮影されたものが、わざとらしくなく、たくみに編輯されたものと思います。

美しい海底の珍らしい風景、奇妙な習性の魚やイソギンチャクの生活。それだけでも何十カットもあるこの映画は、いうに一時間も退屈させないだろうに、学者たちの小さい探険船での生活や、アラビア土人の踊りや奇習を、その間に巧みにまぜて、うまくカクテルに作つています。この学者たちは役者たちです。探険はロケのようです。

ほんとうの探険は、こんな美しくて面白い撮影をやつてもらう暇や余裕はなく、ギリギリの経費と日時で、もつぱら「知ろう」ということに努力が払われ、「見せよう」とはしません。

然の秘境を映画によつて報道し、表現しようという風な欲望もおこります。それを色彩映画によつて鑑賞しようという人類の欲望があるからこそ、こういう大自然や未開生活の記録映画が創造もされるわけです。昨年公開された「エヴェレスト征服」という秀でた記録映画もそれです。「青い大陸」のように知られざる海底の秘密も映画という文明の利器によつて報道され、ルポルタアジュ映画となつてわれわれに驚異を与えます。

東南アジアの島々はかつての太古は大陸であつたという学説があるそうですが、そこから「失われた大陸」という題名も生まれたのでしょう。その東南アジアは欧米人には無論のこと、東洋人にすらあまり知られていない未開の自然と人間生活を含んでいますが、それをあの記録映画は展開してみせるのです。

「青い大陸」、「カラコルム」、「失われた大陸」、「緑の魔境」などは、それぞれわれわれに取つて未知の世界、未知の事実を報道してくれます。これらは広い意味でいうと一種の探険映画的性格を持つています。あるいは旅行映画、紀行映画的性格を持つたものといえるでしょう。

それはつまり、撮影隊自身が知らない世界を探ぐりつつ、自身のカメラでわれわれに報道してくれるわけです。

そしてこれらの中で「失われた大陸」のみは別として、他は何れも探険隊または調査団の主目的が別にあり、その調査団に附随する撮影隊が製作したものであつて、最初から営利目的のために製作されたものではないところに、むしろ貴重な価値があります。いわばそれらの記録映画は一種の副産物といえましようが、それだからこそまたアメリカで作られた「砂漠は生きている」とは異る性格を持つているわけです。

「砂漠は生きている」もアメリカの砂漠地帯に棲息する動物の生態を描き、そこに未知の世界が展開することが最大の魅力であることは同じであるとしてもここには最初から映画館で見せるという営利的計算がひそんでいます。然も、これは子供に見せても理解され、かつ面白いように物語的趣向がほどこされているので、どうしても事実の記録のみによる構成ではないわけです。だからあのリスに関する描写の如きは、まるでウォルト・ディズニィの漫画映画のキャラクタア（登場人物や動物の個性）を思い出させるほどの擬人的演出がほどこされていました。

記録映画の価値はあくまで事実を撮るということで、そこに作為や虚構が入つてはいけないのです。その意味では記録映画としては「カラコルム」や「青い大陸」や「失われた大陸」の方が純粋であります。「砂漠は生きている」はその点で面白くしようとするための作為があつて、好ましくないのですが――しかしディズニィはそのために「砂漠は生きている」に別種の魅力を与えています。それは前述の通り、子供にも興味があり、わかり易いという利点であり、砂漠に登場する小動物たちを使つて一種の童話的世界を構成しているからです。記録映画としては一種の邪道といえないこともありません。が、しかし映画の目的が「カラコルム」や「失われた大陸」とは違うのです。だから、一種の独

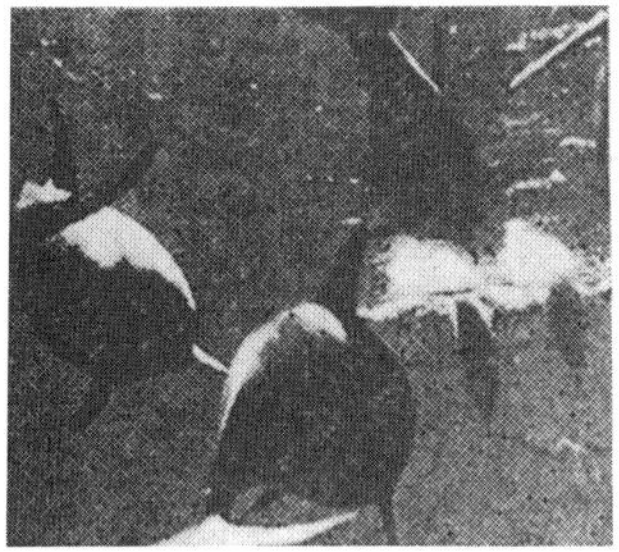

カットは「沈黙の世界」より

創的な形式をも創造した点をみとめないわけには行かないでしよう。つまり小動物たちの生態を描きながら、それらがまるで物語中の役者のような感じを与えているのは、やはり非凡な点であります。

劇映画では味あえない独特の妙味

「緑の魔境」の中にも南米の奥地の湖畔に住むある男の生活を描いた部分で、あきらかな作為、つまり真実の記録でないものがありました。回想的な描写に、はつきりした虚構がありました。あの作品は記録映画としては、全体の主題もはつきりせず、また冗漫な点もあつて優れたものとはいえなかつたのですが――しかし河の中で牛がたちまち小さな猛魚の大群にかみつかれて肉をそぎとられ、見る見るうちに白骨となつて行くありさまは凄惨そのものであり、正に記録映画の迫真力であつたといえましよう。そのリアリズムの怖ろしさを感ぜしめるものがありました。ああいうのが記録映画独特の妙味といえる点で、劇映画では味あえないものといえます。

また「失われた大陸」の中のタイの尼寺で、尼さんがタイの娘の髪をカミソリでジャリジャリとそいで行き、尼にする儀式をする場面がありましたが――ああいう録音効果もまた記録映画の独特の味といえます。同時にジャワの火山の火口で原住民の庶民男女が群つて祈りをささげ、火の山の神に捧げるイケニエとして動物を火口に投げ入れる瞬間の描写も一種の凄味がありました。ああいう場面の迫力とか凄味というものこそ、つまり記録映画独特のリアリティ（真実性）といえるのです。

あなたがたが写真を撮つてもらうと、自分の顔ではあるが、どうも自分の顔とは思えないような写真ができあがることをたびたび体験したでしよう。自分の顔がこんな感じを与えるかとふしぎに思うことすらあるでしよう。写真は真を写すというがあてにならないので、ただ自分の顔を撮つたからといつて自分の顔のリアリティが必ず表現されるとは限らないのです。

映画もフォトグラフィを基にする表現の手段ですから、同じことで、事実を写したからこそいつも必ずその事実の真実が表現されるとは限らないのです。写真でも映画でも、ただ事実を写せばよいというものではなく、写しかた次第では対象の真実性（リアリティ）がかえつて表現されない場合もあります。

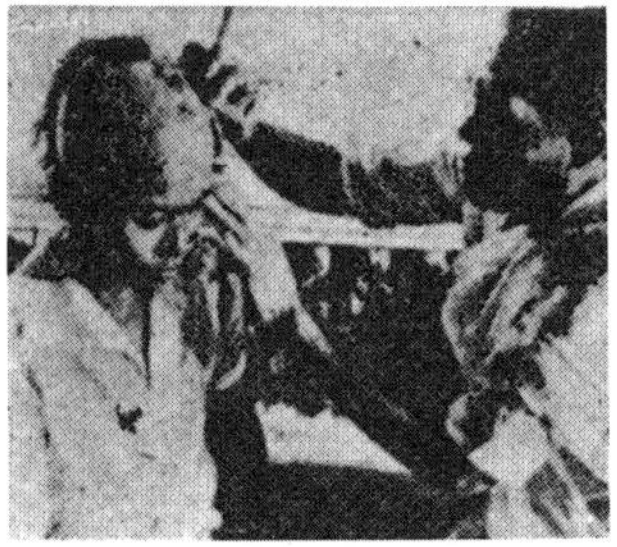

カットは「失われた大陸」より

一つの場面ですらそうですから、ましてカラコルムの氷河地帯の偉大で凄絶な大自然を記録映画で表現するとなると、やはりそこには表現技巧というものが大切になります。その撮り方次第では氷河地帯の自然にある崇高な感じを与えることもできるし、また大自然の恐怖のみを印象させることもできましよう。要は撮影者や映画監督が大自然から受けた感動がどんなものであり、それを巧みに表現し得たかどうかによつて、同じ対象からも違つた印象を人々は受取ることになります。

更にまた長篇記録映画になると、撮影断片をいかに整理し編集するかという手腕によつても随分と違つた作品ができあがります。たとえば「失われた大陸」にしても、あれはタイやマライやジャ

「失われた大陸」をみて

増沢健美（音楽評論家）

迫真性という点でいわゆる劇映画からはえられない深い印象をうけました。東南アジア諸地域における生活、宗教、文化などについて原始的な姿がそのまゝ素材として提出されていて、映画製作者の主観的な解釈が加えられていないところに、われわれが種々のことを考える自由さが残されています。

この映画をたゞ美しい珍奇な記録映画としてみたり、シネマスコープの技術に感心したりするよりも、われわれの人間性の本然の姿をふり返つてみること、そこにこの映画のねらいがあるのではないでしようか。

興味という点からいえばどの場面でも、それぞれのおもしろさに引きつけられますが、私の仕事の立場からみれば、三人の少女が踊るバリ島のガメラン音楽や、ボルネオのダヤク族の剣の舞のリズムが、特に興味のふかいものです。慾をいえばこういう民族音楽をもつと採り入れてほしかつたと思います。

ワのむしろ伝統的な習俗や儀式を描いたもので、原住民の生活もなるべく庶民的で貧しい、素朴な生活が選ばれていましたが、その代り東南アジアがかつてはヨーロッパ各国の植民地であつたという一面は案外に描かれていないのです。植民地から民族意識にめざめて独立した国、それだけに政治的にも経済的にも苦難に直面している今日の現実にはふれていないわけです。あの作品の主題がそこになかつたから、それはそれでよいようなもの――しかしまたあの作品をみて、単純に今日の東南アジアがああいうものだと速断する見物もないとはいえないと思われます。

その意味では、記録映画の鑑賞には、その作品の編集技術や解説者のナレイションの内容が非常に強くひびくものであるか、――いかに大切なものであるかが諒解されることだと思います。

記録映画は一般的にいえば大自然やメカニズムや、社会の組織や風俗や、すべて人間生活の外面を描くのが主目的であり、これに対して劇映画はフィクションを盛るし、ロケイションも行うと同時にステイジの中に作られたニセモノの建築や市街の模型を使い、職業俳優も使用します。しかしその主目的が見物に物語的興味を与えると同時に、また人間生活の内面的、精神的世界を表わすのが眼目であります。記録映画にも人間生活は出てくるが、それらの内面の個性的世界は描くことはできないのです。

従つて記録映画には人間の会話というものが全くないとはいえないが、かりにあつてもそれは劇映画の場合とは性質が違います。劇映画は複雑な物語的構成を持つと同時に、人間の言葉、その会話を豊富に持つことによつて心理的表現を行います。

たとえば「生きていてよかつた」にも、原爆症患者やその母や、ケロイドの娘などの直接語る言葉がかなり出て来ましたが――記録映画で素人に喋らせて成功したこれは珍しい例であります。しかしこれは劇映画のような内面的表現とはいえないものです。これらの人々は、現場に監督にきかれるままに答えていますが、スクリーンをみると、人々が観客に訴えるような、見物に向つて自分の心持を独語的におずおずと、つつましやかに語つているような形になつています。

しかし、これらの人々の言葉は説明的ではあつても、胸の中にある真実を何の飾りも見栄もなく卒直にぶちまけているだけに、映画をみる観客に強く訴えるものを持つていたのだと思います。

「生きていてよかつた」が記録映画として優れているのには色々の原因もありますが、一つの理由はあれらの素人にうまく独語させた点にあると思います。

（七月十日）

（筆者は映画評論家・アサヒカメラ編集長）

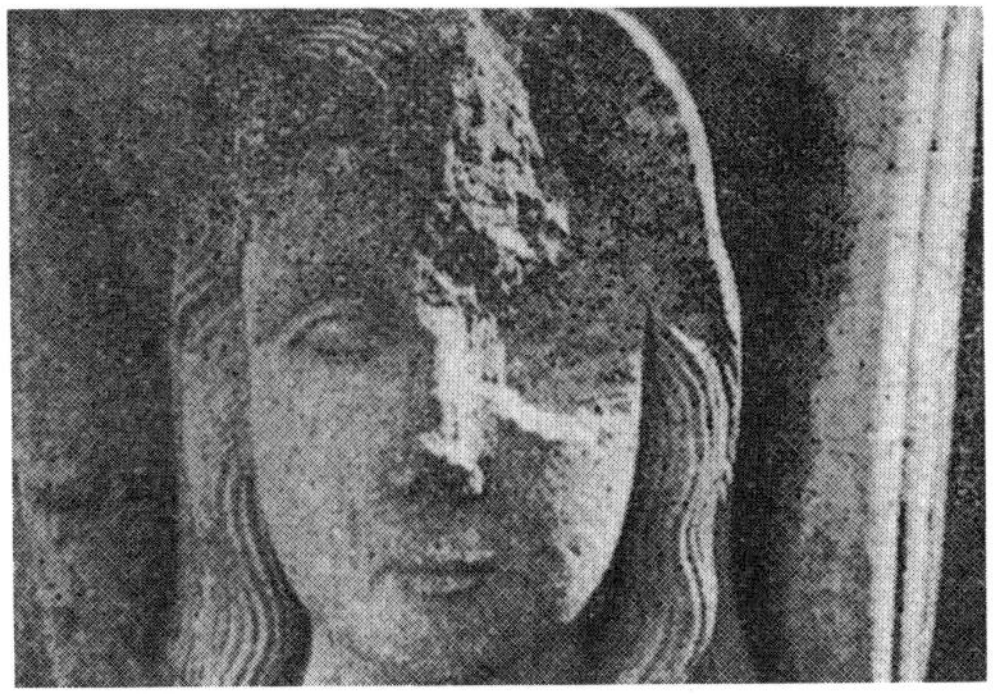

「生きていてよかつた」のタイトル・バック　爆心地、長崎市浦上天主堂の女神像。そぎとられた頬は、原爆に傷ついた人々の、悲しみと怒りを象徴する

「生きていてよかつた」をみて

勅使河原蒼風（草月流家元）

私は映画をみに行くと、たいがいイネムリをはじめるので、女房はいやがるのだが、イネムリしたくなる映画が多すぎるのだ。

ところがこの映画ばかりは、それどころではなかつた。終始緊張のしつ放しであつた。

映画にこれほど感動したことも、多くのことを教えられたことも今迄になかつた。けだしドキュメントの強さであろう。

原爆の残酷さを、一般の人々はよく理解していないし、広島や長崎のことも忘れかけているときこの映画の社会に果す役割は大きいし貴重であろう。

被害者の方たちは、とうていわれわれが想像の出来ない苦しみを毎日味あわされているのだろうが、よく思い切つて映画に出られたと思う。非常に感動した。

日本国内は勿論のこと、外国にも広くこの映画が公開されることを望みます。

言葉のアンテナ

白娘（パイニャン）

去る七月三日西ベルリン映画祭で銀賞をもらつた東宝映画「白夫人の妖恋」で白蛇の精、白夫人にふんする山口淑子の髪型を白娘（パイニャン）スタイルといいます。

この髪型の原型は中国宋代のもの、これは十五世紀のヨーロッパに移入され、貴婦人の間でホース・テール（馬のしつぽ）と呼ばれて流行したのです。パイニャン・スタイルはこれに日本的な味を加え近代化した形です。

フランスやアメリカのファッション界は和服や支那服からヒントを得た東洋調が目立ち、カラカサ、染抜きハッピ、ゆかたなどに昨今人気が集つています。

またメイキャップも目尻を切れ長につり上げ、眉毛も細く三カ月型になるなど東洋調流行の折から、東宝ではこのヘアー・スタイルを世界に流行させようと大いに力コブを入れているということですが、さていかがなものでしょうか。

録画テープ

テープ録音技術の発達しなかつた頃のラジオの悩みを覚えていますか。本番でトチルとそのまま放送されるし、放送時間に出演者を集めなくてはならないので、時間のヤリクリのつかない人気スターなどはお手あげ等、ことにその放送をも一度くり返したり、町の声を録音してきて、自由に編集して電波に乗せるということなどは不可能に近いことでした。

ところがいまのテレヴィがこの当時のラジオと同じような悩みをもつているのです。

スポーツ放送など、絶体の魅力をもつテレヴィですが、その興奮を二度味わおうと思つても後には何も残らない。これでは不便だとテレヴィと同時にフィルムに収めるキネスコープや、映画に撮つたりしているのが現状です。

ところが最近米国のアンペックス社でテープに録画する機械が発明されたため、これらはフィルムを使わないでテレヴィで見た画面の再現も可能になりました。

ツグミ作戦

ことしの五月五日からはじまつて八月末までに十数回行われたアメリカの水爆実験の呼び名です。

ツグミ作戦（Operation Redwing）のレッドウィングはツグミの一種ですが、赤い翼という意味もあり、水爆の火の玉が赤く翼に拡がつているところからこの名前がつけられたのでしよう。またツグミ作戦の一つ一つ宛にはインディアンの種族名がついています。

日本では台風第一号、第二号というように通し番号をつけるのが好きですが、アメリカではは怖ろしい台風でもキティ、キャサリンなど優しい女名前で呼ぶシャレッ気をもつています。同じように核実験でもそれぞれに面白い名前をつけています。

一九五二年十一月一日、エニウェトクの第一回水爆実験はアイヴィ（つた）作戦、ビキニ水爆実験はキャッスル（城）作戦、昨年春の国内ネヴァダの原爆実験はティー・ポット（茶びん）作戦など…

集団指導

個人の考えで指導されている国が、いわゆる独裁国といつて、いまはほろんだナチス・ドイツ、ファッショ・イタリアなど、ヒットラー、ムッソリニーにひきいられていて一時は盛んだつたものの、いまはあとかたもありません。これらファッショ国に対しては米英のような国、いわゆるデモクラシーの国家があります。ところが、ソ連は共産主義という国柄でありながら、かつてはスターリンという個人に指導され、その思いのままに動かされていたので独裁国も同様な有様でした。それが彼の死後、共産党の第一書記にはフルシチョフ、首相にはブルガーニン、また軍部にも指導者をおきこれらの合議、すなわち集団指導と変りました。それればかりかかつては神だつたスターリンのおかした悪事まで暴露している騒ぎ。なお自民党でも三木武吉が死んだあとは集団指導で行くそうで、どうなるとこの方法も、強い一人がいない証拠ともとられます。

言葉のアンテナ

美人会議

井戸端会議を皮肉った言葉ではありません。世界各地でいろいろある美人コンテストの総元締のような「ミス・ユニヴァース」選出は、毎年米国はカリフォルニヤ、ロングビーチで行われ、百カ国近い各国のミスが一堂に会してその年の美女NO1を競うのが習わし。かつてはミス日本で別名ミスシルクの伊東絹子さんが第三位に入選して、日本に美人コンテスト・ブームとファッション・モデル全盛期をもたらしたことは有名です。

これは元来、映画会社ユニヴァーサルの宣伝事業でしたが、単に肉体美を競うだけでは意味がない。なごやかな女の平和会議にしよう。それには体ばかりでなく頭も態度も全て万点という代表をというので、今年からインターナショナル、ビューティ・コングレス(世界美人会議)と名づけられました。日本からは福島県の馬場祥江さんがこの会議の代表となりました。

ボナンザグラム

ボナンザ(Bonanza)とはラテン語からきた言葉で「大当り」ということ。

これは一昨年米国の新聞ではじめられ、いまや世界各地から解答が集まるという大評判クイズ。考案者はナナ通信社です。このクイズはところどころ虫が食ったように欠けている文章が問題として出され、解答者はそれに適当な文字、言葉をあてはめるという仕組。正解者がないと次の問題に前の賞金が加算され〝大当り〟になってくるのです。それほど難解なのもこのクイズの特徴でしょう。答はもっともらしく大銀行の金庫に収まり、それを運ぶときは武装警官まで出る騒ぎ。この人気、物真似上手な日本でどうして見逃しましょう。新聞では六月から読売が日曜クイズ(三万円)産経時事のサンケイ土曜クイズ同じく(五万円)雑誌では七月から週刊朝日のボナンザ・グラム(五万円)、と続々お目見得。読売の分は七月に十五万円までなった時若い女性が当ててしまいました。

ピラニヤ族

映画「緑の魔境」をみた方は御存知のはず。南米はアマゾン河に住む小鯛の如き魚がピラニヤ、何しろこの魚の歯は土人がおろし金の代用品に使うという鋭いもので、河にうっかり入った人間、動物はたちまちこの大群のために白骨と化すという恐ろしい魚です。

日本にも、物好きが輸入して東京のあるデパートにいますから実物も見られる訳ですが、ピラニヤ族ともなると相当ウヨウヨいるのを案外見逃しているのではないでしょうか。

えっ？太陽族なら知ってるけど、そんなの知らないって、ピラニヤ族というのは、たちまちピタリと友達によりそい、たかって骨までしゃぶってしまう『タカリ屋』の別名。昔から親のスネをかじるなど申す通り、もっぱら親にたかっていたのが、最近では文明の進歩？で友達などにたかるのが増えてきました。ギンザなどでこの大群に出逢ったら命取りです。くれぐれも御要心が肝要というわけ。

減点法

満点から、わるいところがあるに従って点を減らして行く方法――というとなにが何だか判らないでしょうが、学校の成績のように答案に何も書いてないと零点、よくなるに従って十点になるという方法の逆をお考え下さい。そんな方法をどこの学校がやっているか？と不思議がる方もあるでしょう。いま行われているのは主にスポーツ、例えば馬術競技の大障害のように、障害を一つ落すと何点、落馬、時間超過と失点が決められているのはそのよい例です。またメルボルン大会で個人優勝を期待されている体操なども減点法で十点満点のいくつかの種目の合計で優勝がきまります。チームではソ連が九・五点以上の実力があり優勝候補、個人では小野、竹本(男子)池田、田中(女子)ことに小野の鉄棒、田中、池田の平均台など種目個人優勝は大いに希望がもてます。平均台など落ちると一点以上の減点で優勝はおぼつかなくなります。

各種学校案内

あみもの

生徒募集

昼間部	本　科 師範科	三ケ月毎日隔日共 9時～4時
夜間部	本　科 師範科	四ケ月隔日のみ 6時～9時

☆本校は一般講義の他、技術については個人指導に意を注ぎ親切丁寧にお教え致します。
☆斯界の権威にある講師を迎えて毎月1回以上特別講義も行います。
☆卒業生には社会進出の便宜を計ります。

東京都千代田区富士見町2の6

萩原編物服飾学院

電話（33）2390・2990・5983

講習科・昼夜間
本科・師範科

学則〒18

日本・西洋・中華・菓子各科・専門教師担当

お料理……専門……学校

国際クッキングスクール

昭和四年創立・施設完備

ICS

東京 渋谷
道玄坂上東京瓦斯教場　電話渋谷（46）八三五〇
桜ケ丘96桜ケ丘教場　電話渋谷（46）一二一四

十月生募集！（午前・午後・夜間・中卒組 高卒組有パートタイム可）

東京都認可　◉やさしいわかりやすい洋裁学校

第一校舎を含めて十四教室を有す。最優秀教師陣を誇る都下有名校　寄宿舎完備申込順受付

東京ドレスメーカー女学院

本科・師範科・編物科・和裁科・料理科有

東京クッキング女学院 附設

洋裁学校教員認定証交付・学割有

八円切手三枚封入申込めばシルエットニュース・学校案内書贈呈

通信教育部有（自宅に居ながら勉強出来る わかりやすい洋裁通信教育）

東京都北区王子駅又二三　電話（91）五七二七・五七九八

指導

日本通信美術学園

顧問　田中比左良
園長　磐前半五路
講師　玉井徳太郎
同　成瀬一富
同　伊勢田邦彦

東京都豊島区池袋2の983のR号

さしえ指導

スタイル画も上達します

入門された方にさしえ技法の美しい教材を送りあなたの作品をちょくせつみて温かい批評ときびしい採点でこんせつに指導する芸術的才能通信教育です。すぐれた才能の人を挿画家としてデビューせしめます。

◉ハガキで申込めば『入門案内書』送呈

（案内書の内容）器用だけでは上達しない▼井の中の蛙となるな▼ハナミズ便り▼学友山をゆく▼日美から出た新人挿画家▼すべてが美しい▼学友作品誌上展・その他

生徒募集

本科・研究科・師範科（昼夜間・日曜）

学校法人　筒井学園

広島高等洋裁女学院

院長　海見綾子

広島市八丁堀一一　電話中(2)一三五七

藝術人形

自宅製作 通信講座

会員募集

全国一万余の会員と五十余の支部を持つ、本邦最大の人形通信指導機関に入会すればどんな素人でも短かい期間にフランス人形、さくら人形、日本人形及芸術人形が面白い様に出来、資材の提供製品の買上も確実。人形指導者として免状を授与し収入多大の婦人の最高尚職業家となれる。

—目下新学期生徒募集中—

ハガキにて申込次第美しい人形の写真入入会案内書無代進呈

東京都豊島区千早町四

日本芸術人形協会

電話（95）四六三一・一五五七

黒い花の花弁のような

高峰秀子さんのドレス拝見

「二十四の瞳」「浮雲」で、高峰秀子さんがその年（昭和二十九年度）の女優賞をひとりじめされてから、すでに二年。最近作の「妻の心」でもそうでしたが、一作ごとに深みを増していくような、その独特な〝人妻役〟のパーソナリティは、いまや、日本映画の大きな魅力の一つとなつて来た感があります。そうした役柄の円熟と平行するように、松山善三氏との結婚生活も、最近はすつかり板についたとでもいうか、とかく華やかなものになりがちな映画スターの家庭というよりは、ずつと地味で堅実な妻の座の幸福をたのしんでいられる高峰さんでした。

「なんとなく以前から私は、黒が目立たない感じで好きだつたんです。しかも実際に着てみると、いろんな色の服にまじつて、黒という色は必ずしも地味ではなく、ときには逆にとつても目立つ色だということがわかつて来ました。でも私は、矢張り黒が好きなもんで、新しい服をつくる時になると、ついまた黒を選んでしまつて……」

そんなふうにいいながら高峰さんが見せて下さる、いろいろな黒い服のなかから、ごく最近つくられたものばかりを選んで、着ていただくことにしました。

「私のお洒落の主義つて云うか、これだけはと心がけているものは、ドレスに合わないアクセサリーは、たとえどんなに気に入つたものがあつても購めないことにしているし、又持つているアクセサリーに合わないドレスは作らないように心がけてます」と仰言る高峰さん。

黒という色はそれ自体、かなり強い個性をもつた色だし、それだけに着る人やアクセサリーのえらび方によつて性格の決つてしまう、といつてもいい程着こなしのむずかしい色でもあります。シックな黒、かなしみの黒、神秘の黒、艶やかな黒、情熱の黒、ダイナミックな黒、時にはあでやかにさえ見る黒……そんな黒いドレスに合うアクセサリーの難しさ。

「いつの頃からか黒いドレスを好んで着るようになつて、そのためアクセサリーも自然黒を基調にしたものになつてしまうんですよ。」と仰言りながら、開かれたアクセサリーの箱には、高貴な光を放つダイヤに交つて、しずんだ静かな光をたたえるパールのネックレースやパリで購められたブロオチ等々の数々……いずれも、黒の上に置いたら、どんなにか美しいだろうと思われるものばかり。金の見当らなかつたのも意外というより何かしら、高峰さんの人柄を思わせるような感じでうなずけるのでした。「安ものを沢山もつより、いいものを、数は少しでもよいから、気に入つたものを永く大切にしたい」由。高峰さんの洗練されたセンスがそのアクセサリーの一つ一つの隅々にまでゆきとゞいていて、さすがと思われるのでした。

最初のアフタヌーンドレスはかなり肉のあるナイロンサッカーで、V字型に明いた衿元の二本のドレイプの流れが美しいふくらみをもつて優雅な雰囲気をそえています。縫いとりのある黒いチュールのストール。黒いスエードの手袋と靴—。何れも艶消しの黒でまとめたしつとりとした装いの中に、イヤリングとブローチのダイヤが白い光を放ち、何か底光りのするような気品のただよう美しさです。

「仲々気に入つたプリント地つて見つからなくつて」と仰言りながら、広い芝生の庭に続くテラスに立たれた高峰さんのスカートは、ピンクがかつた極く薄い茶に墨で花を描いたもの。英国製の木綿の生地だそうで、蠟を引いたような加工がしてあるつややかな張りのあるものでフレヤーの重なりがゆれるたびに、軽く快い布ずれのする愉しいスカートです。プレーンなブラウスは黒のブロード。一寸風変りなイヤリングは、パリのボア（森）で拾つたどんぐりの実で作られたものとか—。田園風なこの装いに素朴な味わいを加えて一層たのしくしています。

右のドレスはまるで絹のようにさらりとして光沢のある綿ブロードで、ロウウエストに切替えた前中心に小さなボウがついています。ゴタ〳〵した飾りを一切さけて、四角に刳つた衿元にはパールのネックレースを。

抜けるように白いという形容がピッたりする程肌の美しい高峰さんに、深みのある黒と乳白色のパールのとり合せが華やかで臈たけたニュアンスをつくり出しています。

最後の写真はチャコールグレイと白の格子縞の極く薄手のウール。やはりロウウエストで、切替えに浮かせたベルトとネック廻りを縁取つたバイヤス布がアクセントになつています。アクセサリーも黒と白とでまとめた心憎いばかりのシックな装い—黒つぽいものがお好きと云われる高峰さんが、時によつてその黒を幾通りにも使い分けて見事に着こなして居られるのに改めて感心させられたのでした。

本の修理は誰にでも出来る

中原淳一

本は「心の糧」とも云われます。私達の精神生活の上に大きな恩恵をもたらしてくれるものなどと云つたら少少大げさにもなりますが、色々な持物の中でも、一字一字たどつて読んだ本には特に深い愛着を覚えるものです青春のある時期に大そう感銘をもつて読みふけつた本、忘れ難い人から貰つた本……。或る本の中には自分の好きな言葉が載つており、或る本の数行は暗誦しているほど好きな一節。或るものは幼い頃読んだ童話の本で、その頁の美しいさしえにまつわる思い出……等々、本棚に並んだ本を眺めると、それらの本に自分の心の遍歴をみるような気がします。そんな本は簡単に手放し難く、いつまでも手許において蔵つておくものですが、何度も何度もくり返してひもといた本、たえずひとに借りられる本、又いつも手にとる辞書など、本棚の出し入れだけでも本は相当に傷んでしまいます。愛書家と特に云われる人でなくても本は大切に扱いたいもの。そればかりでなく本は部屋の装飾品の役割も果しているのです。本棚に並べられた本が、いずれもかなりの手垢がついて、相当に読まれたものだと思われるものでも、きちんと表紙もととのつていたらいいのですが、表紙ちぎれていたり、綴じた糸がゆるんでぐすぐすになつたものや、又表紙のやわらかいものなどはページがめくれて見苦しくはじけた様なものなど、そんな本が本棚の中にあちこちまじつていたのでは本棚がどうもすつきりとしない。さて、本がいたんだ時にはちよつと自分の手で修理してみましよう。それにはあまりいたんでしまわない先に、早めに直す様に心がけましよう。いつまでも放つておいたものは大手術です。

1

A

本はフィリップの『母と子』。古い本であるが、背の上下がめくれているだけでそれ程いたんでいない。そこを糊ではつただけでこの程度のいたみならきれいになる

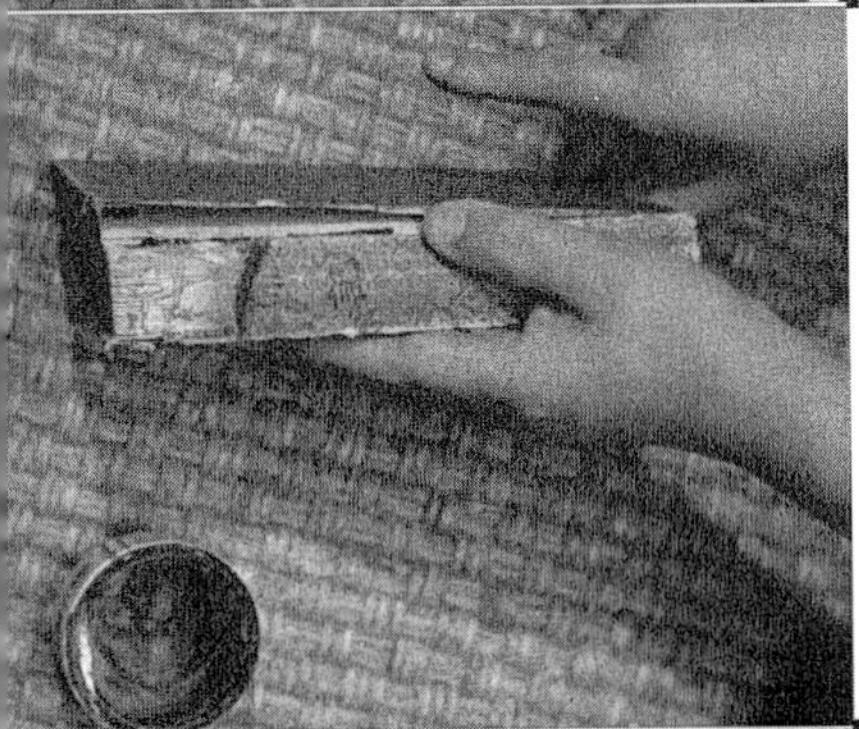

2

A

これは長谷川時雨女史の『春帯記』。表紙はやぶれ、背の上の部分は取れてしまつて、このままでは本棚に置いてあつてもみつともない様なものだが、元は濃いなす紺地にから草模様を手染めにした日本調の趣味深いものであつた。

B

破れたところからボサボサと白い紙がのぞいて見苦しいが、これを糊できれいに貼り合せただけでもずつと若返つた感じである。背の上の部分のとれているところには、その大きさに切つたハトロン紙を何枚も重ね合せて貼りつける

C

土台が出来たら、木綿の縞のはんぱ布を本の丈に切つて、背の上に貼ると、この日本調の感じによく調和してすつかり新しく甦えつた。こんな場合は背を中心にちよつと表紙の方にかゝる位の巾にして、表紙をすつかり包まない。

E

はがれたまゝの表紙は、紙がちぎれていたり、破れてみつともないところがあつたりするが、それをちやんと糊でおさえて、それから背の裏に糊をたつぷりつける。この糊が少ないとしつかりしないので、まんべんなく充分につける

F

今糊をつけた背に、さつきハトロン紙をはりつけた中味の背をあてがい、それがしつくりとつく様に手のひらの上にのせて強くおさえ、ぴつたりとつく様にする。ここで少し乾くまで置いておく方がいいが、この時曲つてつけない様

G

これで出来上つた訳だが、何となくまだ不安なので、表紙の次のページ、つまり「見返し」にページいつぱいにたつぷり糊をつけて表紙の裏にはりつける。これでしつかりする訳だし、背にはりつけたハトロン紙が役立つと云う訳。

H

糊の乾かないうちに開けたりとじたりしていると、又ぐすぐすになつてしまうので、本のこぐちをいためない様に紙をあて　、十文字がけに紐をかけてしばらく置いておく。さあこれで最初とは見違える程すつきりとした本になつた

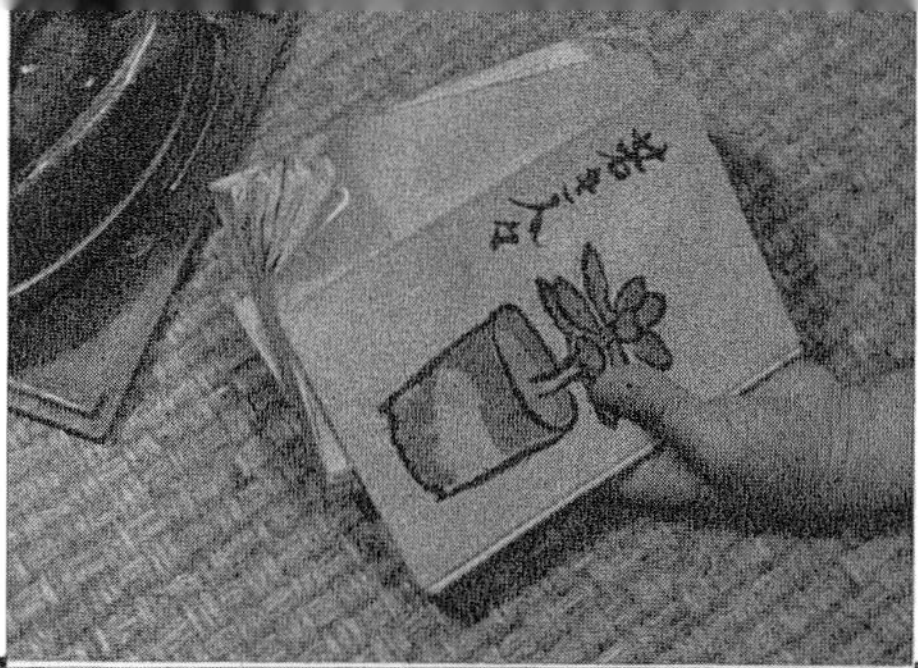

3

A

武者小路篤実氏の『若き人々』。中味がそのまゝ表紙からはなれてしまつて、ページの角はまるで花びらの様にめくれてしまい、実に惨憺たるものになつている。このまゝではとても本としてのあつかいも出来ない程にあわれである。

B

本は乱暴にあつかつているとすぐにページの角がめくれてしまうもので、これは雑誌の類はなおさらであるが、こうしてアイロンをかけてその癖をなおすとよい。こんな事は誰でもわかりきつた様な事であつてなかなか実行出来ない

C

あんなに見苦しくめくれていたものが、軽くアイロンをかけてゆくだけで不思議な程にきれいになるものだ。これはわざわざかけようと思うと大変めんどうになるが何かアイロンを使つた後に忘れないでやつたら訳のない事である。

D

ハトロン紙でも何でも、丈夫な紙を本の丈に切つて本の背にはりつけ、しつかりと土台をつくる。この紙は見えなくなるのだから小包につかつた古いものでも、又丈夫な封筒の様なものでも、字が書いてあつても何でもいいわけだ。

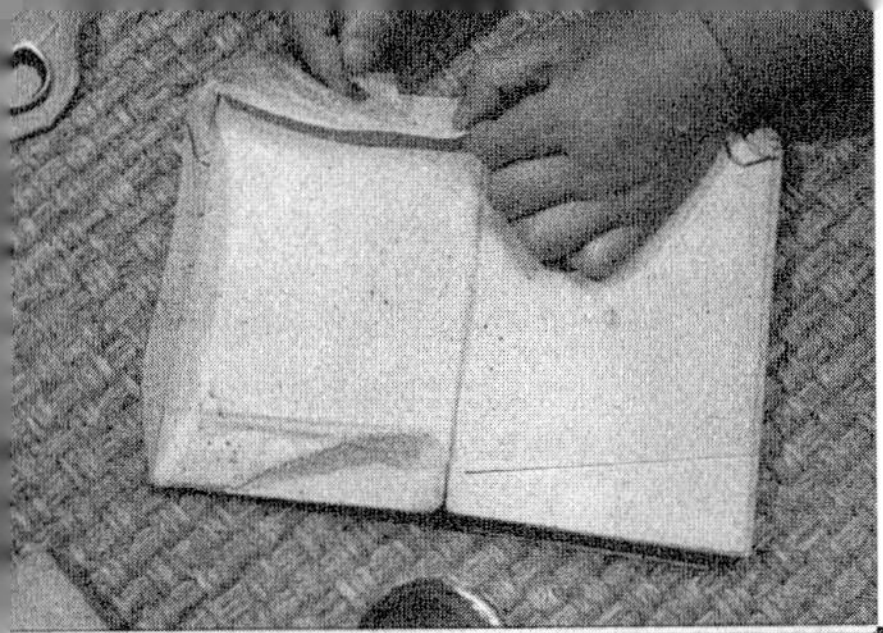

C

この製本は表紙の三方を裏の方に折返したフランス綴と云われているもので、元はこの表紙にすき通つたパラピン紙が重ねてあつたのが今は破れてところどころついている。勿論こんなものもきれいに取りのぞいてしまう方がよい。

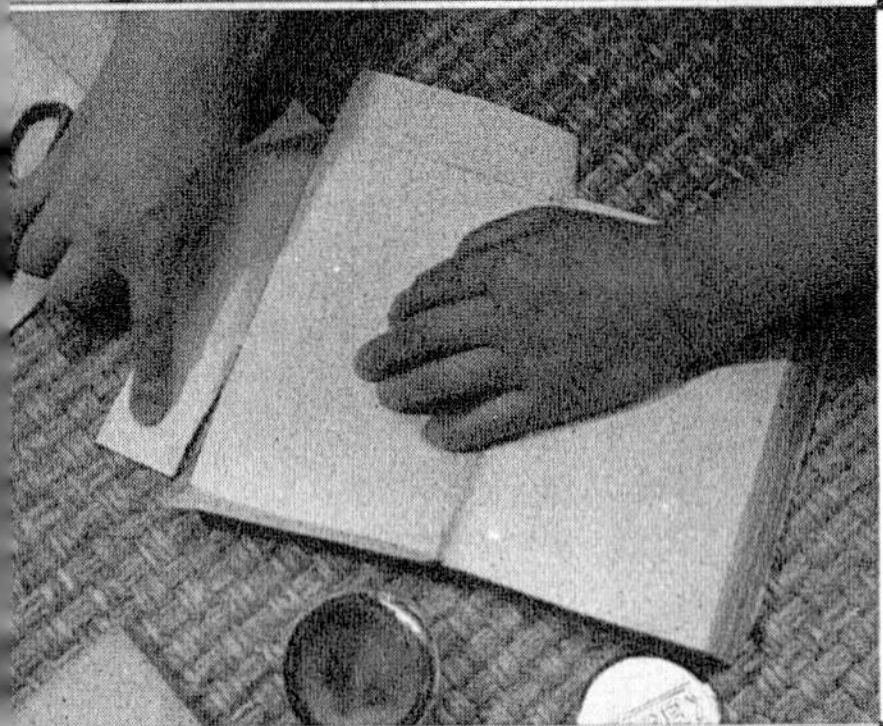

D

フランス綴の、あの表紙の折返してあるのを三方とも開いて、その折返つた部分だけ全体に糊をつけて、又元の様にぴつたり折返して置くと、それだけでもしつかりしたものになり、めくれ上つていた角もピンと張つてきれいになる

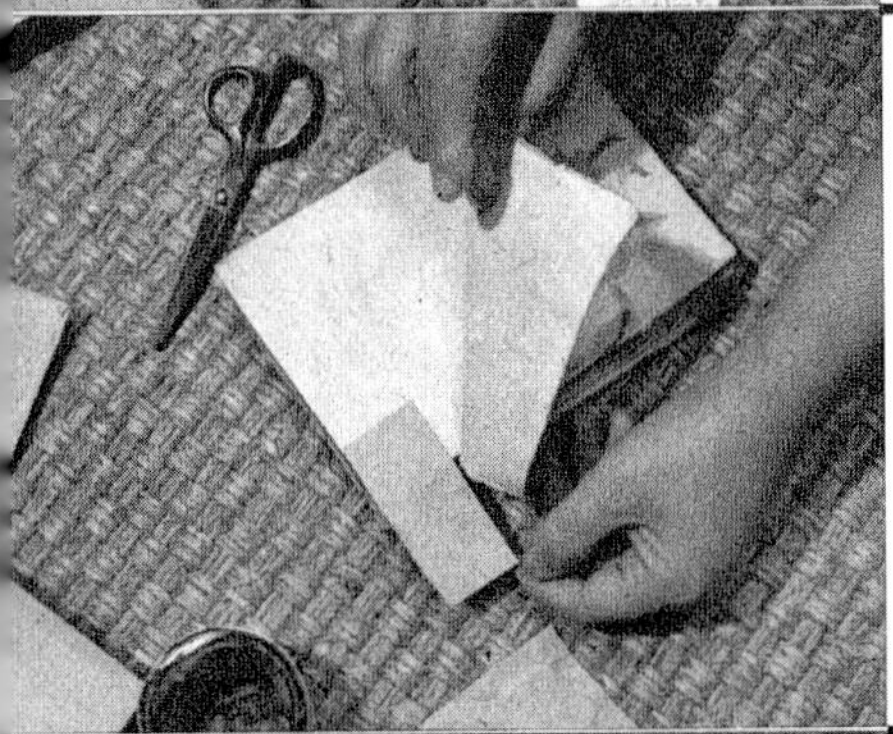

E

表紙はこれでも丈夫になつたが背の上下がものすごくいたんでいるし、そのうえ背を綴じた糸がゆるんでしまつてだらしなく開いてしまうので、ハトロン紙で表紙の裏側から背に渡して又裏表紙の中側に貼り込むときちんとなつた。

F

勿論、その本によつて、そのいたみ方もまちまちであるから皆一様にはいかないが、とに角なるべく表に貼紙などが見えない様に色色工夫をしてみる。ところで次は表紙の次のページ（見返し）にたつぷりと糊をつけて表紙に貼る。

4

A

張赫宙氏の「青春伝」。開いたり閉じたりする度に表紙と背との角が傷んで芯のボール紙が見えているので、そこへ少し固めの糊を[illegible]あまり外へはみ出ないようにつける

B

めくれている表紙の上をていねいに伸して、無理なゆがみが出来ないようにしつかり接着させる。この程度の傷みのうちに手入れをしておかないと、やがて表紙がとれてしまう。

5

A

石川達三氏の『愛の嵐』終戦間もない頃のものだけに、その当時は素てきな本だと思つていたが今にしてみれば紙が悪くて、何人もの手に読まれているとぼろぼろにいたんでしまつた。

B

先ず最初に背の上端と下端とのいたんだ部分をきれいに整理してはがれているところを糊で貼り合せるとそれだけてもだい分まとまつて来る。しかし本当はこんなにならない前に修理を。

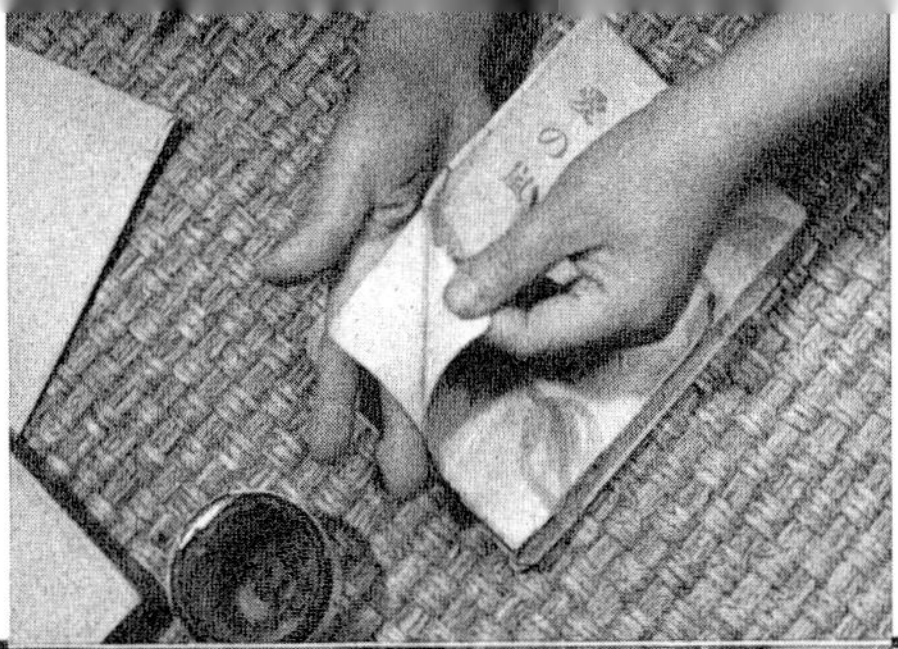

G

見返しと表紙を貼り合せるとしつかりとしたものになるので（裏表紙も同じにする）いつの場合でも本の修理をする場合はこれを忘れない様に。又見返しの紙が丈夫でない時には、別の丈夫な紙で表紙から見返に続けて貼るとよい。

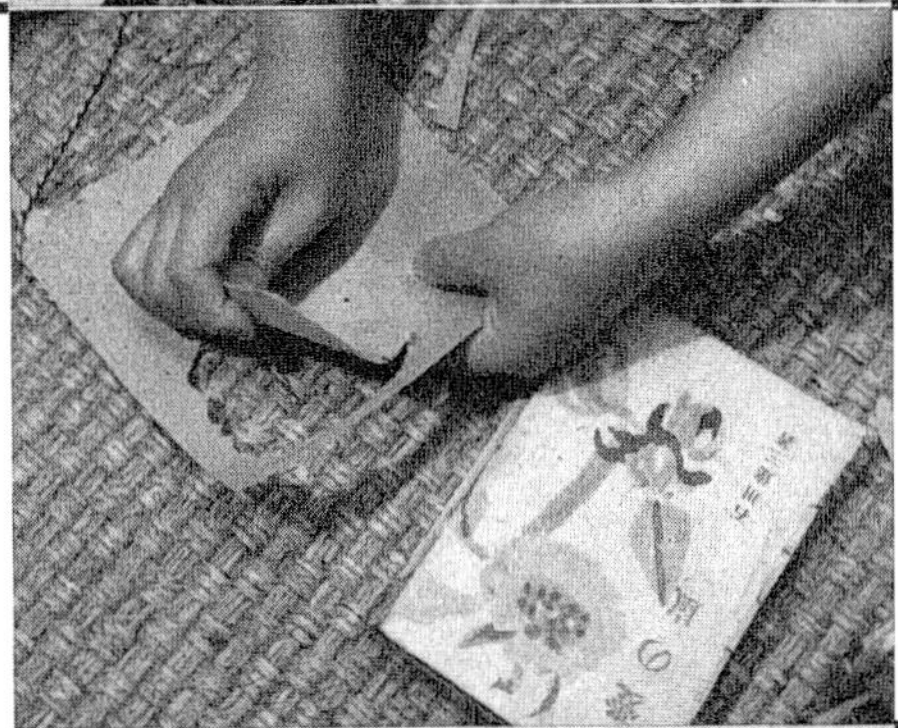

H

修理した背があまりきれいでないので、本棚に立てた時にこの背が見えたのではがつかりだから、これにラシャ紙でカバーをする事にした。ふつうのカバーの様に表紙の中まで折込まないで表紙いつぱいに切り、その中に穴を開ける。

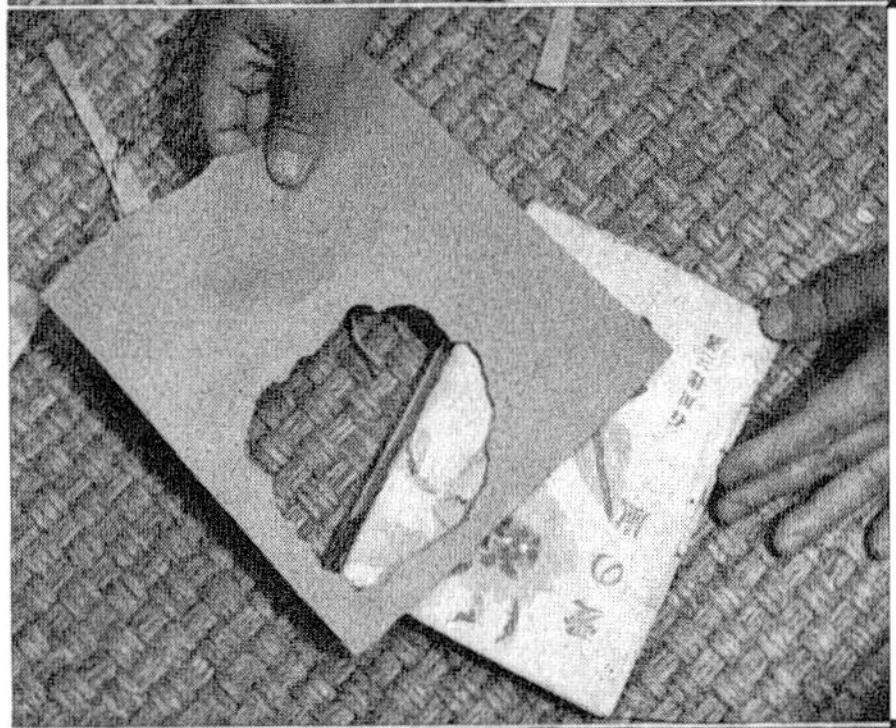

I

この表紙は白地にひまわりの花の絵があり、『愛の嵐』と字が入つている。それですつかりカバーしてしまつたのではつまらないので、ちようどその絵の一部と題字が見える位置だけ指で破つて穴を開けてみた。それを表紙に貼る。

J

裏表紙にもちよつと絵があるので、この絵も見える様に表紙の紙は裏表紙にちよつとかかつた位の位置でやはり指でちぎつて、花を見せてみたが、これで出来上り。元のままとは見違える様にきれいになり、これなら本棚に飾れる。

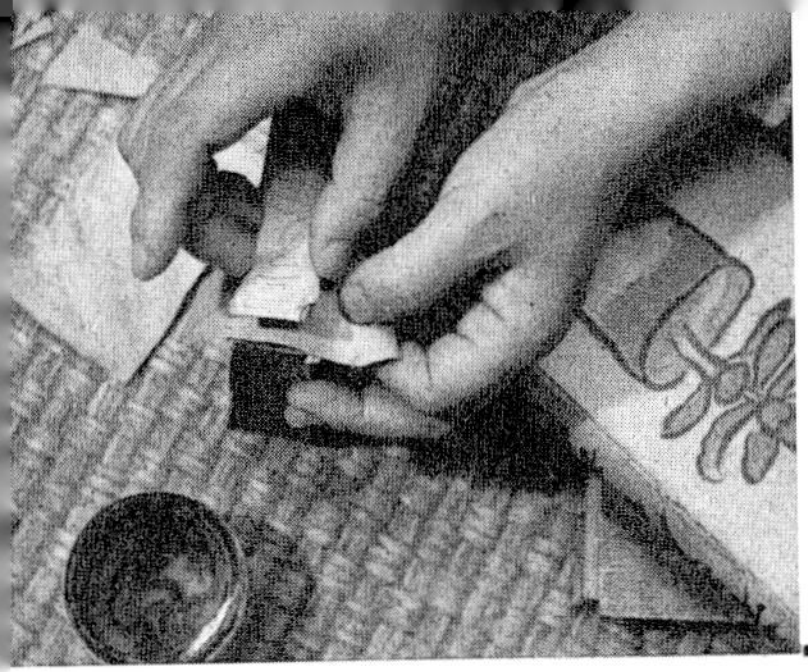

K

宮本百合子氏の『二つの庭』。これはどこと云つてとくに手を入れる様なところもなかつたのだけれど、背の上の部分が三センチ位がはなれているので、これ位の時にちやんと手を入れておくといいので、糊で貼つておく。

私の七人の恋人を語る 1

佐田啓二（松竹）

月丘夢路さん

相手役七人……そんなにいるかな？と考えた。ついついそこで、常日頃おなじみの深い人達を挙げる事によつて、七人の侍ならぬ七人の女性をここに掲げたのである。ところが、さあ、揚げられた方達には大変な御迷惑。「何もあなたなんかと」とおつしやる方もおいででしようが、そこは平に御容謝願うこととしたい。ともかく、かくのごとき美人ばかりを相手に何時も仕事の出来る果報者、つまりこの私、仕事即美人と共に即生活というのだからたまらない。全く男冥利につきるというもの。だからたまにはファンの人達から羨望の手紙を貰つたり、或いは又「でけエ面するな」等と脅しの文句を拝見しても仕様がない。しかし私としては左様いう皆さんに一言ここに断つておきたい事がある。この私の言う七人の女傑（オット失礼）美貌はいうまでもなく、智能は非凡にして、実行精神の旺盛なること絶対、正に「真金は鍍せず」といつた感じ。故に全く世の人々は計り知れぬ夢を彼女達に寄せられるわけであろう。いやかく申す私も多大なる夢を寄せている一人ではあるが、本当のことをいうと、ちよつとおつかない事もない事はないというのが本音であろう。

月丘夢路さん

最近、益々円熟されて立派になられた。古いおつきあいの人だが、むしろ相手役と呼ぶにはちよつと縁遠い人かもしれない。何時か「あなたはカメレオンに似てるね」といつたら「そうなのよ。ニューヨークで見たら自分でもそんな気がした」とあつさり答える程の大おとなである。あの大きい眼で広い視野を持ち、常識に立脚してる人。何もかも割切れるだけのはつきりした精神の持主、まことに最近の彼女の活躍は見逃すことの出来ないものがある。当分仕事が御一緒出来ないのは残念だ。最近すつかり落着いたあの物腰に、何かいい知れぬ演技への欲望を感じるのはおそらく私一人ではないであろう。

淡島千景さん

いやな、失礼な言葉かもしれぬが、やつぱり姐御という言葉が見たところぴつたりする様だ。線の太い全体の線に似合わぬ繊細な神経、すべてが伍しきれる様な完全な世話女房型。一寸形容が世帯じみて美的ではないが、それだけに私には親しみを感じるのであろう。ともかく、あの茶目ッ気のある眼、でもひ

淡島千景さん

桂木洋子さん

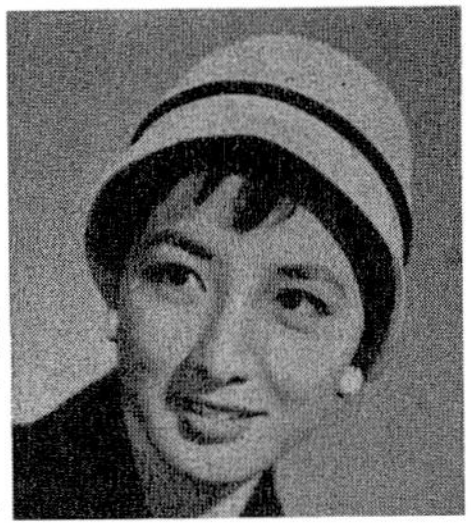

有馬稲子さん

岸恵子女史

とたび何か思いつめると、異様な光に爛々と輝き出し、その情熱は何物でも射通す様な底力を示している。時々無意識の中に発する叫声、あの太い大きな声は人間の正直さを現わしているとも思える。その総てが今日の彼女をなさしめた大きな要素であろう。僕をゴジラの息子でゴジロウと呼び、此の人をメジラと呼ぶ仲間、しばらく好い仕事に御一緒しないのは淋しいが、又おばはん、頼りにしてまつせ。

桂木洋子さん

まつたく洋子ちやんという感じ。どこから見たつて一子のママとは思えぬ愛くるしさ。今頃はヨーロッパのどこかできつとベビーの事を思い浮べて、シクシク泣いてる様な気がする。木下先生一門の一年後輩という間柄だ。数年前の彼女はまつたくの我儘娘といつた感じであつたが、最近は驚くほどの落着き方。昨年などは女優助演賞の候補に上る位の活躍ぶり。まつたく彼女としても黛氏との結婚はよい事であつたに違いない。何かを掴めば必ずものにする恵まれた才能にまかせて、今度の旅行でもきつと何か収穫を持つて帰つてくるだろう。ハート型の顔に黒いダイヤの様に輝く瞳。早く帰つて来い洋子ちやん!! 銀座のネオンが貴女を待つてるよ。

久我美子さん

あの小さい体の何処にあの様なファイトがあるのかと思う様な人。「だから久我ちやんは判らないんだ」と云つたら、「何故だ」と怒つてた。とにかく研究心の旺盛さは、ちよつとこの人の右に出る人はいないだろう。そしてすべてに批判的で、冷静かつ温和、本当に小学生の優等賞の賞状の文句を一手に引受けたといつたような人。最近肝臓が悪いとかで銀幕から遠去かつていられるのは淋しいけど、早くよくなつて貰いたいものだ。この人が画面に出るとまつたく一服の清涼剤でも飲んだ様なすがすがしい清潔感を与えてくれる。ペルシャ猫のような眼、冷いのか温いのかも判らない不思議さ、ともかくよい作品に偶然御一緒出来たことは嬉しかつた。文句なしの体当りの人、その人の名は久我美子。

有馬稲子さん

明るく面白い人物だ。燦々たる太陽の光を浴びて生甲斐を感じてる。まるで「ひまわり」の様な人。何か雨降りは嫌いで、何もする事がないといつた様な暗い生活の似合わぬ人だ。子供の様にはしやぎ廻つてるかと思うと、又突然、大人の様な事を言い出して人を驚かしたりする。そういう時には決つて理窟ぽい事を話したりするが、その小生意気さが、あの可愛い、顔に反して、却つて憎めないものになつている。そばにいると気になつて仕方がない程だが、いなけりやいないで思い出しもしない位の人。それだけに彼女の持つてる雰囲気が強烈なのだろうが、それが極めて清らかな美しいものであるためだと思う。ともかく美人にして聡明な事は請合いだが、もつと〳〵魅力を出せる人だけに、今後の活躍を期待したい。

小林トシ子さん

「正直」という言葉はこの人のためにある様な、邪気のない、本当の意味のよい人。それでいて日本の映画界にはちよつと他に例のない様な恵れたエキゾチックな容姿と強い個性の持主、彼女でないと出せない味をもつた人だ。洋子ちやん同様木下先生門下の一人であり、又僕の昔からの贔負の一人でもある。彼女の結婚式には岸君と一緒に列席したが、とても幸福そうであつた。よき理解者であるハズの仕事をエンジョイしながらも、又自分の途を進んで行く彼女は、今までにないプラスになる何かを探し求めることと信じる。

岸　恵子女史

仕事がなくても時々彼女に会うと、何かホッとしたような気がするのは何故だろう。この人こそはつきり私の相手役と云う事の出来る人である。時々顔を見合せて、「もう僕なんかあきたのじやないか?」と聞けば、「あら佐田さんこそでしよう」と答える位で本数も多い。

彼女の動静を見守つていると、まことに不思議な運命を背負つた人のように思える。もし黒水仙という花があれば、彼女の様な気がする。その神秘さは、彼女のはかりしれぬ勉強と努力によつて培われた物であろう。いたずらに何かに逆つているかと思うと、又反面なんでもない事に素直な時もある。今や彼女は国際女優という名の人になつた。まつたく祝福の讃辞を送る次第である。そして彼女の生涯に忘れる事の出来ない思い出を残して欲しい。でも小さい事ながら、日本映画の中の岸恵子を近い将来に待つている日本の人達もいることだろう。

久我美子さん

小林トシ子さん

私の七人の恋人を語る 2

若尾文子（大映）

菅原謙二さん

女学生の頃、よく夏の夕方など窓の外をぼんやり眺めながら、なつかしい人、親しい人など心に思い描きながら、声には出ない言葉を心につぶやいてみたりしたものでした。

そんな気持で、お仕事を通じて私の身近に感ぜられる人、すつど心に思い浮んで来た人を順序もなく、一人ずつあげておしやべりしてみましよう。そして、七人になつたらやめましよう。——必ずしも「恋人」的な人ばかりではないかもしれませんが……

菅原謙二さん

あなたになら、何でも腹臓なくお話することが出来そう。とにかく仕事の虫みたいなあなたを見ていると全く頭が下ります。これはほんとですよ。尊敬してるなんて言うとあなたは照れるでしようけど、それに似た気持ちを抱いてることは確か。一緒のお仕事の時は勿論のこと、そうでない時でも、いつも親身になつていろいろと暖い助言をしたり、他の人なら思つてても仲々言えないようなこともぴしぴしと言つて下さる、それが又素直に心にしみます。たえず力になつて下さる一番親しい方。根上さんと共に、これまでスクリーンの上でもおつき合いが多かつただけに、お互に隠したり、取り繕つたりする必要もなく、生のままでぶつつかることが出来るということ——。私にとつては勿体ない位有難い人です。何だか一番私の心の近くにいて下さるようで……。

根上　淳さん

実にこまかいところまで行き届く、いかにも都会的なデリカシイに富んだ人——あなたはそれでいて、決して神経質ではなく、およそ感情に走るということがない。いつお逢いしてもおだやかな人。

根上淳さん

北原義郎さん

小泉博さん

川口浩さん

スクリーンの上では、かなりアクの強い役でも、あんなに見事にこなしているあなたなのに……

それにあなたつてとつてもお話がお上手ね。次から次と実に豊富な話題でたのしませて下さる、不思議な才能をお持ちです。あなたとお話していると、いつまでも飽きるということがなく、しらずしらずのうちに実に快い雰囲気に惹き入れられてしまうんです。思いやりつて言うのかしら、根上さんは心の暖い人です。

北原義郎さん

いい感じの方、というより外、一寸適当な言葉が思い出せません。お仕事は「幻の馬」たつた一本でしたけれど、あの一ヶ月もつづいた信州ロケ〝雨に降りこめられた日。グウ・チョッキ・パアの遊びを思いついて死にそうな退屈病から救つて下さつたのはあなたでした。ムキになつて「出せ出せグウ出せ」なんて、憎らめつこしながらやつてるうちに、ふと、忘れかけていた、なつかしい幼い頃の思い出がよみがえつてきたものでした。あなたとは、あれつきりお仕事も御一緒にしたこともなく、日頃口数も少いおとなしい方なので、別にお話する機会もないのですが、今でも、あのいい思い出を持つことの出来たロケとともに、あなたのことをふつと思うとき、何となく心が和んでくるのです。やつぱり、いい感じの方というのが一番ぴつたりするようです。

船越英二さん

スクリーンの上では旦那さまになつたこともあるあなたですが、本当はあなたみたいな方がお兄さんだつたらいいなァと思います。安心してつき合えるつて云うのかしら、少しも気負や身構えのいらない、いろいろな意味で私にとつてお兄さんを感じさせる人です。

何となく顔を合せただけで、どちらかともなく自然に微笑んでしまう。それだけで、何となく、愉しいんです。まるで身内のように極く親しい気分に惹き入れてしまう、不思議な雰囲気をもつていらつしやるんですね。

小泉　博さん

「月に飛ぶ雁」で御一緒にお仕事させて頂きました。はじめての他社出演の私に、心細い思いや、気まずさを感じさせないように、いつも支えになつて下さいました。とても真面目だし、地味なお人柄にも心をうたれました。本当に俳優さんらしくない人、少しもポーズのない素のままのあなた。それでいて、とつても素敵なひと。会社同志のいろんないきさつから急いで撮つたため、作品自体の評判はあまりよくなかつたようで残念ですが、あなたと御一緒だつたことで、私には忘れられない作品の一つになりました。

高松英郎さん

高松ちやんとは研究生時代から、ピチャン〳〵海水着で飛び廻つた間柄ですもの。あんまり親しすぎて、改まつて語るのは、まるで身内の人のことを話すようで、テレ臭いみたい……だつて、いつでも云いたいところなんだけれど……そんな気易いあなたの存在を思うとき、何か、私にはいい仲間がいるのを、誇示したいような気持になるんです。

川口　浩さん

あなたを見ていると何か新しい時代の到来を感じさせます。あなたと一しよにいると、意慾的で、旺盛な生命力に圧到されてしまいそうー。そのくせ、そんなあなたの存在は胸のすくような快さを覚えるのです。実にのび〳〵としてとらわれず、そして、ためらうことのないようなあなたを、興味とも、羨望とも違つた、おそれと、あこがれの入り交つたような気持で眺めている私、限られた世界しか識らず、枠の中で、きまりきつたような生活をしている私にとつて、あなたは驚異であり、実に魅力的です。

船越英二さん

高松英郎さん

私の七人の恋人を語る 3

池部良（東宝）

恋人というものは、そんなに語つてはいけないものである。しかし画面の上の恋人なら多少とも、その印象は語つても差支えない気がして………。

山口淑子さん

大体に於て、人間の顔や、行いは、動物か、魚か、植物にたとえても、実に感じが似ているものである。きつと大先祖のアミーバーが一緒だつたに違いない。

山口君は、ランチュウ、金魚の一種で、もともと高雅にして優、きらびやかにして、女の姿をいつわらない立派な金魚である。金魚だから煮ても焼いても食えないナンテ事も、目玉が飛び出しているとも云わない。

観られる様に出来ているのが金魚である。金魚はガス代の心配なんかはしない。行動性のある立派なランチュウである

山口淑子さん

司　葉子さん

サヨリ、に似ているのが彼女である。割と深い海の中から、生れて始めての太陽を観た。随分と不安だつたろうし期待した事だろう何れにしても日進月歩とでも云うべきか。葉子ちゃんは、今や、ちゃんとした女優さんである。

サヨリは釣り上げられるとき、ワリとヌーと上つて来る。優しい淡白な味の珍重される魚である。それか、あらぬか、さしみは元より、干物まで、とてもみんなが好きだ。

干物にならないように、そして、サヨリの生のオイシサを失わない様に。此の項は、弟子に対する訓戒。

司葉子さん

高峰秀子さん

青山京子さん

津島恵子さん

高峰秀子さん

小豆島辺りの深い処で、背中に、コケをつけた鯛かも知れない。鳴門の渦巻に、ながい間、もまれて、他の鯛にも尊敬されている鯛である。

鯛の目玉は、でかくて、涙も出しそうにも見えない。けれども泣く事があつたのかもしれない。年中渦巻の水に洗われているからむきだして偉張つている様だけれど。そうではない。

鯛は、サザエでも、ばりばり食べるそうだが、余程、顎が強いに相違ない。あの尻尾だつて、一カキ（?）何米の力がある。

優しさと強さは、特別、仲が悪いという故でもなさそうだ。

岡田茉莉子さん

水盤の中に、金魚藻などをアシらつて夏の夕方、目高を入れて御覧なさい。パチと跳ねて、水の中へ、深くも入らず、ついと行つては去り、去つては、目を向けて勢い込んでやつて来る。絶えず、可愛いシッポを動かしている。

まりちやん、此れは君のことだぜ、といつたらおこるかい？　おこつても、もう書いちやつたぜ。

目高みたいに、ピツピッとはねている茉莉ちやんは、とても魅力がある。此の魅力は、誰にだつて真似は出来ない。茉莉ちやんが何かで—此れは万が一の話—ショゲたり、落ち着き払つてしまうのはあんまり有難くない気がする。

茉莉ちやんはインカ帝国の太陽の子だ。いや目高である。頑張れ

青山京子さん

鯨。の肉ではない。そして少しばかり肥えて来たから鯨というのではない。身体が立派で、悠々としていて、そのくせ、可愛い目と性格の持主がオーロラの輝くばかりの下で、自由に泳ぎ回つている型なんかは、とても温かく、ほほえましく感じられる。

いくら、食糧が足りないから、好きだから、油がないからとて、大船団を繰り出して、鉄砲槍の犠牲になるなんかは、考えても可哀そうだ。

幸せに、自分の一番、いい道を選んで遊んでいるのに、何とかGUNの目標になるときがあるのかと思うと涙が出てくる。

京子ちやんの演技は、大変素直でいいと、アル監督さんが云つていた。僕もそう思う。

岸　恵子さん

おどろいた事には、水族館にも、深海魚といわれている、アノ骨だらけで利口そうな魚だけは、見当らない様である。水族館という処が、大体人手にかかつて穫れた魚だけが集つている処だから、深海に棲む深刻な魚は、持つて来られないのだそうだ。それと、恵子ちやんの比較は無茶すぎるけれど、確かに恵子ちやんは深海魚に似ている。

骨だらけ、いや、少しやせている処、頭から二本、蛍光灯の様なものがニューと出ている処、少し位にている様な気がするんだが悪口になりすぎたかな。

静かで、こわれそうで、それでいて……何だろう？

津島恵子さん

平目という奴は、砂地にピタッとくつついて、おだやかに生活している。

今度、始めて、恵子さんと「好人物の夫婦」で、細君になつて貰つた。あまり、ふだんおつき合いもなかつたけれど、ほんとうに、自分の妻君の様な、妙なサッカクを起したくらい、大変、一緒に芝居をしていても、やり易い——といつては失礼だが——女優さんであることを発見して悦しかつた。僕のデタラメな芝居をよく受けてくれるし、誠に感謝状をさし上げたいくらいである。此れも、平目的生活の、美しさから来る、恵子さんの良き精神のあらわれと思つている。

きちつと、地について、それでいて自分がある。近頃、夜、ねむられずとの事、然し平目がぐつすり寝たのをきいた事がない。大丈夫、身体を、もつと動かせばいいかも知れない。

岡田茉莉子さん

岸恵子さん

私の七人の恋人を語る 4

北原三枝（日活）

私が次の人たちを、七人の恋人として選んだのは、私の映画生活の中で——つまり、人間的な面と、演技的な面との二面にわたつて——やはり何らかの影響を与えて下さつた人たちだからだし、また、今後も一緒に仕事をやつて行く人たちだからで、同時にこれが、私自身の良い反省記録にもなると思つたからです。

三国連太郎さん

三国連太郎さん

三国連太郎さんの第一印象は、自分の演技の計算しかしないような方に見えたのですが、まるつきりその印象とは違つた人で、巧みに雰囲気を作つてくれるし、いろいろ指導までして下さる方なので、まるでお兄さんといつた気持で、落着いて仕事ができました。私は気が小さく、雰囲気に左右されがちなのです。

安井昌二さん

三国さんとは違つた意味で落着いていらつしやる方です。年の若いわりに、老けた感じで、悪く云えば、世帯じみているので、一緒

安井昌二さん

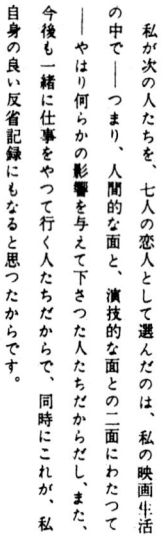

三橋達也さん

石原裕次郎さん

森雅之さん

にいても落着けるわけです。「月は上りぬ」の時は二人とも云わば新人なので、お互に気をつかつたけれど、結局、安井さんは人間的なので、演技の成長もはるかに私より早かつた。

三橋達也さん

三橋さんは安井さんとは対称的です。三枚目でも二枚目でも適当にやりこなせる器用な方で、気分転換も早い人です。楽天家であると同時に神経質な方なのですが、現場を和気アイアイとした雰囲気にすることの上手な方ですから、一緒の仕事は大変楽しく出来るわけです。皮肉とユーモアを持つた近代青年という感じ。

大坂志郎さん

大坂さんとは恋人役と夫婦役を各々一本やりました。何しろ、大坂さんは生真面目な方で、ただひたすら、仕事のこと、演技のことしか考えない人です。軽い芝居は私としては大変好きなものだから、芝居の軽い大坂さんとの仕事はいつも楽しい。子煩悩で、愛妻家なのにはアテられますが、私の尊敬できる方の一人です。

石原裕次郎さん

石原裕ちやんは、世間一般で太陽族のチャンピオンと云われていますが、もし裕ちやんが太陽族を代表しているとしたら、断然、太陽族は好き。非常に無邪気で、明け放しだし適当にテレ屋。ただ、仕事と私生活との割切りが出来ないので、損しているキライはありますけど、却つてこれは彼独得の持味で好感がもてます。

津川雅彦さん

何しろ、七つも年下なのに、恋人役をやつて頂いて、雅彦ちやんには悪かつたと思うんですけど、裕ちやん同様無邪気で何でもスパスパ云つてのけるんです。「北原さん、僕が五十の男盛りの時、五十七だネ」なんて、私に云うんですけど、ほゝえましい位なんです。裕ちやんとは兄弟という感じです。

森　雅之さん

今までの方とは全々違つた人が森雅之さんです。「色ざんげ」で一本しか顔を会わしていないんですけど、たゞ、受ける感じはベテランという印象以外に何ものもありません。私も、演技の勉強になりました。演技の巧さということとは別に、所謂演技のコツを教えて下さつたのは、森雅之さんです。

大坂志郎さん

津川雅彦さん

1　淡いクリーム色のタッサーで作つた小さな胸当のあるエプロンに、ただ丸く切つた真赤の布でリンゴを、黄色で西洋梨を一つおきにアップリケしてみた。梨の葉は黒い布で、梨とリンゴの柄や芯は黒のジグザグミシンで飾つたジュニア向きのもの　**モデル　坂本由紀**

エプロンは家庭着のアクセサリー

中原淳一

3

2 淡い藤色のシャークスキンで作つた若奥様向きのもの。前をV字型に切替えて、その切替えにめぐらした共布の帯は片方を浮かすようにつけ、そのまゝのびて前で結んだ感じにボウを飾つてみた。無地なのでどんなドレスにも似合つて便利。**モデル　今井　美恵子**

3 淡いブルーの布を横長の四角に裁つて、ウエストの所でギャザーした簡単なものに、小さなお魚を二つずつ向い合せに並べてみたお魚は紺と白の縞とローズ水色とピンクのチェックに黄色、と一つ〳〵違つた布で。眼は小さい貝ボタン。**モデル　河内　桃子**（東宝）

4　スカートだけに限らずエプロンにも円型をとり入れたもので、ゆるやかに流れるフレヤーが美しい。此の場合、丈を短か目にした方が可愛い。布は厚地の木綿が最適
ウエストの紐から放射状に出た黒い茎が紺と黄、ベージュの花をつけている。ヘムはパイピングで始末した。**モデル原田良子**

5　白のタッサーに裾が折り返つた様な感んじの矩形のポケットをつけ、それを3等分してミシンステッチをかけると丁度ポケットが三つ出来た様になつて愉しい。黄色の花に茶の芯、赤と白の格子にうすいグリーン、グレイと黄、黒の格子に黄色の芯の花が裾から咲き出た様。**モデル今井美恵子**

6　淡いピンクのシャークスキンに色とりどりの果物のアップリケが新鮮で若い人にふさわしいエプロン。無地は勿論、水玉や格子なども適当にまぜてリンゴやいちご、みかん、梨などがポケットになつている籠に盛られているのが愉しい。籠は格子を斜に扱つても面白い。　**モデル　大内順子**

4

6

5

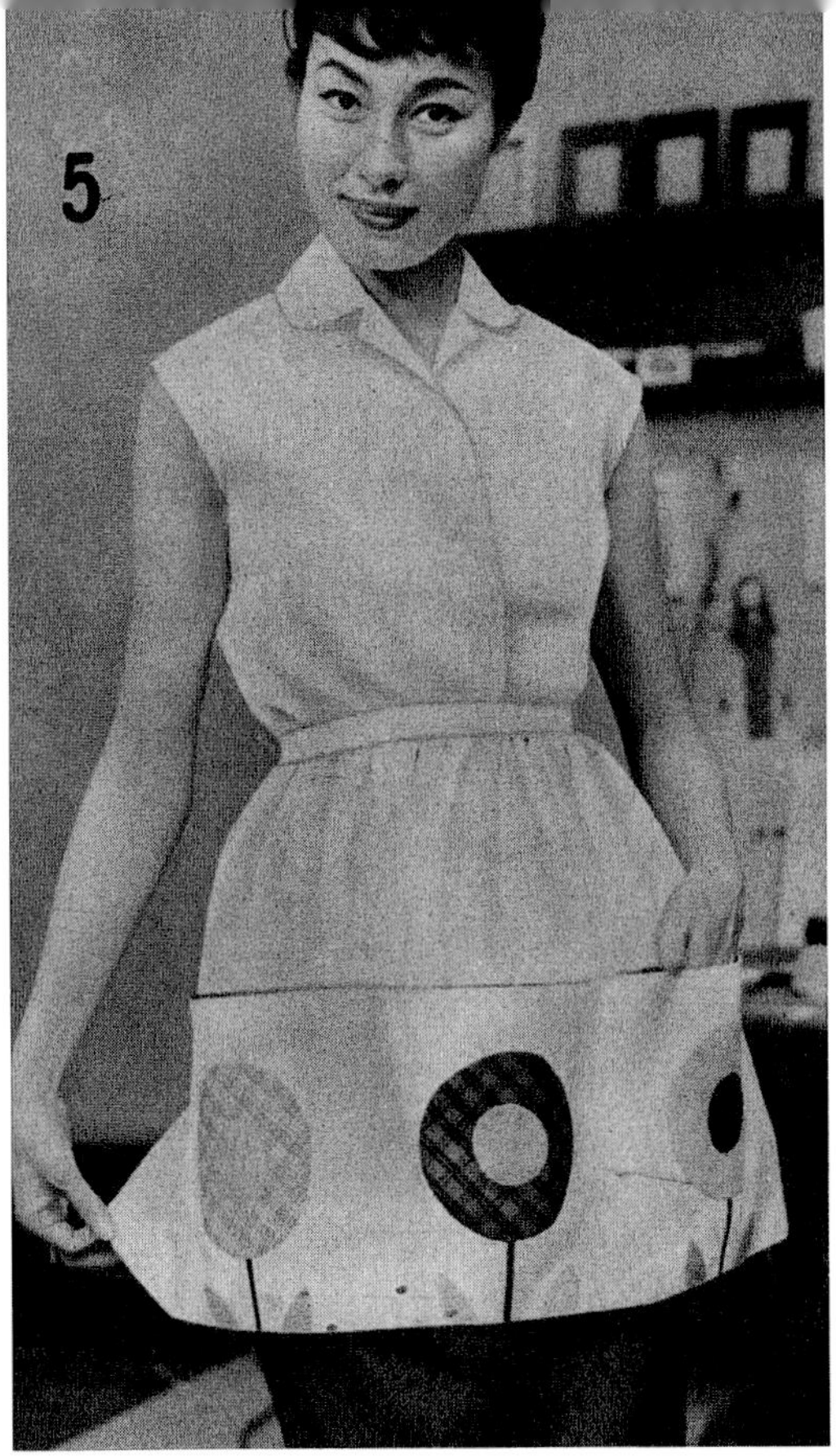

DRESS LIST

吉　村　祥

マッチの空箱にドレスの端布を貼つて、こんな可愛らしくて洒落たドレス・リストをこしらえてみました。ドレス・リスト、つまりあなたが持つているオーバーからスカート、ブラウスにいたる迄の、衣裳の立体的な一覧表です。

衣替えや虫干しなどの衣裳の整理は、手をつける迄はおつくうでない事もありませんが、一旦始めてしまうと、愉しいものです。何故愉しいかというと、あれやこれや衣裳を出し入れしているうちに、それぞれの衣裳にまつわる、いろいろな想い出や、それを作つたときの愉しさがよみがえつてくるからではないでしようか。つまり、そんな愉しさを虫干しや、衣替えの時だけでなく、つねに眼につくところへ置いてたのしもう、というのが、このドレス・リストのねらいの一つです。本物のスカートやブラウスの方は、着られなくなつてつぶしてしまえば、その想い出も消えてしまいますが、こんなドレス・リストをこしらえておきさえすれば、その服のリストが残つている限りは、想い出もなくなることはありません。何故なら、このマッチ箱のドレス・リストには、外側に端布が貼りつけてあるばかりでなく、中の空箱に、その服を造つた時の条件、つまり生地を見つけた店の名前、値段、誰とお揃いでつくつたか、頂いた生地なら誰からの、そして何の時のプレゼントか、デザインはどんなふうにして選んだか、自分が作つたのなら、どんな所に一番神経をつかつてこしらえたか、お店でこしらえたのなら、仮縫いの時のちよつとした思い出から、それを初めて着ていつた場所の想い出まで、すつかり細かくメモした紙が入れてあるからです。

このドレス・リストは、実際的な事にも役立てることが出来そうです。というのは、釦や、ちよつとした共布ぐらいなら入れて置くことが出来るからです。誰でも経験することですが、釦がとれてしまつたのに、同じ釦がどうしてもみつからず、それだけのために着ることが出来なかつたり、たつた一つの釦のために、又新しく一揃い釦を買いかえたりすることがあるものです。そんな時のために、釦をつけた時には、必ずそのドレス・リストにあまつた釦を入れて置きましよう。

また、新しい服をこしらえる時には、一目であなたの衣裳の全部が見わたせる、このドレス・リストは、きつと労せずして、極めて合理的な服装計画をたてさせて呉れるに相違ありません。また多少気のながいことを云えば、十年間にあなたがどれだけのドレスを作つたか知るにも、このドレス・リストがあれば、簡単に答えを出してくれる筈です。

並べたところは、写真でご覧になるように丁度、豆本を並べたような感じのドレス・リストは、その造り方もいたつて簡単で、どなたにでもすぐ造れます。

本に見立ててある体裁から、まず、空のマッチ箱の一方の薬を塗つた側面だけをのぞいて、ぐるりとドレスの端布を貼りつけます。つまり貼り残した火をつける細い部分は、本の紙に当るわけです。貼りつけた端布がかわいたら、今度は背文字に当る記号を書いた紙を布の上に重ねて貼ります。Opというのは、ワンピースの頭文字、そのようにBはブラウス、スーツはS、レインコートならR、ツーピースはTp、スカートはSk、Ovはオーバーといつた

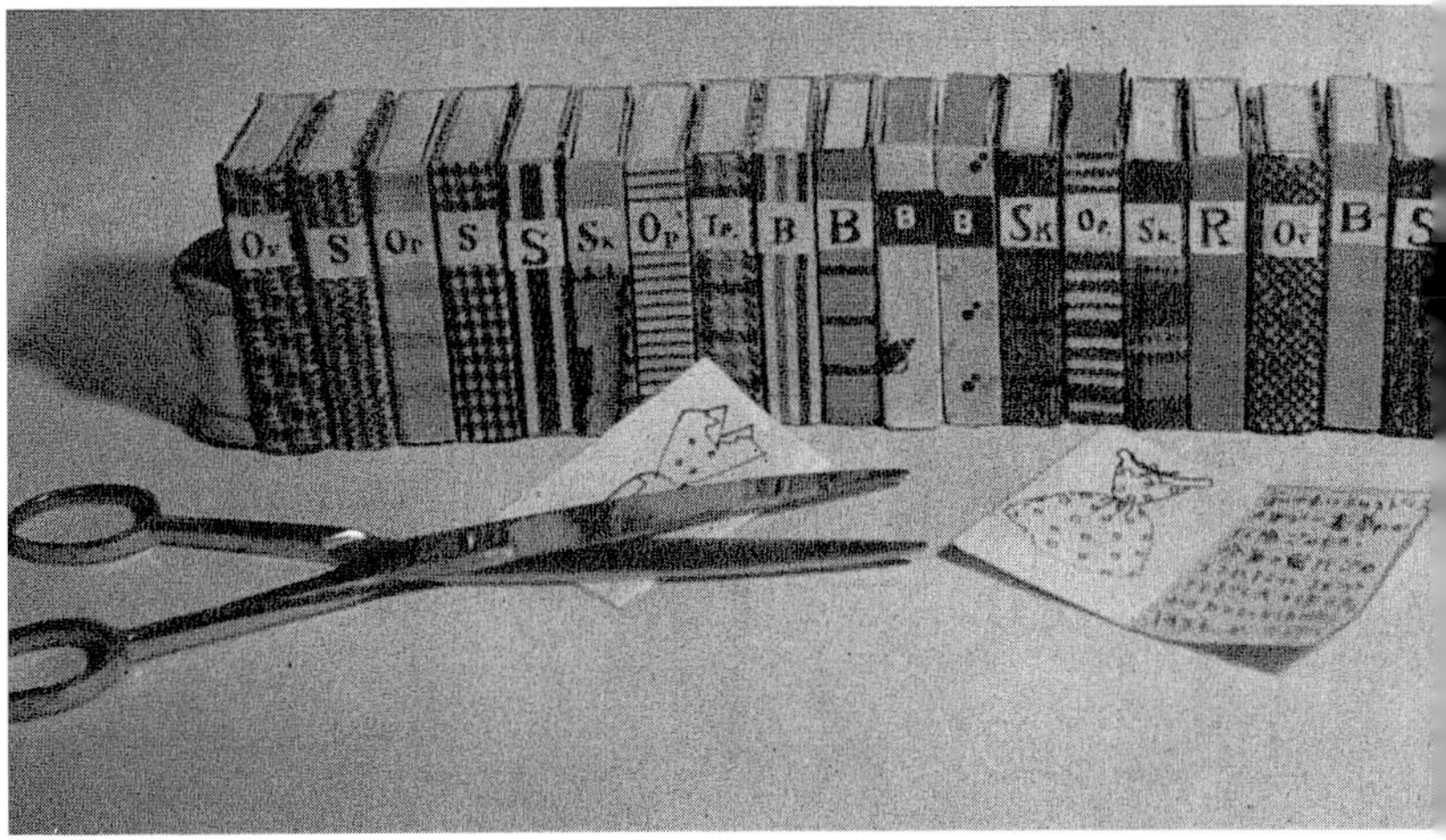

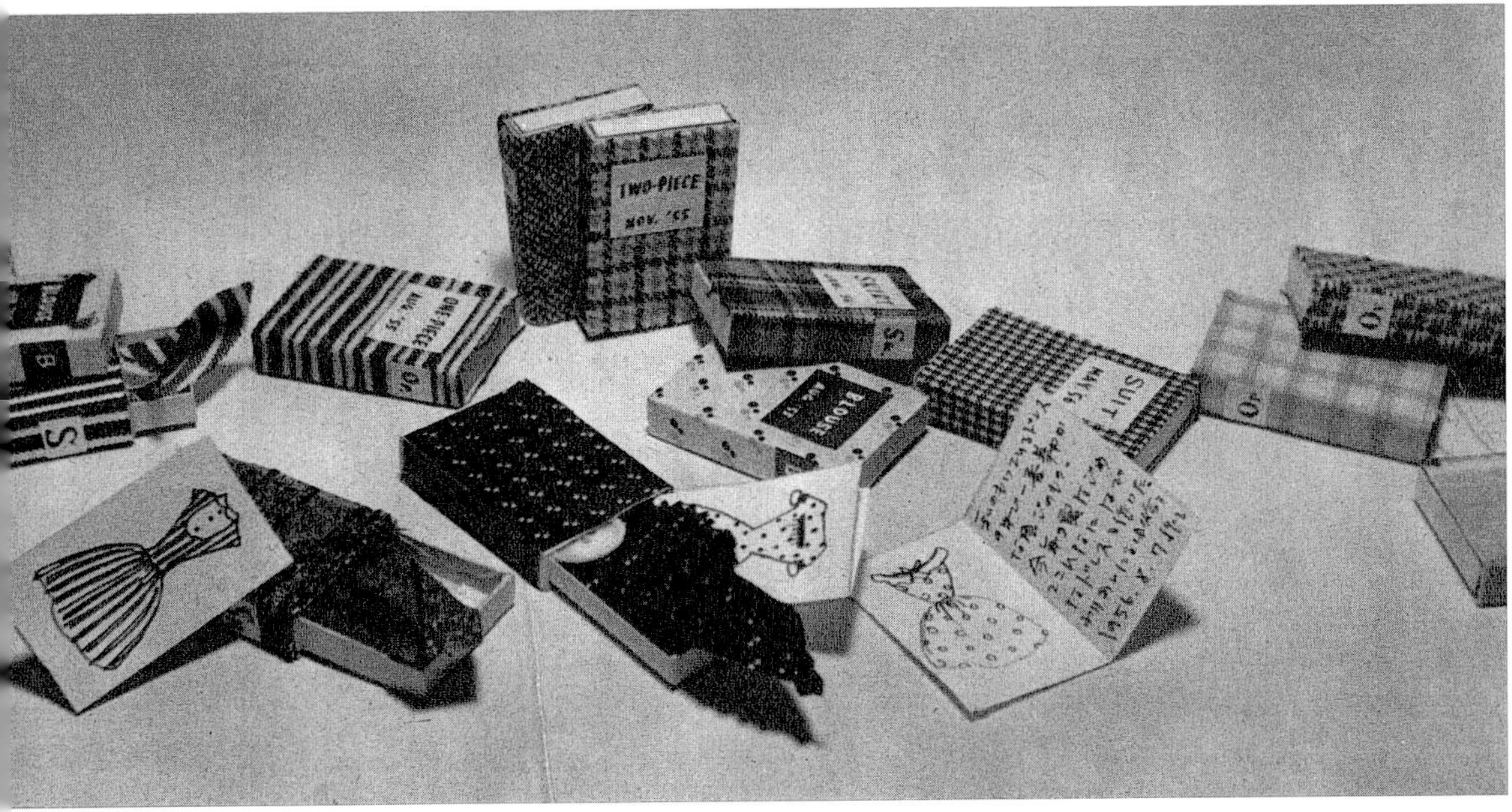

工合です。これがこの豆本の背文字になるわけです。そして本の表紙に当る部分には、写真（左）のように略さずにワンピースなりスカート等と記し、著者の名前に当るところへ、作つた年月日を書いて置いてもいゝでしょう。空箱の中には、これも写真のような厚紙を二つ折したものに、デザインの略図と、例のメモを書きとめて、釦の共布と一緒に入れます。その服を着た小さな写真でもあれば、厚紙の裏に貼りつけてみるのも面白いでしょう。左上の写真は、出来上つたドレス・リストの両脇に置くための飾りですが、ドレス・リストを本に見立てたところから、これは、糸巻を二つに割つたもので、ブック・エンドの感じを出して見ただけのものです。

巴里に帰る荻須夫人に衣裳を贈る

中原淳一

帽子　ジャンヌ・デゲー
布地提供　カワムラ

本誌で時々帽子を発表して頂いているジャンヌ・デゲーさんは、荻須夫人が巴里で帽子を習われた時お友達だつた間柄なので、このドレスに合せてこんな帽子をお土産にデザインされた。ツヤ〱した白いストローのような土台に白のグログランリボンで縁取りして、後でハの字型に飾られた、あの白い品のある海芋の花を思わせる帽子で、帰つてさつそくかぶれるものだと夫人は喜んでいた。

前号のそれいゆで〃巴里から持つて来たドレス〃を拝見させて頂いた荻須高徳夫人は八ヶ月余りの長い日本の旅行をすませて、五月末日に横浜港から巴里への船路につかれた。飛行機なら四十八時間で行ける日本から巴里までの距離も、船旅だと約一ヶ月かゝるそうだ。そんな長い船旅を選ばれた理由は『個展のために巴里から持つて来た沢山の画の荷物があるためもあるのですが、八ヶ月も留守にした巴里の家には定めし仕事が山積になつていると思うんです。そんな所に二日間飛行機に揺られて着いたのでは体が参つてしまうので、手紙も電話も来ない別世界で一ヶ月のんびりして、日本での疲れを癒して行きたいです。』と主婦らしい心遣いを示しておられた。

巴里に帰えられたらまた日本へ戻つてくるのは中々むずかしい事と思うと、せめて日本の香りの漂うようなものを何か御土産に差上げたいと思い、日本的な布地でこの二着のドレスをデザインしてみたのだが……。

銀座で絹織物を専門に扱つている「カワムラ」という店でいろ〱荻須夫人に似合いそうな生地を探したが、細い筆で全体を流したような柄が浮織りされた繻子織りのシルクで、ピンク色を含んだツヤ〱した白に淡いスミレ色がところどころに飛んでいる柔かい雰囲気をもつた生地が目についた。これなら荻須夫人らしい日本的な中にも気品のあるものが出来るのではないかと思つて、こんなドレスを作つてみた。

全体をタイトにして、テーラードカラーをぐつと抜いて浮かせたところが、あの日本のきものの抜き衣紋のような小粋なものになつた。前は四つの大き目の白いボタンでダブルになり、後でファースナー明きにして着易くした。スカートは前身頃から続いた布がパネルになつて後のアクセントにしてあるが、はじめこのパネルは腰のところでたゝんで日本の帯のような感じを出してみようかとも思つたが、このパネルの流れの方が衿とマッチしたように思われる。

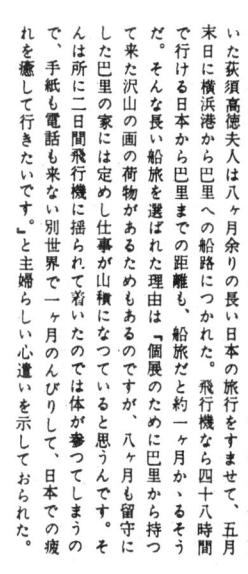

真白い絹の土台に直径一糎位の小さい銀と白の花をうずめ、ところ〴〵薄紫の花を飛ばして飾つた〝あじさい〟の花のような美しいカクテル・ハット。イースター・ハットを思わせるこの花の冠りのような帽子は、紫と白のドレスに一層エレガントな感じをそえている。前の頁のドレスにもよく似合うので『この夏はもうドレスも帽子も心配はいらなくなつた』と夫人は嬉しさをかくしきれないようだつた。

帽子の代りにスカートと共布を花のようにまるめて頭にピンで留めてみたら、銀の髷のような感じになつた。ウエストに華やかさを出した右下のようなドレスの時に、頭の後にこんなアクセントを持たせるのも、その出掛ける場所の雰囲気によつては楽しいものになることと思う。

巴里の社交界の花形でもある荻須夫人のために是非一つ日本色豊かなカクテル・ドレスをデザインしてみたいと思つて、こんな紫と白のドレスを作つてみた。

日本の和服ではよく扱う江戸紫のようなコックリした深みのある紫のタフタが「カワムラ」の店の隅にあつたので、この紫をより引立たせるために白地に銀糸を一面に織り込んだ張りのある豪華な布を合わせてみた。

はじめスカートはタイトなものにするつもりで夫人に話したところ「巴里では、東洋人がほんとうの年より十も若く見えるんですよ。それでお友達にはいつも地味なものを着ていると云われているんです。だからフレヤーのものが着たい」との事で、この布の持味を生かしてふつくらとしたフレヤー・スカートにしたが、着て頂いてみてやはり夫人の明るい、日本女性らしい美しさが浮び出てよかつたと思つた。

そして、このドレスは白い方の布地が十分あつたのでこんな何種類にも変化出来るような試みをしてみた。

右はウエストの所で大きなカットをつけた、すみれの花のような上半身の美しさを、下のスカートでより華やかさを添えたカクテル・ドレス。これに右下のようにスカートと共布を二重に折つてウエストの切替えのところに巻き止めてみたら、一輪の白い大きなバラの精を見るようなあでやかさが生れた。

このドレスを着て大勢のパリジャンヌの集る社交界に出たら、荻須夫人のあのやわらかな物腰とマッチして、一際美しい日本の婦人として人々の目をうばう事だろう――と想像したらすつかり楽しくなつた。

左下の写真のように後で大きく明けた衿ぐりに、スカートと共布を軽く一つ結んで垂らしたように飾つて、和服の抜き衣紋と帯のお太鼓を一つにしたようなアクセントをつけてみたら、女性らしいやわらかな線が出た。

長い船の旅では、退屈しないように映画会や、ダンスパーティーや、レコードコンサートなどいろ〳〵の催しものがあるそうで、さつそくこのドレスを同船の人達に自慢出来ると、夫人もとても気に入つて下さつた。

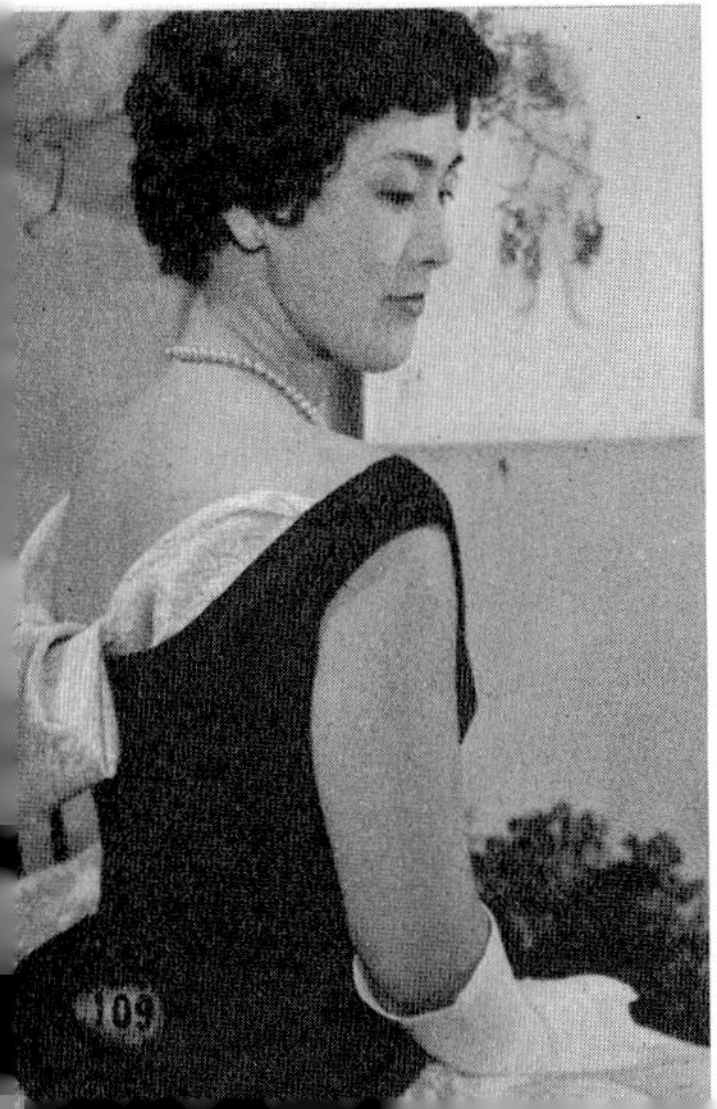

ジャン マレエ

Jean Marais

村上芳正

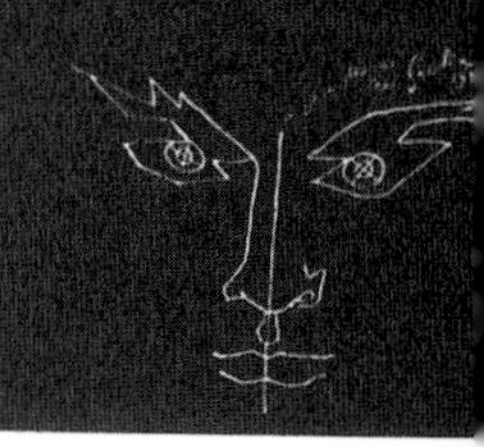

右はコクトオの描いた　ジャン・マレエ

戦後封切られたジャン・コクトオの「美女と野獣」で私たちはジャン・マレエを知つた。戦後のロマンの欠乏の中で、芸術的香気あふれるその映画は胸を打つたが、中でもジャンマレエの印象は余りに強烈であつた。それは従来の二枚目の規範をはるかに越えたものでたてがみをふりかざす若い牡獅子の姿にも似た、男性美の極致であつたし、ロマネスクなものや神秘感がそのふんいきには漂つていた。

美女と野獣

「美女と野獣」についで公開された、トリスタンとイゾルデの現代版「悲恋」は、マレエの人気を揺ぎないものにし、私たちの新しい偶像となつたのだつた。更に続いて公開されたコクトオと組んだマレエの映画は「ルイ・ブラス」「双頭の鷲」「恐るべき親達」「オルフエ」など、コクトオの言う「詩の映画」（ポエジー・ド・シネマトグラクイ）はみごとに開花し、マレエの魅力は最高潮に達した。

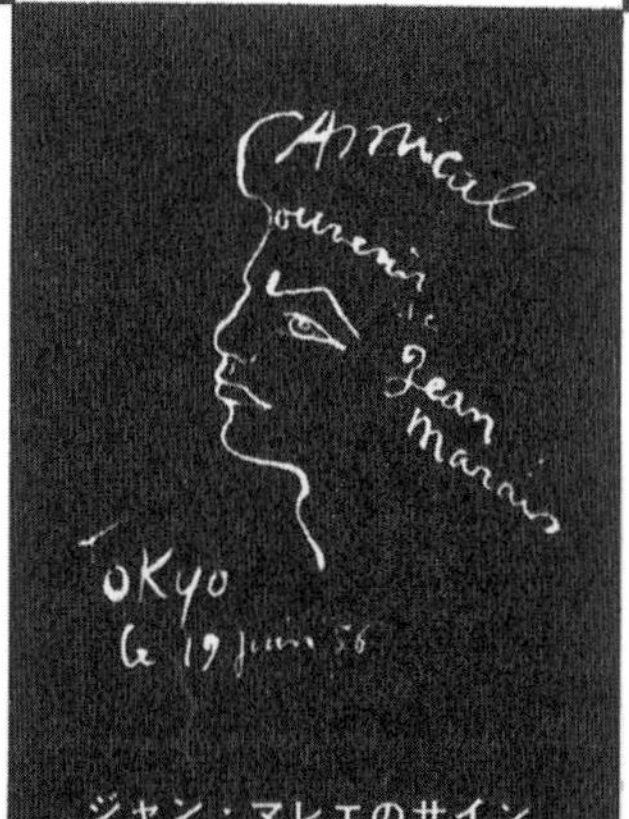

ジャン・マレエのサイン

ファンタスチックで特異なコクトオ芸術はマレエをエクランのユニークな偶像にしたけれど、コクトオから離れたマレエは痛ましいほどに個性の喪失をみなければならなかつたしかし、マレエはやはり幻想とロマンの世界でのみ真に燃焼できる俳優であるのかもしれない。ギリシア彫刻のような比類ない美貌と体軀は、ジャンノーの演技に一つの宿命的限界を作つていると考えないわけにはいかない

マレエがコクトオを離れて出演した「想い出の瞳」は、それまでの作品とは違い現代の恋愛を扱つたものだつた。それは私達にいささかの失望を与えたといつていいだろう。「ガラスの城」「奇蹟は一度しか起らない」「真夜中の愛情」「上級生の寝室」「巴里の気まぐれ娘」等の一連の作品のマレエは一つの意味のない類型であつた。私たちの目には主演女優を引立てる豪華な（？）ナイト的役割としか見えなかつた

「ガラスの城」の孤独の虚無感、「奇蹟は一度しか起らない」の素朴な情熱はあつたがコクトオの作品中の強烈芳醇なロマンの香りのあるマレエには比すべくもない。コクトオによつて大スタアとなつたマレエ、そしてその素晴しい魅力は、徹頭徹尾、コクトオの魔術師のような妖しい詩才から生れたのであつた。芸術家と俳優とがかくも渾然一体となり見事な成功をおさめた例を私たちは知らない

ジャン・マレエは、一九一三年十二月一日にアルフレッド・マレエ博士（獣医）の息子としてシェルブールの母で生れた。シェルブールはカルネの映画「港のマリイ」に出て来た港町でノルマンディの北端部、イギリス海峡に面している。ジャンが四才のとき、長い間の夫婦生活の不和に、マレエ夫人は自ら終止符を打ち、まだ幼いジャンを連れて港を去つた。そして、ジャンは、再びこの父親に会うことはなかつた

ジャンノーは美しい母から美しく生れついた。父なき家（それは芝生と池と洞穴のあるお城のような硅石造りの家だつた）には、祖母と母のあふれんばかりの愛情があつた。その愛はジャンノーを天使のようにし、またいつか自らをロビンフッドだと信じ込ませた。自分を神だとも思つた。家の人たち以外は女も男も、マレエ少年のお芝居に出てくる端役だとも思つた。大変傲慢な少年であつた。木曜日にはいつも映画を見に行つたので、それ以外の日の映画館は空つぽだと思つていた。祖母と母の愛があつても、父のいないことが少年を孤独に追いやつたのであろうか、いつの間にか、コクトオの「恐るべき子供達」のダルジュロにもにた腕白な少年になつていた。サン・ジェルマン、コンドルセ、サン・ニコール等、追われて五回も学校を転々とした。サル・ジェルマンでは教室の鍵穴をタールでぶさぎ、窓ガラスを十九枚もこわした。勉強に興味をもつたのはサン・ニコール以後だつた。

双頭の鷲

ジャンノーは三年間写真屋の見習をして働いた。そしてそのかたわらゴルフのキャディもした。また幼いときから絵が好きだつたので絵ハガキを模写する絵かきの見習いもした。このころから彼の念願は俳優となることだつた。仕事の間にシャンゼリゼエで映画の仕事をつかもうと必死になつていた。多くの演出家を訪れて自分を売り込んだが、いつもそれは失敗に終つた。得がたい容貌と個性は空しく埋れたままだつた。

ある日彼は映画監督控室で巨匠マルセル・レルビエ（ラ・ボエームの監督）に会つた。彼はジャンノーの絵を買つてくれ、しかも自分の映画の端役にも使つてくれた。それはボワイエの「かりそめの幸福」などであつた。念願の世界へ手がかりを得たジャンノーは、本格的に勉強をしようと、コンセル・ヴァトワールを受験したが失敗した。彼はひるまずシャルル・デュランの門を叩き門下になつた

想い出の瞳

恐るべき親達

デュランの門下生としてアトリエ座でのジャンノーは決してまだ現在のジャン・マレエではなかつた。その他大勢の組の一人として長い忍苦の多い生活であつた。第二次大戦の直前にはジャンノーは「アンチゴネ」公演中のコーラスの中にいた。だが、人間の運命ほど不思議なものはない。かねてよりマレエが尊敬していた、フランスきつての鬼才ジャンコクトオのするどい目が彼を捉えたのだつた

幾多のすばらしい魅惑ある人物を見出していた天才コクトオの眼には狂いはなかつた。コクトオは無名の俳優マレエの中に潜むすべてを見抜いていた。こうして演劇映画史上不滅のものとなるであろうコクトオ――マレエの組合わせは誕生したのだつた。「恐るべき親達」の舞台上演に当つてコクトオはジャン・マレエに主役を与えその後も舞台に活躍させたのであつた。

オルフェ

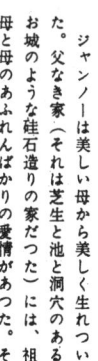

マレエはコクトオに戯曲を依頼した。それは一幕沈黙、二幕涙、三幕階段から墜落というものだつた。その映画化の墜落シーンは危険視され、保険会社立合のもとで行われた。墜落したままマレエは動かなかつた。首の骨折か、気絶かと人々は驚いた。しかし、それはコクトオが緊張のため、カメラマンに「カット」の声をかけないのでマレエが演技を続けていたのだつた。これが「双頭の鷲」である

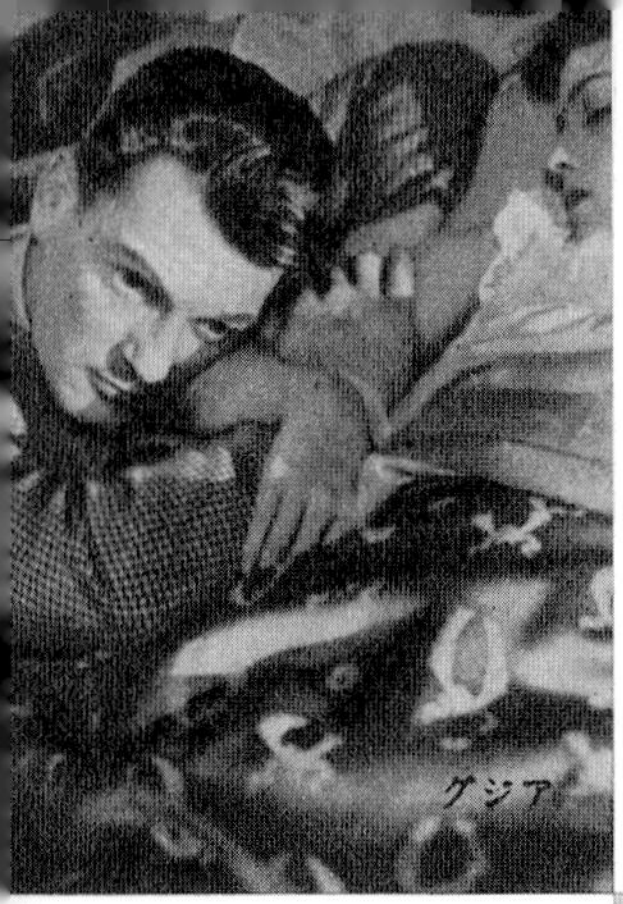

グジア

撮影中に、代役を拒んで、マレエは命がけの冒険に身をさらすことしばしばだつた。「ルイブラス」では凍るような激流に呑まれて、岩と岩の間に頭を挟まれていつまでも浮んで来なかつたし、飛込台から両端の尖つたアラビア鞍を置いた馬に飛び移ると同時に、一鞭くれて疾走させて見る人の胆を冷やした。俳優協会の特別興行では、机と瓶を積んだ上に椅子を置き、その上に立つて身体をゆすぶるような無茶をした

奇蹟は一度しか起らない

「青い麦」「シェリ」等の名作を発表したコレット女史をマレエは深く敬愛し、老令で外出できぬ女史を慰めにしばしばコクトオと共に訪問した。女史もマレエが大好きで自作「シェリ」をマレエに主演させたがつていた。が、マレエは下手だからとなかなか引受けない。しかしマレエはコレット女史への愛からとうとう一九四九年秋マドレーヌ座で演じて好評を得た。共演の名女優テッシェは激賞し女史も喜んだという

マレエの絵は「日曜画家」と同列ではない

コクトオはしばしば「画家マレエ」ということばを使つている。もと〳〵マレエは絵が好きであつたが、その才能がコクトオに発見されたのは極めて偶然のことだつた。「恐るべき親達」の再演の折中耳炎で舞台の上で鼻血を出した。客席から多くのハンカチが投げられた。彼は手術を受けねばならずコクトオはアルカッションの池のほとりの木造ホテルにマレエを伴つた。そこはレエモン・ラディゲが「肉体の悪魔」や「ドルジェル伯の舞踏会」を書いた処だつた。コクトオは「ポトマックの最後」を執筆中で、マレエは静養中の退屈まぎれから枯木立を描いた。コクトオはその絵を賞めたがマレエは「絵ハガキのようなのに」といつた。ピカソも彼の絵には感動させられた。ピカソはマレエがめつたに絵筆をとらないことを非難する。マレエの作品は十六点と少いが描く態度は非常に熱心だという。

ガラスの城

ジャンノーは長い間、セーヌとマルヌに浮ぶ船で生活していた。「恐るべき親達」で母親を演じた名女優イボンヌ・ドブレエからゆずりうけたラ・ノコード住いは、ファンタスティックな天国だつた。彼はスタアを引張りだこにするパーティや祭典を好まなかつた。それはむしろ苦痛だつた。船はそういうわずらわしさから彼を隔絶した。彼の孤独な船の生活を慰めるのは水上の四季と愛犬だつた。

上級生の寝室

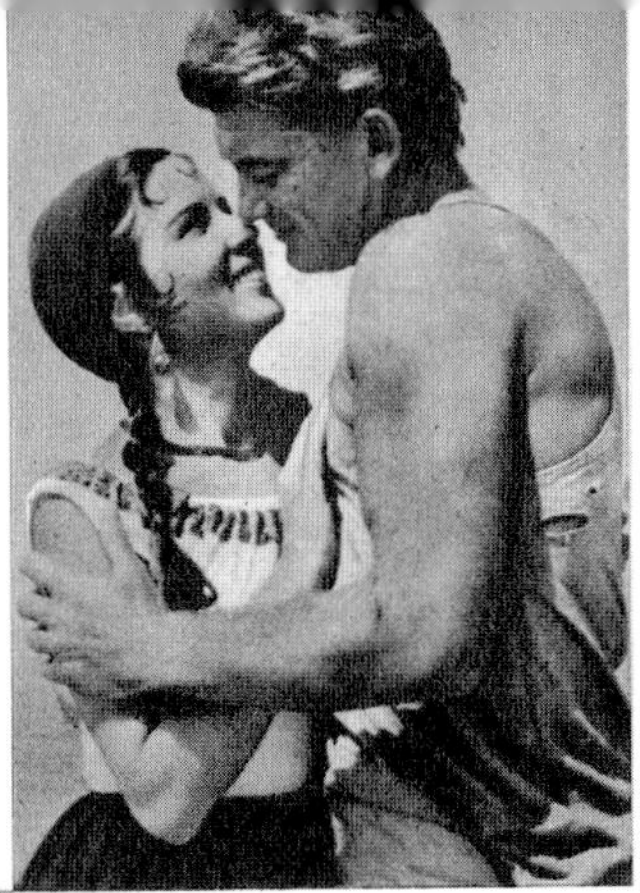

マレエが愛犬によせる愛情と、犬の彼に寄せる愛情はメルヒェンのようだとコクトオは言う。ムルーク（犬の名、アラビア語で天使の意）といるとマレエは動物化し、犬は人間化して俳優になる。この眼だけがもの言う沈黙の言葉の中に、マレエは閉じ籠つて孤独と訣別する。「美女と野獣」の野獣の目は日常の犬との対話から生れたものであつたろう。一九四〇年、兵士であつた彼がナチの攻勢で敗走の折、コンピエーニュの森の中でこの犬が木につながれているのを見つけた。一目で惚れあつためぐりあいであつた。血と灰色と鼠色の混つた、血統も年も判らない犬をマレエは深く愛した。船ではマレエとムルークはベッドの上でたわむれたあげく、狭い船の上を歓声上げて走り廻るのだつた。ムルークはマレエについて飛行機、寝台車、汽船、ジープ等で旅行したが一九五一年秋に死んだ。コクトオに贈られたその息子マルタンも三日後に死んだ。マレエの孤独癖は更につのつた。

近作「グビア」（他国者は殺せ）でのマレエは、アポロのような裸身で登場する。だが惜しいことに詩情と活劇は相容れず、ロジエユベールの撮影したユーゴの美しい風物詩とジョセフ・コスマの音楽がなかつたら味気ないものになつたろう。しかし、色のついたマレエがシネスコの長い画面にぽつんと現われ港を歩いたり白い崩れた壁の前に立つていたりすると不思議と幻想的な詩情が湧くのだ。

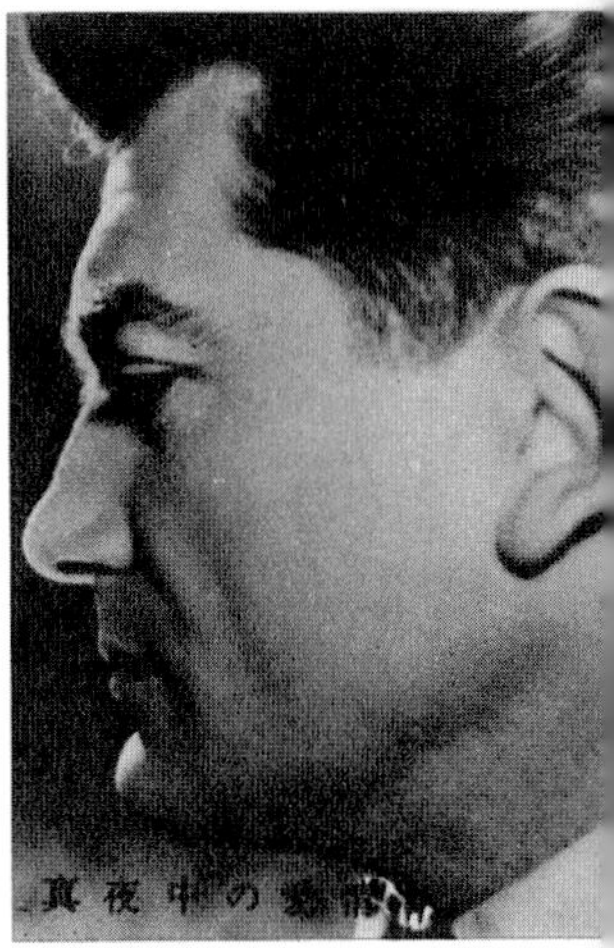

今、期待されるマレエの大作は、ジャン・ルノアール監督でバーグマン、メル・ファラーと共演する「赤いカーネーション」と、マルク・アレグレ監督の「未来のスタア達」である。前者でマレエは野心家ローラン将軍に扮し、ひげをつけて出る。後者はイザベル・ピア、ブリジッド・バルドオとの共演でマレエはエリックというドンファン的美貌のテナーの役に扮する。

コクトオと離れたマレエはそのスランプから脱するために努力した。ジョルジュ・ラコンブ監督「運命の叫声」（未輸入）で息子を持つアル中のピアニストの役、また来日したイーヴ・シアンピ監督「加治祈禱師」（未輸入）にインチキ医者の役と二本に出演したがこれらは従来にないいわゆるヨゴレ役で、心理的演技力を必要とした。これは役の転機になると思えたが余り実を結ばなかつたらしい。

ジャン・マレエについてはいくら書いても尽きない。うねつたブロンドの髪。眉間に深いしわを刻んで、パセティックに輝く大きな青い瞳。長いまつ毛。長身に紺のダブルとうすい銀色のタイ。何と典雅でシックなことか笑うと白い歯が目にしみ、男性的な逞しさの中に少年の匂いがあふれている。そこには永遠の青春が感じられる。ジャン・マレエはやはりフランスが稀に生んだ現代のアポロだ。

和服を新しく解釈する

中原淳一

モデル　河内桃子

日本人には日本の和服が一番似合うのは当然であるし、どこの国を見ても自分の国の服装を持たない国はない。和服を生み出した当時とはがらりと生活が変つてしまつたのだから、洋服を着る事になつたのは当然と言えるが、私達が自分の国の服装をすつかり捨ててしまう事は悲しいことだ。

和服と洋装の『二重生活』

和服を着たり洋装もすると云つた生活を戦前は『二重生活』と云つたものだ。それは当時の人達が和服を生活の中にちやんと合理的に割切つて使つていたのに、その上に又時々はおしやれ着として洋装もしたがる人の事を見て、和服と洋装と二重に不必要な無駄があると云う事からそれを二重生活と云つて批判の的にしていたのだ。

洋服にも活動的でないものはある

洋服は活動的だけれど、和服はそうでないから現代の生活の中には入つてゆけないものだ、と考えている人がずいぶん居る様だ。和服が活動的かどうかはとに角として、洋服も決して活動的なものばかりではないと云う事を知つてほしい。それは私達が和服と洋服とを衣服計画の中にうまく取入れてゆく上にぜひ必要な事だからです

それぞれの良さを研究して着れば

日本人は洋服も着れば和服も着ようと云う便利な国民だからそれぞれのもつているよさを研究してそれを上手に生かしていけば、実に合理的な衣服計画がたてられるはずです。それはちようど、今の日本の家には日本間と洋間が半々になつている住いが多くて、それが合理的に現代の日本の生活にとけ込んでいるのと同じことです。

流行が変ってゆく理由

人間はいつでも、誰でも、新鮮なものをもとめている。どんなに美しいものでも、そればかりを見ているのではあきあきしてしまうものです。洋服に次々と流行が変つてゆくのはその為で、一つのものにあきては次のものを求めてゆく人間の気持が『流行』をつくつてゆくのです。しかし和服にはそれほど流行の波がないのです。

若い人のきちっとした衿元の場合
衿をつめて、前を深く合わせる。

和服を三通りに着る着方

衣服には、生活する為や働く時の為に着るものと、ほんとうに美しくそのひとときをおくる為に着る様なものと、ゆつくりと寛ぐ為に着るものと、大きく分けて三通りあるのですが、今までの和服はそれほどそれがはつきり分れていない。それに比べて洋服の方は和服より区別されている事は確かで先ずその事を考えてみましよう。

今着たいと思うものを出して着る

それはどうした訳かと云うと、和服の習慣は今すぐ必要だと云うのではなくても、手頃なものや好きな柄のものが見つかつた時に、それを作つておくので簞笥の中にはいつの間にかいつぱいのきものが出来る。その中から今着たいと思うものを取かえ引かえ出して着ては、その時々に流行のものを着る様な新鮮な気持になるのです。

帯よりも強く胴をしめつけている

洋服は活動的だと考える人は、スポーツ着や、スラックスや、通勤着やアッパッパーばかり見ているのかも知れない。しかしアフタヌーンやイヴニングドレスなどは決して活動的でないし、体をしめつけると思つていた日本の帯よりも、胴を細く見せる為のウエストニッパーやコールセットの方がずつと体をしめつけているのです

どちらも裾の長いという点で

洋服で美しさを楽しむ為に着るものと云えば、イヴニングとかアフタヌーン。それから寛ろぐ時の服とはあの裾の長くてヒラ〱レースのついた部屋着ですが、それは和服がちようどそれと同じ用途になると思います。そう考えてゆくとどちらも裾の長いと云う点が和服と同じで、それにはやはり同じ様な理由があるのでしよう。

和服なら何度でも着られる晴着

一年に一度着る事があるかどうかわからない様な晴着とか訪問服は和服でもつていれば、むしろ洋服の様に流行のうつり変りが無いだけ便利かも知れない。洋服ならせつかく作つてみても、次に着る機会がやつて来たと思つたらもうその時には流行おくれになつているかも知れないから。和服なら何度でも取出して着る事が出来る。

畳の部屋ではやはり和服の方が

通勤にはきつちりとしたタイトスカートをはいていても、さあ家に帰つたとなれば、くつろいだ雰囲気のものを着たい。そんな時には外国ならば裾の長い部屋着と云う事になるのだが、畳の部屋ではやはり和服の方がよく調和するだろう。勿論重い帯などしめるのではなくて、何かもつと、家庭着らしく工夫されたものの方がいい。

布の流れを楽しませる着つけ

つまり何本かの紐で着物を形づけては〆めてゆき、その布の流れを楽しむのが和服である。それを『着つけ』と呼ばれているが和服はその『着つけ』で、その和服姿を美しく見せるかどうかを区別される。つまりいい着つけによればその人の美しさもぐんとますと云うもの。だから昔からわざわざ着つけの本職を頼んだものだつた。

和服はいつでも新しい気持で

好きで買つたきものが一枚一枚ふえていつて、いつの間にか箪笥の中にたまつてゆく。『さあ今度はどの着物にどの帯を組合せてみようか』と、もう三年も四年も前に作つたきものを全く新しい気持で楽しむ事が出来るのは和服だけのもつている喜びだ。洋服なら四年前に作つたアフターヌーンはとても晴々した気持では着られない

着つけ一つでどうにでもなる

和服は若い人も年よりもお嬢さんも粋筋の女性も仕立はほとんど同じなのです。それを着つけ一つでその人の人柄をあらわしたり、年令を感じさせたり上品になつたり下品になつたり、又近代的になつたり古風に見えたりするのです最初の三枚の写真はきものも帯も同じで、着つけだけで新しい感じと古風な感じに分けてみたもの。

本来は和服は曲線的な美しさ

ほんとうを云うと、和服と云うものはどちらかと云えば、曲線的な美しさを楽しむもので、したがつてドレッシーな感じのものと云える。深く衿をぬいで、その肩のあたりから袖の方へ流れる線や、帯の下あたりから裾にかけての曲線などが実に和服を美しいものにさせるのだけれど、これではどうも現代の美しさとは云えない。

和服は数がたまっていく楽しさ

ほんとうに気に入つて、すつかり感激してしまつた様なドレスでも、一年たつてしまつてはもうさほどではない。次々に流行おくれになるので、洋服は数がたまつてゆくと云う様なものではないが、和服なら十七八の頃に作つたものから三十過ぎて作つたものまで皆ひき出しの中にたまつて、いつまでも生々として女心をときめかす

何本かの紐で形をととのえる和服

洋服と云うものは一枚の布を色々に工夫をして裁断をし、体の凹凸がすつぽりと入る様な形に縫つてあるものだが、和服はぴつたりとたゝむ、つまり箪笥のひき出しの中にしまうのに都合がよい様に仕立ててあるので、それをそのまま着たのではのれんでもひつかけた様にぶか〱のもの。それを何本かの紐で形をととのえるのです

二通りの着つけを知っていること

勿論洋装にだつて、スーツや通勤着の様にスポーティーなものもあれば、よそゆきのドレッシーなアフターヌーンと二通りある様に和服にもドレッシーな感じと、スポーティーなもので二通りの着つけを知つていると都合がよいばかりか、そうでなければ、洋装に目が馴れた現在では、和服が不自然に感じられて着る気にならない。

スポーティな美しさを出す着つけ

おとなが和服を着る時は、衿を後にグッとぬぐのに決つているしそうでなければ『女つぽさ』がないとされていたが、その衿をぬいた感じの中にはいかにも古くさい女の香りが感じられるし、第一スポーティーな味など全くない。それでぐつと衿をつめて子供の様にきちんとした衿元にすると新しさが生れ出るのはもう誰もが承知。

少しマダムっぽいもので、衿元を少しゆるく、前を深く合わせる。

年齢ではなく、その人の雰囲気

しかしこの衿をつめて着る着方は、ほんとうは若い人に向くもので、中年婦人などはそれをあまり極端にやりすぎてはかえつて滑稽に見える場合もある。と云つてもその若さはほんとうのその人の年令ではなく、その人からの受ける雰囲気が中年的なものかどうかと云う事で、つまり娘つぽいかマダムつぽいかできめればいい訳だ。

衿を前で深く合せるということ

衿をきつちりと合せて着ると云う事は、たゞ衿を前に引つぱつて着物の衿を頸に添わせて着る事でなく『衿を前で深く合せる事だ』と云つた方がいいかも知れない。だからマダムつぽい年令の人などほんの少し衿元をゆるく着て、その衿を前で深くぐつと脇の下のあたりまでもつていつた着方がいいのだと知つていてほしい。

余分の皺のないすっきりとした

新しい感じの衿元と云つても、何も衿をつめて着るばかりではない。衿元をぐいと下にさげて、V字型に細く半衿がのぞいているのも明治調で悪くはないし、その衿元のテクニックは好みによつて自由だが、ピリツと直線の感じに着る事で、胸のあたりに余分の皺がなくすつきりとしてその上に帯をぴつちりとしめているのがいい。

衿足は昔の女性の髪型につれて1

昔女性がみんな日本髪に結つていた頃、まだ幼ない童女はおかつぱだつたり、髪をひつつめて稚児髷に結つたらしいが、十五六才にもなつて桃割などに結う様になると後の毛（たぼ）も少しふくらませて、それからおとなになつて高島田や丸髷に結う様になつてしまうと、大きくたぼもふくらませ、衿足をすつきりと見せる様になる

衿足は昔の女性の髪型につれて2

ところで、和服をおとなになるとぐつと衿をぬいで着ると云うのは、その髪型と密接な関係があつて、童女のオカッパの頃は頸にきちんと添わせて着るし、おとなになつてたぼが大きく長く後に脹らんでくると着ものの衿も自然にぐつと後に大きくぬいてしまわないと着られない。つまり髪型の関係でぬかねばならないと云うこと。

現代の髪型から生れた衿の美しさ

したがつて、今の様におとなになつてもショートカットやポニーテールにしている時代になれば、昔で考えればいつまでも子供の髪をしている様なもので、だから、おとなになつても衿をぬかないでいいと云う事になる。だから、おとなの感じ、つまりマダムタイプの人はほんの少し衿元をゆるく着る位に考えていればいいのです。

褄をぐっと引上げて合せて着る

着方としては、先ず最初に袖を通して、次に裾の後中心をかかとでちよつと踏んで、それで前をぴつたりと深く体に合せる。その時下前も上前も共に褄をぐつと引上げて合せる様な気持でないと、ぐず〴〵して今にも脱げてしまいそうに見える。そしてこの褄を上げて着るほど下がほつそりと見えるし、また玄人筋に見えるものだ。

ウエストラインのあたりに帯を

帯も今までより少しは巾のせまいものにして―この巾は別にきまつている訳ではないから自分の好みの巾を考えてきめるとよい―ぐつと下目にしめる。つまり胸高にしめると云うのではなく、ちょうどウエストラインのあたりにぐつとしめるとても新しい感じになる。後も出来るだけ軽い感じの結び方を選ぶとよい。

着つけだけでなく仕立も新しく

和服は一反二丈八尺なければ、と考えられていたのですが、もつと自由な目で見て、今までの『和服』と云う観念をすてて下さい。仕立の方でも、おくみとか背縫とかにこだわらず、広巾のものや又半ぱ布で作る場合はどんな風にでも工夫する事を考えて下さい。しかし、あまり舞台衣裳の様に変りすぎた和服はどんなものでしょう

紐をしめながら無駄な皺をなくす

とに角全体に無駄な皺のようなない様に全部直線の感じに着たいのです。紐をしめながら無駄な皺のない様にぴつたりと体に布地がそう様に着て下さい。ちよつと時間のゆつくりした時に鏡に向つて色々研究してみるのです。帯から下はタイトスカートをはいた様に腰にぴつたりと、上半身は仕立のよいスーツでも着た様にきつちりと

ずっと短かめになってきた袖

戦前は、袖も長いほど若い人にはよく似合う様で、結婚前のお嬢さんなら一尺八寸より短かいとおかしかつたし、ちよつと華やかな感じを出したいと思うひとなら二尺から二尺二寸（八十五センチ位）もあつたが、戦争をさかいにそんな長い袖をふだんに着るのはどうもぴんと来ない。四十センチか四十五センチ位がやはり一番いい。

衿をぐっとぬいて着る、古い着方
全体が曲線の様な感じになる。

簡単でも自分で結べるように

最近はつくりつけの帯、つまり結んである帯を背中につける様なのをよく見かける。今の若い人達は帯になれないのでそれもいいだろうが、舞台衣裳の様でちよつとがつかりする。やはり長い帯をどんなに簡単にでも自分で結べる様にちよつと練習してみるといい。それに、和服や帯はたゝんでひき出しにしまえない様なのは興ざめ

和服を組み合せて着るために

もしあなたが幾枚かの和服をもつているとしたらその袖の長さをきめてどれも同じものでありたいでないと夏ならとにかく冬は長襦袢を重ねる事もあるし、羽織を着る場合もあるのに、袖の長さがきまつていないと着物と羽織の組合せも自由に出来ない事になつてしまう。この着物にはこの羽織ときまつていたらつまらないし無駄。

洋服の下着のままにサラッと着る

和服のほんとうの着付、と云えるかどうかは知らないが、本職の着付をする人などは―先ず最初に何々を着て―と云う風にきまつた下着の数もある様ですし、着方もある様です。しかしそれにはこだわらずに、ふだんの洋服の時の下着のまゝにサラッと和服を形よくそして楽な感じで、しかもキチンと着られる様に工夫して下さい。

あまりごちゃごちゃしすぎる色

今までの和服には色が多くつかわれすぎていた様です。それはどうしてもあらためねばならない事で、着物には勿論帯にも幾色ものの色をつかつた模様があるのに、半襟、長襦袢、帯あげ帯しめ、草履とみんな幾色かの色をつかつたものでした。その上和服用に持つハンドバッグといえば、それまで無地より模様のものが多かつた様です

色と同じように模様も整理する

勿論、今時若い人だからと云って何でもかんでも大げさな赤い模様のものでなければいけないと考えている人もないでしょうが、今までの和服の様に華やかな模様の着物にやはり模様の帯、それに襦袢も帯あげもその他みんな模様があるのならどんな色でも、自然に合っていいたのですが、新しい感じに着たいならそうはいきません

洋装と同じ色彩感覚で着る 2

そうなるとどうしても色の事をもっと考えなくてはならないのですが、考え様によってはとても簡単な事で、洋装と同じだと考えたらいいのです。たとえば、紺の無地のきものを作って、それにワインカラーと黄色の縞の帯を作ったとすると、草履を買う時には黄色にして、帯あげはワインカラーかピンクだけれどそれは見せない。

十年以上も着られる和服のよさ

帯と草履を黒の無地と云う事にきめておいて、着物の方を自由に何色でも選ぶ様に考えるのもいいかも知れないし、組合せを上手に考えたら帯二本に着物三枚くらいもっていたら、それで色々に楽しんで十年以上も着られるよさを和服はもっている。そして冬になればウールで作って、和服で着あきてから洋服に作っても遅くはない

洋装と同じ色彩感覚で着る 1

これからの新しい和服は先ず色を整理して下さい。長襦袢を着るのなら絶対に無地にして下さい。それから帯あげ帯しめも無地ときめて、草履も無地の方がいいでしょう。勿論半衿は無地です。とに角、これからの和服は洋服を着る気持と少しも変らぬ気持で着たいのです。洋装で幾色もがごっちゃになってはおかしいのと同じです

とりあわせを楽しみながら作る

ところで今度もう一度きものを作ろうと云う時には、先ず今まで持っている帯とか草履とかバッグの事を考えるのです。ワインカラーと黄色の縞の帯に黄色の草履をもっているのだから、濃茶の地に黄色の小さな絣模様はどうだろうかと云う風に、持物を買う時も着物を作る時も、そうしたつながりを考えて、色々に楽しむのがいい

長襦袢は絶対無地

袖口やたもとからちらちらのぞいて見える長襦袢の袖、歩いている時に何かのはずみに足元からのぞいて見える長襦袢は絶対に無地にして下さい。それから帯あげは今まではしぼりがよくつかわれましたがこれも幾色もつかったものではなくなるべく無地にして、しかも前からは見えない様に。横からほんの少しチラッと見えるだけ

女性がタバコをすう場合に

あなたが煙草をお喫みになるにしても、ならないにしても，喫茶店等で煙草をくゆらしている若い女性をどうお考えになりますか？

女性喫煙者実態調査

その1　生理的に見て
杉　靖三郎
その2　美容から見て
山野愛子
その3　社会的に見て
大宅壮一

戦前とは違つて来た女性喫煙者

戦前、人前でスパスパ煙草をくゆらせる女性といえば、水商売の人か、さもなくば有閑マダム、と大体相場は決つていた。少くとも普通の家庭の結婚前の若い女性でタバコを吸う人は殆んどいなかつただろう。

それが現在では、地方はともかく都会の女性の喫煙者の数は急激に増加しつゝある。喫茶店でみかける女性の客の半数は、タバコを吸いながら談笑している。そして、誰もそういつた光景を見ても怪まない。こんな事を今更云い出す方がおかしく思われる程、タバコを吸う女性の姿は見慣れたものになつてしまつた。十一年目の終戦記念日を迎えようとしている現在、物心ともに、いまや完全に戦前並の安定感を取り戻して来た。これが、昭和二十二、三年頃の傾向なら、戦後の混乱の過渡的な現象として片づけてしまう事も出来よう。しかし、戦後十一年目の現在では、それが良いか悪いかの批判はともかく、戦前とは違つた一つの現象として、女性の喫煙ということについて考えてみる必要があるのではなかろうか。

配給タバコの実績が

戦後、女性の喫煙者がふえるようになつた原因の一つが、戦時中のタバコの配給制度にあるといつたら、オヤと思われるかも知れない。これは無論今の若い世代の人達には直接に関係のない話だが、三十代以上の女性喫煙者には少からぬ関係がある。戦時中実積本位の配給制度をとつたタバコは、各家庭の成年者の喫煙者氏名を登録させた。配給制になつた当初はたゞ連記してあるだけで、喫煙者とみなして、その人数だけのタバコを配給していたが、次第に民間タバコの生産量が少くなるにつれて、登録しただけではすまなくなり、形式的にでも喫煙しているところを確認してからでなくては配給しなくなつた。そうなると隣近所も自然とうるさくなり、配給日が近くなれば、普段タバコをのまない女性達も、伊達タバコをふかせて見せなければならなくなつたのである。この伊達タバコがいつか本物になつて、今にタバコが止められない、という婦人が意外に多い。

貴女はねらわれている？

最近の専売公社のポスターを見ると、決つて若手の花形女優が細長いパイプを片手に、紫煙をくゆらせている。このことが、あながち若い女性の喫煙者の増加したことを意味するとは云わないまでも、専売公社も商売なら、このチャンスに大いに女性の喫煙人口をふやして販路を拡げようとしているのは事実らしい。というのは、専売公社の調査によると、英米仏独伊等の諸外国では、全喫煙人口の40％を女性の喫煙者がしめているのに対して、日本では現在でも女性の喫煙者が全体の13％にしか達していないというので、これならまだまだ、女性にタバコを売り込める余地があるとのソロバンをたてているからだ。

女性喫煙者実態調査アンケートの内容

ところで具体的には、女性喫煙者の実態はどういうことなのだろうか。この記事をとりあげるに当つて、小誌では、約五百人の女性の喫煙者の方々にご協力を頂いて、左記の十二項目にわたる実態調査を行つてみた。

〔A〕　タバコをのむようになつた動機

1　家族の者や友人が吸うのを見て　**2**　文学書や映画の影響で　**3**　いたずら半分に吸い始めた　**4**　失恋、落第等の幻滅感から　**5**　生理的な欲

求から　6　その他

〔B〕 **何歳から吸い始めたか？**　　　才

その時に罪悪感又はヒロイズムを感じたか？

〔C〕 **タバコが一番おいしい時**

1　朝、目が覚めたとき　2　食後の一服　3　一仕事終つた時　4　夜寝る前

〔D〕 **一日平均何本吸うか**　　　本

常用しているタバコは何か　（　　　）

〔E〕 **何処でタバコを吸うか**

1　職場、家庭のどちらでも　2　職場や家庭以外のところで　3　人と応接の際だけ　4　ひとにかくれて（トイレ、屋上、自分の部屋……などで）　5　其の他

〔F〕 **ぜつたいにタバコを吸わない場合**

1　上役の前で　2　恋人と一緒の時　3　父母の前で　4　その他

〔G〕 **タバコをやめようと思つたことがあるか？**

1　ある（その理由——経済上、健康上、美容上、願掛け）　2　ない　3　事実やめたが又のみはじめた——やめた期間は、　ケ年　ケ月　日

〔H〕 **タバコのやめられない理由**

1　仕事の性質から（客との応接、思考をつなぐため……その他）　2　意志の弱さから　3　ニコチン中毒だから　4　その必要を認めない

〔I〕 **タバコをのんでいて、どういう支障があるか**

1　職場で上役ににらまれる　2　同僚などからとやかくいわれる　3　自宅で父母に叱られる　4　夫が好まない　5　子供によくない　6　その他

〔J〕 **タバコをのむようになつてからの美容上の変化**

1　痩せた　2　肥つた　3　声が悪くなつた　4　肌が荒れてきた　5　美容上の問題は気にしない　6　その他

〔K〕 **タバコをのむということが何かの役に立つているか**

1　仕事の能率が上る　2　社交上手ばなせない　3　鎮静剤の役をしている　4　興奮剤の役をしている　5　その他

〔L〕 **女性の喫煙は好ましくない、という見方が一部にあるがどう思うか**

1　排撃する　2　気にしている　3　同感　4　その他

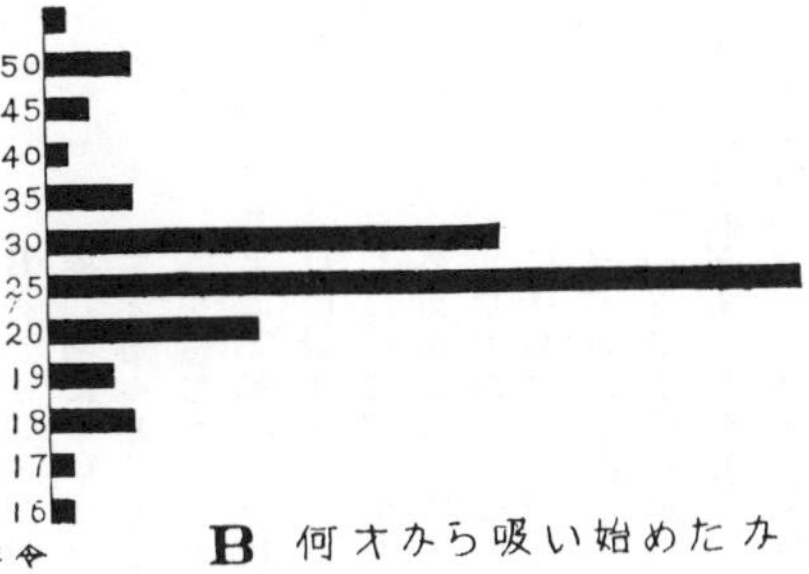

B 何才から吸い始めたか

地域や職場で違う

調査の対象を整理の都合上から、主婦B・G、学生に三分することにした。その各平均年齢を参考迄にあげてみると、主婦＝42・2才、B・G＝27才、学生＝20・8才で、総平均年齢は33・5才となつている。学生は大学女子大、各種専門学校B・Gの内容は放送関係者（アナウンサー、プロデューサー、放送記者）、事務員、秘書、ファッションモデル、看護婦、タイピスト等。

この調査では、現在何人に一人の割で女性の愛煙家がいる、という、ある意味では一番大切な問の答が出ていない。それの出なかつた理由の一つは、都市と農漁村とでは非常に比率が違いすぎて、平均を出してみても、あまり実際的な意味のないこと。これは、B・Gにおいても同じことが云えるわけで、銀行、商事会社関係のB・Gと、放送、出版、芸能関係のB・Gとでは、喫煙者の比率は問題にならない程の差が見られる。というのは、もつとはつきりいうと、銀行、商事会社等固い系統のB・Gにあつては、喫煙は禁じられていないまでも、各自が絶対に秘密していて、少くとも社ではのまない傾向が強い。従つてそういうところでは、いかに匿名のアンケートであつても、正直な応答は期待出来ないことがわかつたのも、その理由の一つだつた。こういつた傾向は専売公社の世論調査の場合にも指摘されていて、〝「タバコを

D 一日何本位吸うか

本数＼種類	ピース	ひかり	パール	いこい	新生	バット
1	3					
2	2					
3	3		2		1	
4	1					
5	8	1	5	1	1	
6						
7	1				2	1
8	3		2			
9						
10	11	1	3	1	7	
12					1	
15						1
20	3	1			3	2
25	1					
30	2					
備考	ピース½本……1人　上欄の数字は5人を1とする					

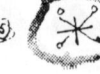

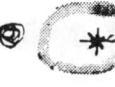

すいますか」と聞かれた相手の女性が「アタシ大好きよ」などと平然と答えるかどうか疑問〃（昭和31年6月20日附、朝日新聞朝刊≪売上げの減つ

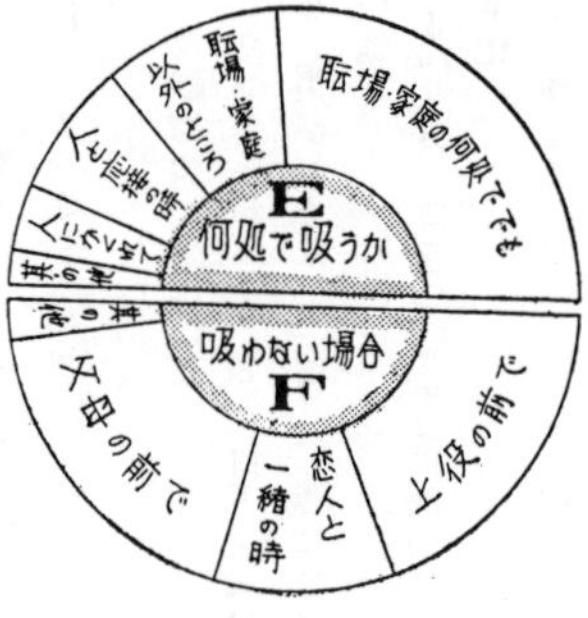

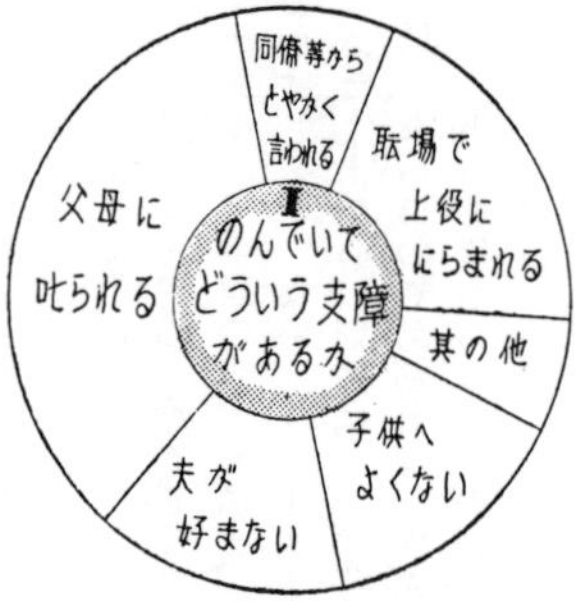

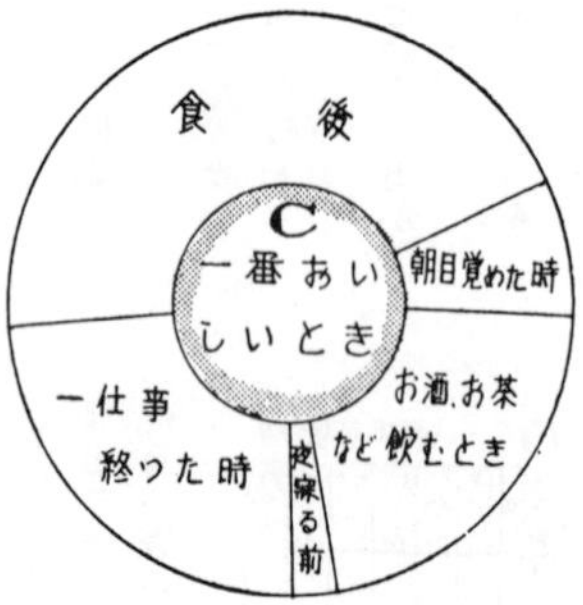

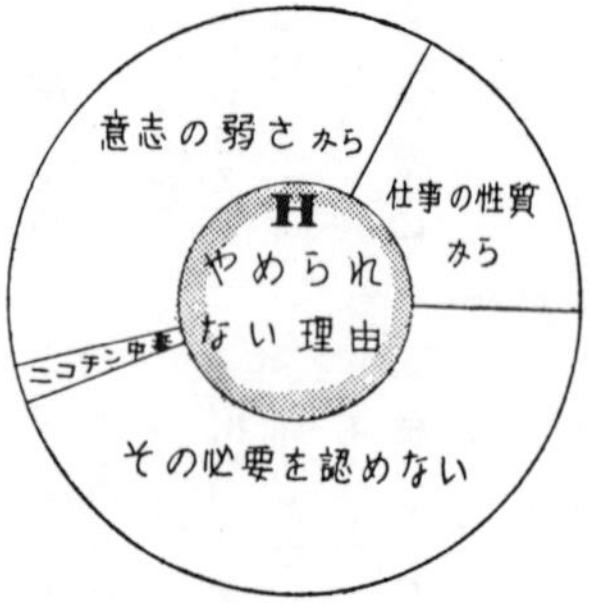

たタバコ≫より）だというのだ。

つまり、そんなふうな女性喫煙者の実態を、タバコをのむ人ものまない人も、ともにいろいろと考えてみよう、というのである。

グラフの解説

Aの多数をしめている**1**と**3**は、互いに関連性のあるもので、本来ならば**1**と**3**と並べて印をつけるべき性質のものかもしれない。事実、そうした回答者も少くなかつた。〃いたずら半分〃という動機が回答者の半数に近かつたのは、煙草のなんたるかを有力に物語るもので、これは恐らく男女の別はないのではなかろうか。タバコをやめたい、という気持が喫煙者たちに意外なほど強く根をはつているのも、実はこんなところに遠因があるのかもしれない。「其の他」の動機から特殊なものを二、三上げてみよう。〃終戦後外人が遊びに来て母の許可を得てから、社交上エチケットとして〃（B・G）。〃夜勤の時、ねむくてどうしようもない時、目が覚めるからというので……〃（看護婦）。〃やせるために〃（学生）。――それから、**4**の大半は学生の記入であつたことも附記して置きたい。

Bの第一項は前頁のグラフ参照。第二項については、約半数が黙殺あと殆んどが否認している。罪悪感を感じたと云つている回答者は実に**1**％にも達しなかつた。

Dに対する回答で特に興味深く感じたのは、常用タバコを自家用と外出用とにわけて吸つている人がかなりあつたこと。尚、グラフ**D**にはあげなかつたが、富士、外国タバコ（主にクール）、そして品種を選ばない等の回答が少数ながらあつた。又、一日10本吸うけれども、しかし二、三ぷくで満足して棄ててしまうという人も少くないらしい。

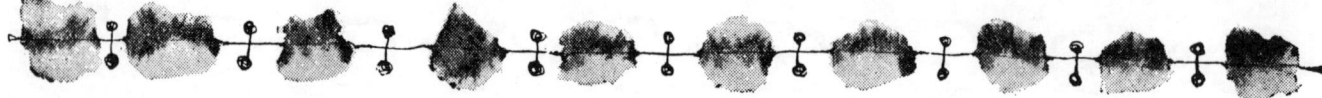

E・Fは吸う場所、吸わない場合の問題。Eで〝強制的なものではないが、習慣として職場ではすわない〟（看護婦）、〝山に昇つた時。自分の部屋でのんびりと。会合、宴会などで〟（看護婦）、〝喫むなら正々堂々と〟（B・G）など、他に〝喫茶店において〟がかなりあり、Fでは〝その他〟の殆んどが〝路上、屋外〟だつた。

Gにおける1対2の比率は6分4分で、やめようとした理由では、〝健康上〟〝美容上〟が矢張り多く、続いて〝経済上〟、〝願掛け〟は、五百人中、たつた三名にすぎなかつた。3は最短期間が1日、最も長い間の禁煙は10年で、一番多いのは3ケ月前後となつている。3に対する回答は全体の10分の1で、B・Gの殆んどが3には回答していなかつた。

Hのグラフはいかにも女性喫煙者らしい一面を如実にあらわしている。つまり全体は二分した感じで、強硬派の4が半数弱をしめているのは、戦後の現代をあらわしているのではないだろうか。次が消極派の2、ついで現実派ともいうべき1となつている。これが男子の場合なら、3が相当数をしめることを予測出来るように思う。

Iの「その他」では〝皿でもなんでも辺り近辺を汚すので〟（看護婦）という男子並の中年者の回答もある他、二、三の具体的な健康上の支障をうつたえているのをのぞけば、全然支障がないと答えている回答者が圧倒的。

Jは女性の喫煙者としては、かなり重大な意味を持つ質問である筈だが、5が半数以上に達したことは意外な気がした。恐らくこれは、喫煙によつておこる変化の程度では気にならないという事であろう。そして、その程度の変化をもたえがたいとする、美容意識を持つた女性は、結局、禁煙するにしくはない、という結論に達するのであろう。

Kの「其の他」から拾うと〝疲れをいやす〟（B・G）〝あまり役に立たない〟（B・G）、〝仕事の後おちつく〟（主婦）、〝気持がゆつたりする〟（主婦）〝能率が上る〟（B・G）〝完全に好みの問題だ〟（B・G）〝一仕事終つてやれやれという慰安。夜の勉強する時に、ねむけさましに〟（看護婦）といつたものだつた。

Lは一番問題の多いところ。さすがに男性と職場を共にして働くB・Gが最も強硬で、次が学生、主婦たちは2と3が同程度に、逆にずつと増している。とくに中年以上の意見になると、〝若い女性の喫煙はこのましくない〟線に近ずいて来る。例によつて「その他」をあげてみよう。〝男女の区別をする要なし。喫煙そのものより、量の問題だと思う〟（税理士）〝当人がこのみ、周囲の迷惑にならない程度なら、特にどうこう云いたくありません。他人に云われてやめられるものではないと思う〟（タイピスト）〝その形なり姿なりが美しくマッチしていれば、別段かまわないと思つている。あまりプカ〱すうのは感心できない〟（B・G）等であつた。誌上をかりて、この調査に参加された各位に、厚くお礼申上げたい。

さて、それでは、もう一度グラフを通してご参照頂くとして、今度は、それぞれの専門家の立場から、女性の喫煙についての意見を聞いて みることにしよう。

女性がタバコをすう場合に

女性はタバコを上手にすわなければならない

まずタバコの魅力から？

その一　生理的に見て

（教育大学教授　医博）
杉　靖三郎

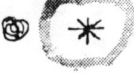

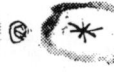

女性がタバコをすう場合に

タバコの魅力について、アメリカのパールマン博士は、タバコを手にしたとき、誰もが何だか偉くなつたように感じることがその第一だといつています。また、ちよつと疲れたとき、一服すると、気分が変つて、疲れがやわらぎ話をしている時などは適当な間をつくることができ、商談のときには、文字どおり、相手を〝煙にまく〟こともできる……などと、その魅力を列挙しております。

日日致死量のニコチンを煙にする喫煙者

ところで、タバコには、ニコチンのほかにピリジン、一酸化炭素、木タール、ヤニなどの有害な物質がふくまれています。このうち一番問題になるのは、その量からいつて、やはりニコチンです。一本の巻タバコには、ふつう二十ミリグラムから三十ミリグラムのニコチンが含まれています。ニコチンの致死量—死ぬ分量—は、五十ミリグラムだといわれていますから、もしタバコをそのまゝ飲んだとしたら、二〜三本で死んでしまうわけです。しかし、火をつけて煙にして吸うので、タバコのニコチンの何十分の一しか、吸いこまれないのです。ですから、ふつう、百本吸つたとしても、死ぬことはありません。

短かくなるほど多くなるニコチン

この煙に含まれるニコチンの量は、タバコのはじめの部分では少なく、短くなるほど多くなります。また、湿つたタバコや、唾液で吸い口を濡らした場合など、吸いこまれるニコチンは多くなります。

男性に比べて、タバコに弱い女性の体質

こんなわけで、ニコチンの量を少くしようと思うならば、そつとふかして、全体の長さの三分の一か半分迄にしておくことです。このことは〝女性のタバコ〟では、とくに注意しなくてはならない点です。というのは、女性は男にくらべてタバコに弱いからです。よく〝女、こども〟といいますが、タバコに敏感で、弱いということでは、女性はこどもと同じなのです。どの国でも、未成年者—つまりこどもにタバコが禁じられているのは、そのためです。

タバコは女性の生理に如何に影響するか

タバコは、血管に作用して収縮をおこさせ、血のめぐりをにぶくします。このために、とくに皮膚の栄養をわるくし、色つやをそこないます。これは、若い女性では、一本のんだからすぐどうなるということはありませんが、いつものんでいると、肌のきめを荒くし、早く老けさせます。また、血管と同じような組織をもつている子宮を収縮させ、月経を不順にしたり、妊娠中には流産をおこさせることにもなります。

このように、女性のタバコは〝美しくあること〟と、〝母であること〟という女性の特権を、二つながら自らの手で拒否することになるのです。また、タバコのニコチンは、少量ですが母乳からも出てくるので、赤ちやんにもわるい作用をおよぼすことになります。ですから、妊娠中や授乳中の女性は、タバコを止めなければなりません。また、心臓の病気、動脈硬化、胃潰瘍、便秘をおこしがちです。肺ガンなども女性の方がかかりやすいといわれています。ですから、女性が男のまねをして、タバコをスパスパやるのは感心しません。

ニコチン含有量の少ない女性用タバコを

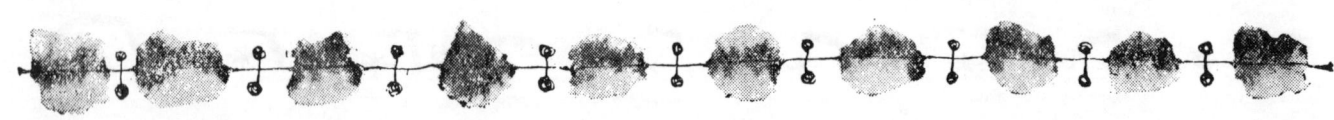

タバコは吸うこと自身よりも、吸う合間が実は有用なのです。仕事の合間に、気分転換のためにふかすのは上手な吸い方です。しかし、タバコは、女性にとつては、無理してま

女性がタバコをすう場合に

で吸うべきものではありません。アクセサリーとして吸うなら、前にも云いましたような害のない方法をとるべきです。まず口先でそつとふかすこと（吸いこまないで）、なるべく間をおいて、ゆつくり吸うこと、半分までで捨てることです。つまり、できるだけ指にはさんでいるようにすることです。なお、ニコチンの少ないタバコをえらぶことですが、わが国では女性用というパールでも、一本に二十ミリグラムもあり、かなり強い方です。外国のように、ニコチンが八ミリ以下というのが早くできればよいと思います。

タバコのみの肌は次第に黒ずんで早くおとろえる

その二　美容上から見て

（山野高等美容学校　校長）

山野愛子

長い間にははつきりとした結果が

私のいままでの経験によりますと、長い間しかもたくさんたばこを吸つている人の肌はちよつと扱つてみると、すぐ判ります。

もつとも長い間吸つて来た人というのは、もう或る程度お年をめしているわけで、中年という年令からくる、ヒフのおとろえも加味されているとは思うのですが……。

同じ年令の人で、たばこを吸う人と吸わない人のヒフを比較すると、やはりどことなく生気のない、幾分黒ずんだヒフの人は、ほとんどと云つてよいほど、長い間たばこを吸つて来た人のヒフの特長です。

たばこを吸うことと、ヒフの関係は直接どうこうということはないのですが、或る程度度を越すと、いろいろ害を招き、長い間にはいま申しあげたように、はつきりと結果が出て来るものなのです。

ですから、私は美容の立場として、成るべく避けるようにおすすめしているのですが、もうすでにお吸いになつている方たちには、できるだけ量を少くし、またニコチンを防ぐような方法をとつていただきたいと思うのです。

ヒフの表面の水分が少なくなり、血色が悪くなる

たばこをたくさん吸うことによつておこるニコチンの害には、二つの影響があり、一つは、これが大量に体の中にはいると、心臓の働きに影響を及ぼすのです。このために血液を、体中に送り出す力が、だんだん弱くなり、ヒフの血液の循環量が減退して、血色が悪くなります。そして、ヒフの表面の水分が少くなつて、結局生気のない顔色などということになるのです。

暑さ寒さにヒフが敏感になりすぎ早く衰える

もう一つは、ニコチンは副腎を刺戟してアドレナリンの分泌をさかんにするので、血液の中で糖分が増加し、ヒフを敏感にさせます。

ですから、外部の刺戟に対して非常に感じやすくなり、寒さや暑さにあうとヒフがその

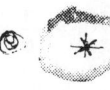

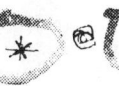

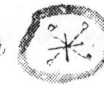

都度影響して、早くおとろえるのです。

たばこを吸うと、年令よりふけたヒフになるというのは、結局こういった原因から来るもので、ニコチンをたくさん、長い間体の中にいれるということのおそろしさが、よくお判りになつたと思います。

たばこを吸うとやせるのは何故か

またたばこの煙から出るタールは、胃腸の働きをにぶくし、消化不良とか便秘などをおこしやすく、やつぱりこれもヒフを早くおとろえさせるもとです。胃腸が健全だということは、はり切つた美しいヒフを作ることになるのですが、ただでさえ胃腸の弱いかたは、出来るだけたばこをさけて頂き度いものです。

よく、たばこを吸うとやせるといわれるのは、結局、この胃腸が徐々におかされるのです。

たばこの害を出来るだけ予防する

たばこを大量に吸う場合の害は、大体こんなもので、何時までも美しさを保つには、出来るだけ女の人の喫煙はさけたいのですが、体質として、お好きな場合には、次のようなことで、たばこの害をできる丈予防して頂きたいと思います。

1　食物、それも肝臓の働きをよくする牛肉とか肝臓など、動物性蛋白質類をたくさんとること。

2　吸いこむニコチンの量を少くするために、ニコチン除けの装置のついた、パイプなどを使うことをおすすめします。

女性喫煙者が忘れたくないエチケット

そのほかたばこを吸うときの大切なことは、女の人の、その態度です。たばこは大抵人前で吸うことが多く、他人に対して不快な念をおこさせないよう、吸いかた、煙のはきかたなどに、細かく神経を使つて下さい。

特にたばこくさい息で話しかけるということは、ご自分では気付かないだけに、大変相手に失礼になるものです。葉緑素入りの歯みがきを用いたり、チュウインガムをかんだりして、口臭には特に注意してほしいと思います。またたばこを吸う方の指がニコチンで黄色く汚れているのなど、女の人としては台無しです。レモンを輪切りにしてこすると、簡単にとれますから、特に念入りに手入れをして漂白しておきましよう。

自分一人で生きなければならぬ生活への刺戟剤として

その三　社会的に見て

（社会評論家）
大宅壮一

ポーズを意識して吸うのでなく、慢性化した女性喫煙者が増加して来たのは何故か？

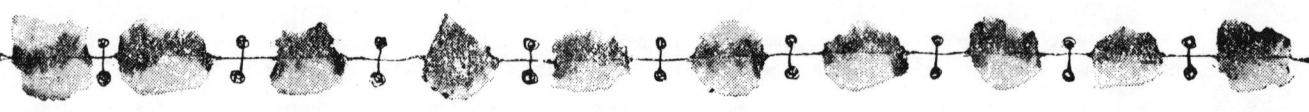

女性がタバコをすう場合に

婦人の社会的進出のためだろうか、この頃急速に喫煙する女性が増えたようだ。喫茶店などで、いわゆる〝喫茶店族〟に見られる特殊現象かもしれぬが、待ち合せをしている婦人の約半数は煙草を手にしている。それもただ漫然とコーヒーを飲むのと同じように、アクセサリーとして自分のポーズを意識してすうのではなく、慢性化した人びとが多いようだ。

可愛いお河童頭の女子大生が暗い音楽喫茶で〝新生〟をすつているのをみかけることがある。女でも〝ピース〟をすわずに、〝新生〟をすいだしたら、一人前の煙草のみだというのが一般の定説のようだが、これは一面において女性の自我の成長を示すものといつてよかろう。成長した自我は当然一人前の人間として社会に認められ、そこからはね返つてくる苦しみを自分一人でうけとめねばならない。そこで単に待ち合わせのときの、気ぜわしさを麻酔させるためではなく、人生の苦しみをある陶酔へ導くという意味での阿片的要素を示している。

このごろトリス・バーなどへ若い女性が現われるようになつたのもこの傾向を表わしている。と同時に、自分一人だけで生きなければならぬ生活への刺戟剤となつていることも見逃してはならない。

昔から水商売の女たちが煙草をすつたのはそのためである。そこには自分一人だけにしか頼れぬ、孤独な生活があり、だからこそまた〝憩い〟のひとときを持たねばならないのではあるまいか。未亡人に喫煙者の多いのもそのせいである。

彼女らの唱える理屈は、一片の感覚の前に
へなへなと降参している……

したがつて若い女性、ことにお娘さんたちが喫煙するには、彼女たちの世代の強い自我主張を意味するものかもしれないが、決して近代的な自我主張をもつているためではない。彼女らの唱える理屈は一片の感覚の前にへなへなと降参している。強い自我主張は簡単に自我滅失というものに早がわりする。喫煙ということも、多くの場合マニキュアの慢性化したようなものにすぎないのではなかろうか。

もちろん人間というものは理性だけの動物ではない。感性の要素は想像以上に強いものだ。女性において、とくにそのことを強調できる。

だからこそいうのだが、喫煙をすることによつて、一人前の大人になつたと錯覚している今日の〝流行〟は、女性自身を引き上げているものでは決してない。そこには若さの発露もあろう。叛逆もあろう。またそうせずにはおられぬ苦しみを背負つた人もいるにちがいない。

しかし今日の〝流行〟は決してそんなものではなく、昔の中学生が単独で行つてはならぬ〝そば屋〟へ行つたような、未成年の高校生が停学処分を頭に考えながらパチンコ屋に入つたり、酒をのんだりするのと同じようなものが感じられる。

社会への、男性へのフンマンのあることはよくわかる。そして男性自身の九〇％までがこの中毒におちいつている現在、そのことをとくに罪だとか、悪だとかいうことはできない。

だが、これから伸びていく女性の自我がこうした未熟な形をのみとりつづけるならば、女性の望んでいる、真の男女同権は決して廻つてこないだろう。

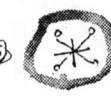

世話物狂言の魅力

いわゆる世話物について

宇野信夫（劇作家）

記者「世話物がお好きのようで、これまでも大分書かれておいでのようですが――」

私「私の書くようなものが、いわゆる世話物といえるかどうか、疑問だと思います。元来、世話物とは、いかなるものをさしていうか――というと、議論めいてきますけれども、今の人が指していう世話物とは、まア大ざつぱにいつて、南北のものとか黙阿弥ものとかをいうのでしよう。それから、現代の作家の書いたものでも、江戸時代を背景にして、市井の人物のはたらく戯曲をさしても、世話物といつているようです。しかし、今の劇界の情勢は、あまりそうしたものを好まないようで、そんな傾向のものは出ないようです。それも、無理のない話で、江戸時代に愛着をもつ人も、だん／＼に減つていきますし、俳優の方も、江戸時代に興味をもつ人も、まつたく少なくなつてきました。」

記者「たしかにそういうことは言えますね。」

私「黙阿弥の書いたものでも、南北の書いたものでも、その書かれた当時は、現代劇であつたのです。世話物は、今の世のありさまをうつし、今の世の人物を活写するところに面白さがあり、また、そういうものでなければなりません。ですから、世話物は、現代劇でなければならないわけなんですが、どういうものか、世話物は、江戸時代の戯曲に限られてしまいました。考えると、おかしなわけのものです。今でも度々上演される切られ与三郎とか、お祭佐七とかを世話物といつて、現代をうつした劇は、決して世話物とはいいません。現代劇といいます。世話物と現代劇とは、だから、同じイミなのです。芝居と演

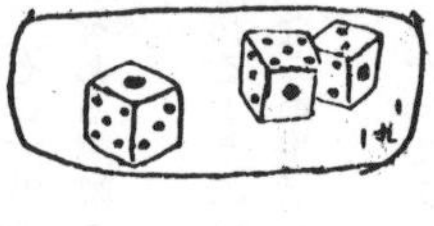

みがきあげられた型の魅力

曽野綾子（作家）

「世話物」と云えば歌舞伎の舞台を連想してしまうけれど、私達が現在観ている映画のストーリーの殆んどは、世話物的内容です。たゞ映画は私達が実際見たことがあり、経験したことのあるスタイルで表現しているだけなのです。実際の世の中は言葉とか、踊りとかで表現されつくされない、そして浮かんではそのまま流れ去る様な雑多な生活感情が溢れています。

そしてその生活感情とか生活の要素を規定するのは「力」の動きによつています。毎日の生活をどんなに純粋に自分の気持に結実させてみても、その背後には、物質的精神的な「力」の関係が働いています。世話物の恋愛にあんなに惹きつけられるのも、毎日の生活に追われている私達には、この世離れした美しさを感ずるからでしよう。世話物狂言のそういう美しさは、愛情の身振や、話の内容においてイデアを人格化して愛情を人間に附与した純粋な状態で表現するためでしよう。私が世話物で好きなのは、やはり愛情の表現です。今の映画や芝居の大胆で、露出的な愛の演技に比べれば、着物の上から痒いところを掻いている様なもどかしさを感ずるかも知れないけれど、そのもどかしさを超えて美しく感動させられるのは、何年もかゝつて創られた型によるのです。新劇などには見られない夾雑物のない純粋な型によるのです

新劇で演ずる愛情の表し方には、時々いやらしささえ感ずることがあるし、この頃、日本舞踊のお師匠さん達が、「新作」と銘打つて発表する出し物の中には、頭のマゲがこわれそうになる程の身振で抱擁する様な、舞台が見受けられますが、昔の世話物の型はそれ程までのことをしなくても、それ以上の迫力を作り出しているのです。そしてその芸術によつてほろりと私達は現実から逃避し

劇が同じイミであるように――。

世話物は、江戸の末期で、終止符を打ったわけです。ですから、私の書いたものなどを、たとえ時代が江戸で、人物が市井の人物であるとしても、世話物というのは、おかしいわけです。」

記者「好劇家の中では、いわゆる黙阿弥情調とでもいいますか、世話物を好む人が大分居ります。それについて――」

私「私の知つている若い人で、やつぱり世話物の好きな人が居ります。ある時私は、あなたは、何故に世話物を好むか、世話物のどんなところが好きか、とたずねたことがあります。そうするとその人は、たゞなんとなくそのフンイキがたまらないのです。具体的に言えといわれると困りますが、あの情調、流れるようなセリフ、なつかしい江戸時代の風物がたまらなくいゝ。それから合方――これが実に音楽的で、耳にこゝろよくひゞく。例えば髪結新三の、閻魔堂橋で、新三が弥太五郎に、『――命をすてによく出てきた。』というと、弥太五郎が『どうしたと』という。

二人がキッパリ見得を切つて、合方がかわつて、『丁度ところも寺町で』と、新三のセリフになる。あゝいうところになると、理窟なしに胸がすつとする、と、まアそんなことを言うのです。大体、世話物を好む人は、みんなそんなことではないでしようか。

しかし、それもこの頃は、極く一部の人、今の若い人は、音曲に興味をもつ人も少ないし、セリフの味を理解する人も極く稀になつてきたようです。

もと〳〵演劇というものは、予備知識を必要とするものでありません。予備知識がなければ、理解出来ないようなものは、大衆から、次第にはなれてゆきます。謡がそうで、あれは、完全に、予備知識がなければ理解も出来ないし、面白くもありません。ですから、ほんの極く一部の人が観賞するだけのものになつています。今の世話物が、もうすでに、謡

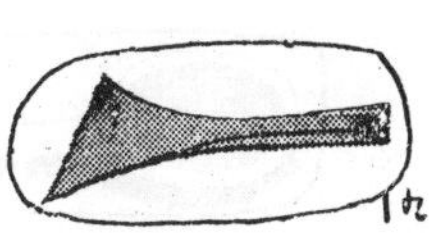

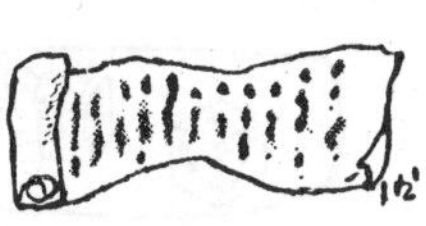

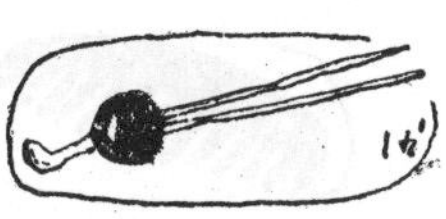

た様な気分にさせられるところが世話物狂言の魅力と云えましよう。

扇雀ファン

江利チエミ（歌手）

とにかく歌舞伎は好きなの。世話物と限らないけど幕の上る前、下座の鳴物が聞えてくるでしよ。あの開幕の前の劇場の雰囲気つて好きだナ、特に世話物なんかだと、幕があくとすぐに、すうつと、こちらも舞台に吸いこまれてしまうような気がしちやう。ラブシーンなんかも決して露骨じやないのに、ものすごく刺戟的でエロチックで……お色気つていうのかしら、まるで踊りのように動きがきれいでポーズが美しいでしよ。私は扇雀さんの大ファンだから扇雀さんの出るものなら文句なしに好き。曽根崎心中のお初なんか、何度みても気が変になる位素敵！

歌舞伎のことはあまり知らないけれど、常盤津とか浄瑠璃とか、三味線と語りのリズムとテンポも舞台の情緒と一つになつてて素晴らしい魅力。とにかく、みーんな好きってことになつちやうかナ

江戸ツ子的な気つぷのよさ

三木のり平（俳優）

世話物は江戸時代の現代劇だつたわけでしよう。いわゆる御殿物などと比べて何よりも庶民の生活感情をうたいあげているというところに共感を覚えますね、それに、時代物などに比べて演出もリアルだし、—もつとも菊五郎などは一寸、それを強調しすぎた感もありますが—

世話物の魅力というと、生世話の官能美もさることながら、七五調のメリハリの通つたセリフ、特に黙阿弥のものなど胸のすくようなリズムの美しさを感じますね。それから型にしても、江戸ッ子的な気つぷのよさのようなものが特にたまらないですね。世話物の魅力は他にも色色ありますが、すつきりした足元の美しさ、素足の美しさとでも云うのですか、そんなものにも強く魅かれます。

女形の美しさ

雪代敬子（女優）

歌舞伎は好きなものですから暇をみつけては観にいくのですが、観ていてすごく映画の参考になるのが世話物狂言です。斬られ与三郎で周知の〝与話情浮名

なみになりかゝつているような気がするのですが、どうでしょう。

例えばこんな話があります。黙阿弥の村井長庵の殺し場で、早乗三次のセリフに、『無常の風の吹き廻し、火屋の煙と消えてなくなれ』というのがあります。三次を演じる俳優は毎日そのセリフを舞台で言つていながら、『火屋』というイミを、知りませんでした。第一、早乗り、どういう言葉からして、駕籠に早く乗ることからつけられた渾名だろう位に思つていたのです。それも無理のない話で「早乗り」というイミを知つている人も、今ではあまりいないのではないでしょうか。

新皿屋敷で、宗五郎が、さしでぐちをする若い者をたしなめるセリフがあります。

『えゝ、黙つていろ、また四文を出やアある。』というのですが、このイミのわかる人が、観客の中に、何人いるでしょうか。

盲長屋のゆすり場で、道玄の言うセリフ、『もとより噺の根なし草』という寄席づくしのセリフ、このイミのわかる人が何人いるでしよう。これが初めて上演された頃の観客は芝居と寄席しか娯楽をもつていなかつたのです。寄席にも親しみ、このセリフのイミもよくわかつたことでしょう。

前にも言つたように、世話物を演じる俳優自身が、あまり江戸時代に愛着をもたず、その日常生活も、南北や黙阿弥の書いた脚本を演じるには、ふさわしくありません。しかし、これをいけないというのではありません。これは、全く無理のない話です。」

記者「そうすると、世話物は、滅びるという結論になりますが——」

私「もうすでに滅びているのかも知れません。菊五郎、吉右衛門の時代で、いわゆる世話物は、まつたく滅びてしまつたと私は思うのです。今、舞台でやつている世話物は、昔、演じられたそれとは、大分ちがつた形のものではないでしょうか。」

記者「そうしますと、今の世話物に、興味は

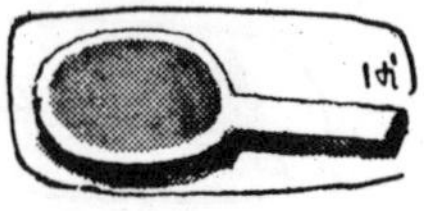

横櫛”は海老蔵さん、梅幸さんの当り狂言で代表的な世話物の一つですが、古典美、固い美しさのある歌舞伎の中で世話物だけはくだけた美しさ、リアルさがあつて、感情の現れ、動作がよく理解できます。

世話物以外のいわゆる時代物と呼ばれる狂言は、例えば描かれている時代に生きている人の義理・人情などが封建的で私たちにはわかりにくいんじやないでしようか。私は最近時代劇のお仕事が多くなつたせいかどうしても女形の方に目がいき、歩き方一つにしても娘、姐御、芸者などそれぞれ違つた歩き方を舞台を見て勉強してるんですが、世話物ではこういつたことが生々と判つて、映画に役立つことが多々あります。

世話物役者といわれる方では、梅幸さん、歌右衛門さんなど大へんお上手だといつも感心させられちやいます。何と云うのかその人物に全くなりきつていて観ていて素晴らしいですね。とにかく今後も大いに観て勉強したいと思つています

スローテンポのメロドラマ

矢代静一（劇作家）

歌舞伎については、私は専門的に勉強もしていないし、特別の見巧者という訳ではありません。ときおり、舞台をのぞくといつた程度の、平凡な観客でしかありません。平凡というより、むしろ赤毛布に近いかも知れない。このことを最初におことわりして置かないと、あとの文章が書きにくい。手近にある「歌舞伎手帖」の「世話物」の項を引用しますと、こう書いてある。

「時代物が上古から中世への題材を中心にしているのに反し、これは近世歌舞伎の社会劇を意味する。つまり、今日で言えば現代劇である。しかし、時代物と世話物のうちには、別の劃然たる一線が引かれている。例えば、歌舞伎十八番の『助六』は歌舞伎の社会劇ではあるが、決して世話物ではない。それは、演出方法である。即ち、演出が写実であることが、世話物の絶対的条件なのだ」

社会劇とか、写実とか言うと、ものものしい感じがしますが、この場合はもつと楽な気持で考えてよいようです。つまり、「君の名は」が、社会劇であり、写実劇であるとおなじほどの意味で。

もたれないのでしょうか。」

私　「今、くりかえして上演される世話物には、ところどころ、代々の名人の残していつたしぐさや、掬すべき味のあるセリフがありますから、面白いと思うところは勿論あります。しかし、それは、ところどころで、全体の調子は、もう今の観客の観賞には価しないのではないでしょうか。

　世話物というものは、もつと見物がよくわかり、セリフの一つ一つにうなずくものがあり、もつと笑い、もつと怒り、もつとかなしむものではないでしょうか。要するに、舞台と客席とが、もつと近いものでなければならないと思うのです。

　前にも言つたように、時代の人物風俗を活写するところに、世話物の面白さがあるのですから、ほんとうのイミの世話物は、もつと別のところに存在しているのではないでしょうか。

　この間、私は、あぶはち座という芝居を見ました。三木のり平とか森繁とかフランキー堺とか——その他の俳優たちが、それぞれ現代の人物を実に巧みに——へんな言い方ですが、演劇的によく写し、諷刺し、観客も、舞台と一しよにたのしんでいるようでした。

　つまり、観客と舞台とが、イロになつていました。昔の世話物は、こんな風にして演じられていたのではないかしら、とふと私は考えたのです。」

記者「そうすると、もう世話物は書かれないのですか。」

私「ところが、今言つたのは、理窟で、私もごたぶんにもれず、実は、世話物はたまらなく好きな方です。江戸時代の風物、市井の人物を書くことになると、自然に興がのつてくるのです。言うことと、することとは、私はちがつた人間で、これからも、なんのたそくにもならないものを書いて、世の嘲笑を買うことでしよう。」

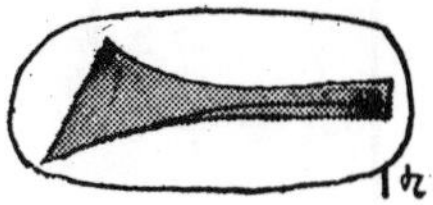

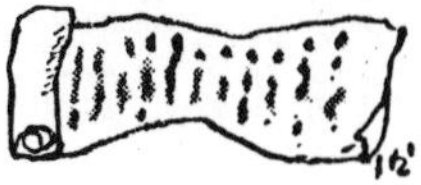

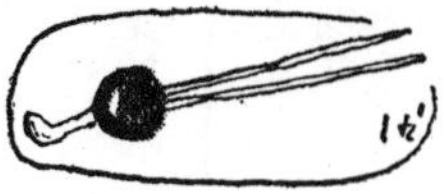

　私はなぜ世話物が好きなのか、自分で考えてみると、まず、そこに登場してくる人物たちが、私たち一般人の生活感情を身近につけているからのようです。もちろん、江戸と東京という時代のへだたりはありますが、そのへだたりは、逆に、懐しさをつけ加えてくれるのです。「しがねえ恋が情の仇」の、切られ与三とお富。「しらざアいつてきかせやせう」の弁天小僧。「悪に強きは善にもと」の河内山宗俊。世話物に出てくる人物たちは、がいして、堅気でない、破滅型が多いようですが、そういう人物たちの心の底に流れている感情は、私たちのものです。私は、世話物の登場人物の中に、美化された自分を見出し、ひととき、酔いしれることが出来るのです。美化された自分といいましたが、これは、善悪の価値判断や道徳律とは関係ありません。そういうことを言いだしたら、みもふたもない話で、だいいち、芝居の醍醐味に縁なき衆生です。もつとも、人の心の中には、ひそかに悪に憧れる気持がひそんでいることも事実で、それを良心が制御しながらバランスをとつて私たちは実人生を生きて行くのです。しかし、それがときどき、おつくうになることがある。そういうとき、人は、多分、世話物をみたり、西部劇をみたりして、もう一つの自己を発散させるのでしよう。

　世話物のたのしさは、なんといつても、七五調の名台詞をもとにしての、情緒の流れにあります。この情緒を、回転速度を早くして廻すと、ちようど、現代のメロドラマ映画になる筈です。ところが、私たちは、いや少くとも、私は、メロドラマを好まない。それは、メロドラマには、その情緒を包んで行く形式というか、様式美とかいうものがないからです。人は、或る年齢に達すると、メロドラマのようなまことしやかな嘘に倦きて行きます。そういう倦きが、人を本物の文学書や、芸術鑑賞の方に連れて行くのです。

　世話物ももちろん、まことしやかな嘘です。しかし、そこには、それを嘘と思わせても一向に平気な、様式美が入つているのです。それが、多分、長年、世話物が生命を保つている原因でしよう。しかし、この佳き時代の情緒劇も、現代のようにあわただしい時代になつてくると、置き忘れられそうな感じです。げんに、この私でさえ、この前、新劇で河内山宗俊の材料をかりて芝居を書いたら、喜劇になつてしまいました。

誰にでもでき
おいしく重宝な

漬もの

漬物というと糠みそを思い出して、世帯じみた食物のように考えがちです。ところが、簡単に作れて、保存がきいて、見た目にもきれいで、栄養がある漬物は、便利でおいしくしかもしやれた食物なのです。ほんの一寸の手間でいつも漬物を食卓に絶やさない、それがあなたの腕の見せ場です。日本女子大の小林文子先生その他の方々にうかがいました。

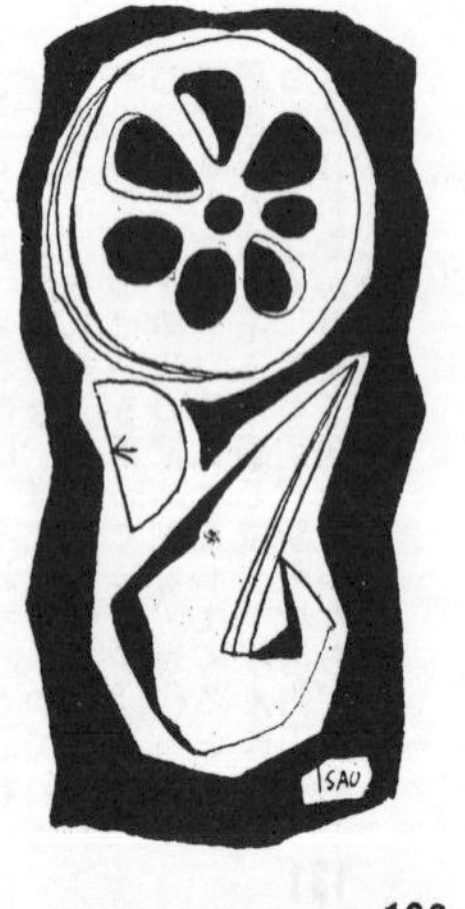

漬物の準備

まず、漬ものの材料の種類や、漬け方によつて適当な容器を準備します。塩漬や糠漬、中でも大根や白菜などには、木で出来た容器、それも桶より樽がよく、樽の中でも酒樽が一番良いのです。らつきようの酢漬や、みそ漬は、素焼きのかめがいいでしよう。梅干漬の保存には瀬戸焼きのかめが適当です。また紅鉢とか、かぶと鉢といつて瀬戸焼きの深い鉢がありますが、即席漬には便利です。ガラス類は、密閉出来る広口壜はピクルスなどを漬けるによく、最近市販されているネジで圧しのきくプラスチックのも美しく便利です。

漬ものをおいしく作るコツは、何といつても手まめであることです。保存出来るものは季節のものの出盛りに漬け、即席漬はビタミンを失わないのでいつも絶やさぬことです。

塩漬

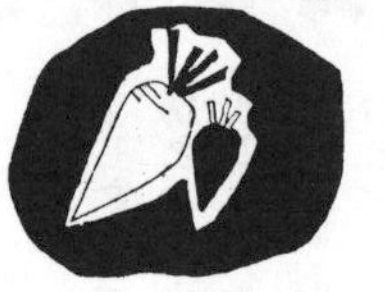

塩漬は漬ものの基本でもあるし、最も広く行われています。多くの漬ものが一度塩漬にしてから、みそ、酒、酢、粕、辛子、麹などで漬けて色々の名前の漬ものになつています普通は、野菜一貫目に塩一合なら甘口、三合で辛口、五合でごく辛口というのが塩加減の目安になります。もちろん漬ける材料によつていろいろの配合が必要です。白菜なら十貫目に当座用で二升が基本で一カ月永く保たせる毎に五合増します。茄子なら、中三〇ケにつき塩五勺、焼明礬三匁を入れます。保存用は塩を多くします。梅干しには、梅一升につき塩三合が適量です。らつきようなら一貫目に塩七合位がいい塩加減です。水分の多いものは水気をよくきつて漬けるのがコツで、水があがつてくれば食べることが出来ます。

らつきよう

材料　生らつきよう一貫五百匁、塩一升

作り方　らつきようは八月ごろが漬けどき十分熟した新鮮なものを選んでよく水洗いして外皮を一枚むき、一日陰干しにして水気をきり、一斗樽に入れる。塩一升を水一升五合にとかして煮たて、さめてから、らつきようの入つた樽に上からそそいでおしぶたをし、一貫匁前後のおもしをかける。この上からビニールなどで密閉し、冷暗所におき二カ月ほどしてからたべる。これをピクルスにするには、漬上つたものをざるに上げて水気を切り醤油樽の鏡を抜かないものに、呑口の穴から一合ずついれ、よく樽をゆすつて一杯になつたら酢を一杯になる迄入れ栓をしておくと二月位で食べられる。花らつきようは塩漬を酢三合に砂糖大匙五杯を溶かしたものに漬ける

茄子の辛子漬

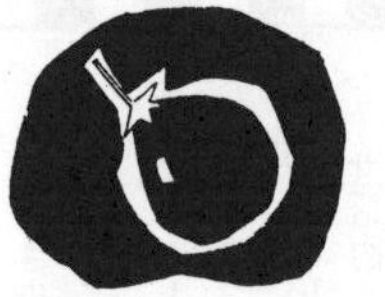

材料　秋茄子五百匁、塩四十匁、辛子粉二合、麹二合、白砂糖四〇匁、酢七勺、醤油一合五勺

作り方　一口茄子とよばれる小さい秋茄子を用いる。へたと花落を切り取り、小さいものは丸ごと、大きめのは二つ割りにし、茄子五〇〇匁に四〇匁の割合の塩で漬け、圧しをかけて一晩漬ける。翌日取出して水気をしぼつて一日天日に干し、辛子粉、麹、砂糖、酢、醤油をまぜて辛子麹を作り、まぶすようにして壜に漬けて密封し、一〇日目ごろから食べられる。胡瓜で作る時は、一口位の斜切りにし、三時間ほど塩をまぶして圧漬にし、水を切つて辛子粉、塩、砂糖、酢、麹などをねり合わせた中にまぜ、味の素を少し入れ、小さな容器で漬けこむ。三、四日で食べられる。

ピクルス

欧米では漬けもの類は少いので、ピクルスとキャベツの塩漬けが主なものです。キャベツの塩漬はドイツのサウエル・クラウトと、ロシアのスクッチーが代表的で、ロシア漬は酢を加え、サウエル・クラウトは乳酸醗酵させた塩圧漬です。ピクルスはアメリカその他の国で漬けられ、ピクルスのコンクールなどもあり主婦たちが腕をきそいます。酢三合と砂糖二〇匁の割合の漬汁を一度煮立ててから冷まし、材料の上から注ぎ密閉して漬込むのが普通の漬け方で材料や好みによって調味料の配合をかえます。香料は丁字、辛子、肉桂皮、レモン、梨、リンゴなどを用います。赤かぶ、胡瓜、キャベツ、玉ねぎ、トマト、梨あんず、西瓜、カリフラワー、かぶ、人蔘、など、ほとんど何でも漬けることができます

胡瓜のピクルス

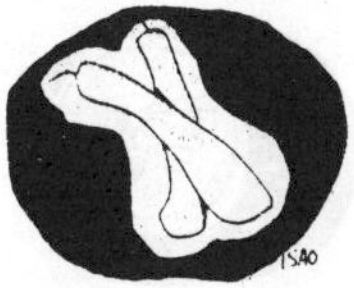

材料　胡瓜、水三合、白酢三合、砂糖三十匁（大匙山五杯半）塩大匙三杯位。

作り方　胡瓜は大きなものを用い、皮をうすくむいたら一センチ前後の巾のせん切りにし、冷水をかけて一晩おく。水からひき出して水を切り、殺菌された容器につめる。水、酢砂糖を三分ほど煮立てて冷ます（煮立てる容器はアルマイトか瀬戸引きを使う）容器の胡瓜に冷ました汁を注ぎかけ、密閉しておき六週間ほどしてから食べられる。汁を煮立てたとき丁字などの香料を入れると香りがしておいしい。また胡瓜は、ピクルス用の小さいものがあるが、この場合は丸ごと漬けた方がよい。長く貯蔵ができるので、壜にいくつもつけておき、そのまま食べるほか、サンドイッチやカナッペなどにも向く。

中華風ピクルス

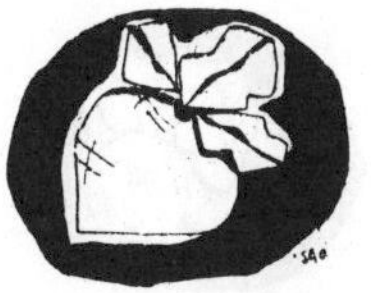

材料　青いトマト（小粒）六個。小さい胡瓜六本、赤又は青ピーマン一個か二個。花野菜一個、さやいんげん二十本位、小粒玉ねぎ六個、セロリー一くき、塩適宜、酢野菜のかぶる位、胡椒、丁字など。

作り方　野菜類はそれぞれ下ごしらえをしてから、一〜二センチ位に大きさを全部揃えて切り、塩をまぶして一昼夜おく。別に、酢に香料（丁字）を入れてアルマイトか瀬戸引の鍋で一度煮たててから野菜を入れ、野菜が軟かくなるまで煮る。この場合決して煮すぎないように気をつける。トマトなどは煮すぎると溶け出して汁を濁すから注意して、崩れないように煮る。出来上ったらそのまま、容器に入れて保存する。野菜は全部揃わなくても、ここにあげないものでも手近の物で。

むらさきキャベツ

材料　むらさきキャベツ一個、水五合、酢大匙一杯、塩大匙一杯。ほかにヴィネガーソース用に、酢一合、赤砂糖大匙一杯、香料（月桂樹の葉一枚、丁字二個）塩小匙1/4

作り方　キャベツは少しあら目のせん切りにし、水と酢と塩を入れた熱湯にさっと通し、別にヴィネガーソースをつくりこの中につけておく。ソースは酢に赤砂糖、月桂樹の葉、丁字、塩を入れ、一度煮立たせて漬ける前に月桂樹の葉と丁字は取除いておく。むらさき色のキャベツは酢のためにすばらしいぼたん色に変り、大輪のぼたんの花を思わせるピクルスが出来上る。壜につめて冷蔵庫にでも保存すれば長くおくことが出来る。むらさきキャベツでなく普通のキャベツを使ってもよいが、色彩の美しさでは及ばない。

粕漬

材料　漬粕の材料、酒粕二百匁、塩大匙山二杯、酒か味淋大匙四杯。白瓜、胡瓜、守口大根、わさびなどのいずれか。

作り方　材料をねつて漬粕を作る。白瓜や大根を漬けるには一週間ほどおいて熟粕にする。白瓜は二つ割りにして中に塩を塗り、三四時間天日に干して後塩水を捨て、さましてから一カ月ほど漬ける。胡瓜は上下を切り、水一升塩二合を煮たてた中をくぐらせ、水気を切って三週間ほど漬ける。守口大根は葉を落して皮付のまま熱湯に四五分浸し、一日天日に干してから一カ月漬ける。わさびは葉、茎、根とも細かく刻んで甘塩で二日圧漬にし洗って水気を切って一カ月漬ける。材料が桶や材料どうしとふれぬよう、空気にふれぬように、蓋をして日本紙で目貼りをしておく。

花漬

花漬は趣味にすぎて、実用的とはいえませんが、色どり美しい花漬が白湯に浮かんでいるのは風情のあるものです。生活の中の毎日のあわただしさを忘れた彩りも欲しいものです。菊の花を八百屋さんで買つて来て、花びらをむしります。水一升に塩三合を入れて煮立て、火からおろし、充分にさめてから、花びらを容器に入れ、上から塩水をそそぎます。圧しぶたをして軽い重しをかけます。二三日で漬かりますから、この花を湯呑に入れ砂糖を少し入れて熱湯を注いでいただきます。

鰯の卯の花漬

材料　小さないわし二十尾、酢五合、白砂糖六十匁、卯の花（おから）一升五合。

作り方　いわしは新しいものをえらび、頭をとつて腹をさいてわたを出し、きれいに洗つて塩をふつておく。別にアルマイトか瀬戸引きの鍋に酢を煮立て、砂糖を加え煮溶けてから卯の花をいれてから火を止めさます。かめか鉢の底に卯の花をしき、塩をふつたいわしをならべ上から卯の花を入れ、層になるように漬込む。最後に卯の花を上にのせて圧しつけ、圧しぶたにおもしをして漬ける。一週間ぐらいおけば漬かるから、卯の花を落して、おろし生姜をそえて、生醤油か三杯酢で食べる。いわしでなく、同じような小魚でもおいしい。下ごしらえを十分にし、特にわたをきれいに取除いておくことが大切。

朝鮮漬

材料　胡瓜、キャベツ、茄子等適量。赤とうがらし。食塩水。

作り方　胡瓜は大きく乱切り、茄子は小さいものは斜に半分に、大きいものは四つぐらいの斜切り、キャベツは芯のままみかんの袋型に切る。別に濃い食塩水を作り、一度煮たててから冷してかめに入れ、赤とうがらしを沢山かめに入れその上に用意してあつた野菜を入れる。材料がちようどかぶるくらいに塩水を加減して圧しぶたで押さえ、石でおもしをかける。野菜類から水が出て来たら（圧しぶたの上に水が上つてくる）軽いふた（お皿でよい）にかえ、二三日したら食べられるが古くなつた方が醗酵しておいしい。塩水は時時塩をたして煮立て、野菜を入れればいつもぴりつとしておいしい漬物が食べられる。

胡瓜の薬味漬

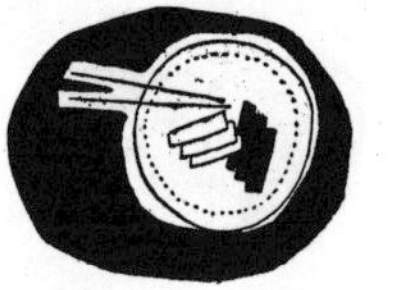

材料　胡瓜十本、梨半分、にんにく一かけ、胡麻大匙一杯、ねぎ一本、胡麻油二三滴、唐辛子粉小匙半分、塩大匙四杯。

作り方　若い胡瓜を洗つて花落ちの方から包丁を入れて四つに割り、切り離さないようにして塩をまぶし、圧しをかけて一日おく。胡麻は炒つて摺鉢で摺りつぶし、にんにくをおろしてこれに加え、梨はせん切りに、ねぎはみじんに刻んでこれもよくまぜる。塩、赤唐辛子の粉をふりまぜ、一番後から上等の胡麻油を二、三滴落して薬味を作る。塩漬にした胡瓜の割り目に薬味をつめ、薬味をまぜた摺鉢に並べ、上から胡瓜を漬けた漬汁を流し入れ、圧しぶたをして軽いおもしをかけ、二三日おいてから食べる。薬味も一緒に横に一寸位の長さに切つて食卓に出す。

糠みそ漬

糠みそはきらわれがちですが、便利さでは第一等の漬物です。何でも漬けられ、短時間で食べられるし、乳酸菌により漬ものの風味が増すなど、誇つていい伝統的食品でしよう。

新しく糠みそを作るには、一斗樽に作るとして糠一斗をふるつてほうろくなどで弱火で炒ります。鍋に四升五合の水と一升五合の塩を入れて煮たて、火からおろしてさまします容器に糠半分を入れ冷ました塩水を注ぎながらまぜ、糠の残りを入れながらまぜて固めのみそ位にねります。この時に三合の辛子粉と十二、三本の赤とうがらしを入れると腐敗を防ぎます。これを涼しいところに置いて毎日二、三回まぜます。古い糠みそを一つかみと古たくわん二本ほど入れると早く醗酵して五六日で使えます。毎日まぜて漬け込みます。

モデル 坂本由紀

毛糸の水着

デザイン 中原淳一

夏と云えば矢張り海や山へと云う事になるが、中でも海は準備もあまりいらないし、気軽に行けそうな気がする。色とりどりの原色の絵の具を散らばした様な海辺や、白い波しぶきをあげて泳ぐ人々のさまは実に美しい。ビーチパラソルは大抵あざやかな色調のものが多いので、夏にはあまり使われない黒を選んで水着を作つてみた。右の写真はプレーンな黒のボディスに胸もとに赤を使つて、それが少しドロップして肩まで続いているもので、縁とりは勿論黒。

左は矢張り黒のボディスをストラップレス風に編み上げ、白の毛糸で縁とりをしたものが前で一つ結ばれて肩を通り、後へ続いている。この二つは中細毛糸で編んだものであるが体にぴつたりして伸縮自在なのも魅力の一つではないだろうか。

此の作品は、萩原機械の、ニッティング スーパー機で作製しました。

→マンスタイルのストローハットについていた紺のグログランのリボンの飾りをとつて、そこへガーベラ色のスエードのベルトを巻いて、手袋の色と揃えた。白いシャークスキンのスーツにその赤がよく効いて驚く程鮮かで洗練された装いをつくる。

ベルトの位置をたのしむ

中原淳一
モデル　淡路恵子

真赤なセパレーツの白いトリミングが印象的なので、エナメルを塗つたように光沢のある真白なベルトを切つて手頸に巻いた。ビニールのもつ、革とは違つたメカニックな白さが、明るい近代感を一層強調して魅力的。ドレスに合せて色や巾を適当に選べばよい ↓

真白な艶消しビニールのベルトをネックレスのようにあしらつたもの。素肌をみせたスーツの、すつきりした衿元のアクセントになつて生々した表情をそえる。安価で色や巾も種類が多い上に鋏で好みの長さに簡単に切られるので感覚的なお洒落を自由に愉しめる ←

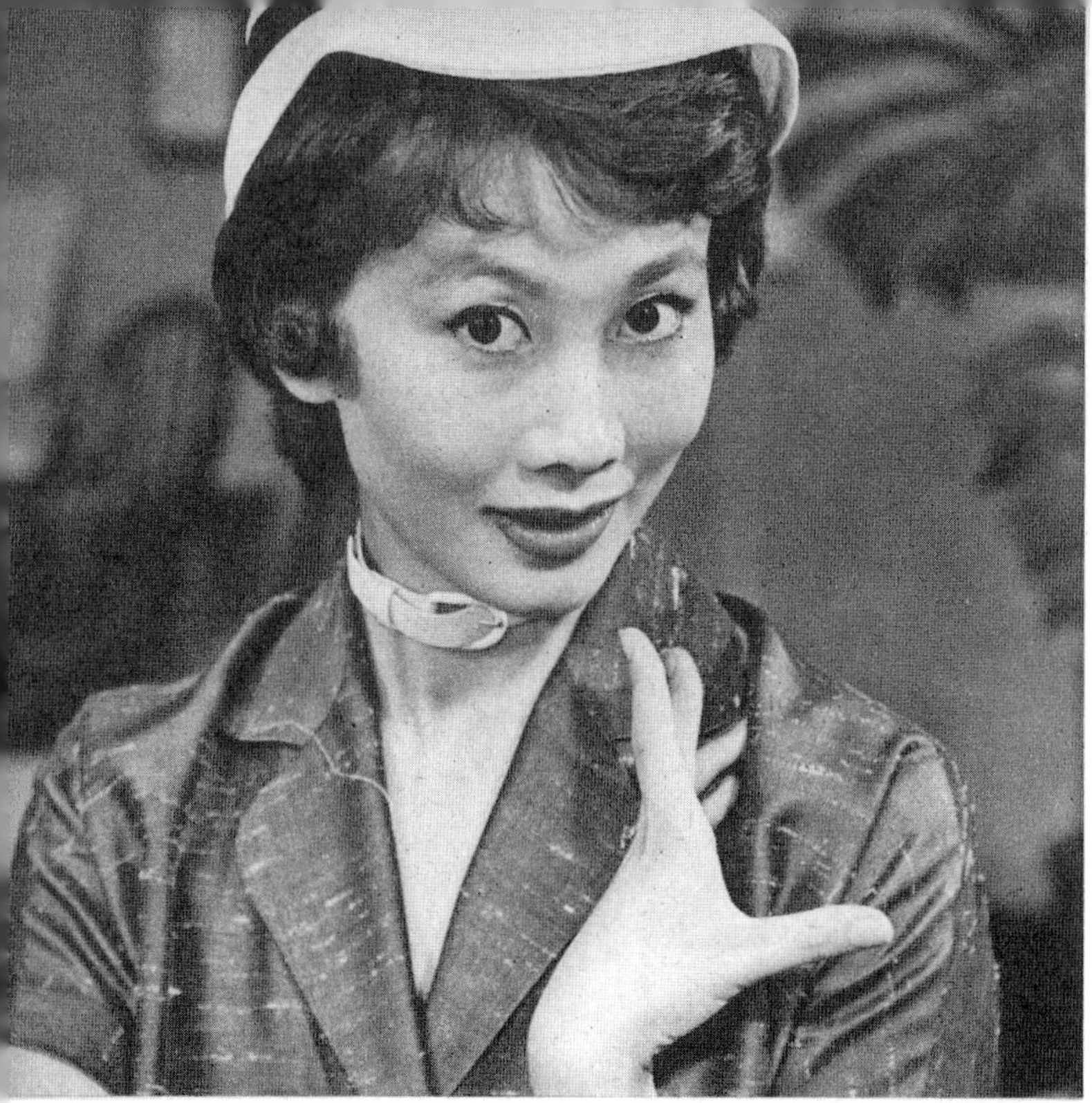

同じ一枚のドレスでも、木の実のような素朴なネックレスをした場合は、可愛い普段着になり、キラ〳〵光るゴージャスなものをつけると、普段着もカクテルドレスに思えたりする。つまらない平凡な服と思つていたものが、アクセサリーによつて、急にハッとよみがえつて生々とした個性をもつようになる。アクセサリーは洋装の仕上げともいうべきもので、アクセサリーの扱いによつて、その服の性格がつくられることが多い　そんなアクセサリーの愉しさに惹かれてか、銀座をはじめアクセサリーの専門店はどこも若い女の人がひしめいている。けれどもその人たちが皆な、アクセサリーの効果を本当に知つて選んでいるだろうか。

それはともかくとして、腕輪やネックレスが欲しいと思つてアクセサリーの店に立ち寄つた場合、ついでに一寸ベルトの売場にも目を向けてみよう。思いがけない効果をそこから見つけることが出来るかもしれない。ナイロンスエードなどで実に色の美しいのが、僅か五〇円位からある。ベルトはウエストにだけしめるもの、ネックレスは玉のものだと決めてしまわないで、こんな風に考えてみてはどうだろう。さまざまな色があるので、あなたのどんな色のドレスにも合う色を自由に選ぶことが出来るし個性的な装いを創る愉しさもある

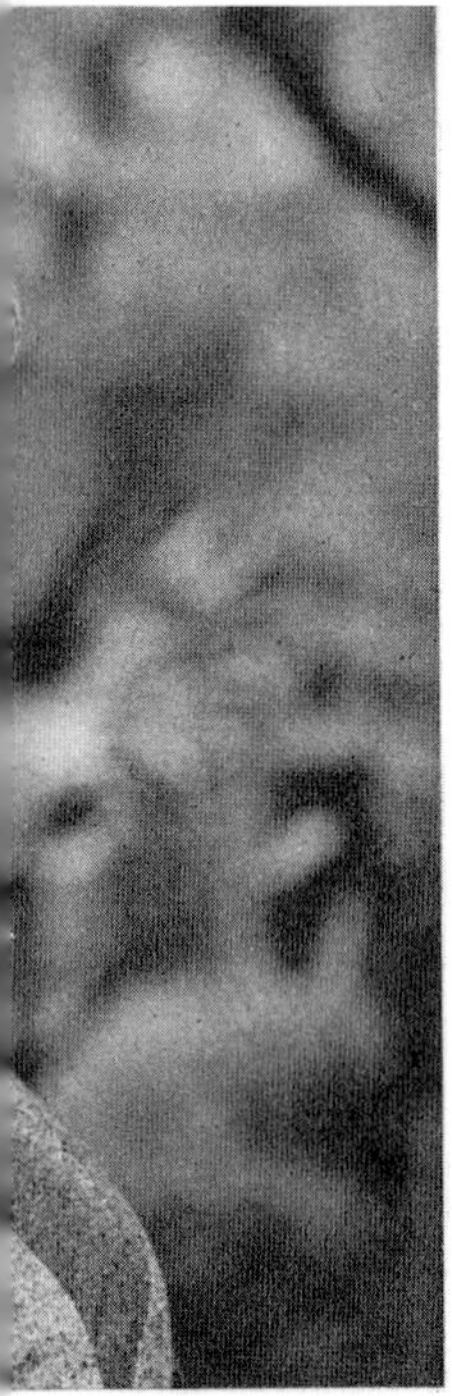

淡い水色の、何の飾りもない、ゆるい衿明きのルーズなスウエーター。最も単純なスタイルながら、色の美しさで着るたのしいきものである。それだけに、下手にアクセサリーを使うと却つて折角のよさをぶちこわしてしまう。金色のプラスチックのベルトを頸に巻いてみると意外な程斬新で感覚的な美しさが生れた →

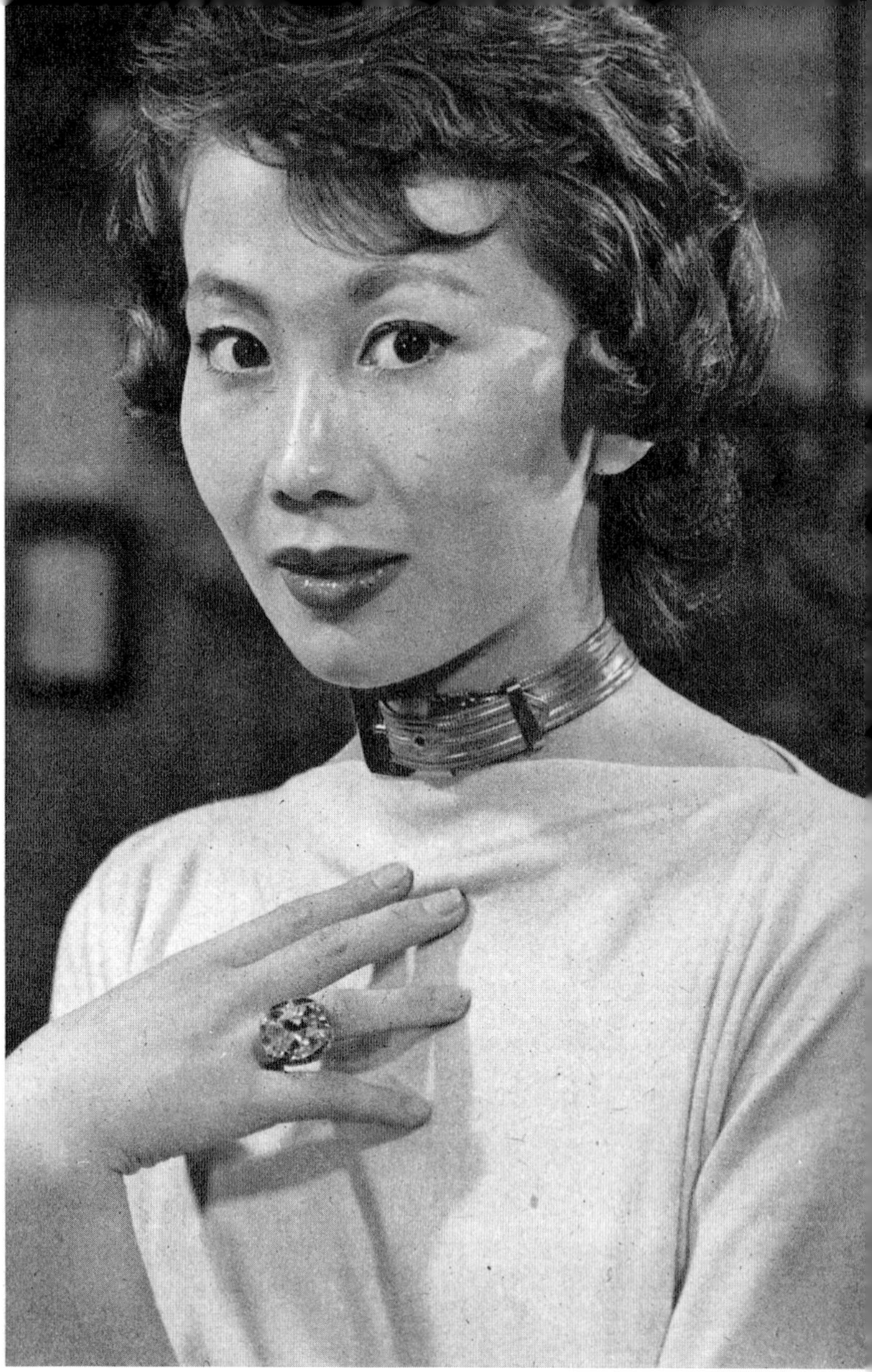

紫がかつた極く薄いグレイのスーツの衿元に、こげ茶の細いベルトを無造作に結んでボウのような感じに扱つてみたもの。同じこげ茶のベレエとともに、ぐつと装いを引きしめて、シックな印象を強めている。ハンドバッグと揃えるとか、あくまでドレス全体ののアンサンブルをこわさないように考えて色を選ぶこと。 ↓

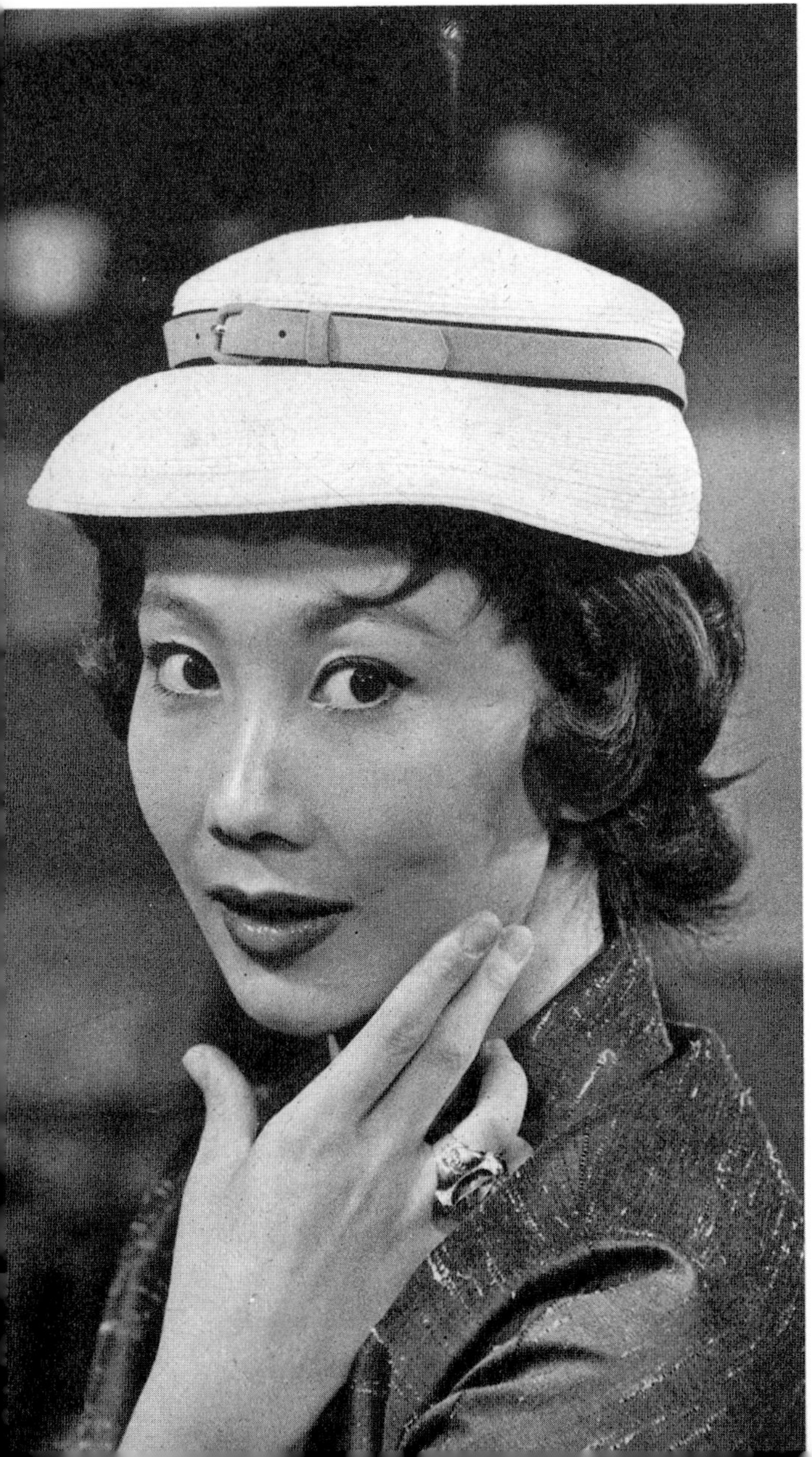

↑紺とえんじ、グレイの縞のローシルクで作つたワンピースの衿元に、やや巾広のえんじのベルトをあしらうと、真白なハイカラーのかつちりした印象を、一層強めて理知的な感じをつくる。同じドレスでリボンを扱つた場合を考えると雰囲気はぐつと変つてくる。

←黒のビロードのリボンのついた白い帽子。このままではジュニアつぽい性格のものだが、金茶色のスエードのベルトを重ねて巻いただけでがらりと性格の変つたものになる。一つの帽子をその時の装いにふさわしいように色々と変えて被れる愉しいお洒落である。

1 マニラ紙という、画用紙3枚位の厚さの紙を用意して巾3.5 cmで、長さ卵の円周の寸法に輪切りにします。

2 継ぎ目を表と裏から和紙でしっかり糊付けしてから、和紙か半紙を細かく千切つたものを、糊で一面に貼つてゆきます。

3 平均に貼れたら、中央の部分にふくらみをもたせて高くするために、写真のように細長く切つた紙を中央に5・6枚重ねて貼ります。

なるエッグスタンド

内藤瑠根

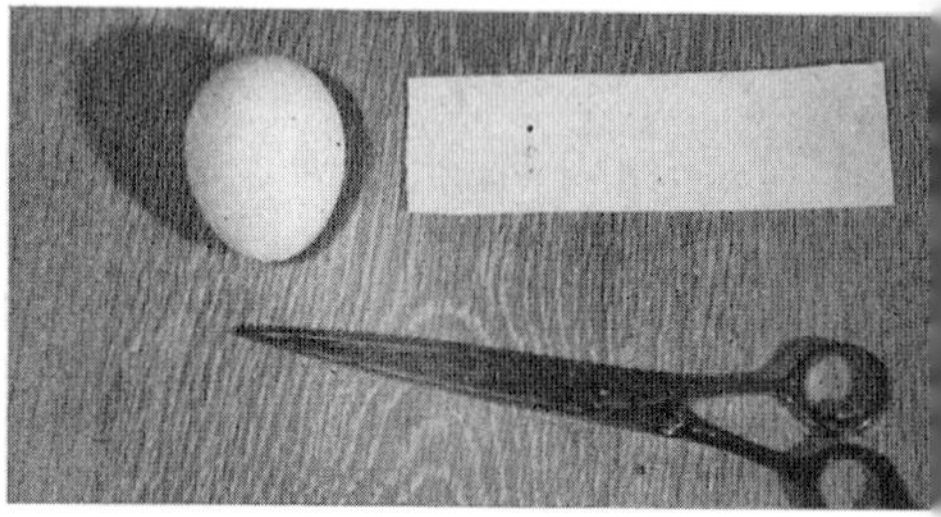

あなたがアパートの独り住いで、たとえば朝はコオヒイとボイルエッグとトーストの定まりきつた食事をするとしても、こんなものを作つてみたら、食卓に愉しい彩りをそえるのではないでしょうか。又家族と一緒に食卓を囲む人なら、それぞれの好きな模様や頭文字を入れたものを作つてあげたら、団欒が一層賑やかなものになる事でしょう。

4 真中にテープ状の紙を貼つたら、更にこの上を、さきほどの千切つた紙で形をととのえながら貼つてゆきます。

ナフキンリングにも

5 すつかり糊が乾いてから、白いラッカーを塗ります。塗り上げたものは糸でつるして乾かしましよう。

6 つや紙や、外国雑誌の英文字など、好きなかたちに切り抜いて、バランスよく貼りつけてゆきます。

7 糊が乾いてから、はりつけた紙の上を、透明なニスを塗つて出来上ります。すべて糊付けの際はむらのないよう気をつけて手際よく

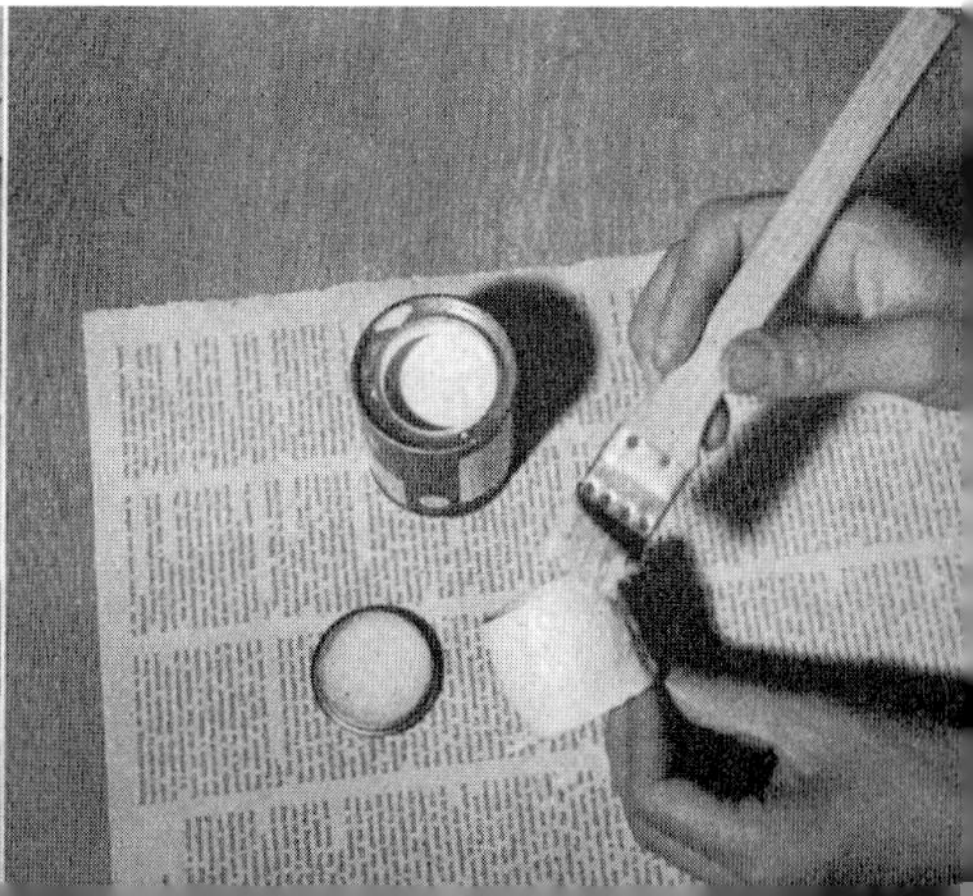

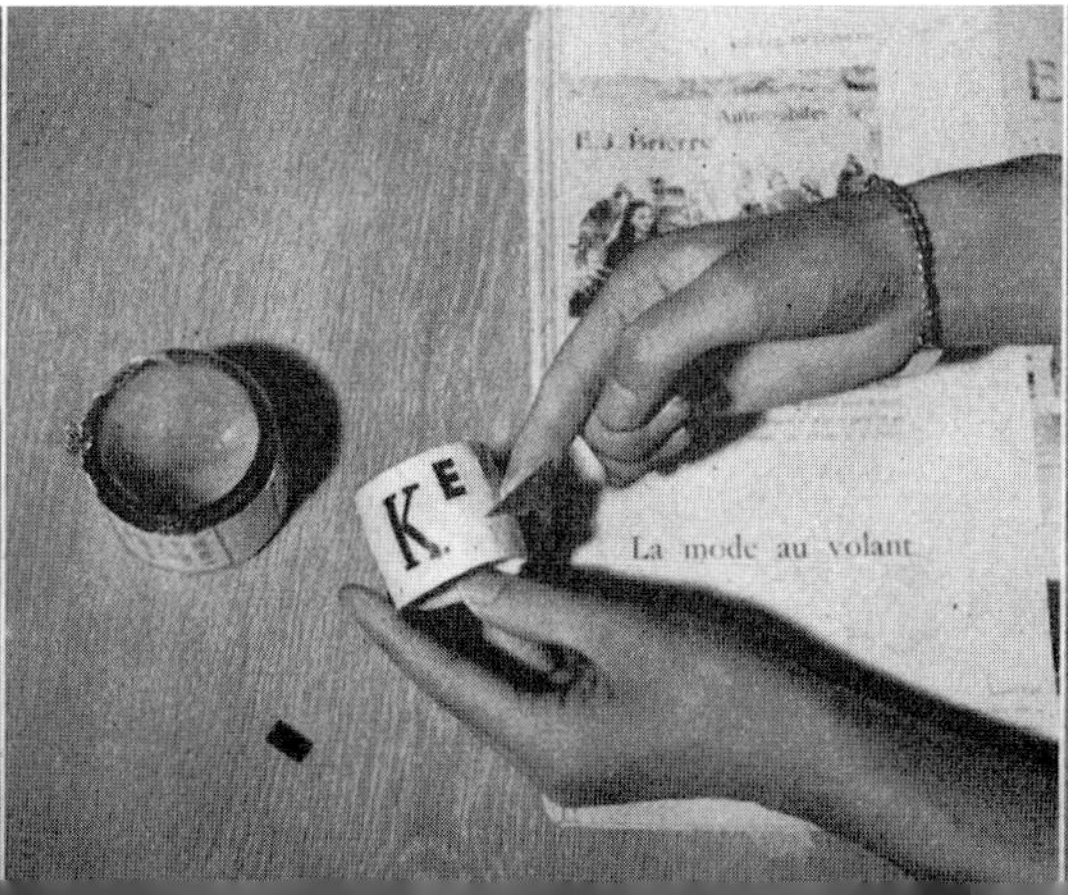

モデル 坂本由紀

秋のはじめの街着

酒井艶子

水色地にグレーをかすみ織りにしたピンチエックのパンピーチ。

スカートは単純なギャザーだが、ギャザーの間に深い長いダーツをしのばせて写真に見る様なシルエットを作つている。胸もとの箱ポケットの下からギャザーが流れて胸のふくらみを形作り、スカートと同じテクニックを繰返している。若い人のためのよそゆきであるが、この様なプレーンなデザインは、アクセサリーによつていろいろに変化させて着ると愉しい。　（右）

アルパカを織りまぜた鉄色とベージュの殆ど無地に見えるピンチエック。

ブルゾン風なシルエットを中腰の辺りで細いベルトが押えているかんじで、そのベルトが体から少し離れているのもねらいの一つ。スカートは勿論スリムなもの。このシルエットが作るマダムつぽいかんじをカラーと前のテクニックが若々しいものにしているアクセサリーは衿もとの銀のブローチと、紺地に白の水玉のボウのあるプレーンなむぎわら帽子。　（左）

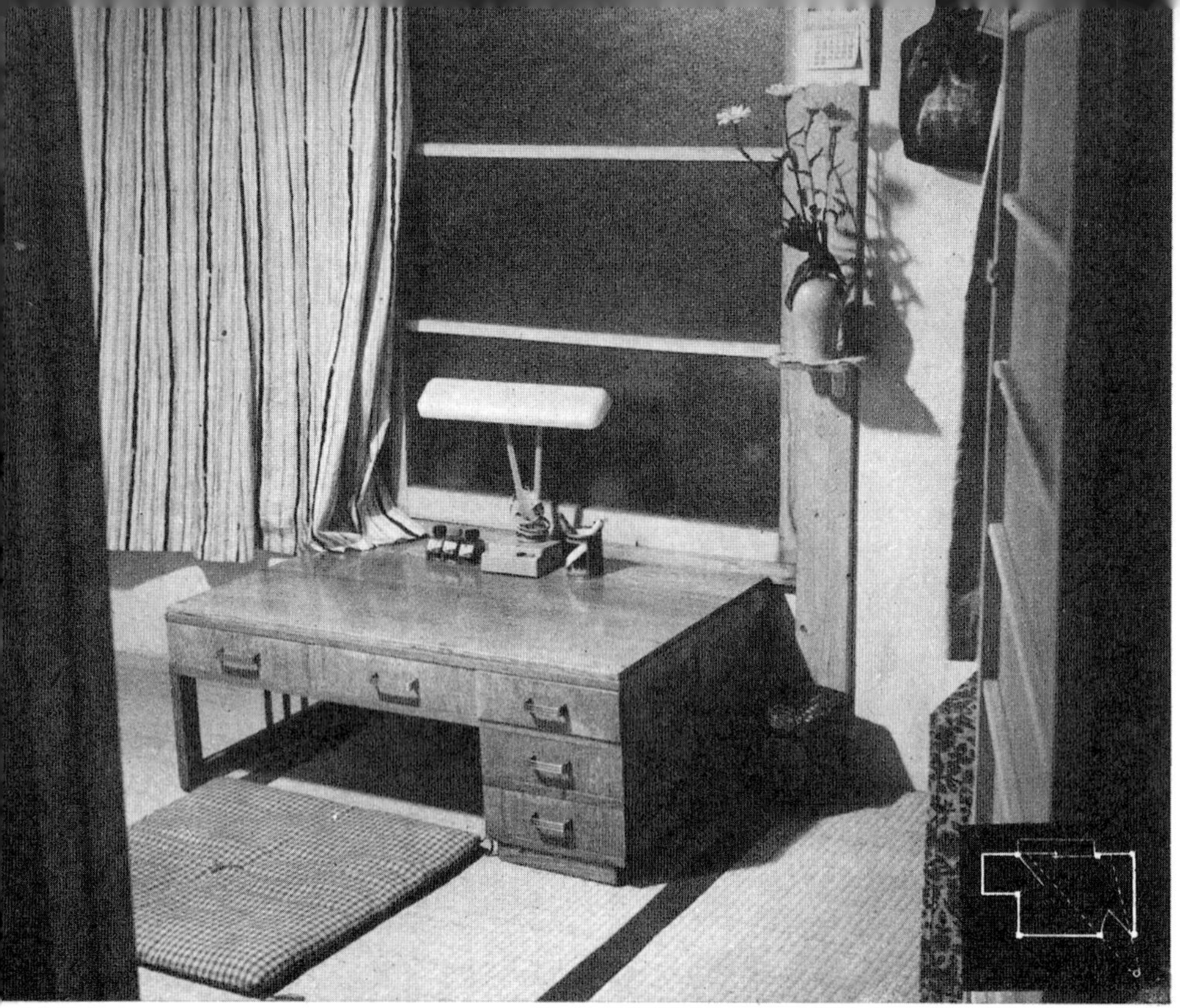

女一人三畳に住む

自分で働いた収入で、生活をたてていかなければならない女性の力では、三畳、四畳半一間暮しはせい一杯だと思う。このつゝましい一間をどんな風に豊かに、美しく住むか、それはサラリーガールの生活と意見の一端を披瀝することにもなろう。私がこの部屋を選んだのは、部屋代二千五百円、礼金と敷金あわせて五千円は新築のアパート式では安く、それに世田谷の一劃でもあり、前は学園の広々とした運動場なので視野が広く心が安まるとの条件もあつたからである。しかし押入れの小さなこと、入口の扉が三畳の狭さで部屋の内側に開くというのは借りる側のことを考えてくれていないようであるが、色々工夫してみれば、たとえ三畳でも結構たのしい住居ではある。

女一人の三畳暮し。わびしい言葉です。けれど、たとえ狭くても〝ただ一人の部屋〟誰れにも邪魔されない〝自由の部屋〟を持つているよろこびは大きい。〝私の城〟とでも呼びたいこの様な小さな部屋を、みんなどんなふうに自分達の夢と結びつけて暮しているのだろうか——同じ三畳の広さを他の人はどんな住い方をしているのか。ちよつとのぞいてみたい気持がする私も昼間の仕事から解放されて、安らかに憩える場所として、また、何処にいても懐かしく思い出される場所として、この三畳の部屋の住い方をいろいろ工夫してみた。

こゝにお見せするのは私の工夫をちよつと自慢したい気持と〝こうすればもつと愉しく住みよい〟と教えてくれる人がいるような気がしてなのだ。

何しろ、三畳は狭い。その上押入れは半間の下半分で、入口のドアは内側に開くというあまりいい条件ではないので、工夫するにも限界がある。

私の考えついたことは、先ず大きな本棚の板をばらばらに取りはずして、かもいの上に棚をつくることだつた。それから衣類が整理出来る様に、パイプをその棚の下に打ち附けて抽出し二つの小簞笥をその下に置いてまとまつた一隅をつくつた。部屋が狭いので食器棚は初め簞笥の上にのせて見たが、上は食器で下は衣類という用途の違うものを重ねることはピンと来ないのでまたおろしてしまつた。次に鏡台を置く場所をあちこち探してみた。机の上という考え方もあるけれども、さゝやかながらも仕事場所なので置く気にはならないし、光線の具合にもよるので、柱と柱の間に小さな棚をこしらえ、ついでにその棚の後方に板を打ち附けてタオル掛けも作つた。鏡台の上は、お化粧箱や香水のビンをはだかで並べ、ラジオの上には、プレゼントのお人形など置く。この部屋を少しばかり女らしい雰囲気にしているのは、この小さな棚のお陰だと思つている。一番考えたのは机の位置窓際が良いのだけれど、なにしろドアが内側に開くので、食器棚の位置との配置も考えて、迷つてしまつた。窓と反対の壁に食器棚と並べておいてもみたが、そうすればドアこそ完全に開くが、落ち着かない感じなので、ドアの半開きは我慢して、食器棚は入口右側の壁にタンスと並べて置き、机は窓辺。そして押入れの上の壁には、好きな中宮寺のミロクボサツの写真をかざり、破れている押入れの戸には感銘をうけた音楽会のポスターを貰つて張つた。

こうして、私の工夫らしい工夫をこらして出来たのが写真の様な部屋である。

模様替前

向つて右側が窓、二階のアパートの一室であるこの窓からは郊外の気分が満喫出来る風景。下半分に半間の押入。左側には杉板の棚を吊つて鏡台、ラジオをのせた。

右側が入口の扉、この扉が内側に開くので随分部屋が使いにくい。食器棚があると扉が完全に開かないけれど他に適当な場所がないので我慢する。食器棚の上の釘にスケート靴をかけてあつたのが写真になつてから気がついたのも狭いための無神経さかもしれない。本棚の下側にはパイプをつけて洋服掛けに

模様替後

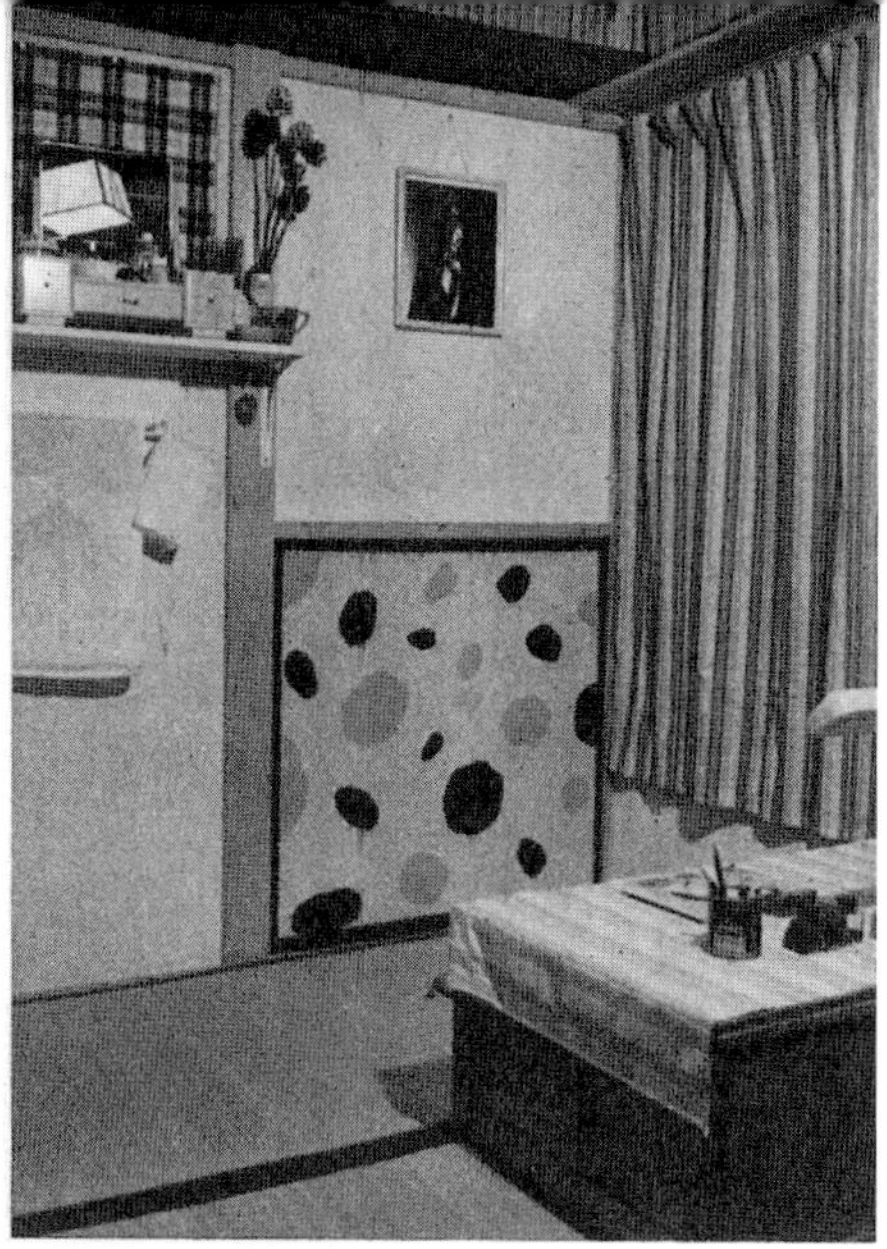

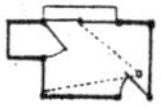

⇨ 窓辺に向つて座り机をおいていたけれど押入を背にして座るとお客様の時机が食卓の用を果す。光線の具合もいゝ。襖をお化粧したことによつて上の額まで映える。左側の白木の棚に白いビニール塗料を塗り、壁に格子の布地を画鋲でとめてみた。

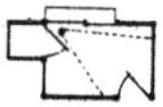

⇦ 食器棚の横に衣類が下つていて雑居家族のようであつたけれど、この格子のカーテン一枚がこんなにも劃然とさせてくれる。カーテンは二ヤールをたてにはぐとカモイから丁度いゝ長さになる。ラセンになつたワイヤーをL字型にヒートン環に通してとめつけて吊るワイヤーは一尺程ペンチでつめた

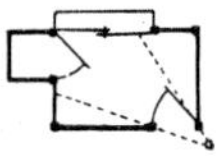

一畳の横半分に仕切るようにカーテンをつける。普段は壁の方に開いておくけれど床を敷いてしまつた時に突然来客のあつた時などはこのカーテンの有難味がよく判る。一間のところに床を敷くのは窮屈ではないかと心配したけれど五尺三寸の私でも大丈夫。この写真は入口から撮る。カーテンを半分開いた所

同じ位置のところからカメラを少し右に向けて撮る。右手に見える格子のカーテンが洋服ダンスになつている。窓にかけたカーテン机の上の淡い縞の布地などが美しいハーモニイを作つて、いかにも女の部屋という感じがする。こうしてみると模様替の前は男の学生の下宿のような味気ない色調をもつていた。

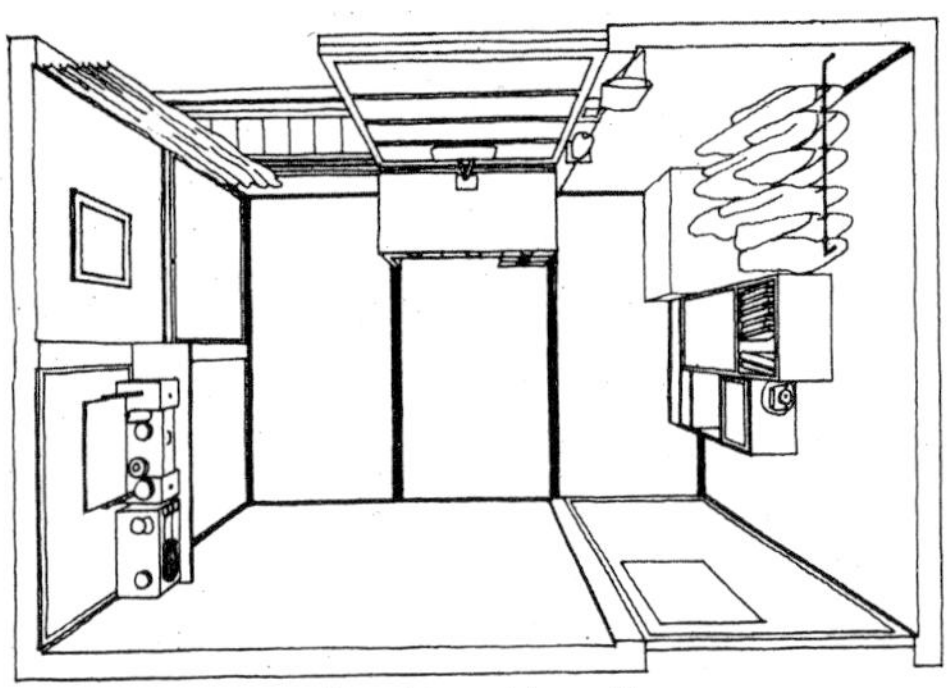

模様替前

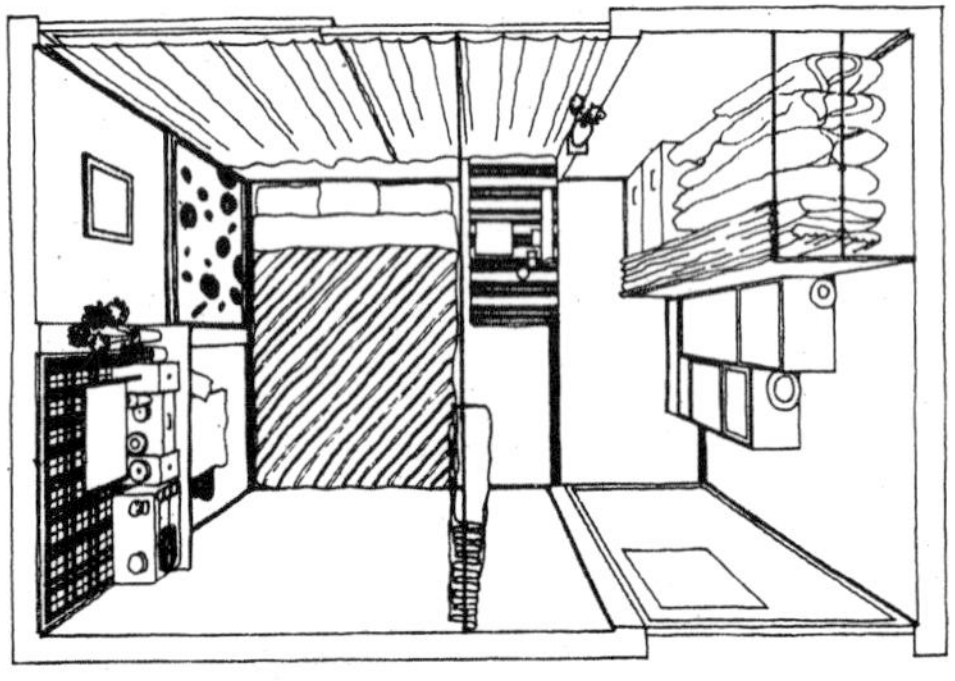

模様替後

珍らしく、すつかり仕事から解放されたある日　もう少し華やかな部屋にしてみたいという女らしい気持も手伝い、これ迄の不都合な点の改良と合わせて思い立つて、終日部屋づくりに夢中になつた。

中原淳一先生や片山龍二先生にも御相談してみた。中原先生は、来客とも机を囲んで話しが出来る様に、机の向きをかえることを指摘して下さつた。片山先生は、他人が部屋にいても着換えが出来るように、また突然客があつても、夜具が見えないように、部屋の真中をカーテンで仕切ること、それから衣類掛け、タンスの上に、やはりカーテンをかけることを提案して下さつた。洋服に埃がかからないし、食器棚と衣裳が劃然として、部屋の中が一段と整頓されぇから――。

早速デパートの特売場で一ヤール78円のテント地を四ヤール半ずつ買つてきた。

洋服ダンス代りのカーテンは黒と白と赤のチ

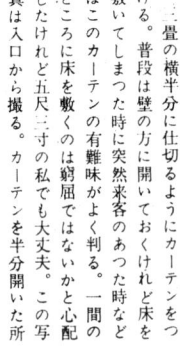

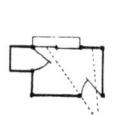

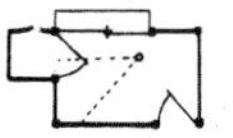

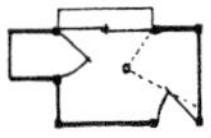

白木の棚、青色の棚受け、それを一緒に白に塗つたら不思議な位この一角が明るくモダンになり、壁面に格子の生地を画鋲でとめたら、ラジオ、鏡、化粧瓶などがグッと美しく見える。

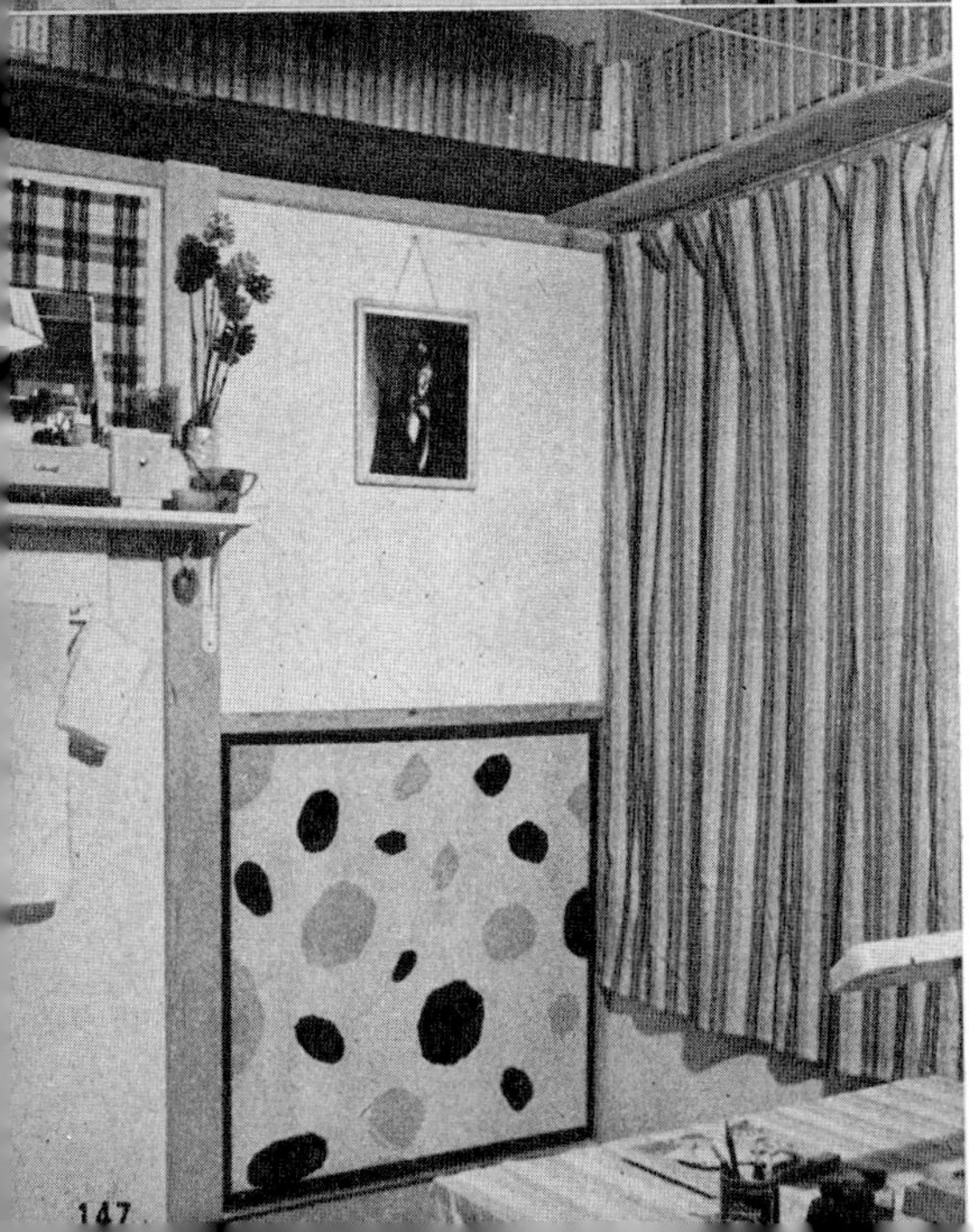

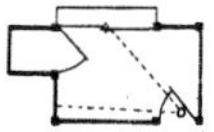

入口のところからカメラを向ける。押入の襖のやぶれをかくす為にポスターをはつておいたが、グレーのラシヤ紙をはつて、黒とオレンヂの艶紙を手でちぎつて適当に貼つた。一枚五円

女の部屋で衣類がぶら下つているのは、たとえキチンとしていてもなんとなく見苦しい。右側の方は固定してしまつてもいい。これ丈のカーテンでも服のいたみが違うような気がする。このカーテンで下の二つ抽出しのタンスがすれすれに蔽えるようになつている。洋服ダンスのように堅い大きなものより、狭い部屋にはこんな柔らかな感じの柔軟性のある家具が適当なのではないかと思う。棚の上のゴチヤゴチヤしたものも下がキチンとすると案外気にならなくなつた

ェック、窓は緑、うぐいす色、グレイの縞、部屋を仕切るカーテンはピンクと黄と白の縞、余り布でテーブルセンターも出来た。

部屋を仕切るカーテン一つで、狭い部屋でありながら、幾つもの雰囲気を感ずることが出来、部屋に影が出来て、一層落着きを増した。

鏡の棚は白エナメルで清潔な感じに塗りかえ鏡の後の壁には洋服ダンスのチェックの生地を画鋲で止めたら、見違えるような一隅になつた

フスマはグレイのラシヤ紙を台紙にして、赤と黒のつや紙を何気なく千切つて張りつけているうちに模様が出来たが、色のコントラストが思わぬ効果を生んで、部屋全体が一段と明るく華やかなものになつた。

さて、千円足らずでこうしてどうやら写真のような〝女一人の部屋〟が出来たわけ——

久しぶりにマーガレットを二、三本買つて来て、新しく甦えつた部屋に飾る気持になつた私だつたのです。

岡　宣子　記

これはドレスを作つた布の裁ち落しで作つた宵待草です。あなたがもし、この夏、黄色のドレスを作つたなら、きつと裁ち落しの布があるはずです。その布でこんな可愛らしい花を作つてみてはどうでしょうか。しかもこの花は、特別な道具もいらないしそんなに器用な人でなくても簡単に作ることが出来ますし、どんな人が作つても同じように作れます。あなたもさつそくこの宵待草を作つてみて下さい。出来上つたら、あなたの部屋の壁にピンでとめて下さい。宵待草のもつている美しい八月の空気があなたの部屋一ぱいに立ちこめることでしょう。

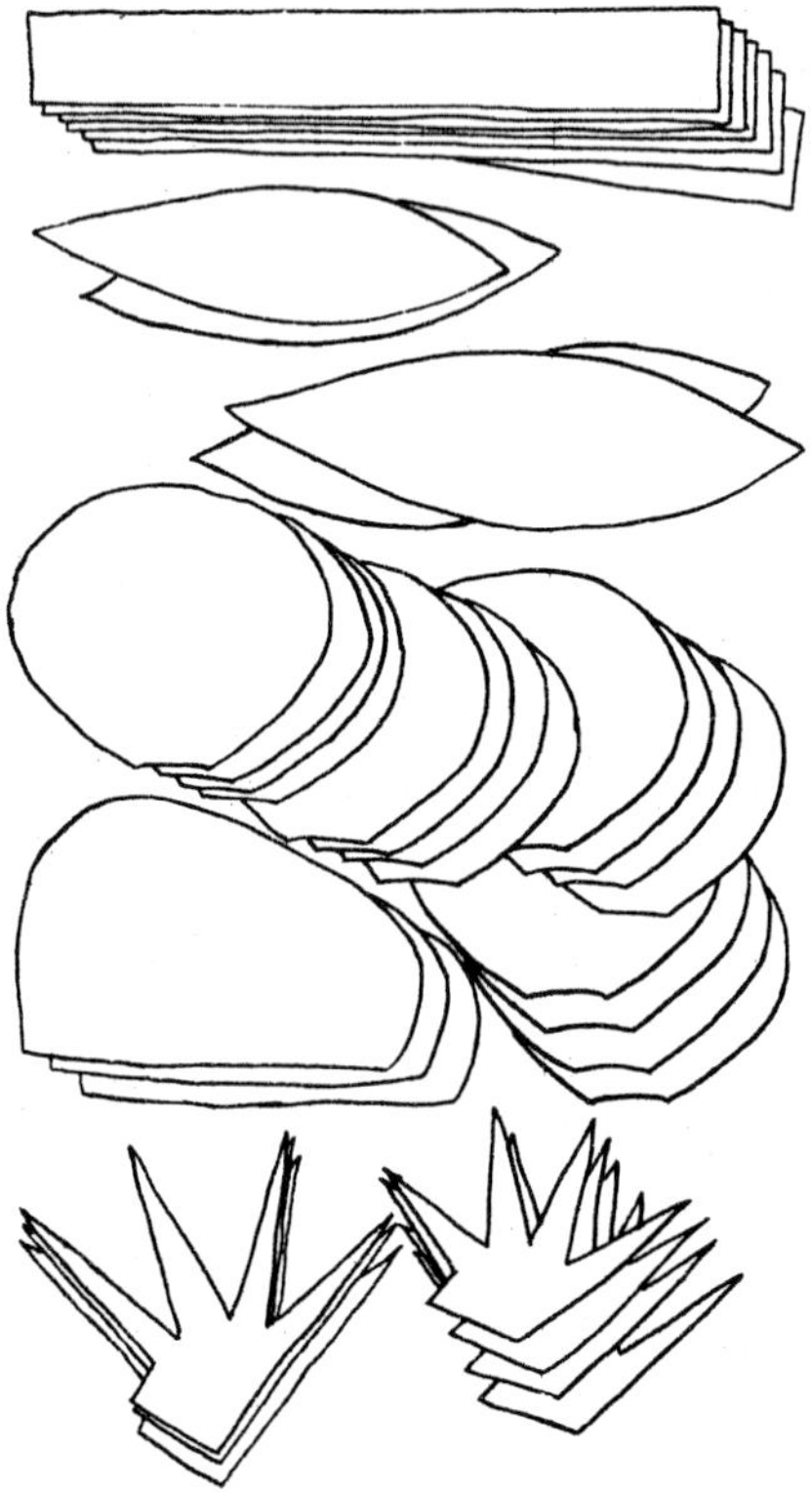

八月は黄色の宵待草を壁にかざる

あなたの黄色のドレスの残り布から

新町真策

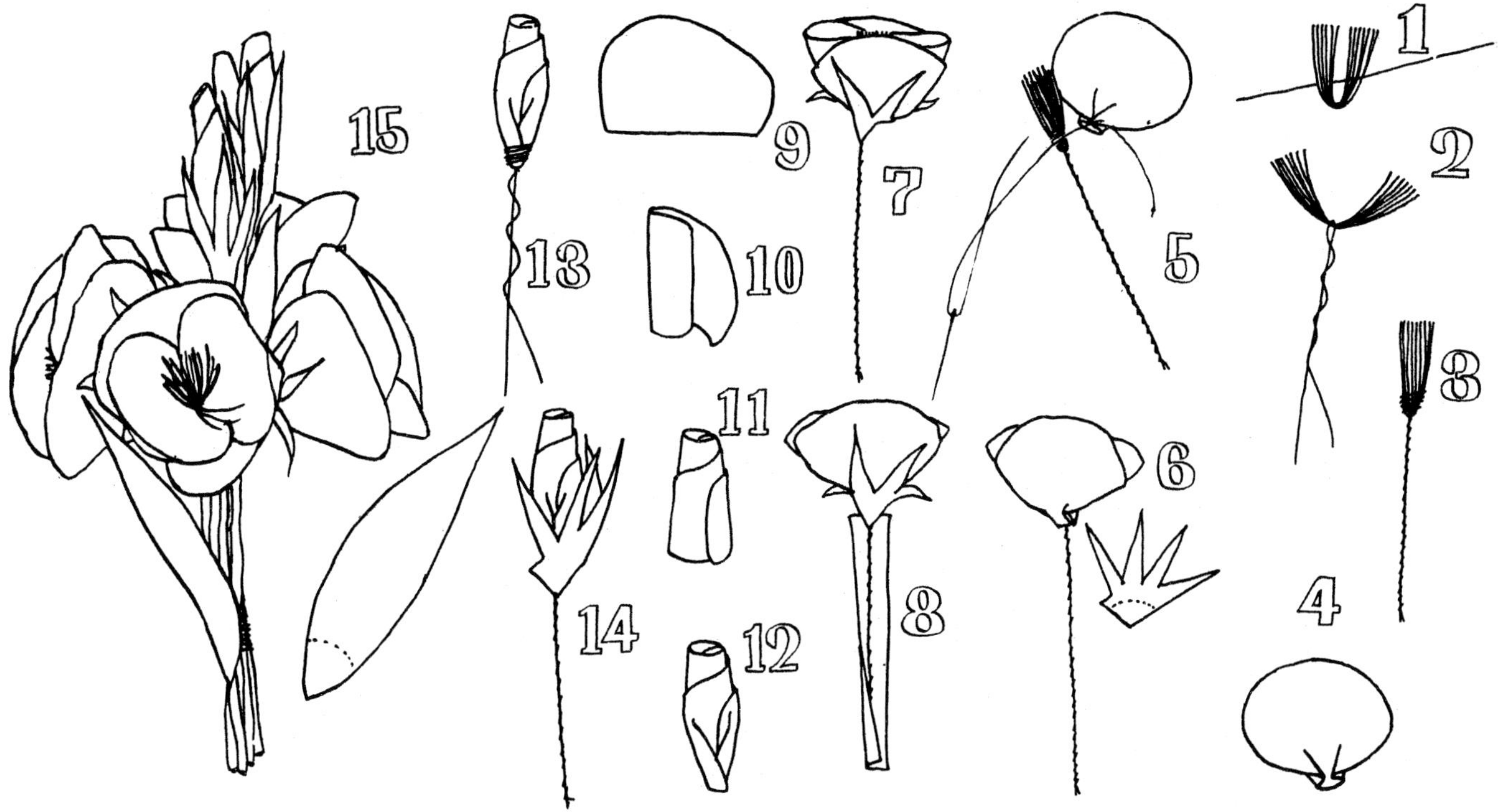

作り方

材料 花とつぼみのための黄色の布、約三〇センチ四方（花びら十六枚、つぼみ三枚）。茎、葉、ガクのための緑の布、約二五センチ四方（つぼみのガク三枚、花のガク四枚、葉大小二枚ずつ、茎七枚）。荷札に使うぐらいの針金約二・五メートル。黄色のインデアンヘッドの布少しか、木綿糸少し。セメダイン一つ。

本文二七一頁の型紙通りに布を裁ちます。（右図）

花の作り方 ①②黄色のインデアンヘッドをほぐしたものか、太い黄色の木綿糸を八cmに切りそろえたもの、二〇本を揃え、真中を三〇cmの細い針金でくくります。③糸のたばがひろがらないように太い糸できつちりたばねます。④花びらの下の方をおりたたみ、⑤二枚ずつ向い合わせに四枚を芯にぬいつけます。花びらの布が薄いときは、セメダインを一面にうすくぬつてはりをもたせます。⑥ガクの布にうすくセメダインを全面にぬり、図の点線から下には多くぬつて、花を包むようにはりつけます。⑦かわくまで指でおさえ、片方の手で上の部分のセメダインの生がわきの内にくせをつけます。⑧細く切つた茎の布にセメダインをたつぷりつけて針金にまきつけます。

つぼみの作り方 ⑨⑩⑪つぼみの布を山の高い方からまきます。⑫下の方を三つに折り、⑬花と同じように針金をまいて固くしめます。針金は、花の方より長くして作ります。⑭花のより長いガクをはり、茎に布をまきます。

花束のまとめ方 ⑮花を四つ、つぼみを三つ作つたら、全部を形よくたばねて下の方を糸でしばり、しばつた部分に葉をつけます。葉の布の一面にセメダインをうすくつけ、図の点線から下にはセメダインを多くぬつて、ガクと同じ要領で葉の形をととのえます。

宵待草

待てどくらせど
来ぬ人を
宵待草の
やるせなさ
今宵は
月も
出ぬそうな

竹久夢二

暮しの研究 その5
タイトスカート
TIGHT SKIRTS

中原淳一

真夏にはどうしてもギャザーやフレアーのものを選んでしまう様な事になるが、九月の声をきくと、あのタイトスカートのスッキリとした美しさが目に立つて来る。

タイトスカートは裾巾もせまいので、ほんとうの働き着とは言えないが、キチンとしたあの感じは働く婦人のものとしてもふさわしいので、真夏をのぞけばタイトスカート愛用者は多いと思うし、それに布地が一番すくなくて出来る事もそのよさの一つになるのかも知れない。

出来の悪いタイトスカートをはいて鏡にうつしてみては「私はタイトは似合わない」などと簡単にきめてしまつている人も多い様であるが、形のよいものをはけば誰にでもその人なりの美しさは充分見せられるものであるのに残念である。

左と右を比べると、向つて左は脇の線がすつきりしているが、右はでこぼこしてみにくい。これは脇明きにスナップを使つたためで、体の線を美しく見せない。

体より大きいスカート。つまりゆるい巾のスカートで、後のくりがたりないと腰の上にドレープが出来る上に、全体に脇から後に向ってだらしないたるみが出来る

スカートの巾は体にぴつたりしていいのだが、ヒップからウエストまでが長すぎるために、少し動いているとだんだん胴のあたりにたまつてたるみが出来てしまう

ヒップのポイントが自分の体よりずつと下で、スカートトの巾が広すぎて体が中で泳ぎ、両脇が魚のエラのように出つ張つている。ベルトの芯が弱いのもみにくい。

脇がスナップであるのもみにくいし、このタイトスカートはフレアーの間違いではないかと思うほど下に向ってひろがっている。動きよいがタイトの美しさはない。

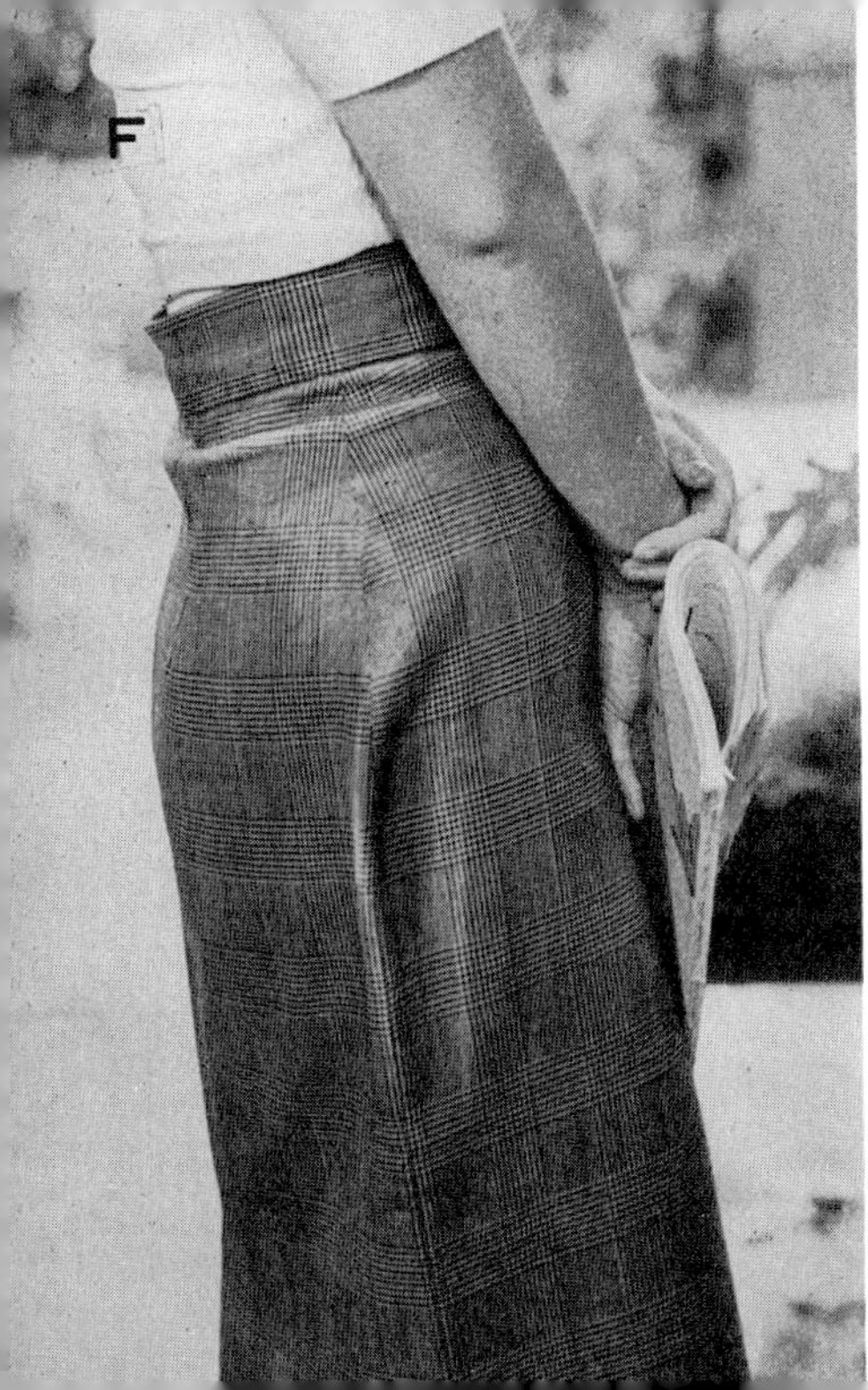

ウエストはゆるくて脇の斜線がこの人のヒップよりずつと下つた位置になり、巾が広すぎるので斜線の途中で腰がとまり、腰の上にも下にも妙なたるみが出来る。

こんなピンと横に張つたタックは、二、三年前に流行した腰を張らせたシルエットの時に効果があつた。脇の布が高すぎるので中央に向つてつれた様な皺が出来る

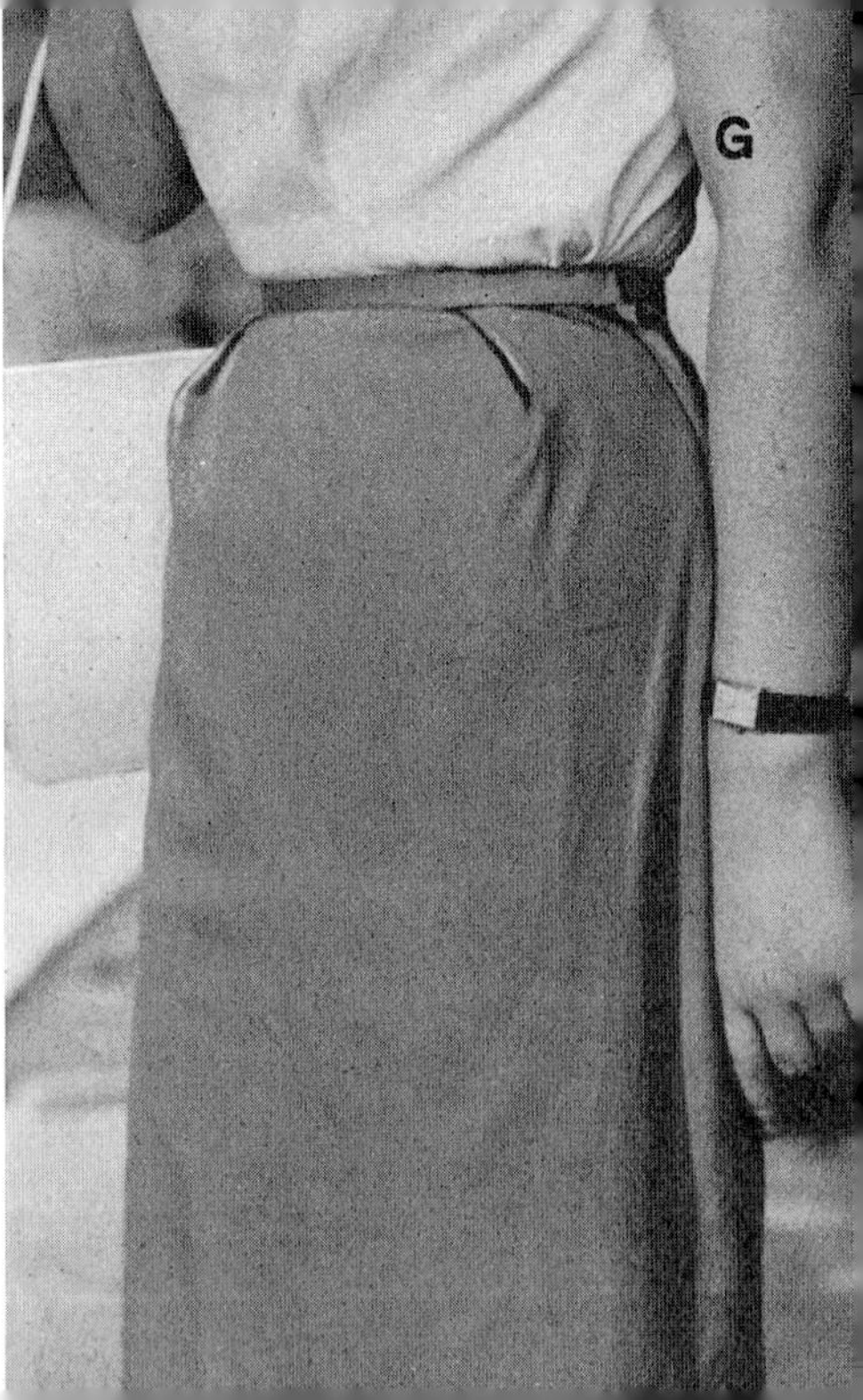

これは前のくりを取りすぎた為に、後に向つてたるみが出来た上に、前がつり上つてタイトスカートだと言うのに、前中心にフレアーが出るような結果になつた。

前のくりを取りすぎて後のくりが少なすぎるために、和服をだらしなく着たように腰から裾にかけてたるみが出来て、シックな筈の黒いタイトスカートが台なし。

ところでこのタイトスカートを美しくはいている人は少ない。

タイトスカートの美しさと云うものは、ウエストからヒップまでが体にピッタリとついて、そのヒップを軽く巻いた布が真直に裾まで下りているのでなければならない。

ウエストのベルトのあたりに妙なたるみや無理な皺のあるものや、ヒップから下がスッキリとした線をえがかないで、まるで袋に物を入れた様にゆるくてだぶ〳〵したものや、自分のヒップの位置よりスカートのヒップの位置が下りすぎたり上っていたりするのも無恰好である。

美しいタイトスカートを作る先ず最初に気をつけなければならない事はウエストのあたり、つまりスカートの上端部のカットに気をつける事だ。

上のカーブがつきすぎていたり、少なすぎたり、タックの位置が悪かったりするとそれが裾にまでひゞいてスカート全体が無恰好なものになってしまう。これは仮縫の時に特に注意して、このあたりの形をしっかりとゝのえる事。

それから、ベルトをつける場合に、そのベルトの巾があなたにちようどいいかどうかをよく考えてみる事。

インサイドベルトの巾を、いつの場合にもそれがベルトの巾だと考えないで半分に切るなり三分の一に切るなり、自由に好みの巾に切るものだと考える。あまり背の高くない人は巾をせまくする方がすっきりと美しい場合が多いのだと云う事を忘れない様に。

それからベルトには必ずしっかりと固い芯を入れる様に。

何もインサイドベルトに決った事はないにしても、キャラコや天竺などを芯に入れたベルトはすぐに皺だらけになって見るからにだらしなく見苦しいものだ。

それから、スカートの明きは左の横だときめている様であるが、横に明きがあるのはその部分がすっきりとせず体の線をみにくく見せる場合も多いのだから気をつける事と、ファスナーをつかわないでスナップにした場合などなおさらでスカートの明きに、このスナップだけは絶対にやめてファスナーにする。

それでなるべく横に明けないで後明きにして、後で一つ折たゝむならなおさらの事、その明きに続けるとよい。

そして後明きの場合、ダブル巾のものかシングルでも横布につかう事が出来るなら脇の縫目を作らずに一枚の布を巻いたもので、後中央に縫目をつくり前後のダーツだけで形をとゝのえ、その後の縫目にファスナーをつけるといい。

タイトスカートの巾はその人のヒップの巾によって違って来る訳で、どれだけの巾が一番理想的だとは云えないが、それは腰に軽く布を巻いて特別にゆるみと云う程のものもなく、また体をしめつけもしない位のかげんが一番美しい

タイトスカートの美しさはウエストからヒップまでの間に全く無理な皺がなく、そのヒップから裾までちようど定規で線を引いた様に真直に下りたものでなければならない。

ちよっと気をつけて仮縫をしただけで誰でも、又どんな体の人でもスッキリしたスカートをはく事が出来る筈だ。

縞やチエックの布をバイヤスにつかってその模様のながれを楽しみたい様な時にはよほど気をつけなければならないし、出来ればそれはさけた方がよい。

なぜならタイトスカートをバイヤスで作ると、前から見るとヒップから裾に向ってすっきりと細くなり、ちよっと形がよい様であるが、後から見てはあまり体の線があらわに見えすぎて下品に見えるものだから、これは若い人は絶対にやらない様に。

フレアースカートなどでよく見かけるものだが、バイヤスの部分が伸びてきて、裾線がいびつになっているのは見苦しいものだが、タイトスカートの前が下ったり後が伸びたりしているのはもっとみっともないもので、脇に縫目のあるスカートなら真直に下におりていなければならない。

例にあげた九点のスカートについて、悪い点と直すべき点を次の頁に示したから、参考にして頂きたい。

美しいシルエットはこうして

製図に上手、下手はない。唯そのコツが大切なのであって、どんなにきれいに製図がしてあっても急所がちゃんと出来てなかったら台無しになってしまう。

これは基本的なタイトスカートの製図で、普通の体型の方だったら先ず無難だが、お腹の出っ張っている方はA点から上を出して脇線と結びダーツは三本位とった方が恰好がよい（これは丸い物を包む時沢山襞をとって包むと角がたたず、きれいになじむのと同じ）

日本人の体型は比較的後のヒップが偏平になっているので後ウエストを前よりも多くくるのが普通になっている。

ウエストとヒップの差がはなはだしく多い方はウエストからヒップまでの中腰を計って製図するときれいに出来る。

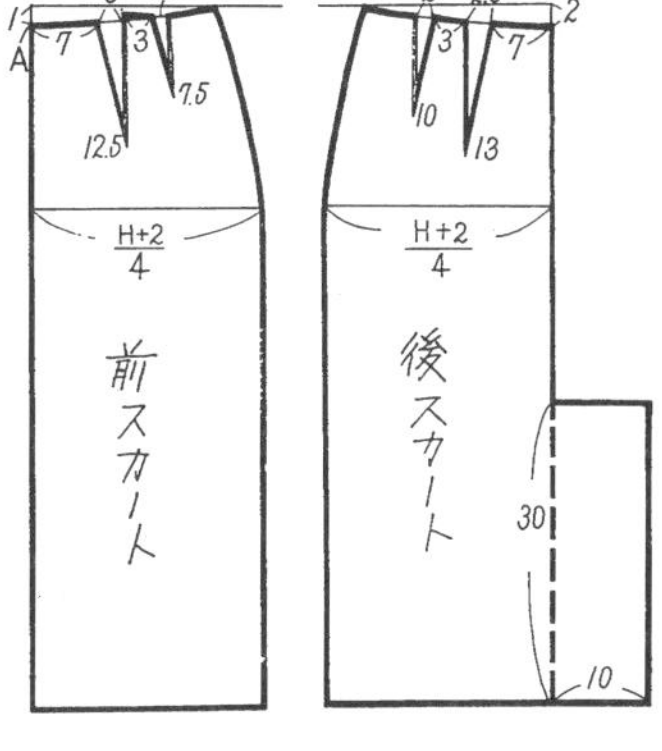

次頁へ

B

体より大きいスカート。ゆるみ分を多くとったためにきちっと締った感じがしない。その上腰の上にドレープが出来る。こんな時はまず脇のゆるみ分を取り、きちっとした所でドレープが出来る部分をつまんでみると大低の場合、後のくりが足りないことが多い。

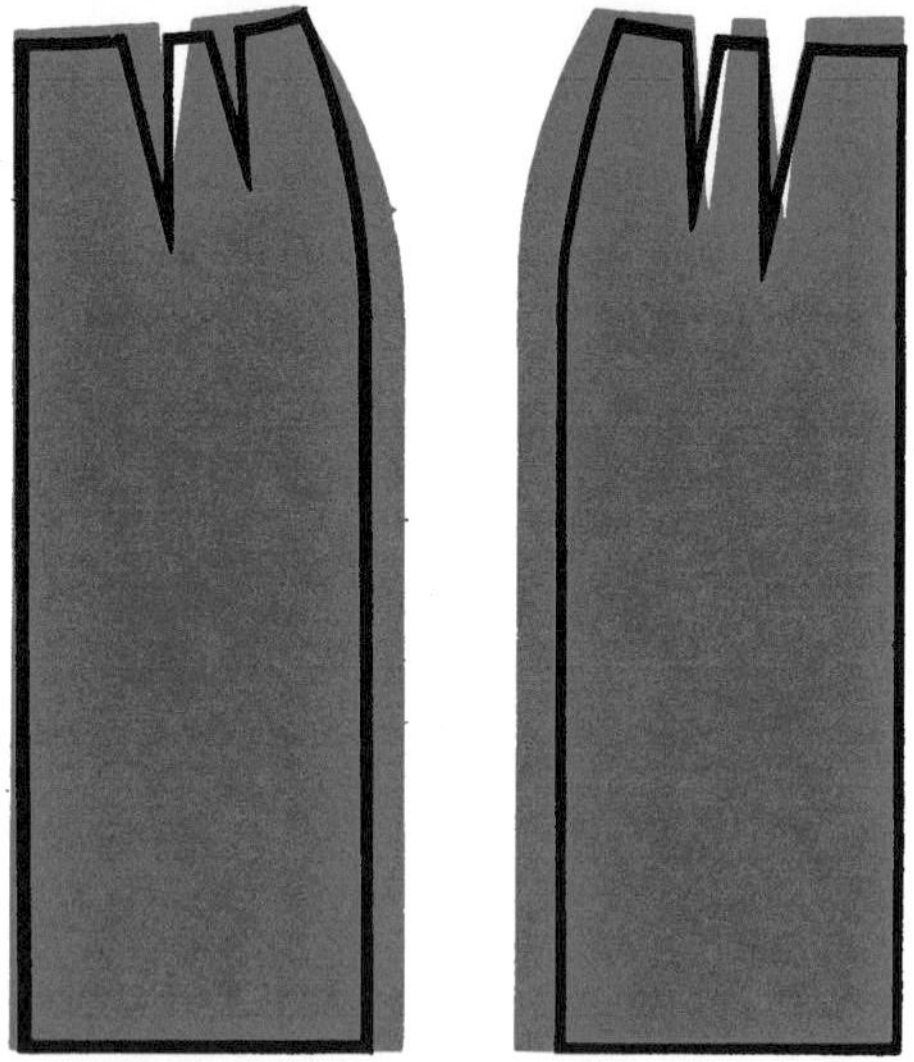

C

ヒップから下の巾は体にぴったりしていて申し分ないのだが、ウエストのあたりにはっきりしたドレープが出来る。これは着ていてためしに裾を引張ってみると消えてしまう。それは胴から上が長いためで、長い分をけずり取るとドレープがきれいにとれる。

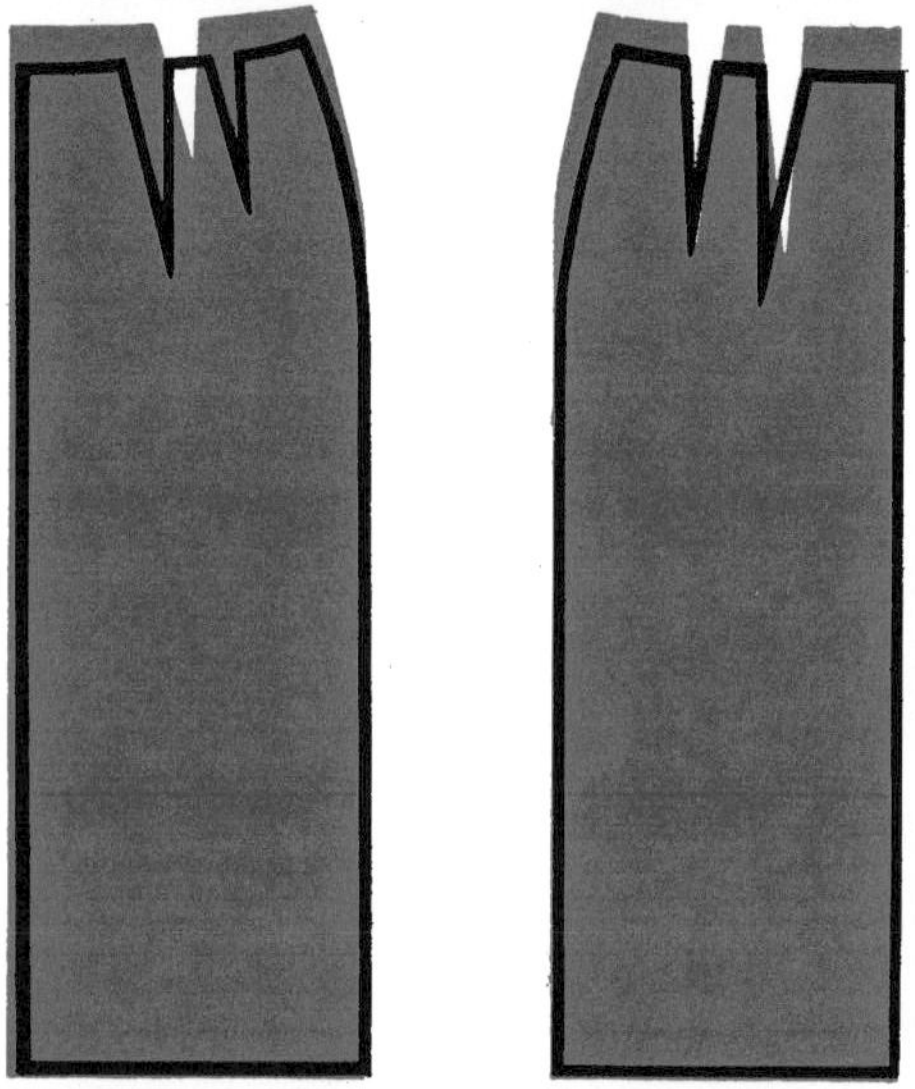

D

前から見るとヒップのポイントが体よりずっと下でしかも巾が広いために両脇が魚のエラの様にピンと張っていてみにくい。こんな時はヒップの位置を正常に上げ、ゆるい部分を取ってウエストからヒップまでの傾斜にカーブをつけて前ダーツを二本とるとよい。

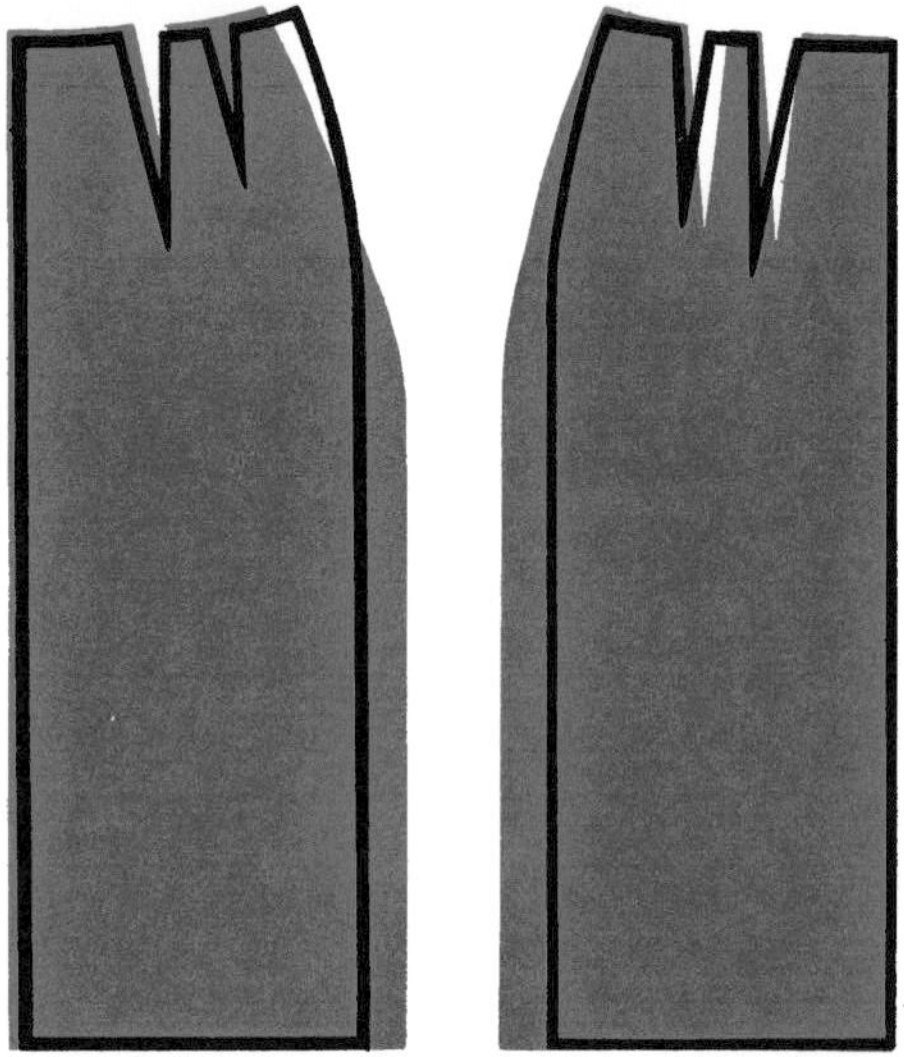

E

ヒップから上はぴったりしているが、下がフレアーの様にゆるやかに広がっていて、タイトスカートの良さは全然見られない。まず裾の広がりを取ってストレートにし、前のウエストダーツを二本にしてヒップの張りをゆたかにさせると無理がなくきれいになる。

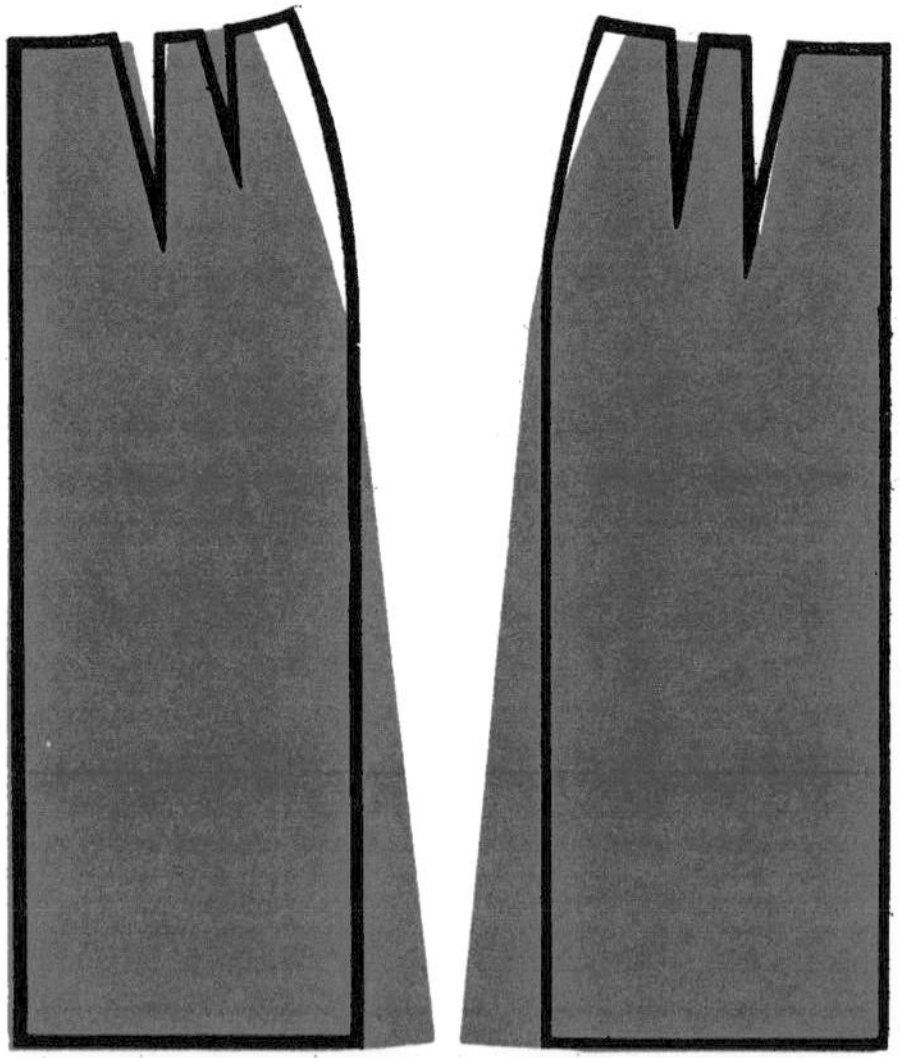

F

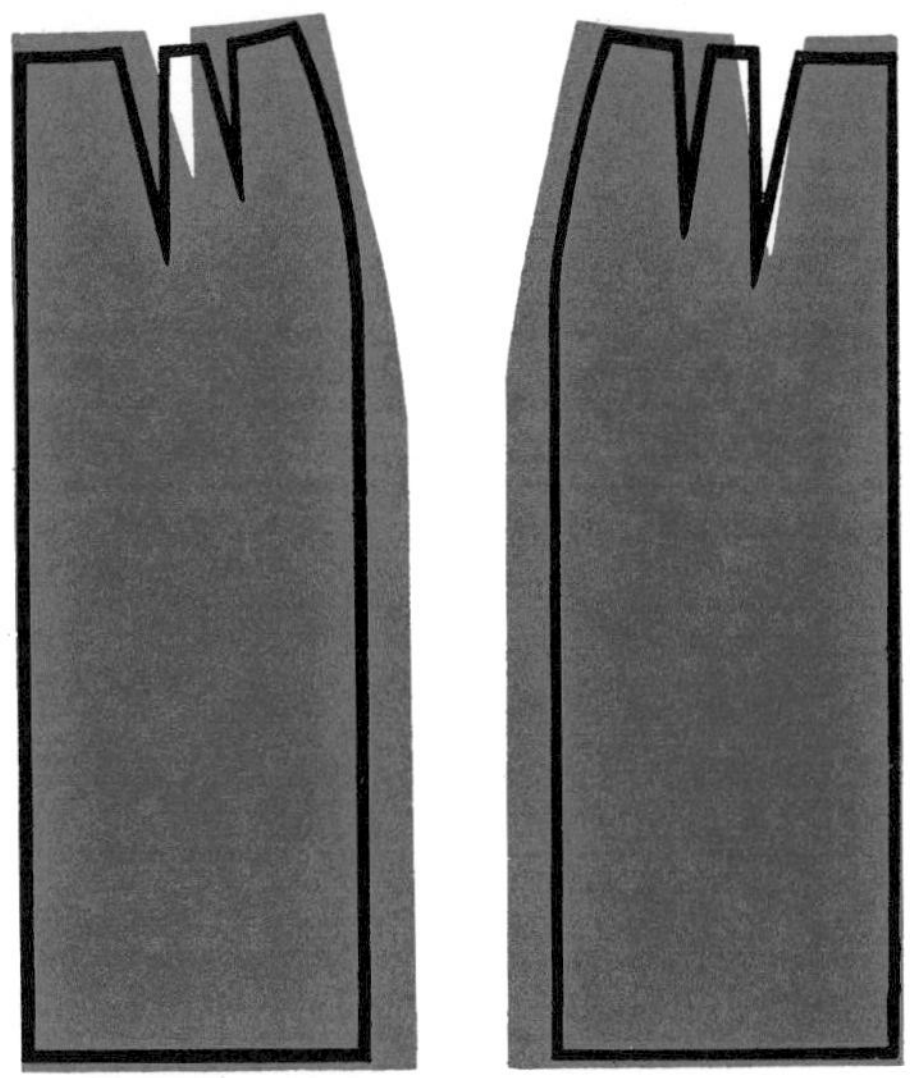

ウエストとヒップの巾が広すぎるため、スカートがずれて斜線の途中でとまり、ヒップにだらしないたるみが出来る。これは、全体にゆるみ分が大きいために現われる結果で、そのゆるい分をけずり、ウエストをくると、ぴったりした美しいシルエットが出来る。

G

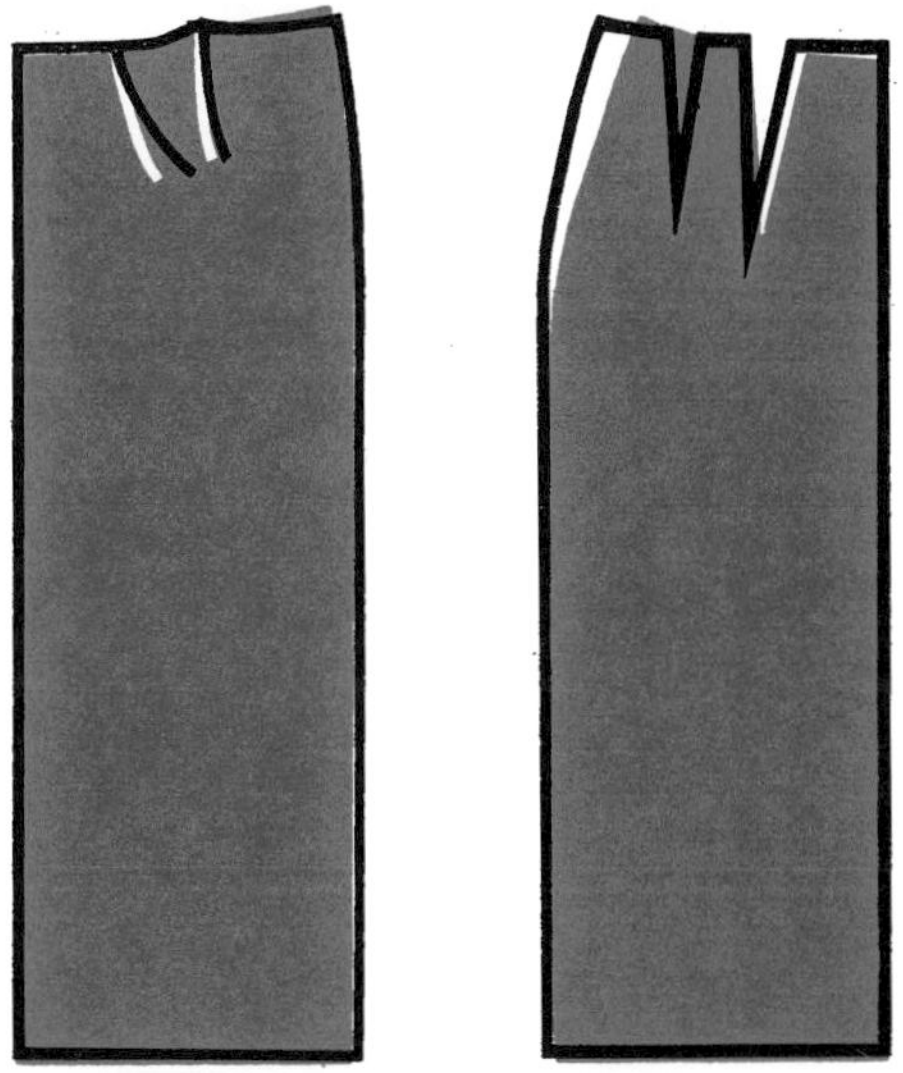

前に深いタックのあるものだが、タックから脇へかけて横につれた様な皺が出来る。これはタックから脇の布が高すぎるために出来るもので、皺が出る高い部分をけずり取り、タックを自然に斜めにたたんでしつけでとめてからベルトをつけると無理な皺が出ない。

H

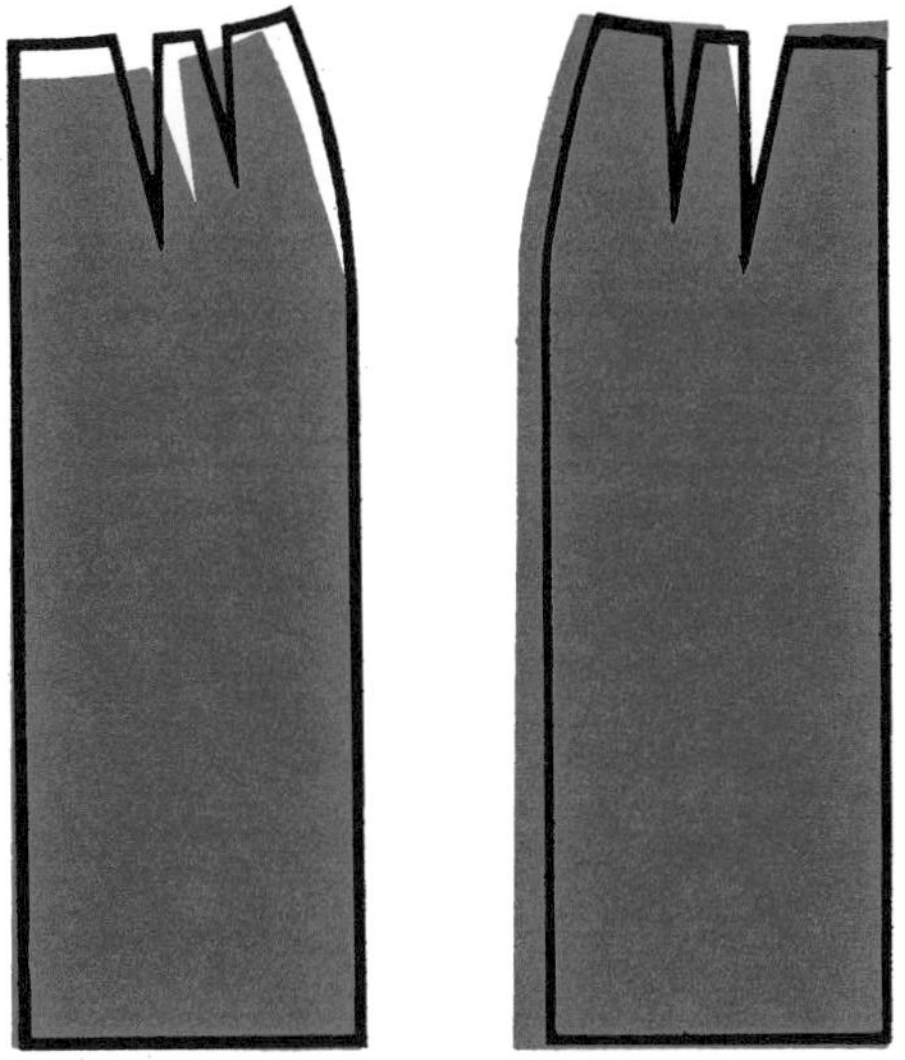

前がつり上って脇線が前に流れ、後にたるみ皺が出来るだらしないスカート。これは前ウエストのくりをくりすぎるために前が持ち上り、それにつれて後スカートが引っぱられるもので、前ウエストのくりを上げ、後を少しくり気味にして巾をけずるときれいになる。

I

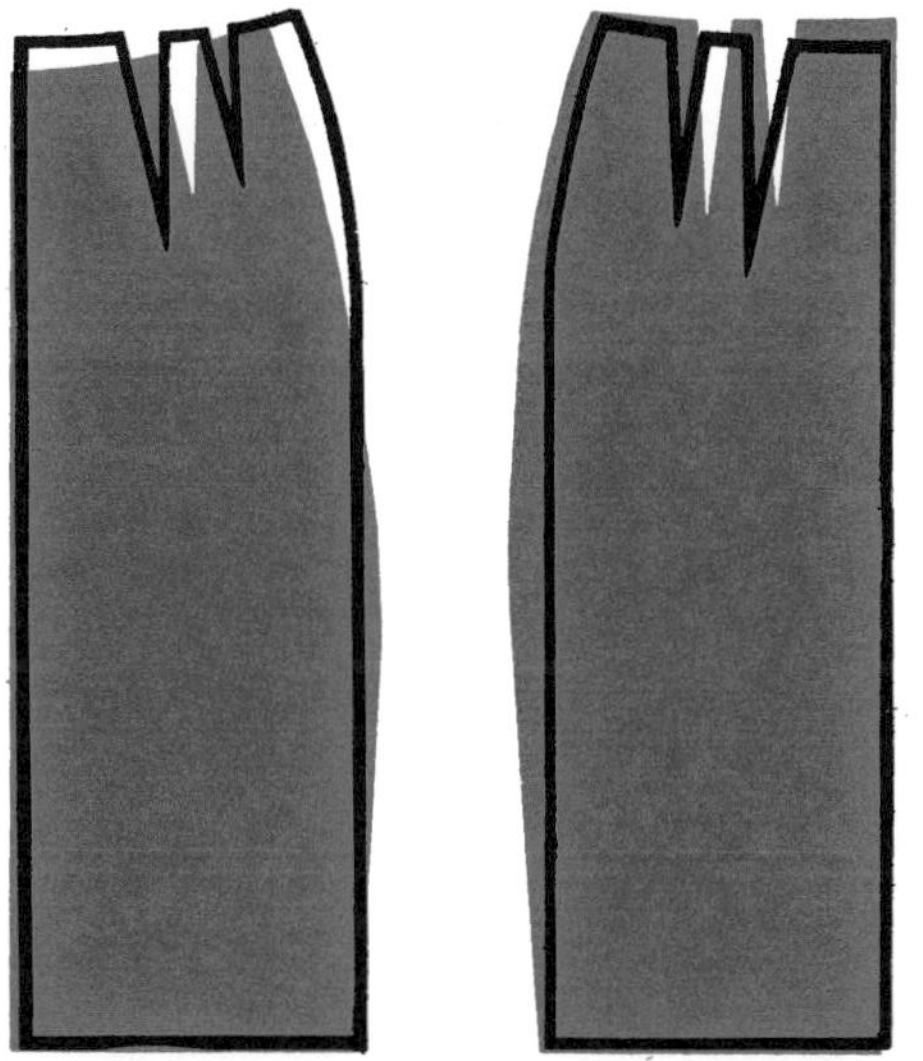

前が持ち上り、後にだらしないゆるいたるみ皺が出来、ヒップの位置がどこやら見当がつかないスカート。これも前ウエストのくりを少し上げ、後ウエストをくり、前ダーツを二本とってヒップのゆるみ分をけずりとると、たるみ分はきれいにとれて見違える様になる

うちではこんなお酒の肴を

塩にしんと玉葱の酢物

ロシア文学者井上満氏夫人

井上ちとせ

塩にしんがいゝのですが、なければ塩じゃけでも結構です。口当りがざらつかないように皮をむいて生身を三枚におろし、お刺身のように薄く切っておきます。

玉ねぎは大きい目のを皮をむいて眞二つに切り、小口からごく薄く切っていきます。そしてこの薄く切った玉ねぎを下に敷いて、さっきの塩にしんの切身をのせ、かぶる程度にお酢をかけていたゞくと、にしんの臭味と玉葱の強い臭みが中和して、なかなか風味もよく、これはお酒のお通しばかりでなく、パンにはさんで頂いてもおいしいようです。

レバーのから揚げ

画家中川一政氏夫人

中川暢子

主人はお酒を頂きませんので好物のおつまみ物というものは別にありませんが先日お客様にお出しして喜ばれたビールのおつまみ物をご紹介致しましょう。※

③ 卵の黄味と鶏の肝のうらごし

固めにゆでたゆでたまごを眞二つに切り、白味を崩さないようにして黄味を抜きとります。別に鶏の肝を柔くゆで、皮をむいて卵の黄身と共に裏ごしにかけます。これにバターをくわえてねりますと、ベタつくようになりますから、それを今度は、先刻のゆでたまごの黄味を抜いた部分に入れて、上向けて出します。

蛤の即席料理

俳優佐野周二氏夫人

佐野雅子

お体みの一日、子供達と潮干狩から帰りましたら不意のお客様がありましたので、取りたての蛤を使ってこんな即席のお酒のおつまみを作ってみました。

蛤のたのしみ鍋

蛤をきれいに洗って、土鍋に形の揃ったものを二十ばかり入れて、お酒をお猪口三杯と水をお猪子一杯、お塩を小さじに半分、味の素を少々入れて、お客様のお相手をしながらガスでしばらく煮ます。すぐ蛤の蓋がつぎつぎと開きますから、各自お汁をこぼさないようにお皿に取って頂きます。穀の開く音を聞きながら頂くので「たのしみ鍋」とつけました。

蛤のジュンジュンフライ

蛤のむき身と、玉子、パン粉、バターを用意します。キャベツの千切りと、トマトの厚切り、蛤のむき身七つほどをお

上にのせる材料はいろいろのハムやソーセージ、チーズ、卵をゆでゝ輪切りにしたもの、鮭のくんせい、鰯の罐詰などで、パンを好みの形または花形などに小さく切って、色どりよくお皿にのせます。

2 イタリアンサラダ

サラダ菜をきれいに洗い、大きめの葉は手で半分に切り、玉葱の薄切り少々とフレンチドレッシングであえます。フレンチドレッシングに唐がらしの粉を入れるとピリッとした味でおいしくなります。これを大きなガラスの器に盛り、上にゆで卵の輪切り、トマト、ハム等を型よく飾ります。

他にそら豆とか枝豆の塩ゆでにしたもの等、簡単に出来てさっぱりした味を喜びます。

でも主人の一番のお酒の肴は、たのしい雰囲気と音楽のようです。

レバーのオイル焼 他

俳優芥川比呂志氏夫人

芥川留利子

只今胸部疾患のため入院中ですが、健康な時は随分お酒（主にビール）を頂きます。

夏のビールのお肴には、見た目に涼しくてきれいなサラダ類、イクラや鮭のくんせいで作ったカナッペ、又こってりしたものでは鶏もつにさっと熱湯を通して臭みを抜き、お酒、お醤油、お砂糖と味の素に生姜のミジン切りをまぜて、汁がなくなるまでいりつけたものや、サラダ

※鶏のレバー（百匁二百円位）を一時間位お醬油につけておきます。フライパンにゴマ油でも天ぷら油でも結構ですから少し入れて、お醬油につけておいたレバーを、外側がこげるくらいよく揚げます。お醬油を含んでいますから、右手でレバーを入れたら、左手でフライパンに蓋をするようにします。この手際を悪くすると油がはじけて火傷をする事もありますから、注意して下さい。よく揚げ上りましたらこれを薄く切り、お醬油で味がついていますから別に味附けはしないで、七味唐辛子をふりかけます。附け合せに、セロリを二寸位に切つて、塩をふりかけたものと一緒にすゝめます。

パンのチーズ焼 他

作家 三島由紀夫氏母堂
平岡倭文重

ビールのおつまみとして家でいたゞいているものを二、三。但し別にこれはうち独特のものというわけではなく、いろんな方からお教えいたゞいたものばかりなんですが……。

① パンのチーズ焼き

粉チーズと玉子の黄味をとかして、赤唐がらしの粉、塩少々を入れ、適当に小さく切つたパンにぬりつけます。これを天火にかけ、上がわがちよいと焦げるくらいに焼いていたゞきます。

② チーズ・パフ

これにはオランダのチーズのような柔いチーズがよいのですが。――パンを小さめに眞四角に薄く切り、その上に柔いチーズを親指の先程チギッてのせ、天火にかけます。すると、パンはかりかりになり、チーズがふくらまり、よくチーズの味がパンにしみておいしいおつまみが出来上ります。これが固いチーズですと、なかなかうまくふくらまずに、そのうちにパンの方が焦げてしまいます。ですから、固いチーズでこれをおつくりになるのでしたら、バターとねつておいて焼きますとうまくふくらまります。

皿に盛りつけて一人前。別にパン粉と、よくまぜた玉子とを各々小鉢に一人一人出します。

ガス台に鉄板をのせ、蛤を玉子の中につけてからパン粉をつけたものを、バターを引いた鉄板の上でジュンジュンさせながら焼き、ソースで頂きます。お好み焼のようなたのしいものです。

かまぼこのサンドイッチ

作家
畔柳二美

前々から準備をしたり、あれこれ鍋を使つたりという手間が要らず、一番手取り早く出来て、しかも酒の肴として供して案外喜ばれるもので、私はかまぼこのサンドイッチと云つていますが――。

かまぼこを出来るだけ薄く（2～3ミリ）切つて、さつと焼き、一番簡単なものとしては、雲丹をぬつて挾んだもの、同じようにして、すじこをはさんだもの、紫蘇の葉を細かく繊切りにしたものをさつと塩でもんで挾んだもの、を食べ易いように一口切に切つて供します。見た目もきれいですし、不意の来客のビールのもてなし等に仲々気の利いたものです。

イタリヤンサラダ 他

コメデアン
フランキー・堺氏夫人
堺花子

家ではあまりお酒を飲みませんのでたまにしか作りませんが、主人の好きなビールの肴を二、三ご紹介致します。

1 カナッペ

薄く切つたパンの両面を狐色に焼き、ふちを切り取ります。パンが冷めてからバターを塗ります。この時ピーナッツバター等をぬつてもよいでしよう。

オイルに牛のレバーをしばらくつけて（塩、コショーを入れて）小麦粉をまぶし、同じくサラダオイルをひいたフライパンの中で焼いたもの等をよろこびます。

罐詰の帆立貝をマヨネーズで和えたものは主人の好みの一つで、これは気短かな主人が自分で罐をあけて、あけたての貝にマヨネーズを和えるだけですからいたつて簡単な上に御満悦というわけです。

その他牛のタンをバターをたつぷりとかしたフライパンでジュウジュウ焼き、上げしなに味の素とお醬油を入れて熱いちに頂きます。細く切つた長葱、七味、大根おろし等をそえてもオツなものです。

おつき合いで外で食事する機会が多く、年期の入つた味覚に堪能しますので、家庭ではあまり手をかけない素朴な味覚を喜びます。そしてお酒とお料理をたのしむというより談論風発、談話をお肴、又はおつまみにビールを頂く、といつた方が適当かもしれません。

トマトのサラダ詰め

作家船山 馨氏夫人
船山春子

我が家は夏でも冬でもビール党なので、おつまみ物も大体ビールに合うものになります。夏向きのおつまみ物として、簡単で見た目もきれいなトマトのサラダヅメをよく作ります。

トマトのあまり大きくないものを用意します。トマトの上を花びら型にタテ、ヨコ二回十字に包丁を入れて、中味をくりぬいておきます。別にカニ、タマゴ、グリーンピース、マヨネーズなどをまぜ合せたカニサラダを作り、これをトマトにつめて青いレタスを敷いてすすめます。

又、キウリのドブ漬（ヌカミソ漬）のよく漬いたものを使つてこんなおつまみ物を作る事もあります。

キウリを縦に二つに切つて中のたねをとつておきます。ゆで卵の黄味をうらごしにかけて、塩、コショーで味をつけたものをやはりキウリにつめて、十糎位の食べいゝ大きさに切ります。

三つの旅情のうた

鮎川信夫

この本が街に出る八月上旬は、たくさんの人たちが山や海に行っていることでしょう。〝それいゆ〟の愛読者の皆さんの何パーセントかの方々も、きっと、この号を山や海へ持っていかれるにちがいありません。また何かの理由で、家にいらっしゃる方々も、昨年か一昨年、あるいはもっと以前に、海や山ですごした夏の日のことを静かに想い返していられるのではないでしょうか。そう思って今号には、三つのすぐれた〝旅情のうた〟を選び出してみました

たまたま避暑地でめぐりあった素晴しい男性と、思いがけないラヴロマンスが発展する——といえば、なんだかあまりにメロドラマめいた話ですが、旅行先で私たちの心が、いちじるしく開放的になることは事実です。旅には人の重いこころを軽くしてしまうような、そんな魔力がひそんでいます。旅行の魅力のもっとも大きなものは、その魔力にあると云えるでしょう。私たちの日日の生活というものは、多少の違いはあっても、ほとんどは同じことの繰返えしにすぎません。カレンダーの数字がめくられてゆくだけで、毎月変りばえしないように、私たちの日課も、きまりきった型どおりの日常となっております。

つまりそういった同じことの繰返えしが、私たちの感情生活のうるおいを、次第にひからびたものにしてしまうのです。そして、敏感で、微妙

犬吠岬旅情のうた

佐藤春夫

ここに来て
をみなにならひ
名も知らぬ草花をつむ。

みづからの影踏むわれは
仰(あふ)がねば
燈台の高きを知らず。
波のうね〳〵
ふる里のそれには如かず。
ただ思ふ
荒磯(ありそ)に生ひて松のいろ
錆びて黒きを。
わがこころ
錆びて黒きを。

しらなみ

中野重治

ここにあるのは荒れはてた細ながい磯だ
うねりは遥かな沖なかにわいて
よりあいながら寄せて来る
そしてここの渚に
さびしい声をあげ
秋の姿でたおれかかる
そのひびきは奥ぶかく
せまった山の根にかなしく反響する
がんじょうな汽車さえもためらい勝ちに
しぶきは窓がらすに霧のようにもまつわって来る

な反応にたえうる私たちの感受性を、習慣の硬い殻であつく包んでしまっているわけです。

旅行は、そんな私たちの硬化した感情をほぐします。たえずこころの驚きを求め新しい感情の発見に専心している詩人たちは、よくそういった旅情のもたらす効果を知っていて、積極的に旅の魔力を利用して来ました。のんびりした時代の俳人や歌人たちが、旅によってどれ程多くの貴重な収獲を得て来たか、いまさら説明するまでもないことと思います。

○

佐藤春夫の出身地は和歌山県の新宮です。〈ふる里のそれには如かず〉といっているそのふる里は、ですから和歌山の海のことをいっているのです。明るい南国的な和歌山の海の表情にくらべると、房総突端の荒れすさんだ海は、作者の心をふきぬけていく旅情の色のように冷たく思われたことでしょう。

「秋刀魚の歌」にしても「少年の日」にしても、またこの「犬吠岬旅情のうた」にしても、この作者のうたいあげる情緒は、どちらかというと、相当に通俗的な臭いの強いものばかりです。誰にでも入っていける親しさを持ち、誰でも溺れることの出来る素直な情感が感じられます。それでいながら、実に高い響きを持っており、詩としての品格を

ああ　越後のくに　親しらず市振の海岸
ひるがえる白浪のひまに
旅の心はひえびえとしめりをおびて来るのだ

夏の旅

立原道造

I　村はづれの歌

咲いてゐるのは　みやこぐさと
指に摘んで　光にすかして教へてくれた――
右は越後へ行く北の道
左は木曽へ行く中仙道
私たちはきれいな雨あがり夕方に　ぼんやり空を眺めて
　佇んでゐた
さうして　夕やけを背にしてまっすぐと行けば　私のみ
　すばらしい故里の町
馬頭観世音の叢に　私たちは生れてはじめて言葉をなく
　して立ってゐた

II　田舎歌

村中でたったひとつの水車小屋は

立派に備えたものになっています。これは、この作者の技巧の並々ならぬ非凡さを物語るものですが、和文調の柔かみと、漢文調の鋭い効果的な語法を巧みに織りまぜている点では、ちょっと他に例を見出せません。

　この作品で云えば、〈…仰がねば／燈台の高きを知らず。／波のうね〳〵〉といったあたりのイメージのとらえかたの巧みさがそれです。手法としては漢詩などによくみられるもので、さして珍しいものではないはずなのですが、この作者の手にかゝると近代的な生命がふきこまれてくるから不思議です。〈みづからの影踏むわれは〉という前行が、つまりこの詩の場合の近代的な生命を吹き込む鍵になっています。

　現代詩にとっては古典に属する作品の一つですが、その背後には、さらにさかのぼって、伝統詩に培われた感情の危げない力が生かされた佳篇といえるでしょう。

○

「犬吠岬旅情のうた」とこの「しらなみ」とのあいだには、約十年ほどの時間の差があります。一方が文語調、他方が口語調で書かれているというだけの表面的違いだけでなく「しらなみ」の語法には、たしかに一歩現代に近ずいたものが感じられるようです。しかし、そのわりには、内容としての旅情の質に於ては、確たる相違が感じられません。

「しらなみ」は中野の最も初期の作品で、その後の多くの作品のような思想的な傾向の全く見られない、どちらかといえば中野重治らしくない純粋な抒情詩です。

　季節は秋、〈がんじょうな汽車さえもためらい勝ちに〉あえぎながら走ってゆく〈親しらず市振の海岸〉……。

夏が来て屋根を葺きかへた
一日たのしい唄をうたって飽きない
あの水車小屋は何をしてゐるのだろう
小川よ　太陽よ　おまへらの緩い歩みにしらべあはせて
あの水車小屋は何をまわってゐるのだらう

VI　夏の死

夏は慌しく遠く立ち去った
また新しい旅に
私らはのこりすくない日数をかぞへ
火の山にかかる雲・霧を眺め
うすら寒い宿の部屋にゐた　それも多くは
何気ない草花の物語や町の人たちの噂に時をすごして

或る霧雨の日に私は停車場にその人を見送った
村の入口では　つめたい風に細かい落葉松が落葉してゐた
しきりなしに……部屋数のあまった宿に私ひとりが
所在ないあかりの下に　その夜から　いつも便りを書いてゐた

カット　渡辺和子

それは太平洋岸とはがらりと浪の色まで違う、日本海に面した細くどこまでもながい、磯ずたいの海岸線の寒々とした光景です。〈さびしい声をあげ／秋の姿でたおれかかる〉の二行が芯になって、うら淋しい旅情が、殆んど完璧な形でうたいあげられています。伊藤信吉氏はこの作品について「親知らずの海のけわしさは、昔から人々の語りづたえになっていて、海のない地方にまでひろく知られている。その海岸の秋の色をみて、作者は〈旅の心はひえびえとしめりをおびて来るのだ〉と人間性の底ふかいところから、愛とかなしみの抒情を組みあげたのである」と書いています。

○

立原道造の作品は堀辰雄の小説と好一対をなすような、独特な優しさの感じられる詩です。いわゆる「四季」派の抒情詩人のなかでも、特に立原は戦中、戦後の若い女性に愛読されて来たものですから、きっとご存知の方も多いことでしょう。立原は「萱草に寄す」と「暁と夕の詩」という二冊の彼の作品にふさわしい楽譜版の詩集を残しただけで、昭和十四年に二十六才の若さで病没しました。

前二者にくらべると、立原の作品は鋭さに欠けています。詩精神の鋭さや驚きといったものより、立原は言葉が織りあげる詩的なムード、物語り的な情緒といったものを重視していたのでしょう。それは甘美ではありますが、弱々しく、言葉を貝殻のコレクションのようにキラキラと寄せ集めたといった趣味性の強いものになっています。パステルカラーの絵を見るような淡々しい美しさ、——あまりにも詩的すぎるというのが、彼の詩の欠点のように思われます。

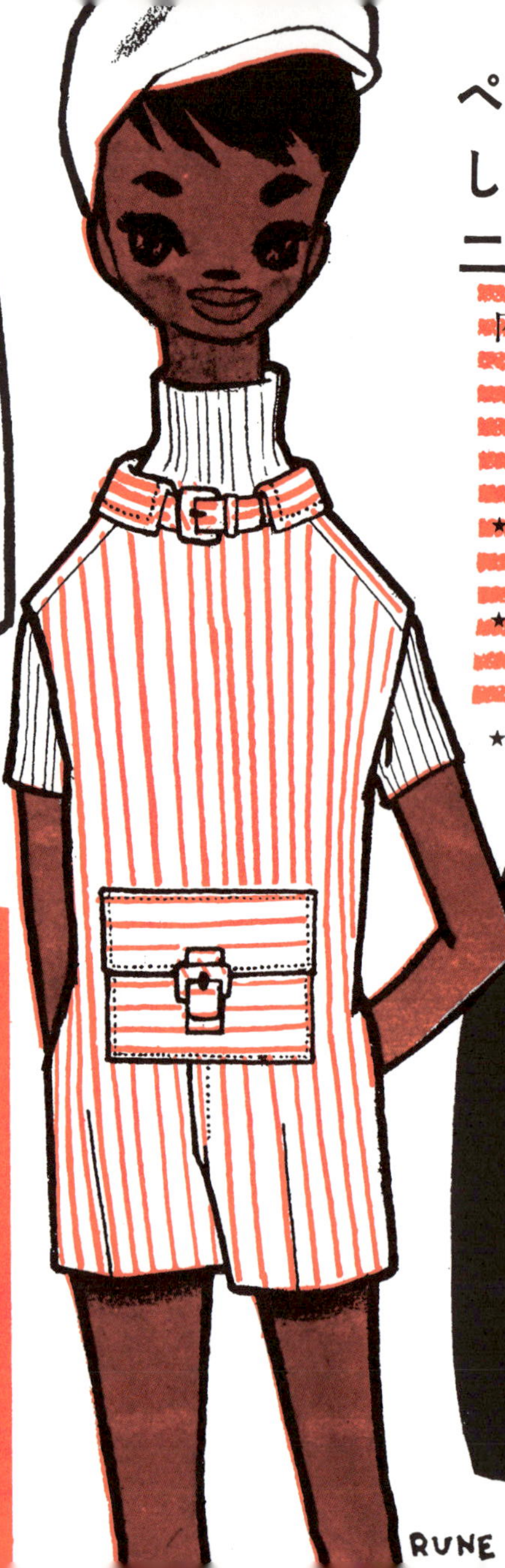

ペットをアップリケしたクッションと二つのおすまし着

内藤瑠根

セーターやシャツと組合せて着るための二つのデザイン。

ロケットの車掌さん

★男の子の方は縞のデニムのオーバーオール

コスモス

★女の子のはハイウエストの切り替えが新鮮な感じを見せます。

★仔熊のクーちゃんはレスリングが大好き！…グレイのフラノ地の残りなどで、アップリケします。

★お散歩にベレーをかぶったダックスフンド。ツイードでアップリケし、ネックレスに皮かビニール。

★頭に花をかざったおしゃれなラビちゃんは白のコーデュロイでアップリケしましょう。

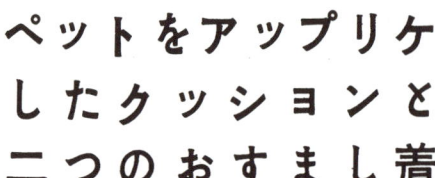

★ネックレスしたおすましキトン（仔猫）はミャアオー　お魚もたべあきたし、ひとねむりしょうカナ。
白いウールでアップリケしたらいかが。

★スワン（白鳥）のベビイのペペちゃんはカンカン帽子に花をいっぱいつけて湖をピチャピチャ泳ぎます。
白の綿ギャバでアップリケしましょう。

hopping

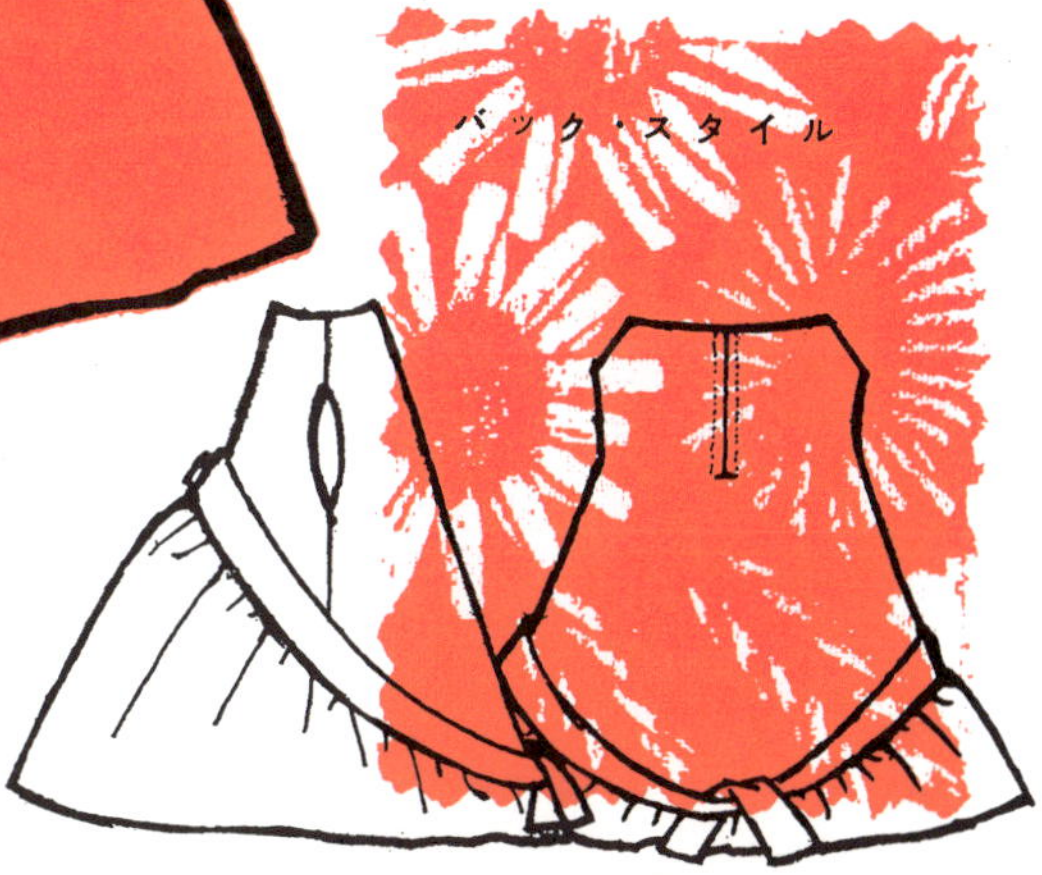

ねまきとまくら

中原淳一

ねまきは誰にも見せないものです。言いかえれば誰も見る人はないのです。それに、自分自身だってねむってしまうのですから、どんなものを着せられても知らないはずです。

ところが、もしあなたがとても楽しいネグリジェを着て、楽しい夢をむすぶことを知ったら、もう古びたゆかたなど着てはいたくなくなると思います。

昼間はせっかくステキなあなたが、夜ねむる時には、全くがっかりする様なものを着ているではこまります。

たとえ着古したゆかたでも、ちゃんと美しい夢の様なネグリジェに仕立てかえて下さい

それから、もしそのネグリジェの布と同じ布で作ったまくらカバー、又は白いまくらカバーにそのネグリジェの布でアップリケしたものなど、まくらとねまきとのアンサンブルなんて、それはきっと昼間のあなたまで美しい雰囲気につつんでくれることでしょう。

空箱で状差をつくる

松　島　啓　介

夏から秋へかけていろんな思いがけない人から懐しいお便りが来るものです。そこでそんなお便りにふさわしい、あなたの机の愉しい彩りになる状差を考えてみました

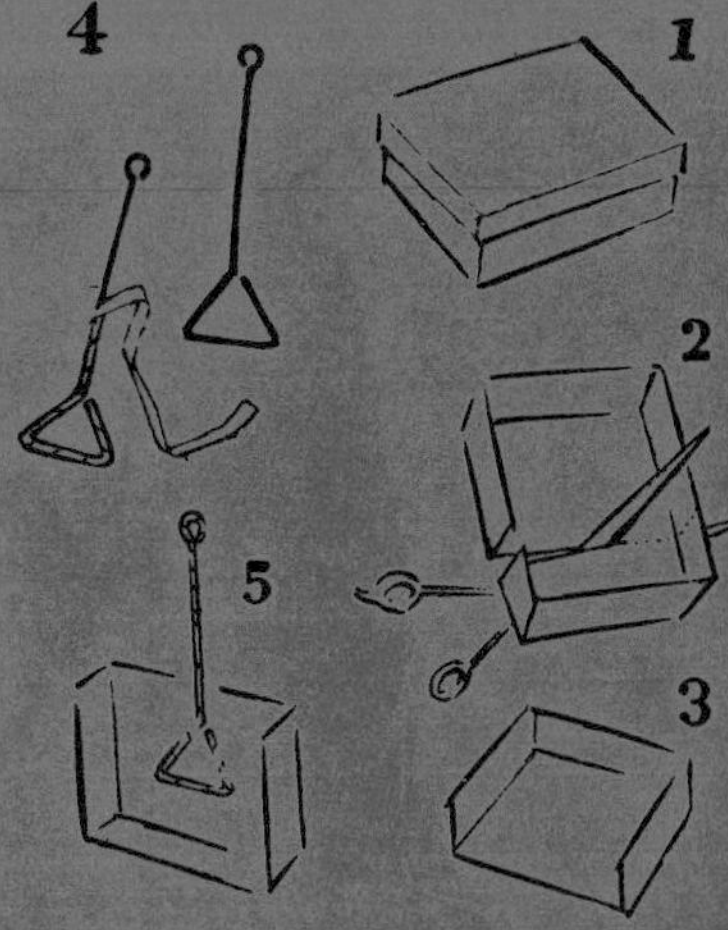

Ⓓ　①お菓子等が入っていたボール紙の空箱を一つ用意する。②巾は狭い方をそのまゝ使って深さは10センチにする片端から計って10センチのところへ鉛筆で線を引いて印をつけ、③そこを鋏で切る。④針金（12番線）を図のような形にペンチで曲げ、薄い和紙

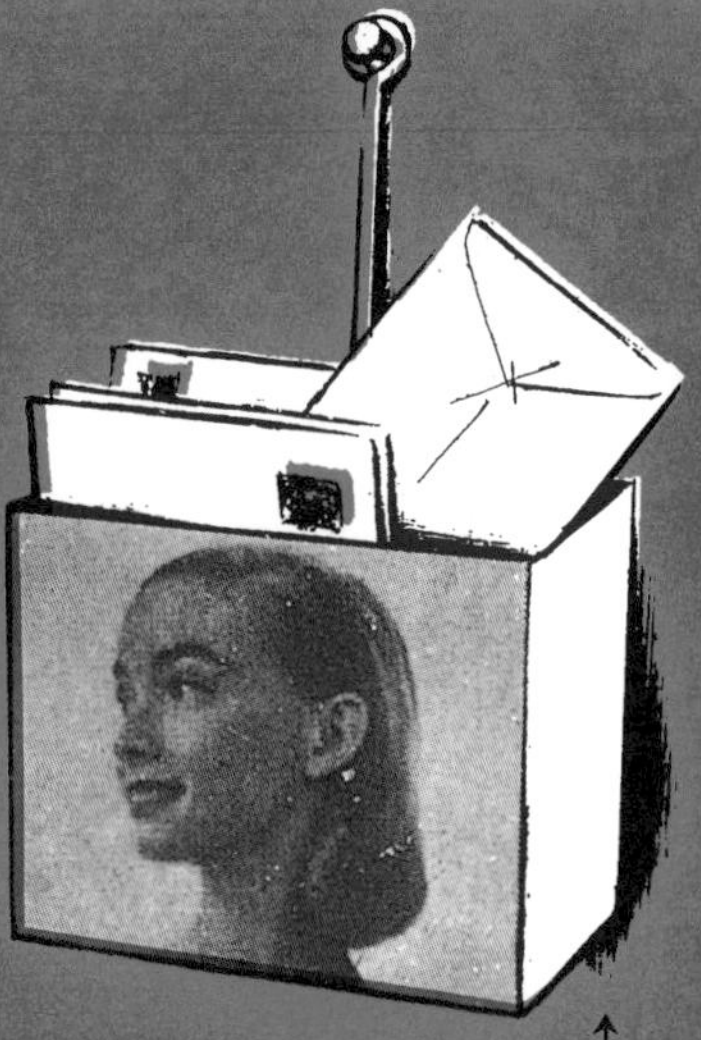

Ⓑ　Ⓓのようにして作った状差しに正面にきっちりな大きさの写真を、雑誌から切抜いて貼ったもの。

Ⓐ　細長いボール箱を綺麗に紙で上貼りした上に、外国雑誌の中から自分の頭文字を探して切抜き、並べて貼ったもの。色々な字体のもの、種々の色のもの、大きな字や小さな字を探して楽しく並べる。

Ⓔ　ドライミルクの罐の様に大きな空罐があれば紙を貼って机や棚の上に置いて状差しに使う。種々な色の紙で小さな円を切抜いて花を散りばめたように貼った可愛いいもの芯はペンで描く。

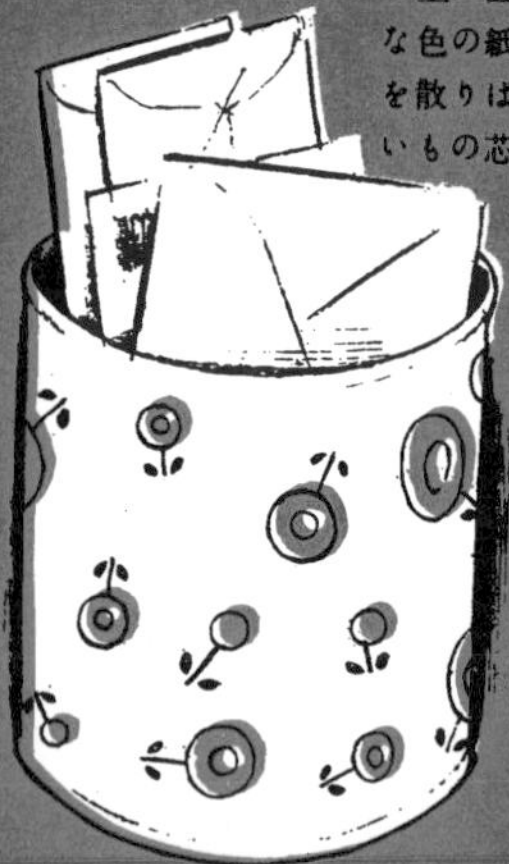

Ⓒ　Ⓑと同じものにリンゴを小さくアップリケした。リンゴは赤い紙を小さな円に、葉は緑の紙を切って糊で貼りつけ、芯は水彩絵具で細く描く

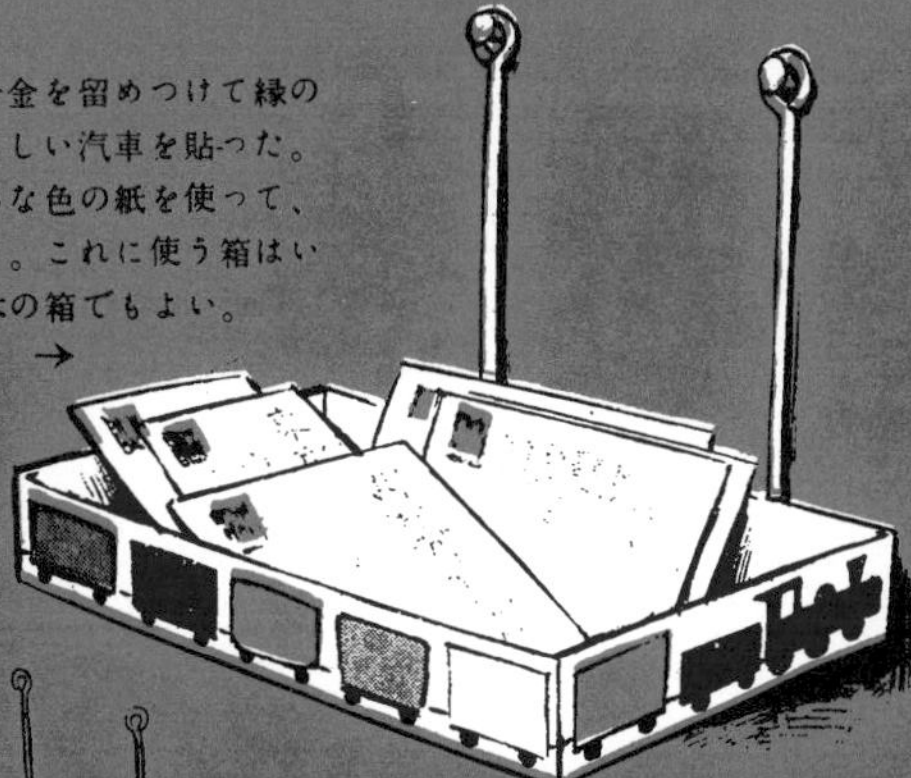

Ⓖ　浅い箱に針金を留めつけて縁のところへ可愛らしい汽車を貼った。汽車はいろいろな色の紙を使って、車はペンで描く。これに使う箱はいちごの空箱等木の箱でもよい。
→

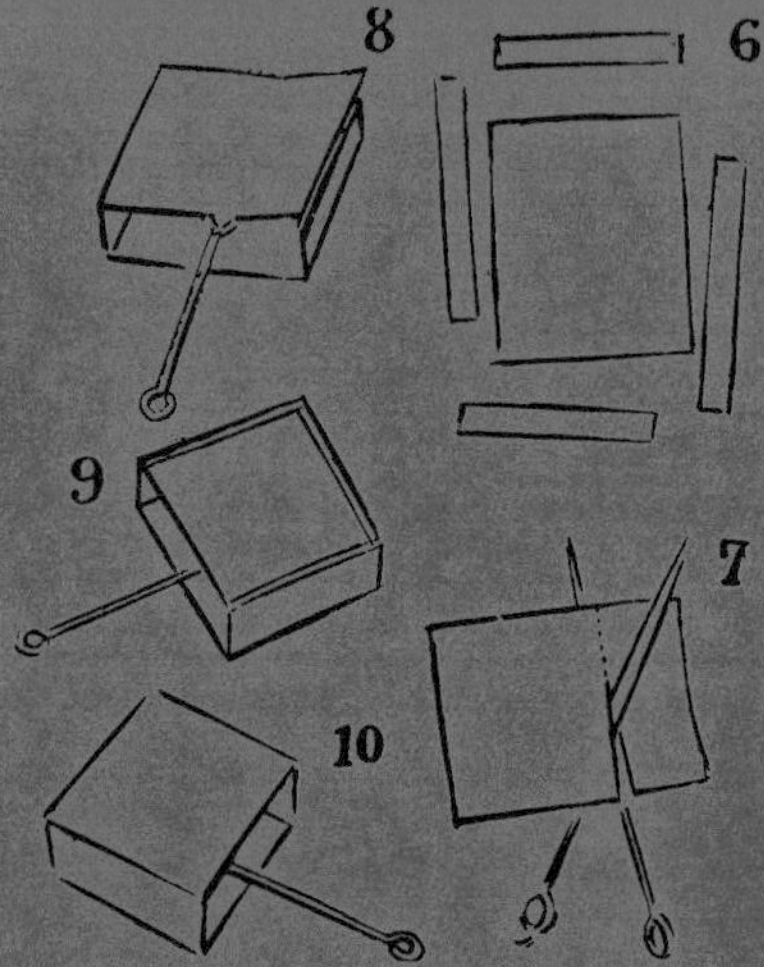

のような丈夫な紙を巾1センチ位に細長く切って裏側に糊をつけ、針金にぐるぐる捲く⑤それを図のように箱の真中へ糸で留めつけるが、箱の方へ小さな穴を明け、そこから糸を通して留めつける。⑥次に箱の蓋の四方の縁をとり、⑦前の場合と同じように片端から10センチのところを鋏で切り、⑧それをのせて、⑨丈夫な紙を細長く切って裏に糊をつけたもので周りを貼って留める。⑩全体を綺麗な紙で上貼りする。そのまゝでも良いが、ラッカー等の残りがあればそれを上から塗る。

Ⓗ　服地の残り布を貼ったもの。リボンも共の布を切って↓使った。

Ⓕ　アイスクリームを買うと入れてくれる四角くて深い箱に、紙を貼って糸捲きをアップリケした。糸捲きの形に切った紙を貼って、糸は水彩絵具を使っていろいろな色の糸に針はペンを使って描く。↓

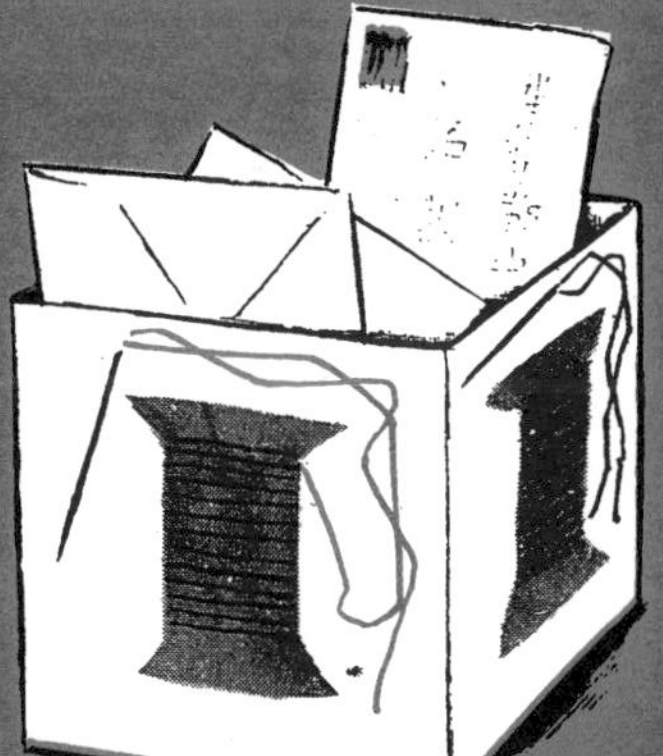

↑
Ⓘ　これは姉妹のための状差して、上があなたで下が妹さん。だから、真中へ貼る絵も上はお姉さんらしいもの。下は妹さんらしい可愛いらしいものを。

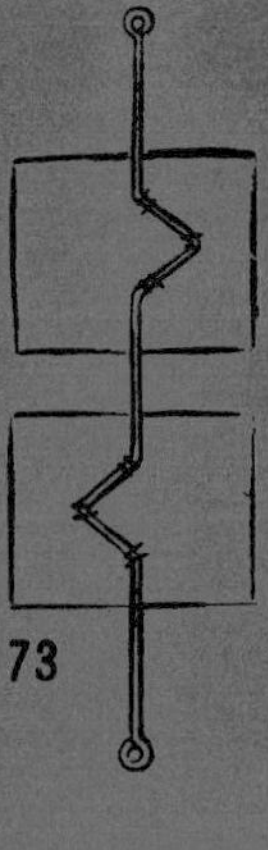

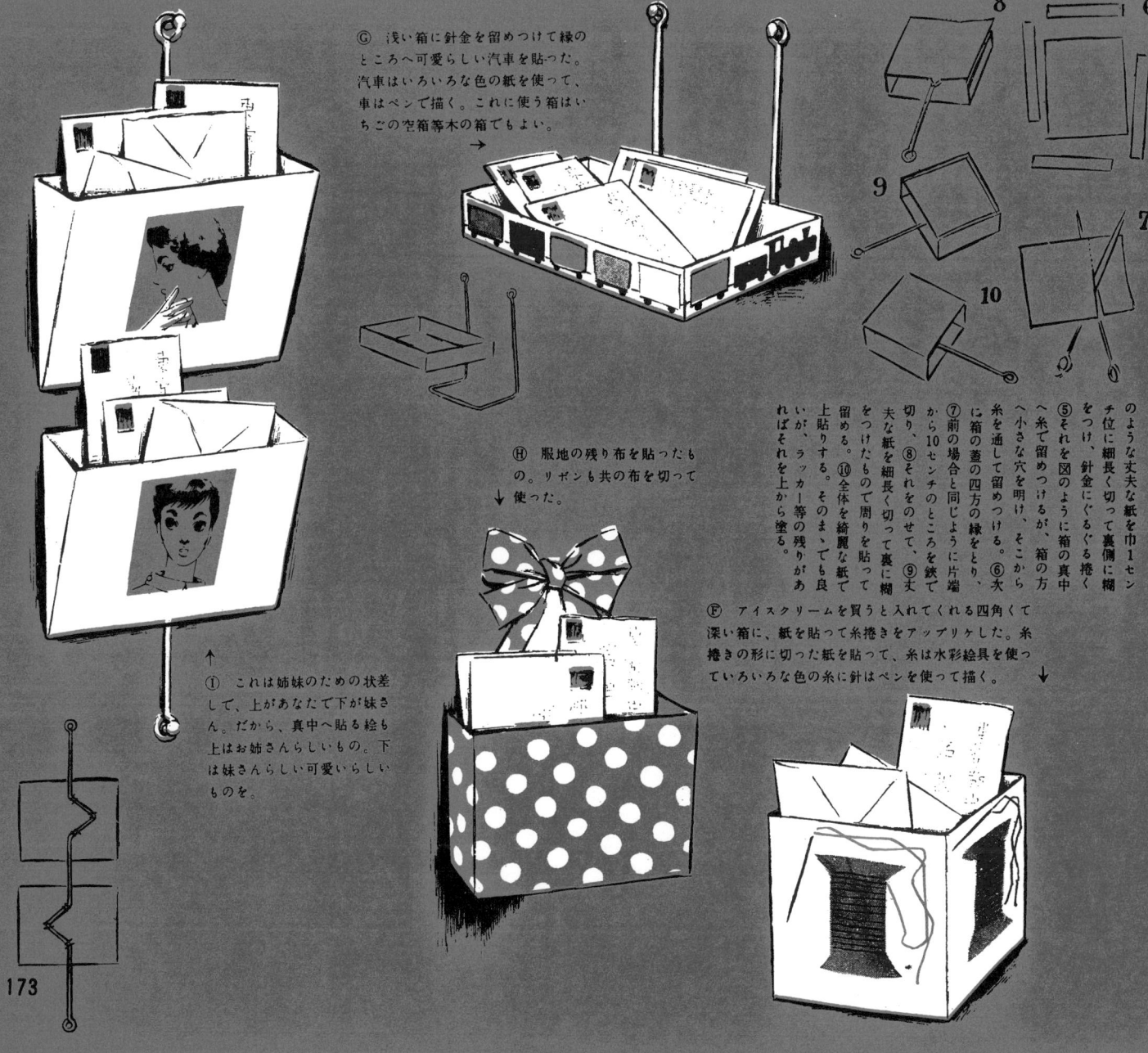

食卓に季節をいろどるくだもの
葡萄 梨

不室直治

夏休みの八月です。海へ山へと輝く太陽の下で若さを誇る季節です。けれどもその暑い毎日の中で、何か秋の気配を感じる……それが八月です私たちに夏の訪れを知らせてくれた桃やびわがすっかり果物屋の店先から姿を消して、梨やぶどうのみずみずしい実りの色が、ショウウィンドウを秋の装いに彩る……それが八月です。季節のくだもの、今月は秋のさきがけの梨とぶどうとをとり上げてみました

葡萄

葡萄は大昔からあった果物で、西洋の神話や伝説の材料にかなりなっているようです。日本の古い文献を見ても葡萄の事が出ているようですが、勿論現在のものとは全然ちがうものである事は言うまでもありません。

聖書に「予言者モーゼ・十二の民を引きつれてカナン(註今のパレスチナ附近)の地に赴き、その地勢を探ぐらしめたところ、人々エシアルの谷より、一房の葡萄を見つけ出しこれを竿につらぬきて、二人で荷いて帰れり」と、又ギリシャ神話には「酒神バッカス、葡萄樹を培養する事を初め、その液汁を絞り出し、醸し出す事を初めたり」とあります。我国でも古事記及日本書紀に「イザナギノミコト夜見の国にて鬼共に襲われ、髮飾としていたつる草のかつらをなげつければ、忽ちえびつるとなり、その実を食べているすきに逃れた」とあります。

英語のグレープ(Grape)はハンガリーの古い言葉で「鈎」という意味だそうですが、我国でも古くから「えびつる」又は「えびかつら」などと言っておりました。これは「赤いつる」という意味であると言い伝えられております。

品種

―甲州葡萄―葡萄というと誰しも思い出すのが甲州葡萄です、これは我国特有のもので、今から七百五十年程前、現在の山梨県東八代郡岩崎村の雨宮勘解由という人が、野生の葡萄蔓を見付け栽培したのが初まりです。

本種又は本葡萄ともいいますが、大阪地方では河内葡萄ともいいます。濃い紫色の地にサッと粉をつけたように、白くなっているものが、鮮度もよく、甘味も充分です。

―茶葡萄―葡萄の一番乗りはデラウエアという品種です。これは一名イタリヤともいわれておりますが、よく皆さんが紅茶葡萄とか、茶葡萄とかいっているのはこの品種です。房は小さく、粒もあまり大きくはありませんが、甘味が強いので喜ばれております。

―黒葡萄―キャンベルス・アーリーは俗に黒葡萄といわれております。房も粒も前者に比べて大きいのですが、稍々酸の強い嫌いがあります。大阪から西の方では大変喜ばれておりますが、関東方面ではあまり好まれていないようです。

―青葡萄―青い葡萄ではネオ・マスカットという品種が最近出初めました。アレキサンドリヤの様な香気をもった、おいしい甘い葡萄です。国産の高級葡萄酒の原料に用いられております。

これらの外にグレープ・ジュースの原料になるコンコード、或はナイヤガラ、カトバ、ブライトン、ブラック、ハンブルグ等葡萄の品種は何百種もあります。

―その他―大体以上が露栽培(普通の畠で栽培すること)の主な品種ですが、温室栽培ののではまず第一にマスカット・オブ・アレキサンドリヤをあげなければなりません。琥珀色に熟れきった大粒の珠玉、馥郁たる香り、葡萄の王様と云っても決して言い過ぎではありません。生れ故郷はアフリカ、原名はシビクといいます。マスカットという言葉の意味は「麝香の香りのする葡萄」という意味ですから、アレキサンドリヤの生命は香りにあります。この葡萄は指先でたやすく皮が剝けますから大低の方は皮を剝いて召上っているようです。然し、葡萄の香りは皮と果肉の間が最も強いのですから、正式の席上は別としても、お宅で召し上る時だけでも、アレキサンドリヤは皮を剝かずにそのまま召し上っていただきたいものです。

グロー・コールマンは十一月頃から出初める紫黒色の温室産葡萄ですが、房並も大きく、粒も葡萄としては大粒、見た目は大変立派ですが、甘味の少ないのが缺点です。然しこの品種の出廻る時期には他の葡萄は姿を消してしまいますから、味の甘味の少い割合には重宝がられております。ロシアの原産で、原名をドドレラービといいます。

産地

次に主な産地と品種を挙げてみましょう。

山梨県―甲州葡萄、デラウエア、ネオ・マスカット

山形県―コンコード、デラウエア、キャンベルス・アーリー

長野県―コンコード

大阪府―デラウエア、甲州葡萄

広島県―キャンベルス・アーリー

岡山県―キャンベルス・アーリー、マスカット・オブ・アレキサンドリヤ(温室葡萄)

選び方

梨と葡萄のデザート

飯田深雪

梨

ジンジャー・ペアー(アメリカ風)

保存のきく、香りと味のよい梨の調理法で、デザートやケーキなどに風味をそえるのによいものです。

材料　梨　二五〇匁、水　一合五勺　砂糖　一合五勺、レモンジュース又は果汁酢(デパートにある)約三勺　レモンか柚子の表皮をおろしたもの茶匙スリキリ$\frac{1}{3}$杯、古生姜　一五匁

作り方　梨は皮をむき四ッ割りにして芯を取り、縦に$\frac{1}{2}$粍の厚さに刻みます。生姜は皮をむき、うすく刻んで水に放ちます。分量の水を煮立てて砂糖を入れ、溶けたら梨を入れ、生姜も水を切って入れます。梨が透き通るように煮えて来たら、レモン汁と表皮のすりおろしたものを加え、もう一度煮立ってから二分間ほど静かに煮て、清潔な瓶に汁ごと入れ、封をして涼しい所におき、一週間後から食べられます。

ポアール・ア・ラ・バニーユ(フランス風)

デザートとして好適な、洋梨のシロップ煮です。

材料(五人前)　洋梨(傷のない、熟しすぎてないもの)五個　砂糖一合、水　一合、塩　一とつまみ、コンスターチ　茶匙山二杯、食用黄少々、バニラ　茶匙一杯。

作り方　洋梨を二つ割りにして縦に皮をむいて、スプーンで芯を丸くきれいにえぐります。水と砂糖と塩一つまみを煮立てた中に梨を入れて、静かに弱火で透き通る感じまで煮て取出しておきます。残ったシロップに食用黄色素を少し入れ、コンスターチを水でといたものを加えてとろっとさせて火からおろし、バニラを入れます。水気を切った梨をベリー皿に形よく置き、上からシロップをかけてすすめます。なお、カクテル用のコイントローがあれば、バニラに代えて使えば更にけっこうです。

ミント・ペア・サラダ

美味しくてしかも洒落た味わいある洋梨を使ったフルーツ・サラダです。

第一に色のよくついたものを選ぶことです。つまり、黒葡萄は真黒いもの、茶色の葡萄は濃い茶色、青い葡萄は黄ばんだものが、日光を充分に吸収した証拠ですから、房の大小はともかくとして、色の濃いものをお選び下さい。粒の表面がテカテカに光ったものや、つるの黒ずんだものは鮮度がおちています。

梨

一口に梨と言いますが、日本梨、西洋梨、中国梨と三つの系統に大きく分けられ、この三つの中に又それぞれ何十種かの種類があります。

まず日本梨ですが、何時頃からあったかといいますと、日本書紀の中に「詔して天下をして桑、紵、梨、栗、蕪菁の草木を植え、以って五穀を助けしむ」とありますから、今から千四百年前には既にあったもののようです。

梨という言葉の意味は「中白」或は又「中酸」という意味からきているといわれていますが、これはつまり果肉が白い、果肉が酸っぱいという意味でしょう。これによると、昔の梨は今日のように肥料も充分でなく栽培技術も幼稚な為に、現在の様な甘い梨などはなかったようです

品種

—日本梨—赤い肌のものと青い肌のものがあり、赤い肌の代表的な品種は長十郎梨で、大きさも梨としては中位ですが、甘味も強く、最も大衆的な梨です。九月頃になると秋の味覚のはしりとして御目見得するのはこの品種です。青梨の一番乗りは八雲梨ですが、続いて日本梨の王様廿世紀が九月の初旬から出初めます。水気もタップリ甘味も上品で申分なく、果肉の質も細やかですから食べた後でも滓が残りません。姿も、味も日本梨の中で最も優秀な品種です。

この他に出廻り順に挙げると赤梨系統では石井早生、真鍮、市原早生、幸蔵、明月、貯蔵して暮から春先にかけて売られるものに早生赤、晩三吉、新高、今村秋などがあり、青梨には、菊水、祇園、青龍等が主な品種です。

産地は日本で生産されている果物の中でも、みかん、林檎、柿について生産量の多い果物ですが、これらと異ることは、量の多少、品種の違いはあっても、北は北海道から南は九州に至るまで栽培されているということです。中でも鳥取県と長野県は、質、量共に他県を凌いでおり、ついで千葉、新潟、岡山、岐阜、福島、神奈川の各県が主な産地となっております。

—西洋梨—明治以後に日本で栽培されるようになった品種ですが、日本梨と違って、果肉がネットリとバターのように溶け、甘く魅惑的な香りを持っているのが特徴です。果物屋にとっては大変厄介な果物で、熟度のよい、おいしい西洋梨をお客様に食べて頂こうとするには、並大抵の苦労ではありません。林檎やみかんの様に木からもぎとってすぐ食べるというわけにゆかず、一週間~三週間も後熟させないと、あのネットリした感じの果肉やエキゾチックな香りが出てきません。しかもその間、温い場所に置いたり冷蔵庫に入れたり、大げさに言うと水、火の責苦を負うてやっと一人前の味になるわけです。

八月の中、下旬に初めに出るのはブレコースという種類ですが、果物屋さんの店先で見られるのは、続いて出るバートレット、アレキサンドリン、ドウイアールという品種です。

どういうものか、西洋梨は形や果皮の醜いものほど味が濃厚なようです。ラ・フランスパスクラサン、ダングレーム、ウィンター・ネリス何れも相談したように肌には赤銹がありしかも御丁寧に凸凹で、どうひいき目に見てもうまいという感じではありません。ところがこれらの良く追熟したものは、一体どこにこんなうまみが潜んでいるかと思う位おいしく、まことに不思議な梨です。十一月頃から一月頃までがこれらの梨のおいしい時です。

—中国梨—この品種は皆様にあまりお馴染がないようですが、果肉の口あたりは日本梨によく似ており、形は西洋梨のように瓢簞形で、日本梨にない特有の香をもっております。慈梨（ツーリー）鴨梨（ヤーリー）白梨（パイリー）紅梨（ホンリー）が主な品種です。

選び方

果物はなんでもそうですが、必ずといっていい位、おいしいところとまずいところがあります。昔から「梨尻柿頭」といわれておりますが梨はお尻、つまり花落ちのところが一番甘味が強いので、芯に近くなるほど甘味がおちてきます。ですから、柄のある方から食べ始め、花落ちの方は後で食べると後味がよろしくなるというわけです。又芯は、なるべく大きめに取除いた方がおいしく頂けます。梨は形が大きくても小さくても芯の大きさは殆んど変りませんから大きなものほど得で、味もよろしいのです。

日本梨は肩がはっていて果皮のよくはったものが良いのです。そして赤梨は青味のないものが鮮度がよく、青梨は薄く青味を持ったのが熟度がよく、あまり黄ばんだものは果肉が軟く日本梨特有のサラリとした旨味がありません。

中国梨は、果皮が白黄味を帯び、香りのするものがおいしいので、あまり黄色いのは過熟です。日本梨も中国梨も過熟になると果皮に臘質ができてますから、ふれてみるとちょっとねばつくような感じがいたします。

西洋梨は香りがでてかかって、指先で軽く花落ちのあたりを押してやわらかめのが食べ頃です

サラリとした果肉の口あたりは日本梨中国梨のうまみですが、外人はサンド・ペア（Sandpear）といってあまり好まないようです。西洋梨のネットリとした果肉とあの香りも又捨て難いものです。さて皆さんはどちらがお好きですか。

材料（五人前）　洋梨　五個、砂糖大匙山三杯、水　二合、塩　一つまみ、ペパミント　大匙三杯　レモン汁　大匙一杯、レタス　五枚

作り方　前と同じように洋梨を切って形をくずさないように煮てそのまま冷ましておきます。食卓に出す直前に水気を切り、ペパミントとレモン汁を振りかけて色と香りをつけ、レタスをしいた上に二個ずつ盛付けます。上からサワークリームかヨーグルトをかければ一層引立ちます。即席にサワークリームを作るには、エバミルク五勺にレモン汁か酢を大匙一杯、砂糖を茶匙山一杯、塩茶匙スリキリ⅓杯を入れてよくまぜれば出来ます。

葡萄

グレープ・ジュース・フラッペ

生ぶどうで作ったジュースは新鮮で大変素晴しい飲物です。

材料（五人前）　ぶどう　約二百匁（なるべく黒色のものがよい）　砂糖　一五匁（約大匙山三杯）、氷、レモン汁　大匙二杯（これはレモンパウダーでもよい）、食用紅　少々

作り方　ぶどうはよく洗ってつぶしガーゼ二枚重ねて汁をしぼり（約二合五勺とれます）砂糖、レモン汁、食用紅を入れてよくかきまぜます。細かに砕いた氷をジュースの倍量ほど入れ、泡立器で手早くかきまわしてグラスにそそぎます。生ぶどうの葉か、造花用のぶどうの葉でサービス・プレートを飾り、食卓をたのしく彩りましょう。

マスカット・カップ

材料（五人前）　マスカットか大粒のぶどう　二五粒、みかん缶詰　一個、白ぶどう酒かシエリー酒またはラム酒　大匙二杯

作り方　材料はどれも十分に冷やしておきます。食卓に出す直前にマスカットの皮をむきます。シャンペングラスに色のうつりのよいみかんを下に入れて台にし、上にマスカットをおき、洋酒をふりかけてすすめます。このときレモン汁も少し加えると味がずっとよくなります。

子供のきもの

8月から9月にかけて

中原淳一

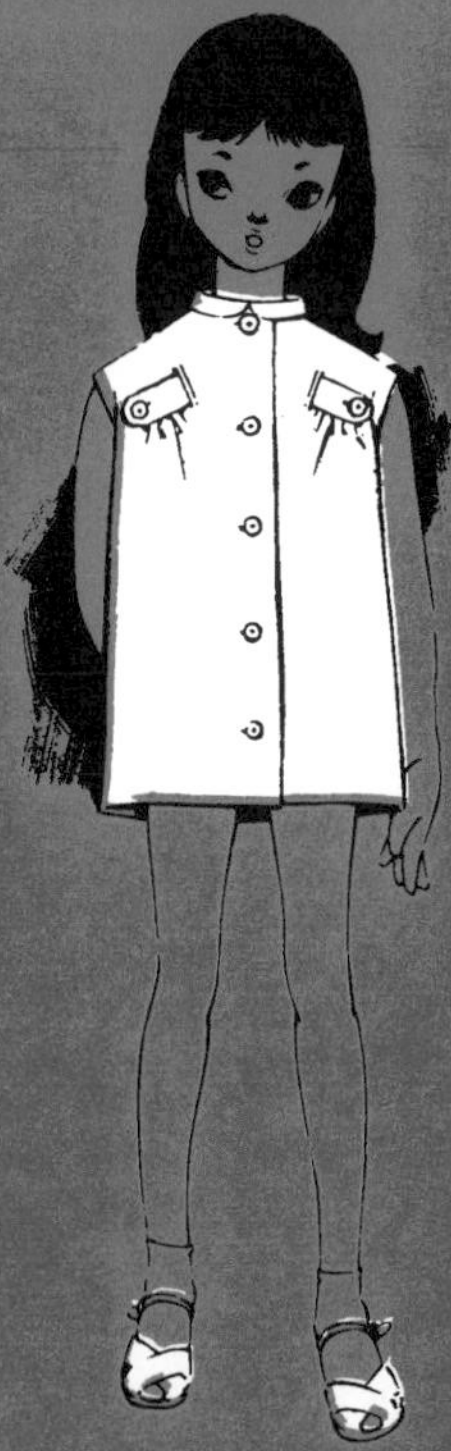

裾から出た少し巾
広の前立てをステッ
チで押え大き目の釦
をつける。後明きに
して厚地木綿で作る
↓

↑

フラップ風の前立
てが斜めの玉縁から
出ていてその下のギ
ャザーを押えている
ゆるい衿ぐりが新鮮

↑　パッと開いた朝顔
の花の様なスカート
と変り型セーラーカ
ラーが印象的。木綿
で作って通学用にも

レースを重ねた立
体的なフリルを衿ぐ
りから出た前立てが
とめている。フリル
←　の下にもギャザー。

→

サスペンダー風の
ベルトが肩からU字
型についている。中
心にギャザーをよせ
て裾の広がりを作る

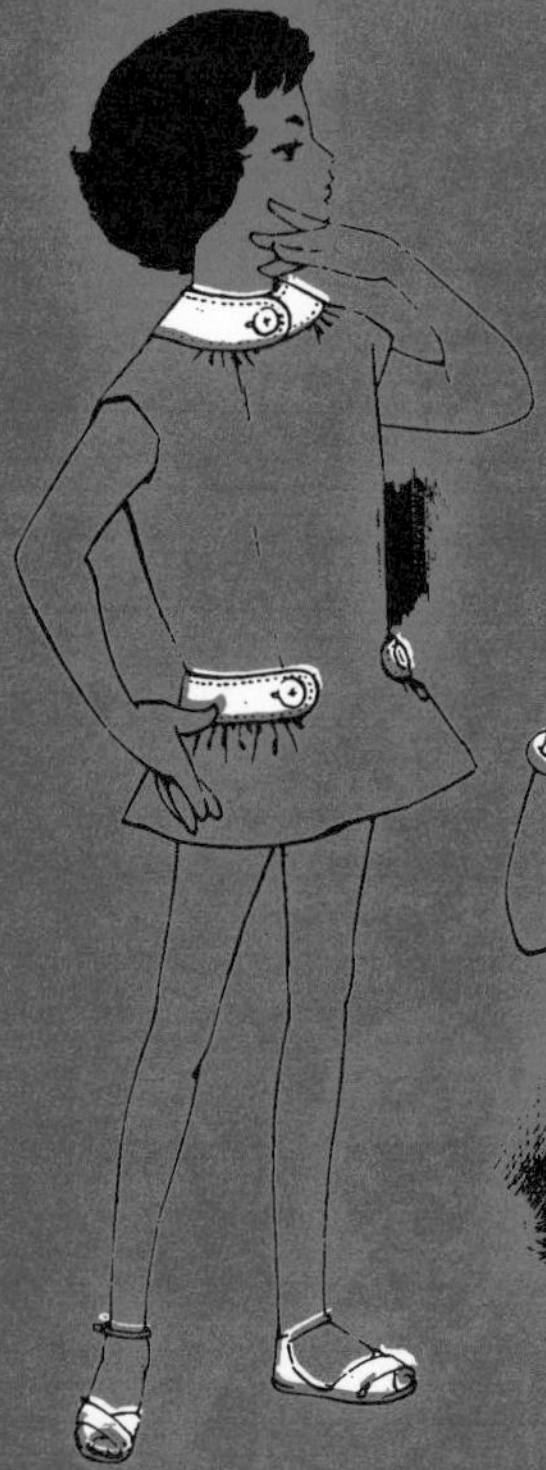

↑ 衿もとのテクニックをウエストにも繰返す。ボディは無地とは限らず縞やプリント、水玉などでも

前中心に別布で巾広の玉縁を作り、その蔭から釦が出ている感じ。デニムか麻でカッチリと作る。↓

前打合せから下の切替えはボックスプリーツになっていてカラーとカフスは同じ巾にそろえる。↓

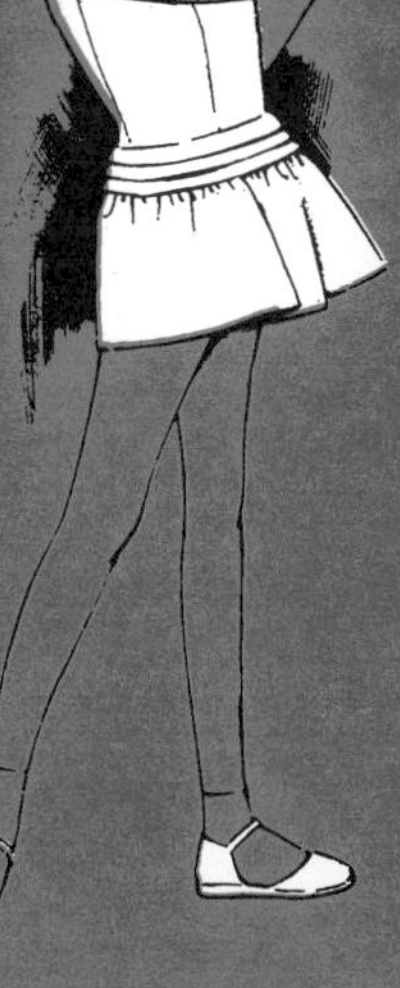

→ 大人のテクニックをとり入れたものでママの残り布でお揃いに作ると愉しい。カラーは白地でも。

プレーンなデザインだが仕立てのよさで着るもの。スカートの裾巾を少な目に張りのある布で作る。→

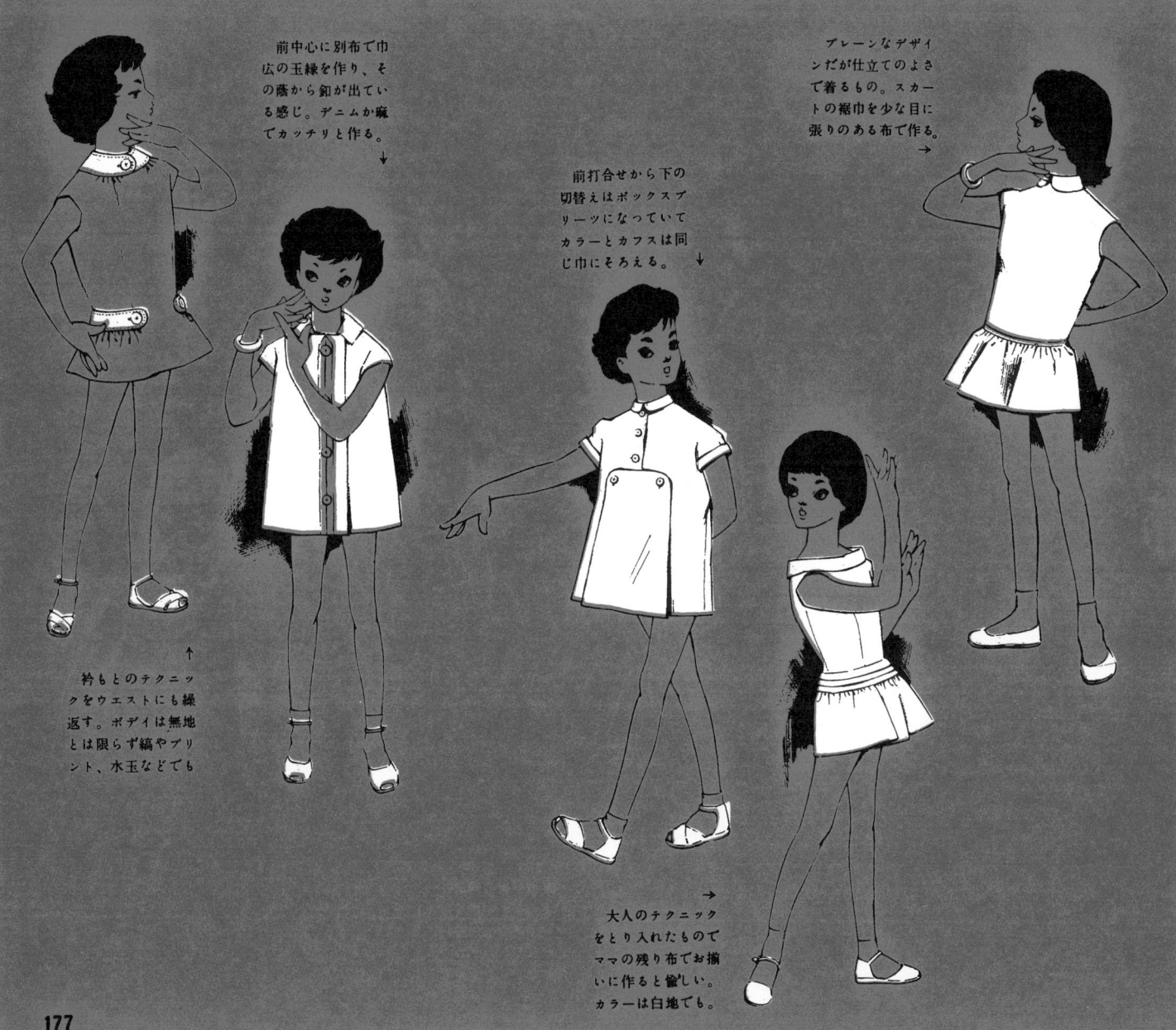

コントラストを愉↑
しむドレス。プリン
トならばその中の印
象的な一色をとって
ボウにすると効果的。

プリンセスライン
に続いて三つのフラ
ップを作り、斜めの
釦ホールをつける。
デニムや綿ギャバで
←

←
丸ヨークの縁取り
がそのままのびて小
さいボウになってい
る感じでその下のみ
にギャザーをよせる

トランペットの様
なスカートは広すぎ
ない様に。カラーの
み白を使っても愉し
↓い華やかなよそゆき

小さいヨークで下
のギャザーを押えた
感じに釦でとめる。
ボウは横にピンと結
↓んでヨークより長く

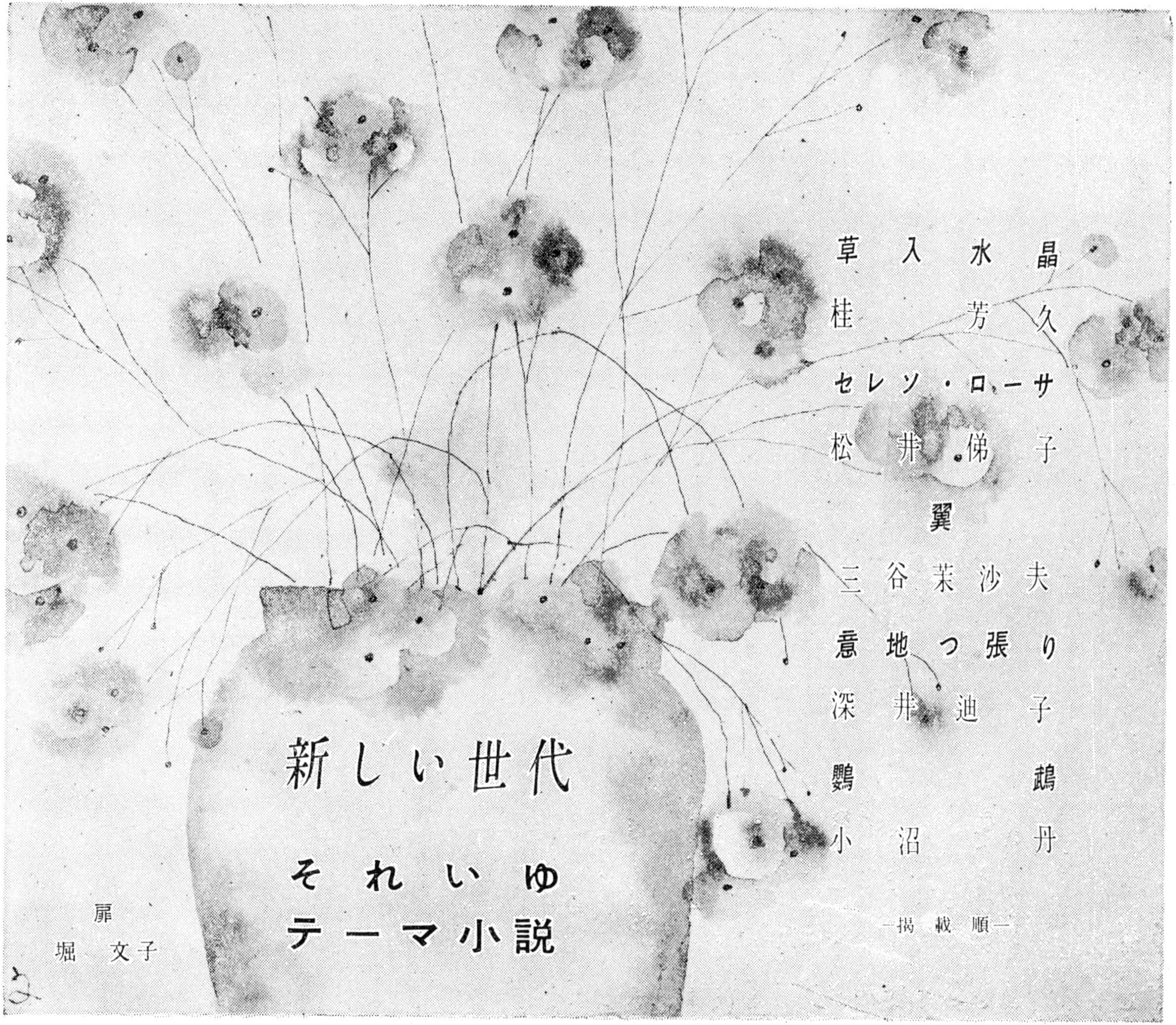

新しい世代

それいゆ
テーマ小説

草入水晶
桂芳久

セレソ・ローサ
松井俤子

翼
三谷茉沙夫

意地っ張り
深井迪子

鸚鵡
小沼丹

—掲載順—

扉
堀文子

草入水晶

それいゆテーマ小説その1

桂　芳久

絵　藤川栄子

突堤のさきには白い小さな灯台があつた。その乳白色のいろあいも、水平線にたたずむ積乱雲の、夏の烈しい光線を反射させている金属的な鮮明な煌きにくらべれば、ひどく冴えない色彩にみえる。昼さがりの静謐な瀬戸内海は、紺青の午睡にまどろんでいるようであつた。海のそうした眠りをさまたげるかのように、時としてミカン畑のある島影から、甲板に天幕を張つた模型ぐらいの大きさにみえる巡航船が、間のびた汽笛を鳴らして現われてくる。煙突のあたりにかすかに白い煙が吹きあがるのが望見されると、それから数呼吸の後に、やつと海面を渡つて遥かに汽笛の音が伝わつてくる。恭子はその時間差によつて船までの距離を推測した。四国の今治から尾道へ行く客船は、まつすぐに船首をK港に向けて、明るい景色を截りながら進んでいる。あの客船が尾道に着くと同時に今度は今治行の定期船が出航する筈であつた。『もう二時間もしたら今治行がやつて来る』恭子は突端の岩の上に佇んで、右手をかざして見渡していた。

すき透つた海の水は海の底まで鮮かにうつし出し、むれになつて游泳している小さな魚の秩序正しい動きが見おろされる。時おり魚のむれは急に何かに怯えたように鱗光をひらめかして四散するが、やがてまた海中での編隊をととのえる。それはあまりに見事な幻想的な演出であつた。

恭子の口もとに涼しい微笑がうかんだ。小麦色に陽に焼けた顔に、清潔な歯列があらわれた。彼女の均整のとれた肢体は、いかにも幼い頃から水泳で鍛えた賜物であることを物語つている。緑いろの水泳着におおわれている胸のふくらみは、すこやかな線を描いた影法師となつて脚もとに投影されている。影法師は静かに肩で息づいていた。

「姉ちやん、早よう来んとトマトたべるぞ」

海の中から中学生の弟が片手を上げて叫んだ。彼女は頭を横に振つた。濡れた髪のさきから水滴がキラキラと散つた。「よう冷えとるがな」海につけているトマトの一つを掴んで空に抛つた。彼女は赤いトマトのゆくえを目で追つた。純白の積乱雲を背景に、トマトの赤がくつきりと目に写つた。彼女は高い雲の峯をふり仰ぐと、胸をそらし、両手を前に肩の高さに上げた。足が岩を蹴つた。躰は二米ばかりの高さから殆んど四十五度の角度で水面に落下する。飛沫が美しく躰を包んだ。一直線に伸びた肢躰がぐんと水中をつき進む。無数の水泡が彩どる。エメラルドの水の中に彼女の白い足の裏がすつと消えて行つた。

クロールでの泳ぎ方は巧みである。今年の春高校を卒業するまでは水泳部に属していて、自由型の選手であつた。毎年広島市で催される県下のインターハイには、選手として一年生の時から出場していた。彼女のいたK高校は県下でも水泳の強豪であつた。全校の生徒が島育ち

で早くから水に親しんでいるからである。

すぐさま恭子は弟のところに泳ぎついた。弟は一番大きなトマトをとると水にもぐつて逃げだした。二十五米はゆうにもぐつてから、水面に顔を出すと、バタフライという泳法で沖へ向つている。おびただしい水沫が上つて、恰も鳥が羽をはばたいて水浴している姿に似ていた。

その泳法を教えたのは、恭子の同級生であつた茂夫である。恭子もバタフライで弟を追いだしたが、五米と泳がぬうちに、にわかに羞恥心に近い感情にとらわれた。バタフライという泳ぎ方は男性的な動きのものであつた。彼女は人の目をさけるように水にもぐつたが、水の中で確かに自分のみだれた鼓動を聞いたのだつた。

彼女は浮身になりながらトマトを頬張つた。甘ずつぱい味覚が喉にしみた。海水の塩分がほどよく加味されていて食欲をそそる。恭子はアワビでも見つけると、その場でギシギシと噛んで食べるのであつた。

「今日茂夫さんが帰つてくるんで。姉ちやん知つとるかい」浮身になつているそばへ泳いで来て弟が半ば得意そうに云う。県の水泳大会でもバタフライで一等になつていた茂夫は、少年たちにとつては身近な英雄でもあつた。

「茂夫さんとこのおばさんが云つたんじやぞ」

恭子は肯いてみせた。

「大学は夏休みが遅いんじやのう。わし等より二週間も遅いんじやもんな」

「水泳部の合宿があつたんよ。それでなかつたら島へすぐ帰つて来てよね」

「島なんかつまらんじやろう。東京にいた方が面白いにきまつてらあ、地下鉄はあるし、ジェットコースターもあるしなあ。わしも東京に行つてみたいな。修学旅行が奈良なんてつまらんよ」弟は水面を掌で叩きながら云つた。

「きつと茂夫さんも島へはあまり帰りとうないじやろうな」

「そんなことないよね」

何故？　といつた顔をして弟がふりかえつた。恭子は言葉につまつた。彼女は水をのんで口ごもつたようなふりをした。わざとそうした態度をとつた自分が、なにかを偽るために演技したようで、おのずと視線を伏せてしまつた。

「そりや島にはお母さん達がいてんだもん」

彼女は顔を水にひたした。澄明な水をとおして海草がゆらめいているのが見えた。海の底で静かにゆらいでいる海草に、自分の心の奥深くに抱いていたものの象徴を見たような気持になつた。海面にはさざ波一つ立つていないのに、海の底ではあんなに海草がゆれている……

「姉ちやんもう帰るんけ」

岸の方へ泳ぎ出していた。「おれ、わかつとるんだ」追つて来た弟が声をかけた。中学の三年生にしては弟がひどく大人つぽく恭子には思われた。「波止場へ迎えに行くんじやろう」

「あたりまえじやないの、茂夫さんとは同級生よ」

そう答えると、恭子はゴールに向うように懸命にクロールで泳ぎだした。

今治行は四時に寄港となつていた。彼女は十五分も前から桟橋に出て、日傘をさして待つていた。白いワンピースは海の風をはらんで裾がみだれる。手に持つたビニールの鞄で裾を押えるようにした。まだ化粧をしたことのない恭子は、陽に灼けた頰に汗がしみるのを、むしろ快よい感じに思つた。船が島の岬を廻つて現われてきた。陽のあたる甲板には人影はない。眩しい海を見つめている目は痛みを感じだしたが、速力の遅い定期船は一向に海の距離を縮めなかつた。幾度も彼女は磯の香をふかぶかと吸わねばならなかつた。またしても風が裾を乱そうとする。あわてて鞄で押える。こうした動作も、もう船の中からも見えているに違いないと思つた。

船が桟橋に横づけになるまで茂夫の姿は見つからなかつた。

「キャビンで寝てたよ。なにも珍しい処に来たわけじやないからさ」

上京してから初めて帰省した茂夫は、無造作にそう答えて桟橋を大股に歩いて行つた。恭子は茂夫が使う東京弁に、一学期間の東京での生活をなまなましく受取つた。彼が変つたのは言葉づかいばかりではない。黄いろいポロシャツを着た恰好といい、身のこなしようといい、確かにそれは都会の息がかかつている。彼女は荒れた自分の顔にそつと掌をあててみるのであつた。

茂夫はもの馴れた調子で恭子をうながして桟橋の近くにある喫茶店に入つた。

「君、なににする？」問われても恭子は小頸をかしげるだけである。

「ぼくはソフト・クリームだ。おい、ソフトを頼むよ」店の者に声をかけた。

「へえ？　ソフト？　そんなものうちにや有りやせんがのう」

「ソフトがないのかい。これだから田舎はいやんなつちやう」舌打ちして云つた。

「アイスケーキならありますがのう」

「チエッ、冗談じやねえよ。全くしけてやんの」

恭子は去年の夏まで、茂夫と一緒にアイスケーキを食べていたことを、すでに追憶として想い出そうとしていた。

「どうしたんだい。やけに学校を出るとおとなしくなつたんだな。見違えちやうよ」

「変つたのはあんたの方よ」恭子は心のなかで呟いた。

「同級生だつた者はみな元気かい？　純ちやん達はどうしてるの」

「元気よ」言葉少なく応えた。

「山村は？」

「郵便局に勤めてる」茂夫にとつては彼らはみんな同級生だつたのだ。同級生ではない。彼のクラスメートはすでに東京にしかいないのだ。「茂夫さん、あんたは過去のことは忘れたいんでしよう」

恭子は海の匂いを運んでくる窓の方へ顔をそむけた。そこからも白い小さな灯台が遠くに見えた。

「黙つてるんだな」手もちぶたさに彼はライターに火をつけたり消したりしている。

「そいでも、茂夫さんが東京の言葉で話しかけるんだもん、云いづらくつて」

彼は快活な笑い声をたてて、ライターの火を一瞬にして吹き消してしまつた。

「当分こちらにいるんでしよう、盆にはクラス会するそうよ」

「高等学校のかい」

「ううん、中学校の」

「じや小学校の者と同じというわけか」気のりしない口調だつた。「盆といつたつてぼくはもうしたよ。東京は一カ月早い七月だからさ。それに一週間ばかりしたら帰京しなければならんのだよ」

「たつた一週間で」

「そうだよ。なにかと東京では忙しくつてね」指尖で気ぜわしくテーブルを叩きながら云つた。

「また合宿？」

「まあそれもあるさ」

「いままで合宿して練習しとつたんでしよう。インターカレッジは大変でしょうね」

「まあね。だけどあまり泳ぐのつて興味がなくなつたよ」

「茂夫さんが……」恭子はまじまじと茂夫の顔を眺めた。

彼は薄ら笑いを泛べた。

「あんまり練習しとらんのでしよう。陽に焦げていないもん」

「してないことはないがね。あまり陽に灼けてないのは陽灼け止めクリームを塗つているからさ」

「クリームなんか使つて泳いどるんね」

「そうだよ。クラスにとつても親切なコがいてねえ、それがくれたんだよ」


茂夫はおもわせぶりに、ほこらかな表情で云うのであつた。

海に照りつける夏の強い日差のようなものが、躰内をつき抜けてゆくように恭子は感じた。頬は海からの暑熱を受けながらも、凍りつくようにこわばつてしまつた。

「君、どうしたの。目が充血してるじやないの」茂夫はテーブルに少し躰をのりだしてきいた。

恭子は強烈な陽光がみなぎつている海上をを目ばたきもしないで見つめながら応えた。

「きつと海で泳ぐからでしよう。さつきまで一生懸命に泳いでいたの」

セレソ・ローサ

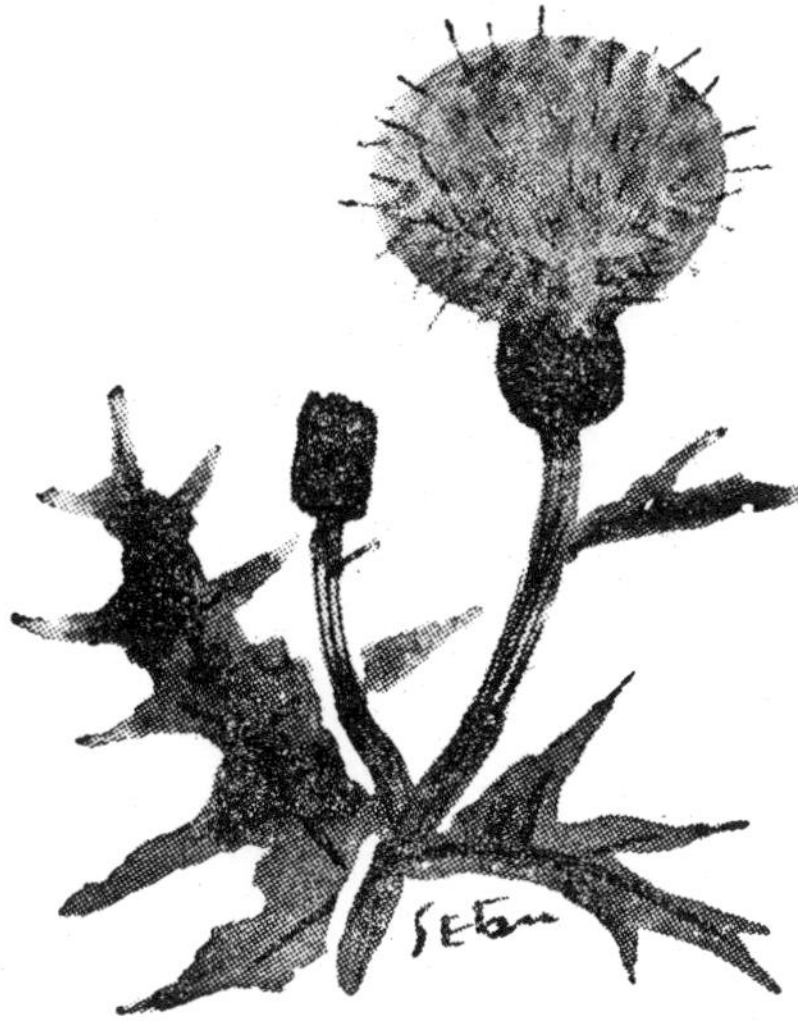

それいゆテーマ小説その2

松井倖子
絵 朝倉摂

ヒロシが来る。五十八番の私を「御指名」。日暮れの街から入つてふと盲目になつたような暗さがずつと続く。アルバイトサロンである。黒い箱、中でダイアライトとシャンデリアがぐる／＼光る吃驚箱である。

あら、いらつしやい。と華やぐ指名された女に、暇な女達はチラチラと恨みの秋波を送る。私に客が来る——いい気持である。ヒロシ以外に私を呼ぶ頓馬は居ないから尚。

最初にヒロシが来た時、彼は他の女の客だつた。騒いで居る一群に美しいヒロシが居て、赤いチェックのシャツに黒い細いズボン、河童のような髪。余りに流行色がありすぎるのが癪にさわつた。何か一言云わねばと、私は立つて行つて「踊りましようか」と云つて見た。


ヒロシと踊つた。汽車ごつこのように私たちはマンボを一曲踊つた。「セレソ・ローサ」である。

私の神経は荒れていた。アルバイトサロンの空気は、非常な重さと汚さで私のひるまの生活まで蝕もうとしていた。学校の休み時間、友人の煙草にふと器用にマッチを擦つている自分、気づまりな男友達を前に、何を話そうかと笑い乍ら瞬時に空間を埋める術の湧いている自分——簡単なことでさえ、それがサロンと同じだと発見した時、私はぞつとするのだ。白々しい悪寒がかすめる。たまらない。私の神経は内からキリキリと痛み出す。不潔な自分の中のそのかたまりに敢然と対決しようとするのだが、私は疲れ過ぎていた。

又、ヒロシだ。毎夜来る。馴れた顔でドアボーイに微

笑を送り、

「居るでしよ、直子」

少女のように首をかしげているのが見えた。私を呼ぶのである。行進のように、立つて行つて、私は彼の目の前にひよいとふさがる。

「やあ」と笑うヒロシ。

「いらつしやい」と職業的アクセント。又来たか。くたびれている私は、いつもの三階の隅に彼と座つたが、何も云いたくはない。

空腹に風が入るようだ。寝不足に耐えられない。疲労にはそれでも商売気が残つている。マンボ・NO・ファイブ、ムーチョ・ムーチョ・ムーチョ、セシボン、チャチャチャハスバラシイ、マンボ・バカーン、音楽は私をかきまわして喜んでいる。いつそ華やぐマンボの中で、爆発して火になりたい思いだつた。

「又来て下さいましたのね」

仕方なく誠意もこめる。時間給プラス今夜の指名百円。その百円がパンになる。情ない商売、その百円は施しである。さもなくば、社交と呼ばれる体のいい女の値段である。

ヒロシには苦痛は通じない。私が学生であることも知らない。恐らくはこのサロンの歌い文句、「明るい近代知性美の魅力」や激しいマンボリズムにつられての、高価な悪趣味でやつて来る彼が、私を美しく明るい少女と見立てている所に、可哀想なミスキャストの役者の悲劇がある。いや、喜劇かも知れない。私はこのサロンでも特製の道化師らしいのだ。耐えている。

「僕、あなたに差し上げたいものがあるんです」

「なあに？　ありがと」

笑つているのだ、私は。

「喜んで貰えるといいな。オルゴール、友人に作つて貰つたんですよ。箱のデザインは僕」

素朴な木彫りのアラビヤ人形に、朱と緑がチラチラと落しこんである。ヒロシの握つた彫刻刀の跡が妙に近しい。彫り目を見ていると、何か生々しくヒロシに対しているような感情であつた。開こうとして指が慄えた。

だが、オルゴールの音は、ハイファイの立体音響に消されて響かない。耳を近づける気はなかつた。

「ありがと。嬉しいわ」

本当に嬉しいように笑つている私を冷やかに見ているひるまの私が居るのだが、その私もだんだんと微笑を本物にまで押上げているのだ。私は慌ててかぶりを振つた。しつかりして居たかつたのである。思うままに行動し得ていた元の自分でありたかつた。人に物を貰うなどとは私の許す感情ではなかつた。本当に欲しいものは奪う。無用の人に音楽まで加えた贈り物など要らぬ。それ、疲労、睡気、空腹、すべて払い落そうと私はかぶりを振つた。

「飲みませんか」

飲もうか。私のコップにヒロシが揺らぐ。それを見ている大学生の目は明るい。小憎らしいようなあどけなさである。私は見惚れた。

ビールは面白い。ふわりと酔つて来ると、酔いが笑いをゆる〳〵と強める。私は笑い出していた。何とも云えず可笑しい、又は楽しい。笑い続け乍ら、シャンとしようと思つて、私は横のヒロシを丁寧に見つめた。

大丈夫。私はしつかりしていた。ヒロシのシャツの赤と黒の格子目、脇に置いてある丸帽の、磨いてある古いペンで組んだX字、彼の白い歯並み、前髪の並び遅れたような四、五本まで、はつきりそれと見得る。私は酔つているのではなく、するとこれはある怒りの反動で笑いが出ているのらしかつた。

ヒロシは座り直した。一人舞台のヴォードビリアンのように、彼は綺麗に笑つてから口を切つた。

「君、学生だつて、本当？」

「誰に訊いたの」

「サロンの女の子。どんな勉強やつてるの？」

「英語、村越先生。フランス語、山内先生」

「ああ山内先生、僕、軽井沢でパパとお会いしました」

何の気もなく上流社会専用の言葉が出る。軽井沢、私は行つたことない。

「ね、君、軽井沢つて素敵ですよ。いろんな連中に年々荒らされているけど、やつぱり避暑にはいいな。君、夏休み、僕んちの別荘へ来ない？一緒だつたらいゝな。去年はね、小説家のグループと会つちやつて、連日連夜騒いじやつた。パパやママは遅く来るんです。それまでが僕たちの天下。僕の自由な時つて、夏きりないんです。馬を走らせて集つてね、レコード聴くんだ。踊つたり、歌つたり、ポーカーでいろんなもの賭けたり。それで僕去年は、厭な貴族の令嬢との縁談、賭けて勝つて破つちやつたんですよ。いい気持でした」

もういい、と私は思う。

「音楽、お好きなのね」

「ママが好きなんで、古典音楽で育てられたようなもんです」

ママ、か。私は真面目にちぢこまる。

「僕、ママの作つたカクテル飲み乍ら、長椅子に寝ころがつてシューマン聴くのが好きですよ。他は駄目。メンデルスゾーンが少し好き」

私の愛するバイオリン・コンチェルトは彼には合わないのか。私は煙草の煙でチリチリ感じる反撥を吹き飛ばそうと考えた。

「煙草、喫うの、君」

「ええ」

いこいが変に匂う。吹き飛ばすまでもない、私は本当に噎せてしまつた。ヒロシは云い放つた。

「十八才が煙草なんか喫むからいけないんです」

十八才……私は吃驚して彼を見た。今更取返しようもない。私はこのサロンでは十八才ということになつているのだ。十八才、その輝やかしく夢多い美しい年令を私は自分にひつつけた。そうでもして馬鹿な騒ぎ屋になつてでも居ないと辛かつたからだ。十代の少女に見られて玩具のように抱かれ、もてあそばれ、からかわれ、煙草の煙に時には噎せ、ビールなど御法度と云い乍ら飲み干し、客の腕厭とは云わず笑つて耐えねばならぬ夜どもの連続を、私は覚悟して迎えていたのである。二十才の私はそこにはなかつたのだ。君幾つ、十七くらいかと云われゝば、十八よ、厭だ、子供じやないわと云える所、きつぱりとヒロシに「十八才」を指摘された気持は、ただではおけなかつた。私は誇りを捨てた。

ヒロシは何も知らない。

「僕ね、洋酒じやギムレット。ウイスキーもいい、パパの部屋からこつそり失敬しちやうんですよ。格別の味だ。そこで勿論シューマンが鳴りますからね」

パパ、おそらくパパの書斎は凄いのだろう。私の欲しい全集など殆ど揃つているのだろう。だが、私は人の本は読まぬ。働いて買うのだ。働いて遂に買い得た本の又とない嬉しさを、ヒロシも彼のパパも知らぬだろう。

「普通の生活をしていないと云う事が、僕の誇りであり、コンプレックスであるんですよ。初等科の頃から、僕、パパの特殊教育を授かつて来たんです。大学に入つてからやつと人並みになりました。アルバイト・サロンに来るつてのも、初めは勉強のつもりだつたんです」

殊勝なことを云う。勉強か。だが女を目がけて飲みに来る豪遊の中年紳士よりもつと悪辣なのではないか。実験材料になるより遊びに来られる方がいい。私は顔をしかめていた。漸く本当の私が気随に出現するようになつたのだ。勝利。何かドンと一発喰わさない限り、ヒロシのような善良な貴族は現代のぬけがらであるよりないだろう。

人が一生懸命生きているということは、ヒロシには遠いのだろうか。私でさえ強いと云うことを、知らしめてやろう。建設的な、希望ある生活など何処にもなく、学生である少女さえ、このような所で働かねばならないということを知らしめ、良心のまだ残つている筈の女たちの為にも、私は一役買いたかつた。彼個人ではない一種の、はつきりその表情を上げきつた悪を、私は打負かしてやろう。酔いが覚めると同時に、私は火のような憤りを感じていた。決心は成立した。

が、相手は、

「日曜日、箱根へ行きませんか。パパの車、僕、運転うまいのですよ」

はしたなくもひつくり返りそうになつて、私は裕福な王子の顔を見る。余りにも違う。夢は私の方が大きく美しいであろうに、現実はまるで大海を行く純白の汽船と、十五円の洗面器ボート。そこである。私はヒロシをきつと見た。覚悟した。私は罪を感じまいとした。私とヒロシのただ一対一の問題ではないけれど、この夜を借りて気の済むようにヒロシを奪おう。いいだろうか。激しい私の戸惑いの中でハイファイはショージョージを響かせている。

よし、と私はこの夜に自分自身を賭けようか賭けまいか、それをラストの音楽で決めようと思い、ヒロシの目を見つめ乍ら、待つた。鳴つたらこの夜を彼と砕けよう。明日だけが待つていい日だ、新しく迎えたい。鳴るだろうか、「セレソ・ローサ」。一世を風靡し、少し下火になり乍ら尚、人々を湧かせるマンボが、煽情的なトランペット・ソロで始まるのを、彼は待つた。

「ラスト、まだア？」

暇な女の一人が奥へ向つてぼやいている。

と、ボーイが私を見て笑つたような気がした。直子が荒れ出す曲だと云わんばかり。「セレソ・ローサ」である。私は息を呑んだ。

トランペットの上昇から急降下、全身が聴く「セレソ・ローサ」に、私はつまづきそうになり乍ら立上つた。

「帰りましよう。送つてよ、うちまで」

「うちまで、ですか」

「いけないの」

「僕、帰れなくなる」

「かまわない。送つてよ。礼儀よ」

奇妙な慌てかたをしている前で、ヒロシは帽子を冠つた。徽章のペンがキラリと光る。見上げて、ふとヒロシの美しい頬に私は唇をおしあてた。彼は黙つて突立つていた。

悪いのは私であろうか。夜毎に来てくれたヒロシであろうか。当然そうなるべき男と女の縁であろうか。考えまいとして私はタクシーを、派手に呼びとめた。

「大森よ」

「僕……」

「上げるものがあるのよ」

私の中の十八才がそんなことを云う。純で幼い十八才ではない、アルバイトサロンへ来て不本意に傷つけられ当惑した反逆の十八才がそう云う。実は私、悲しいのだ。二十才、真面目な学生である自分と、身勝手に愛嬌をふりまく汚い十八才とが、その両方ともがいじらしくて悲しいのだ。

ヒロシは無表情。長い睫毛が時折擦れ違う車のヘッドライトに影を濃くした。何でもないではないか「セレソ・ローサ」がラストに鳴つたつけ。何でもないのだ。男と女に、そんな重大な夜などありはしないのだ。ふとヒロシが寄せて来た柔い唇を、私は素直に受けていた。

気がつくと、ヒロシの目から涙が出ていた。母の夢を見たのだろうか。それとも唐突な女の愛撫に心が痛んだのであろうか。十八才の少女が本当には強いということを、私は彼に知らせただけなのに、敵は幼く純粋であつたのか。闘いを挑んだことがひととき悔いになる。が、凱歌は私だ。

見上げると今日も上天気。明けきつた夏の朝陽の中で、ヒロシは泣いている。青いようなその涙を私はじつと見ていた。今日からは無縁の顔である。夜明けまで敵であり、すべてが終つた無縁の男の顔である。私は、アルバイトサロンをやめようかと思い、ヒロシの前で神妙に一礼したのだ。ふと涙が湧く。そして湧いた涙が、何故か底の方で嬉しいのだ。

私は男を知つたのである。そのことが一切の当惑から私を救うだろう。そしてこれから、いや今日一日だけは確かに、明るく天向いて歩ける筈である。それでいいのだ

翼(つばさ)

それいゆテーマ小説その3

三谷茉沙夫
絵　藤川栄子

少年はその日、少女のアトリエに行つた。

彼は心のなかに、彼としては全く重大な用件を秘めていた。それは、またひとつの〈賭け〉でさえあつた。少年を振り向こうともせずに、熱心にキャンバスに向つてている少女に、少年は心のなかで斯うつぶやいた。

　きみはぼくのことを愛しているのかしら?

　……然しこの疑問は解けなかつた。少女の背は相も変らず無表情だつたから。それでも少年は思うのだつた。

　今日こそぼくは決めなくてはならない……

　少年は少女を愛していた。少女の名前は炎(かがり)と言つた。果して本名なのかどうか、少年は知らない。少女は自分でそう言い、他からもそう呼ばれていた。火という字を二つ書いてかゞりと読む……そのことにさえ、少年は神秘を感じるのであつた。

　少女は華やかな存在であつた。いつも少女の周囲には、お洒落で快活な何人かの少年が居た。お茶を飲む時も、街を歩く時も。少女は片頬に笑窪を刻んで、笑つていた。少女は魚の様だと少年は思つた。沢山の魚にかこまれて、海藻の間を游泳している美しい魚。……少年はそんな場面を、どこかで見た様な気がした。口惜しいことに、そんな時の少女はひときわ美しく見えた。少年は、その瞬間を憎むのであつた。

　少年はこんなことにも気がついていた。笑いさゞめいている少女が、不意にレコオドのぜんまいが切れた様に笑いを止め、得も言われぬ哀しげな表情になることを。……それが何のためなのか、少年には判らない。確めようとする少年の眼差しに、最早少女の斯かるすがたは映らない。少年のたましいは、少女のこの無意識の行動のために、一層かき立てられるのである。

　或る日少年はおずおずと少女をお茶に誘つた。少女は彼に随つた。あたし画を描いているの。その時少女ははじめて少年に言つた。

　何回かの逢瀬が続いて、少年は少女に接吻した。それは夜の公園の池の上であつた。ふたりはボオトに乗つていた。ボオトがはげしく揺れて、そのなかで少女は笑窪を浮べて少年を見た。そして斯う言つた。

　あたし乱暴するひときらい……

　それでも帰りの夜の茂みで、少女は何度も少年に唇を許した。少年は思うのだつた。

　この少女はぼくの物だ!

　……然しその翌日、少女はやはり何人かの少年にかこまれながら、街を歩くのである。

　――ぼくを愛していないの?

　少年は焦(じ)れて言つた。少女は決まつて斯う答(いら)つた。

　――ばかね、そんなこと聞くものじやなくつてよ……

　少年のこの質問はばかげているのだろうか。少年の愛し方が真剣であつただけに、少女の答えは少年を哀しませるのである。

少年の考え方によれば、自分の愛する少女はまた、同時に彼を恋さなければならないのだつた。愛されることは只燃えつきることだと、西欧の詩人は少年に教えた。愛することは永い夜に灯されたランプの光りだ。愛されることは消えること。愛することは長い持続だ。……

少年はこのランプの存在を疑つた。愛のお返しがなければ……それこそ自分の恋は余りにもみじめではないかと、少年は思つた。アトリエと少女が呼んでいる彼女の居間で、少年は静かに自分の〈賭け〉が成されるのを感じた。……

少女の部屋の窓からは、広い空が見えた。夕闇が近ずいている様であつた。西の空が、茜いろにもやつていた。その茜は、まざりの朝顔の様に、濃い桃いろだつたり、白つぽいむらさきであつたりしていた。

少女の花車な指先きが、キャンバスの上をまるで蝶の様に軽やかに動いていた。それはいちめんに淡い、緑いろの空であつた。その空を、一羽の鳥が翔んでいた。背いつぱいに拡げた翼は、まだ描けていない。鳥のすがたはレモンの様な黄いろであつた。嘴と肢は真赤である。鳩なのか鶏なのか、見ている少年には判らない。然しそれはどちらでも良かつた。この鳥は自分の希みなのだ、と少女は描きながら思つた。

この鳥が完全に緑いろの空を羽搏いたならば、あたしはこの少年を愛しはじめよう。そう少女は考えた。少年が少女を恋していることを、少女は知つていた。少年のひたむきな眼差しが、少女にそれを教えたのである。だからこそ少年の不器用な唇を、少女は許したのではなかつたか。然し、ひとりの少年を愛することが、どういうことなのか、少女には判らなかつた。

少女は絵具のチュウブをパレットに押し出した。クリームに似たその色は鮮やかな白であつた。画筆に、その白をいつぱいに含ませた。鳥の肢先に、その白を塗つた。

まるで靴をはいた様に、その画は見えた。然し良く見るとそうではなかつた。靴では無くて、それは足袋であつた。鳥が足袋をはいて、空を翔んでいるのであつた。白い足袋。……それには、少女の忌わしい記憶が潜んでいた。……

少女には父親が無かつた。母親との二人暮らしであつた。然し、少女の家にはピアノが有つた。幼ない少女は子供心に、自分の家はお金持なのだと思つた。そして誇

つた。

少女期を迎えるときから、少女は母親を尊敬する様になつた。両親の揃つている子より、彼女の家は遙かにぜいたくだつたから。母親はまだ充分に若く、そして美しかつた。

少女は母親の隣りで、良く鳥の親子がそうする様に、母親の胸に顔を埋めて寝た。母親の乳房は、お菓子に似た、甘い匂いがした。

晩夏であつた。夜は薄ら寒かつた。ふと少女は眼を覚ました。隣りに、母親は居なかつた。少なくともそう思われた。然し部屋の隅に、母親は居たのだつた。ひとりでは無かつた。灯りが消えていたのに、そのひとが強盗や何かでは無いことを、少女は感じた。そのひとと母親との間には、奇妙な空気が流れていた。母親は泣いている様であつた。あえいでいる様でもあつた。それが何なのか、少女は判らないまゝに知つていた。少女は眼をつむつた。季節はずれの風鈴が、鈴虫の様に時折すだいていた。母親の透き通る様な足の、張りつめた線と、足袋の痛い様な白さが、それから少女のこころに深く焼きついた。少女は淋しがり屋の子になつた。泣き虫になつた。歳月の智恵が、皆にかこまれて騒いでいることで、こころ暗さをまぎらすことを、この少女に教えた……

少女は、鳥の肢に足袋をはかせ終えた。その足袋の記憶は、少女にとつて、少なくとも〈描かなくてはならないもの〉であつた。この次は翼を彩らなければならなかつた。それでなければ鳥は空翔けることは無いのである。翼のいろには、やはり白がいちばん適応しい様であつた。少女は画筆にふたゝび白を含ませた。その時、少女は首すじのあたりに、少年の唇を感じた。

——炎（かがり）ちやん。ぼくのこと、どう思つてるんだい？

少年はいつも少女に言う言葉をまた繰り返した。

——ばかね、それよりもうちよつと待つてて。画が出来たら話してよ、あたし……

——そんな時間なんて無いよ。もう夜になつちまうよ
窓から見える空に、もう夕焼けは無かつた。濃青（こあお）の空に牡丹刷毛ではいた様な、白い横雲が飛び交つているのが見えるだけである。

——待つてて！ お願いだから。それより、この前見た映画のお話でもしましようよ。

と少女は言つた。この画が出来なければ、少年の愛を受け容れはしないと言う、信念の様なものが、少女のこころに芽生えていた。そして、その画のなかに、少女の過去が潜んでいた。そして、その画のなかに、天翔ける鳥に託されて少女の未来が、夢が、秘められてもいた。この小さな画が、少女のこころの決め手の様なものであつた。

少女の孤独を癒すために必要なのは、ひとりの少年では無かつた。多くの少年たちの中心にいること……その地位が許されるのなら、それは少女にとつて最上の仕合せであつた。

少年を知つてから、少女のこころに変化が生じた。この少年とふたりだけで、この少年と一緒に、あたしは心の傷を癒そう。……でも少女がこの健気な決心をするには、期間を要した。それにはひとつの〈形〉が必要である。少女はそれを、自分の好きな画にもとめた。翼さえ描けたら！ 少女は今までの世界から大きく羽搏くことを信じた。

少女は魚の様に、巧みに少年の唇を避（か）わした。

——それより映画の話でもしましようよ。

少女は笑つて見せながらふたゝび斯う言つた。

この少女はぼくをからかつている！ ぼくの話をはぐらかそうとしている！

と、少年は憤りをおさえながら思つた。

三日ほど前、少年は少女と連れ立つて、〈白鳥〉と言う映画のロオド・ショオを見に行つたのだつた。没落した王家の許に、突然皇太子が立ち寄ると言う知らせが来る。王家の再興のために、人びとは王女を皇太子妃に迎えさせ様として、さかんに工作する。然し、王女はいつの間にか若い家庭教師を愛しはじめるのである……

その映画を、少女は少年と肩を寄せ合つて見た。まわりの恋びとたちの様に。あの少女の姿勢はうそだつたのか。少年のこころは重くなるのであつた。

少女は翼を半分ばかり描きあげていた。その、のんびりとした様子に少年は怒りを感じた。

——炎ちやん。ぼくのことが好きなら好きつて言つて呉れよ。きみはぼくをどう思つてるの？

少女は答えなかつた。翼を仕上げるまではその答えは出来ないのである。

——きみがぼくと接吻（キス）したの、あれはうそだつたのかい？ きみはぼくとだけ接吻してる様な顔をして、誰とでもそんなことをしてるんだ！

——嘘よ！ 嘘！

たまりかねて少女が叫んだ。そんなことは無いわ。絶

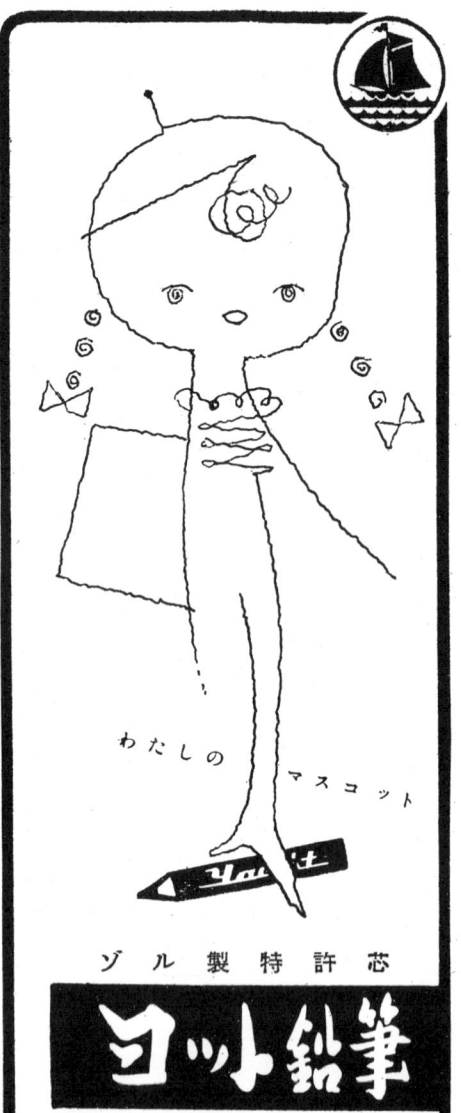

対に！

――それなら、何で他の子と面白そうに遊んでるんだい？

――ばかね。皆お友だちじゃないの。お友だちと遊んで不可ないの？

女の子がお友だちと言う言葉を使うことに、少年は反撥を感じるのだつた。少年は、男女の間を、恋びとか恋びとで無いか、そんな風に区別したいのだつた。男女間に友情は無いのだと、少年は思つた。有ると信じることで、自分が少女の〈お友だち〉で済まされることが、少年には哀しいのだつた。他の男の子なんてみんなきらいよ。少女がこう言つて呉れるのを、少年は冀つた。他の少年と同じに扱われるのを、少年の自尊心がはばんでいた。他の少年たちの愛と同じだけの愛より、自分が持つていないと、少女に思われていることでもあつた。

――ぼくも皆と一緒かい？

と少年は聞いた。

それは妙に哀願する様なひびきを持つていたので、少女は、この少年が他の少年と遊ぶことを嫉いているのか、それとも自分が他の少年に比べて劣つてはすまいかと、案じているのかと思つた。そこで少女は、大いに気を使つたつもりでその実残酷な言葉を少年に投げた。

――え丶そうよ！　皆とちつとも変りやしないわ！

その時、少女の頬が強(したた)か打たれた。少年の眼は憤りに火(も)えていた。

――ぼくは……ぼくは、きみだけを別に考えてた……

辛うじて少年はそう言つた。足音荒く去つた。たゞひとり少女が残された。

少女は窓の方に走り寄つた。少年のすがたは無かつた。少年は駈けていた。ばか、ばか、ばか、と少年は叫んでいた。それは自分のことでも有り、少女のことでも有つた。大人たちなら五分も経たない中に直るだろう誤解が、少年のこころには深い傷となつて焼きついた。明日から少年は少女と言葉を交わすことも無いであろう。手負いの獣の様に、少女を見つめるであろう。然し、……少年はこんなことを考えていた。

大きな池に真白い白鳥が泳いでいた。それを見て、男が女に告げるのである。あの鳥は水の中に居てこそ美しいのです。野原に置いてごらんなさい。何とみじめなことでしよう。白鳥の良さは、美しさは、水の中に在るのです。……少年はそれが何であるか、良く思い出せなかつた。でも若しかすると、それは少女と見た、映画の一場面かも知れなかつた。

少女はふたゝびキャンバスに向つた。翼は殆んど完成に近づいていた。然し、少女はそれ以上、筆を加えようとはしなかつた。黒い筆で、鳥のすぐ下の方に、少年の顔を描いた。すると、その画は、緑いろの空を翼の少し欠けた鳥が白い足袋をはいて翔んで居り、それを下から少年が見上げていると言つた構図になつた。

その画は未完成のまゝ少女の部屋に飾られた。少女はまた少年たちに混じつて、笑いさゞめく子になつた。少女が笑いかけても、最早少年は笑みを返さなかつた。偶々少女の部屋を音訪れる客が、奇妙な画に目を止め、未完成の翼の意味を問うと、少女は静かに微笑んでこんな訳の判らぬ答えをした。

「こゝに描いてある男の子が搖つてしまいましたの」

(こゝで少女はちよつと淋しそうな顔をした)

「でも、……きつとその中に、親切な鳥屋さんが直しに参りますわ。」

意地っ張り

それいゆテーマ小説その4

深井迪子
絵 朝倉摂

四日ばかり前、私は又病気をしてしまつた。病気といつても大したことではない。たゞ過労で一寸へたばつただけだ。でも三日も休んでしまつて、まだふら〳〵しているなんて、全くだらしのない話。

夏休みが終つて郷里から上京した時には、しけ臭い下宿の三畳も、私の元気で輝きわたらんばかりだつたものだ。私は東京での生活の辛さについて、郷里で少しばかり愚痴をこぼしたことを恥じた。長い間使わなかつた部屋に風を入れる暇もなく、第一に考えなければならないのは、相も変らずいかにして生活費を得るか、滞納している授業料をいかにして少しでも払い得るかということだつたが、私は平気だつた。学校のアルバイト斡旋部へ行つて、或る小さな出版社に紹介して貰い、どうやらそこで当分働けそうだと決まつた日、私は胸を弾ませて、クラスの仲良しの伸子に云つた。

「今度は巧くやるわ。私、こんなに元気だつたことは今迄になかつた位よ。きつとへたばらないで続けられるわよ。」

私は、気はそんなに弱くない積りだが、残念ながら、体が弱い。伸子には嘘をつけないので、二日目にはちよつぴり弱音を洩らしてしまつた。

「校正つてあんなに疲れるものだとは思わなかつた。九時から六時まで、お昼御飯をたべる時の外はずうつと活字と睨みつこよ。仕事がすんでもまだ頭の中で小ちやな蛙がぴよこぴよこ踊つてるみたい。とつてもたまらない」

「適当にさぼんなさいよ。貴女つてがむしやらだから、いつでも体を酷使しすぎるのよ。学資稼ぎに体を悪くして学校休んじや何してることだかわかりやしないわよ。」

姉さんぶつて伸子が云つた。そりやそうなんだけど、私は何かやり出したらすぐ仕事の奴隷になつてばか〳〵しい機械的なことでも何でもがり〳〵やつてしまう性分なので仕方がない。それに、適当にさぼることを考えるひまもないほど、次から次へと赤インクを入れる紙がまわつてくる。

「恵子は要領が悪いのよ。」と伸子は云う。そうなんだろうと思う。殊勝な気持もないくせにどん〳〵能率的に仕事をするなんて、全くばかだと思う。それでも、何だかしらない力が私を駆り立てる。私は追つかけられるように毎日八時間から九時間も校正刷ばかりみて暮していた。

二週間目の土曜日に伸子と校庭で逢つた時、私は少し銷気て云つた。

「仕事は馴れたんだけれど、とても疲れるの。学校へ来たつて眠くてだるくて、じつと教室の腰かけに坐つていられない。今日さぼつちやおうかな」

「私も疲れちやつたわ。一時間目休講だから、授業は六時半にならなきや始まらないし、私も帰ろうかしら。」

伸子は英文タイピストで、やはり毎日丸の内の会社へ勤めている。

「帰つちやおうかな。」ともう一度云つた。

「そう、まだ一週間あるわね」五時半を指している時計をみて、私は云つた。自分では、まだ一時間といつたつもりだつた。

「いやだ貴女、ここイカれてるわ。」

伸子は私の額を指でつついて元気のない声で笑つた。彼女も今日はよほど疲れているらしい。いつもパリ〳〵した調子で云われると、私の方も元気を振い起すのだが、彼女もしよげていると私も気が滅入つた。

「今日なんか猛烈に忙しかつた。」と彼女が云つた。「事務も手伝わされてね。私、疲れて何が何だかわからなくなつちやつたわ。糊をつけるつもりで二度もインク壷の中へ手をつつこんじやつた。インク壷なんか傍へおいとくからいけないんだと思つて、向うの方におしやつておいたら、今度はペン先に糊をつけて字を書こうとしてるしさ。」

「貴女の会社、半どんじやないの？」

「四時迄よ。」

「じや私と同じね。」

二人共ぼんやりしていた。それから、私は思いついたように彼女を励ましはじめた。彼女は笑い出して私の肩をポンと叩いた。

「いいの、いいの。二人共しつかりしましようよ。」

私達は気をとりなおして図書館へ入つて行つた。

かくてとう〳〵お彼岸の日曜日も半日出勤させられた翌日、へたばつてしまつた。朝目をさましたときから、体中の筋肉が痛くて、頭がふら〳〵してとても気持が悪かつたけど、出かけた。一日休めば一日食べられない、などとよく云われる日傭労務者と変らない境遇だつた。しかし、あまり疲れているので、食べなくても一日休みたかつた。二百五十円位、一日ぐつすりねることの代償としては安すぎる位だ。それなのにやつぱり出かけたのは、小つぽけな良心のため。いくらアルバイターでも、出勤する筈の人間が休むと会社全体、その日の予定が少しずつでも狂つてしまう。否応なしにそんな機構の中におしこまれて、機械の一部であることを勝手にやめられないことになつているのを、不当だとも厄介だとも思わずそれに従つている自分を省ると奇妙な気がした。誠実なんだか意気地なしなんだかわからなくなつた。

満員電車の中で吊皮にぶら下つていても、気が遠くなりそうで、額や脇の下に冷い汗が滲んで来る。それにがたりん〳〵と、その朝に限つて電車のよく揺れることとつたら！「気分が悪いんです。すみませんが掛けさせて下さいませんか。」と云つたら、目の前に並んで坐つている人々の誰かが席を譲つてはくれるだろう。しかし、思いきつて頼む気にもなれなかつた。私の真ん前にY大の学生が腰かけている。私は彼がY大前で降りることにせめてもの望みをかけて、Y大学迄の停留所の数を数えたりしていた。

だが、彼はY大前でも、その次でも降りなかつた。漠然と目を瞑つて揺られている。やはり都心の方へアルバイトに行くのだろうか。むしやくしやしながらもそんなことを考えて、あきらめてしまつた。

何だか急にあたりが翳つて来たみたい。私の目が見えなくなつたのだ。倒れる、と思つた。反射的に吊皮にしがみついた。その時から暫く意識を失つていたのか覚えがない。ふと気がつくと、電車が止つていた。

大いそぎで人をかきわけて入口の方へ行つた。ドアの傍にいた人が、「降りるのかい。」といいながら、自分が先に降りて道をあけてくれた。

冷い風が汗ばんだ額にさつとふきつけた。そして鞄を下げている手をガーンと殴りつけられたような気がしたと思うと、舗道に投げ出されていた。運転手の罵声――どうやら私は横ざまによろけた拍子に、自動車に轢かれそうになつたらしい。驚いた表情の人の顔がいくつもぼんやりと私の目に映つた。しかし、自動車がはねとばしたのではなさそうで、私を罵つた運転手はもう車もろ共どこかへ走り去つてしまつていた。

「大丈夫かい。」といわれて、私は機械的にうなずき、そう云つた人がはじめて先刻電車を降りて入口の道をあけてくれた人なのに気がついた。親切に、私の鞄をもつていてくれた。私もその人も、乗つていた電車にはもうとつくに乗りおくれていた。私はまだ夢心地でその人に礼をのべて鞄をうけとつた。

「どこも怪我はなかつた？」とその人は心配そうに訊ね、「病気らしいね。ひとりで歩けるかい。ほんとに危なかつたぜ。無理せずに帰つてお休み。」と云つてくれた。サラリーマン風のまだ若い柔和な男だつた。気をつけてともう一度云つて、次に来た電車にのつて行つた。私は心から、その人に感謝したが、彼が姿を消した途端に彼の顔を忘れてしまい、どこかで逢つてもその人だとはわからないだろうと思うと、妙に悲しいような甘いへんな気持になつた。

傍らに公衆電話のボックスがあつたので、そこから会社へ電話をかけてことわり、向い側の停留所の安全地帯へ渡つた。来た電車は割合空いていたが、坐れはしなかつた。三つ位停留所を通りこして又ふら〳〵つとなり、慌てておりて街灯の柱に身を支え、次のを待つた。三回そんなことをやつて都合四台電車を乗り換えて、やつと下宿へ帰つた。

　三日間、半分死んだみたいに寝ていた。徹底的に下宿人のことをかまわない主義の、この家の主婦は、私が時折ふら〳〵と台所へ水を汲みに行つても、故意にしらん顔をしていた。他の下宿人とは口をきいたこともないし、一日一回だけ、隠居のおばあさんが主婦の目を偸んで見舞いに来てくれ、私は彼女に頼んでパンを買つて来て貰つたり、おそばをとつたりして食事をした。ある時、夢の中に、母が出て来て、せつせと白いシーツをひろげていた。私は小さな子供にかえつて、母に寝巻を着せて貰い、ふか〳〵の布団にねかせて貰つた。清潔な、糊のきいた布地の匂いと、母の甘い肌の匂いがいつしよになつて、私は大きな白い花の中へとじこめられたような気がし、とてもうれしくて、甘えきつて、少し泣いた。目がさめたら、二階で洋裁をやつている姉妹の下宿人がさわいでいて、戸外ではあらしめいた風がひゆうひゆう呻つていた。意気地なく泣けて仕様がなかつた。

　四日目の今日、会社へ出たら、みんな親切に労つてくれた。

「学校と両方じや大変だろうね。」

「体が資本なんだから、本当に気をつけなさいよ。」

　そんなことを口々に云つてくれる。私はてれ臭くて近視みたいに校正刷の上にかがみこんでいた。

　お昼になつた。女子事務員が毎日交替でみなの注文を集め、パンを買いに行く。今日の当番は、隣のデスクの宮内さんだ。女子大出の眼鏡をかけた私より五つ六つ年上の人。

「恵子さんは何にする？」こわそうに見える眼鏡の奥でやさしい目がきら〳〵している。あわれ、すつからかんの私は、目を伏せて、

「私、今日はいらないの。」と云う。

「お弁当もつて来たの？」

「いゝえ。」 宮内さんがじつと私をみつめるので「食べたくないの。」と云つた。宮内さんは疑わしそうに頭をふつて出て行つた。

やがて彼女はコッペや菓子パンのいっぱい入つた大きな紙包をかゝえて帰つて来た。註文通りの品を各デスクに配つて歩く。私の机の上に黙つてストローを添えた牛乳をおいた。私が誰かのまちがいじやないかと云おうとすると、彼女は、

「いゝの。牛乳位のめるでしよう。」と命令的に云つた。

冷い牛乳を一息に飲んだ。ほんとうに美味しかつた。バターピーナツをつけたコッペを食べている宮内さんに小さい声で、

「ごちそうさまでした。」とお礼を云つた。彼女は怒つたような口調で、

「これも食べない？」と半分にわつたコッペをさし出した。

「どうも有難う。でも、いらないわ。」

「無茶な人ね、あんた。困つてるのなら、そういつて、毎日払つて貰うように会計へ頼めばいゝのに。私が頼んだげる。」

その夕方、木曜日なのに今まで週末に渡されていた給料が、手に入つた。宮内さんが頼んでくれたのだと思つて、感謝した。ところが、帰ろうとしたら、部長から、

「明日からもう来なくてよろしい。」と云われた「じつは折角来てくれたのにすぐ帰つて貰うなんて気の毒だつたので一日居て貰つたが、昨日から代りの人を入れたんでね。」

隅つこのデスクで封筒の宛名書きをしていた学生がいたつけ。あゝそうか、と思つた。宮内さんが追つかけて来た。

「私、思いがけなかつたわ。気をおとさないでね。」

なまじつか親切な言葉をかけられると、泣けて来そうで困つた。

学校へ行つて、ベンチで伸子を待つた。

「講義、出ないの？」

時計台を見上げて伸子がきいた。始業時間を十分経過している。

「貴女を待つてたの。」と云つて、そのことと無関係に、

「クビになつちやつた。」と云つた。

伸子はおどろかなかつた。

「いゝ時にクビになつたわ。私、今月からサラリー上つたのよ。ちよつぴりだけど。その分、貴女に貸すわ。ちやんと休んで疲れなおした方がいゝわよ。」

「ええ。」と私は曖昧に云つた。「二三日たつたら、又仕事探すわ。二三日で……。」

伸子は早くも鞄の中を手探りしていた。私は「いゝのよ。」と云つたが耳を貸さなかつた。

鸚鵡（おおむ）

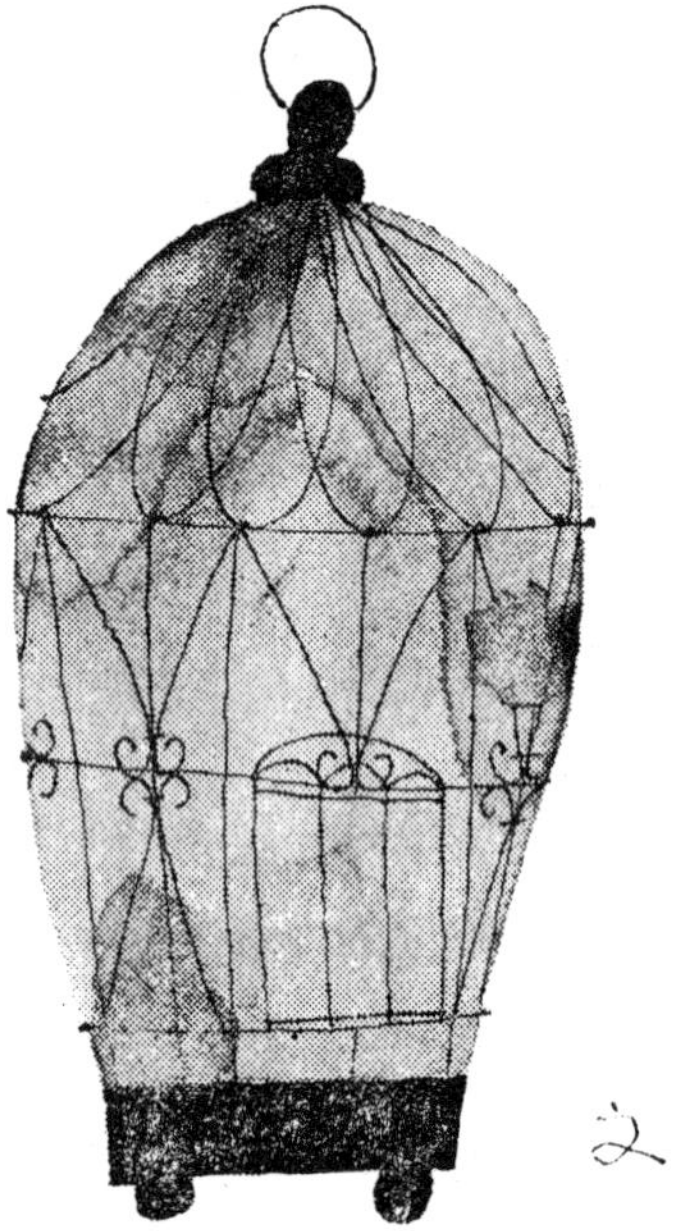

それいゆテーマ小説　その5

小沼　丹

絵　堀　文子

船が航海を終えて港に着くと、次の航海まで一ケ月ほど暇があつた。だから、船員たちは、思い思いの方角に散つて行つた。思い思いの感情と荷物を持つて。若い船員のマノはトランクの他に、布の覆いをかけた鳥籠をぶら下げて上陸した。鳥籠には、一羽の鸚鵡が這入つていた。

――いいこが待つてるんだろうが？　せいぜいうまくやれよ。

年輩の船員が笑つてマノに云つた。

――抜かりはありませんよ。

マノも笑つた。それから仲間に別れると、大股に港の坂道を上つて行つた。

マノの家は、その港町の高台にあつた。船長だつた父が死んでしまつて、家にいるのは母と兄夫婦だけである。独身だから、彼を待つ細君はいなかつた。――抜かりはありませんよ、とマノは云う。が、別に彼を待ついい娘さんがいるわけでもなかつた。しかし、彼の母や兄夫婦はむろん喜んでマノを迎えた。当然、彼の航海や土産が彼らの話題の中心とならぬわけがなかつた。

そのなかでも、鳥籠の鸚鵡は彼らの興味の中心になつた。マノは南方のある店でその鸚鵡を買つたのである。最初鳥籠の覆いをとつたとき、鳥は面喰つたらしく眼をパチクリさせた。それから、マノの嫂を見ると、

――ピイ。

と高く口笛を吹いた。これには、彼らも驚いた。始めは、マノが口笛を鳴らしたと思つたほどである。しかし、つづいて鸚鵡が二度ばかり、ピイ、ピイとやつたので、マノでないことが確かになつた。

――器用なもんだね。

マノの兄はひどく感心した。

鸚鵡が口笛を吹けるかどうか判らない。多分、吹けないだろうから、口笛によく似た鳴声を発するのかもしれなかつた。が、聞いてみると、口笛としか思えなかつた。マノはその鸚鵡を、口笛が鳴らせるから買つたわけではなかつた。ただその鸚鵡が気に入つて買おうとしたとき、店の肥つた支那人の親爺が、

――この鳥は口笛が吹ける。

と、英語で云つた。

――待て、と彼は云つた。いま、この鳥は口笛を吹くだろう。

ちようどそのとき、若い金髪の女が気取つて店先を通りかかつた。すると、鸚鵡は鋭くピイと口笛を鳴らした。揶揄い半分に呼びかけるように。若い女はちよいと振向いた。が、鸚鵡とは知らぬから、マノを犯人と思つたらしくマノに非難するらしい一瞥を与えて歩み去つた。マノはちよいと面喰つた。が、店の親爺は愉快そうに笑つて、

どうだ、気に入つたろう？

と云いたげな顔をした。マノも笑い出した。そして、その鳥を買つたのである。一体、誰が鸚鵡にそんな芸を仕込んだのか判らなかつた。店の親爺はただ、帰国するアメリカ人から買つたと云つたにすぎない。

――若い男か？

――いや、年寄りだ、たいへん年寄りだ。

と、店の親爺は云つた。マノは親爺の―― very old と云う言葉を口のなかで繰返して、何だか納得の行かぬ気がした。それから、こう考えた。多分、それは独身の孤独な老人なのだろう。それが自宅のヴェランダか何かに鳥籠を吊しておく。若い女が通ると鸚鵡が口笛を鳴らして女が振向くのを見て、僅かに気晴らしをやつているのかもしれぬ、と。

マノの部屋は港に面している二階にあつた。二階には小さなヴェランダがあつて、マノはよくそのヴェランダのデック・チェアに凭れて時を過した。ヴェランダからは、幾つかの坂道と家の屋根と樹立と電柱と――その他いろいろのものが見降せて、その先に海があつた。日頃見慣れている筈の海も、そのヴェランダのデック・チェアに凭れて眺めると、妙になつかしいものに思えたりした。若いマノはむろん、老人みたいに椅子にばかり坐つているわけではなかつた。坂道を降つて行つて街を歩いたり、友人たちに会つたりした。

が、朝は――彼は決つてヴェランダに坐つてパイプをふかした。鸚鵡の籠は、彼がヴェランダに出るとき一緒に持つて出てヴェランダの軒先に吊しておいた。

――ピイ。

二日目の朝、鸚鵡が鋭く口笛を吹いた。見ると、彼の家の白い柵の外の小径を一人の若い女が歩いていた。女は驚いてヴェランダを見上げた。そして、見降したマノと視線を合わせると、急いで視線を落して早足に坂道の方へと下つて行つた。季節は夏に近く、女は軽快な服装をしていた。が、別に美人でもなく、濃く化粧しているわけでもなく、温和しそうな娘さんであつた。

――やれやれ。

と、マノは少しばかり間誤ついて考えた。

――鸚鵡の奴め、早速始めやがつたぞ。

しかし、マノはその娘さんのことはすぐ忘れてしまつた。

が、三日目の朝、鸚鵡は再び口笛を吹いた。彼が見降すと、例の娘さんが歩いていた。娘さんは、彼が見降したときは下を向いて歩いていた。

——まさか、鸚鵡とは思うまいからな、とマノは考えた。何と思つてるだろう、とんでもない不良だと思つてるかもしれないぞ。

しかし、多少の茶目気分もないではなかつたから、そのために鸚鵡の籠を軒先に出さずにおくようなことはしなかつた。マノはマノなりに理屈をつけた。鸚鵡だつて、海が見たいだろうからな、と。

四日目も、五日目も変らなかつた。そして、六日目も七日目も。マノが寝坊したり、雨が降つた日を除くと、鸚鵡はいつも海の見えるヴェランダに出された。他に路はあるのだから、あの娘さんが口笛で呼びかけられるのが嫌ならそつちを通る筈だ、とマノは勝手に解釈して苦笑した。

——多分、この鸚鵡の口笛がお気に召したのだろう。

二週間ばかり経つたある日、街をぶらぶら歩いていたマノは、偶然、その娘さんを見かけた。歩道に沿つて莫迦に大きな硝子張りの窓がつて、そこには金文字の英語でH……自動車会社事務所と書いてあつた。窓の上から歩道に赤と白の陽除けが突き出ていて、暑い道を歩いて来たマノは、その陽かげをゆつくり歩いた。ゆつくり歩きながら、硝子窓ごしに覗き込むと、思いがけなく、すぐ近くにタイプライタアを叩いている例の娘さんがいたのである。

マノはひどく吃驚した。

——こいつはいかん。

急いで離れようとしたとき、娘さんは人影が気になつたものらしく、キイを叩く手を止めてマノの方を見た。娘さんもひどく吃驚した顔をした。そのあとは、しかし、判らない。マノは急いで歩き出してしまつたから。

——どうも、わざわざ勤め先まで覗きに来たみたいで具合が悪いぞ。

と、マノは考えた。が、二十米ばかり歩くと彼は考え直した。

——まあいいさ。別にどうつて云うこともないんだからな。

その翌日も、マノはいつもと同じように鸚鵡を軒先に吊した。尤も内心、多少昨日のことが気にならぬこともなかつた。が、マノは考えた。——変な奴と思つたら通らないだけだろうからな。

そして、マノはちよつと気抜けした。と云うのは娘さんはその朝、通らなかつたから。が、彼の兄も家にいるので、その日が日曜日だと判つた。彼は苦笑して鸚鵡に云つた。

——今日はお前の恋人は休みだそうだ。

その次の日、娘さんは小径を軽快に歩いて来た。鸚鵡は娘さんを見ると、例によつて威勢よくピィと口笛を鳴らした。

マノは驚いた。いままでチラと見上げるか、俯向いたまま通りすぎていた娘さんが、大胆にヴェランダを、ヴェランダのマノを見上げたから。まるで、何かを待ち受けるかのように。そのため、マノはうつかりして軽く頭を下げてしまつた。すると、娘さんもちよいと狼狽気味に会釈して坂道を下つて行つた。

——どう云うつもりなんだい？

と、マノは自分に問いかけた。

その日から、マノと娘さんは鸚鵡の口笛を合図に互いに会釈しあうようになつた。ちよつと微笑を浮かべて、そしてマノは、いつのまにか娘さんが濃く化粧し始めたのに気がついた。また、娘さんがマノを見上げる視線に、何かを待ち設けるらしい色が強く現われてきたのに気づいた。それは全くマノの予想外のことと云つてよかつた。

——今更、鸚鵡の悪戯ですとも云えないしな。

と、マノは呟いた。娘さんが坂道を下つて行つてしまつたあとなぞ、マノはパイプを咥えて海を眺めながら、娘さんの鼻は少し上を向いているが愛嬌がないこともない、と考えたりした。そして、娘さんの顔に何か苦痛に近いような期待の表情が浮かび始めたころ、マノは再び海に出ることになつた。

船に乗り組む前夜、マノは友人のオカダと街の酒場でビイルを飲んだ。オカダは、船はいつ出るのかとか、今度の航海はどんなものかとか訊ねたのち、急にマノの脇腹をつついてニヤニヤした。オカダの妹の友だちで、頻りにマノのことを知りたがつている女性がいるというのである。マノは笑つて相手にならなかつた。オカダの冗談としか思えなかつた。

——いつだつたか、日曜日に遊びに来てね、とオカダは云つた。アルバムを見ている裡にお前さんの写真を見つけてね、急に熱心に妹に質問を始めたそうだ。

マノは笑つていた。が、そのとき気がついた。あの娘

さんかもしれぬ、と。マノはうつかり口を滑らした。

――タイピストかい、自動車会社の？

オカダはマノの脇腹に一発拳骨を喰わせると、上等のウイスキイを註文して、これはお前さんが払うんだぜ、と云つた。マノは大いに狼狽して相手の誤解を解こうとした。

――鸚鵡の奴が……。

云いかけて、マノは口を噤んだ。それから、思いついてこう云つた。

――鸚鵡をやろうか？

――そいつはいいな。何か話すか？

――何も話さないよ。

――俺が仕込むさ。すぐ貰いたいな、気の変らん裡に。

マノはオカダのせつかちなのにちよいと呆れた。が、その夜、オカダはマノの家まで来て鸚鵡を受けとると喜んで帰つて行つた。

霧のかかつた夜で、マノはヴェランダに出ると霧ににじむ暗い灯影と海を見た。もう娘さんはこのヴェランダに口笛を聞くことはあるまい。マノは娘さんの眼を想い出して、酔つているせいか、少しばかり淋しい気がした。しかし、マノはすぐ航海に出る。鸚鵡の悪戯もたちまち他愛もない想い出の一頁に記されてしまうにすぎない。

――何故、やつたの？

と娘は残念がつた。が、マノにも何故鸚鵡をやつたのかよく判らなかつた。

二日後、よく晴れた暑い日、マノの船は三時に出帆する筈であつた。専ら荷物を積み込んで、客らしい客はなかつたから、見送人もなかつた。銅羅が鳴り、船が岸壁を離れ始めようとしたとき、甲板に出たマノは岸壁に一人の若い女が立つているのを認めた。

――……？

マノは尠からず驚いた。それは例の娘さんだつたから。マノは娘さんが自分を見送りに来たとは思つていなかつた。が、娘さんは、金ボタンの服に帽子をちよいと斜めに被つたマノがやつと判つたらしく、じつとマノに眼を注いだ。そのとき、マノは娘さんが自分を見送りに来たらしいと気がついた。マノは娘さんの眼が熱心に問いかけているのを知つた。

――どうなさつたの？　口笛は鳴らさないの？

マノはちよいと当惑した。鸚鵡はいなかつた。マノは決心した。そして強く口笛を吹き鳴らした。それは思つたよりよく響いた。すると娘さんの顔に晴やかな微笑が浮かんで来るのをマノは見た。娘さんは大きく両手を振つた。

ひまわり会ニュース

十代スターを囲み

『愛読者の集い』東京大会 大盛況

――6月17日・於新東京グリル開催――

六月十七日　午后二時「今日の〃愛読者の集い〃にはどなたが見えるのかしら」と、期待に胸をふくらませて集つた愛読者は四百数十名、遠く小田原、熱海、又茨城県からもお友達と連れだつて来られた熱心な方もあり、皆一様に「一番乗りの先生は、そしてスターの方は」と真妙に、しかし目を皿の様にして待つています。まず、シヤンソン歌手の丸山臣吾さん、ミスタ―日本の柴田吾郎さん、そして画家の高橋秀先生が来場。続いて新東宝の藤木実さん、松竹の清川真吾さん、その後から堂々(?)と中山昭二さんが入場。もう会場は誰一人として温和しく座つている人はいません。カメラを構える人、サイン帳を手に目標めがけて突進するお嬢さん。冷房をきかせた、さしも広いホールももう人いきれで一杯です。中原先生がやつとお見えになつた。そして又、一きわ上るざわめきとも歓声とも取れぬどよめき、押し寄せる人の波、一方、正面舞台では大内順子さん等の手によつて一流メーカーから寄贈を受けたブラウス、布地お人形の抽選が次から次に行われ、読みあげる番号も耳に入らないのではないかと思うばかりです。それでも当選された方はちやんと景品を取りにお出でになつたのですから、その身のこなし方は〃さすが……〃とは立会つた編集部員の言でした。会も終り近く浅丘ルリ子さん、山田真二さん、長門裕之さんが忙しい撮影や舞台の合間をさいて来て下さいました。

ところで、その後編集室に寄せられた沢山の投書の中から当日の模様をお伝えしましよう。

(詳細はひまわり新聞に掲載)

会場いつぱいに〃ひまわり〃の花を散らしたような会員の方々の集り。中原先生のフアツシヨンシヨウもとても素適でしたどうかまた、愉しい企画を樹てて下さい。会員であつたことが本当に良かつたと思いました。

(武蔵野市　杉本　清枝)

あの会でたゞ一つ残念なことがありました。それは山田真二さんとか長門裕之さん等が見えた時、会場が一瞬無軌道になつて折角の中原先生のシヨウも中絶してしまつたことです。

(目黒区　金指　恵子)

横から、前から、後からと差出されるサイン帳にお茶もケーキもおあずけの中原先生――中野　中村芳恵さん撮影

…会員募集…

ひまわり会は、気高く、強く、美しく、という〝ひまわり〟の花言葉によつて結ばれた同好の方達の会です。会員の方には毎月ひまわり新聞をお送りします。又、ひまわり会の企画する講座、音楽会、試写会等の文化的な催しに招待申上げます。

◇入会方法　ご入会は、入会金及び会費(一年又は半年分)を東京都中央区銀座東八の四　ひまわり社内ひまわり会宛にお送り下さい。会員証と美麗パースデイブツクをお送りします。

入会金　三〇円

会　費　一年分　一二〇円
半年分　六〇円

◇ひまわり会バツジ　ご希望の方は純銀製、又は銅製とご指定の上ご送金下さい。

純銀製　一二〇円
銅　製　五〇円(送料共)

◇ひまわり原稿用紙(中原淳一先生デザイン)をご希望の方は色をご指定の上お申込下さい。色は黄、緑、茶、の三種類があります。

一冊　四五円(送料共)

◇ひまわり新聞綴込表紙

一部　七〇円(送料共)

次から次へと後を絶たないサイン攻めにも早やグロツキーぎみの高橋秀先生。

山田真二さんは危険防止のため別室に退避してのサイン。しかも尚押しかける人の波

会場正面の舞台から中央のわずかな通路を利用して中原淳一フアツシヨンシヨウ。

若い女性群で埋め尽された会場。さしもの広いグリルも立すいの余地なしと言つた体

空の旅に立つ お二人の 旅行カバン拝見

大映の根上淳さんが日米合作映画撮影の為ハリウッドへ、またジャズシンガーの黒田美治さんはフエアに出演の為ハワイへ前後して空の旅に立たれました。出発を一時間後に控えた忙しい中を、このお二人をお訪ねして、旅行に持つて行くカバンの中をすつかり見せて頂きました。

その1 根上淳さん

茶とグレイのスーツケースと赤いボストンと紺のバッグ

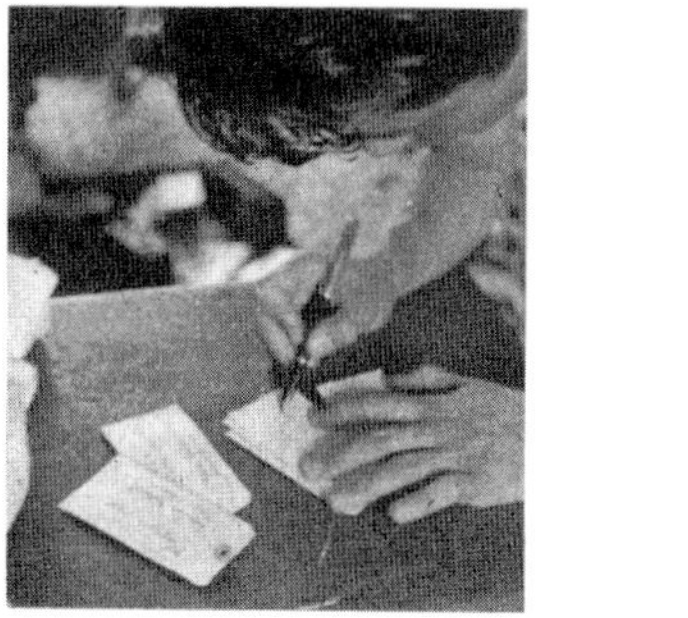

大映とMGMが協力して日米合作で「八月十五夜の茶屋」を映画化するため、マーロン・ブランドはじめハリウッドから俳優や製作陣が来日したことはすでに御承知のことだろう。京マチ子さんら日本の俳優も参加しての奈良ロケの様子などは新聞や雑誌で伝えられた通りだ。ところが、そのロケーションが雨にたたられて順調に進まないまま、一行の滞日予定日数は過ぎてしまつた。そのために、設備もあるハリウッドへ帰つて続けた方が、ということになつて向うに実物そつくりのセットを作り、今度は日本の出演者が渡米することになつた。京マチ子さんやアメリカ側の一行は先に出発したが、他に仕事があつたため根上さんは出発を遅らせて六月二十二日夜のパン・アメリカン機で渡米した。

前々日は徹夜で撮影、前日は夜撮影が終つてから連続放送劇を一ヵ月分録音する為に帰宅は当日の朝、午后は大映へ手続きなどで出社して全く出発準備の時間もない。買物も前の日録音の前に半分と、当日会社の帰りに半分というあわただしさ。しかも滞在は約一ヵ月というから、撮影以外に暇もない忙しい日程だ。それだからというのでもないだろうが荷物は意外に少い。足りなかつたら向うで買つても事は足りる訳だろう。根上さんのことばをかりれば「何もアフリカの未開地へ行くんじやない」という次第だ。

白つぽい茶とグレイの中型の旅行ケースが二つ、赤いチェックのボストンバッグが一つ、それに日本航空のネームが入つた紺のナイロン製ショルダーバッグが一つと全部で四つ。それが全部だ。その内容はここの写真に紹介するとおりだが、中で目立つのは和服の一揃いとショルダー一杯のカメラ一式というところだろう。アメリカ製のフィルムを買いこんで行くのは、向うでドルを無駄に使いたくないという心遣いからだという。二台のカメラを被写体の種類によつて使いわけようというあたり、またシネカメラにも広角レンズを準備してあるなど、さすがにカメラファンの根上さんらしい。

シャツ下着類がカバンに半分。礼服用Yシャツ2、色柄シャツ4、下シャツ8、靴下8、ハンカチ6 あとはズボン下、パンツ、タオルサスペンダー、カフスボタン、それにいつも撮影所で御愛用のナイロンのプルオーバー式ジャンパーが、忘れられずにはいつている。

これは身の廻りの小物類。頭痛薬、風邪薬、腹痛薬、コールドクリーム、ドーラン、ガーゼ、櫛の入つた化粧セット。歯ブラシ、練ハミガキ、石けん、タオルの入つたビニールの袋。電気カミソリ。飛行機で読むつもりの小説一冊。仕事のメモがしてある手帖とその上には、人に貰つたお守り。和英と英和のコンサイス。旅券。カバンにつける荷札とは根上さんの細かい神経。

「日本人だから、そう洋服ばかり着ていられないよ」と根上さんは言われる。みそこし縞と細かい格子のゆかたが一枚ずつ、白と紺の久留米がすりがこれも一枚ずつ。黒の兵古帯と、桐まさのこま下駄一足が旅行カバンにおさめられている。ハリウッドでゆかたの根上さんが想像される

その2　黒田美治さん

紺のビーフォーバッグと茶のボストンと紺のショルダー

背広が3着。チャコールグレイ、茶、ブルーグレイのそれぞれ上下。白のタキシードが一着。もちろんこれはハリウッドでのパーティにそなえて。手に持つているのは脇にジャバラの入つた礼装ズボンとヒダをよせたタキシード用のベルト。色はエンジで「なんて派手なんだ」と根上さん少々面映ゆいようだつた

ショルダーバッグの中には愛用のコンタックスに35ミリの広角レンズを付け新しく買つたニコンと8ミリシネと三台の写真機。広角レンズのコンタックスには天然色フィルムを入れて風景を、ニコンには普通のフィルムを入れてスナップをというねらい。「理論的に考えている」と根上さんは大いに自讃される。

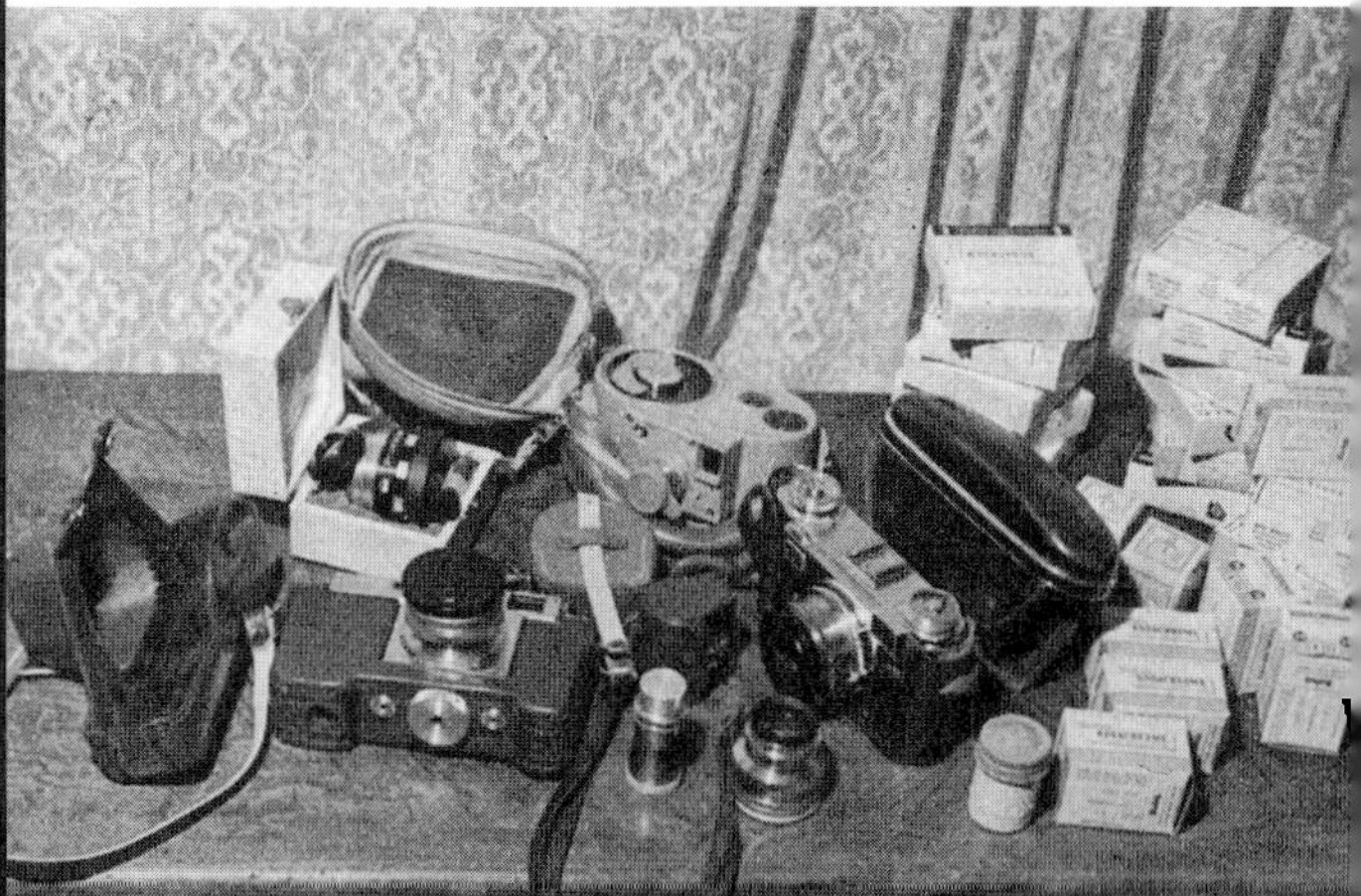

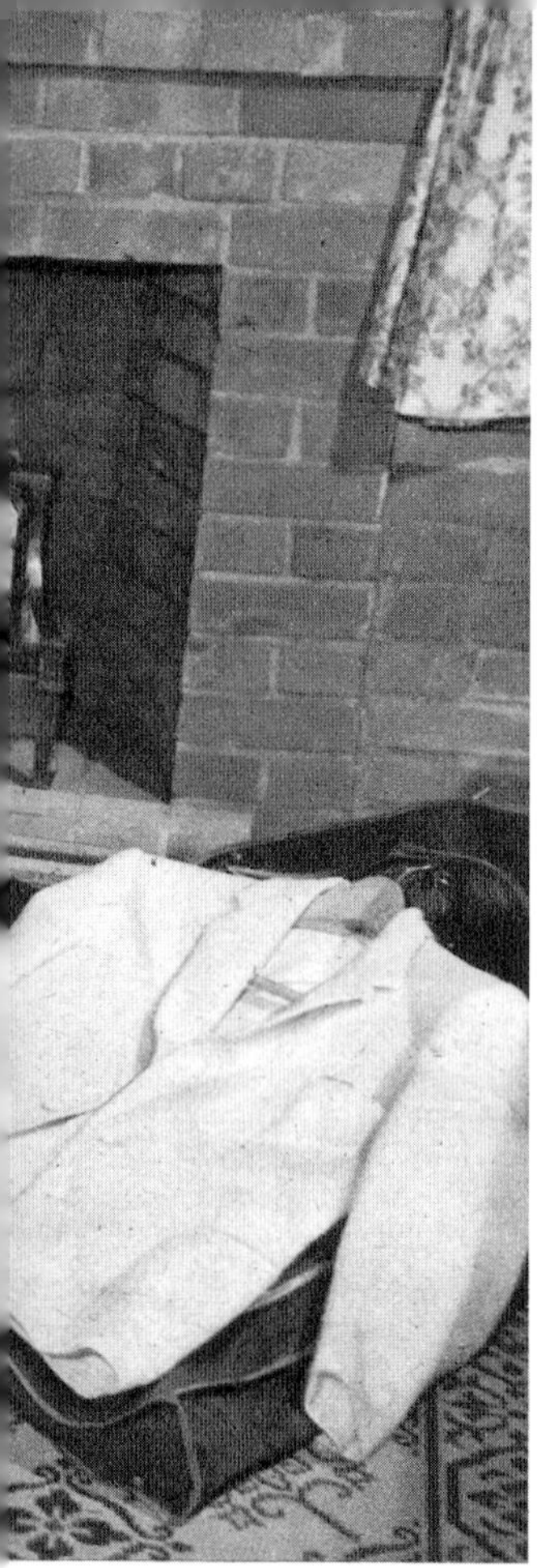

→

靴は履いてゆく黒靴とコンビネーションのメッシュ、洋服はごらんの通り4着、内一着はタキシードだからふだんは3着というわけ。

ショルダーに入つた小物類。タバコは光百本。石けん歯ブラシなど洗面具にローション。小説の本一冊に手帖。ファンに貰つた成田山のお守札二つ。手帖の上は乳白ガラスの犬で黒田さんのマスコット。電気カミソリ。ポケット辞書が一冊、封筒の中は書類・楽譜、大学ノートは学生時代のノートをそのまま利用した住所録。飛行機の中でと頂いた好物のあられ。向うへのおみやげ用に扇子2本。外に頼まれたものなどでカバンは一杯。

↘

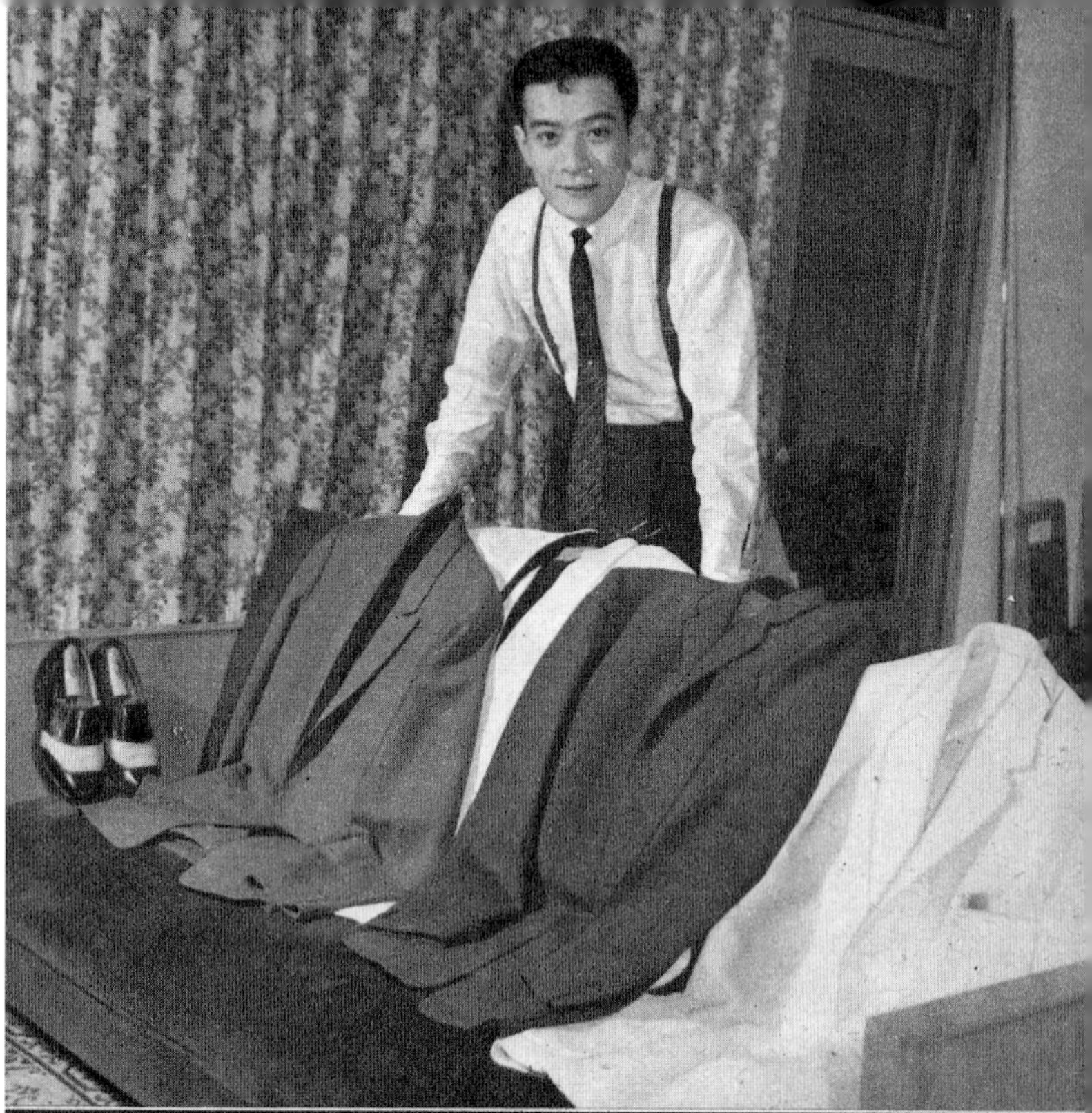

ジャズシンガーの黒田美治さんが招かれてハワイへ出発されたのは六月十二日の夜。ハワイへ着くのは十二日、というと不思議なようだがこれは日付変更線が日本とハワイの間にあるからなのはいうまでもない。

　黒田さんが行くのは、ハワイがアメリカ合衆国の特別州から、正式に州として出発したことを祝つてのフエア（お祭）に出演するためで、日本からは神楽坂玉枝さんが同行する

　アメリカの国旗星条旗の星の数が縦に六つ横に八つ並んでいた四十八から、縦横七つの四十九に変つたのをご存じだろうか。この四十九番目の星がハワイなのだ。そのお祭りというのだから盛大さは予想されようがちよつと日本のお祭りとはスケールが違う。昭和二十二年頃上演されたアメリカの天然色映画「ステート

フェア」を見た方は、あれを思い出して下さればよい。約一ヵ月間に亘つて開かれるこのフェアには米本土からも多くの芸能人や、ショウが集まる訳だ。「エデンの東」にも小規模なものだがフェアの場面があつた

黒田さんはフェアの後も約一ヵ月はハワイのナイトクラブに出演して歌いまくるという。といつても黒田さん得意の新しいジャズソングよりも一世向きに「荒城の月」や「宵待草」が喜こばれるらしい。その後、約二ヵ月の予定でアメリカ本国へ渡るが、日本から渡米する男性ジャズシンガーは初めてというから、その責任も重いという訳だ。

荷物は、洋服がそのままかけられる紺の大きなバッグ、茶色のボストンバッグに紺ナイロンのショルダーバッグと全部で三つ。「福岡へ行つた時より少い」と家の人も驚くほどの簡単な旅仕度だ。その荷物の中にいつも離さぬマスコットの仔犬が向うでの成功を祈つている。

洋服はブルーとチャコールグレイの上下に、着ているのは白のツイード。ネクタイはそれぞれの服に合せて一本づつ、今しめているのは黒に白の斜線を織出したシルク。ほかのネクタイも皆黒つぽく黒田さんの渋妙みがうかがえる。真中にかかつている白い服はタキシード、もちろんこれには礼装ズボンと黒のベルトが揃になつている

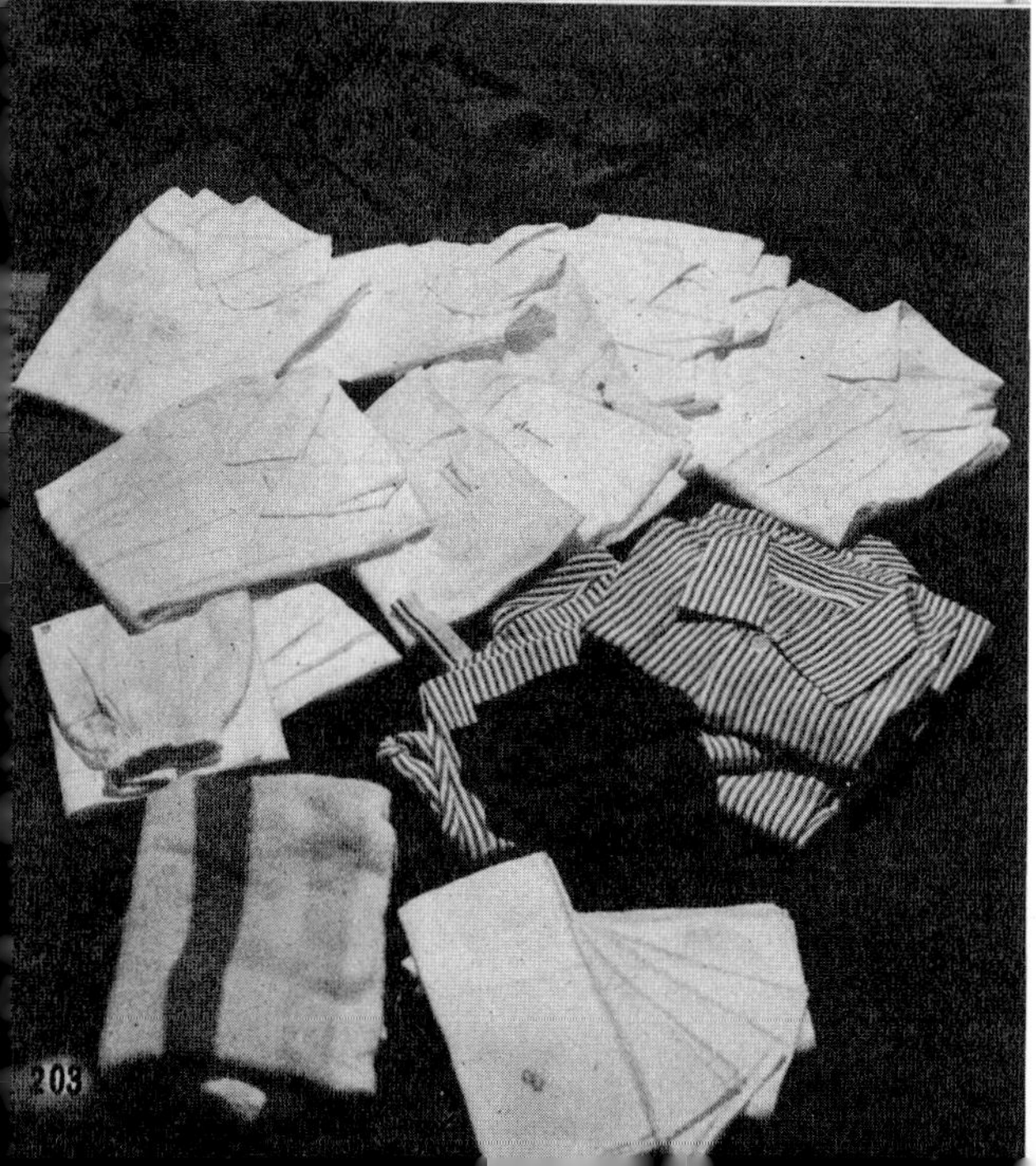

Yシャツが7枚、内2枚はタキシード用。下シャツが3枚。パジャマにナイトガウン、ズボン下など。ネーム刺繍したハンカチが半ダース。何から何まで渋好みの黒田さんだが、ここに写された縞のタオルだけが黄色と紺の色もあざやかで美しい。これら下着類はボストンバッグにつめられた、荷物は全部で三つという軽装で4ヵ月の海外旅行をするという黒田さんだ

生活のたのしさを生む一つのテクニック

—椅子を張り替える—

張替える前の椅子
レザーがはげていて大変醜い

張替えた椅子

張替える順序

1

ネジ廻しのようなものを釘のところに当てがい、金槌で叩きながら抜く。古い布をはがしたら、手垢などで汚れている背の部分や脚などを石鹸水ですっかり洗い落す毎日見なれていると左程気にならないものが、お客を招かなければならないような時に、部屋を見直してみると壁が汚れていたり、硝子にひゞが入つていたり、又椅子がみすぼらしかつたり、そこら中が気になつてどうしようかとイラ〱することがあります。

住居は生きものと同じだと思うのです。不思議に思うのは住んでる家より住んでない家の方が痛みがひどいことです。ですから、住居は愛情をもつていたわつてやらなければ美しく保てません。

襖の引手やドアの金具がとれたりした時、今度暇のとき修理しようなどと臆劫がつているから子供がオモチヤにして変形させたり、なくしてしまつたりするのです。家の周囲の下見板が風でバクバクしているのを今度の日曜日に直そうなどと横着をするから吹き降りになると壁まで雨がしみてむらを作つてしまうのです。おくれる程大袈裟になり、修理の費用もかさむ訳です。

そんな心で、一つのリクリエーションとして椅子を自分で修理してみましよう。

まず、椅子に張る布ですが、テント地のような地厚な縞の布などもいゝですし、ビニールレザーという最近椅子によく張つてある生地（一ヤール二五〇円のものですが、普通の椅子で七分位でいい。これは椅子屋でわけてくれます）でもいゝです。下の写真の様な順序で張り替えてみて下さい。

色がお見せ出来ないのが残念ですが、六脚の色を全部変えて、クリーム色、グリーン、コバルトグレー、薄茶、ピンクと一脚ずつ張つたのですが全部がパステルカラーで甘いたのしい食堂椅子の一組が出来ました。

片山龍二

椅子を張つた残りのビニールの生地を四角に切つて椅子の色と揃えて食卓の皿敷に。白いテーブルクロスにこの六色が映えて美しいばかりでなく汚れがしみない良さがある

2

綺麗に汚れが落ちたらスプリングの位置をよく直し、藁やくず綿を少し多い目において新しい生地をやゝ大き目に切つて、まず背のよりかゝりの方を釘でとめる。

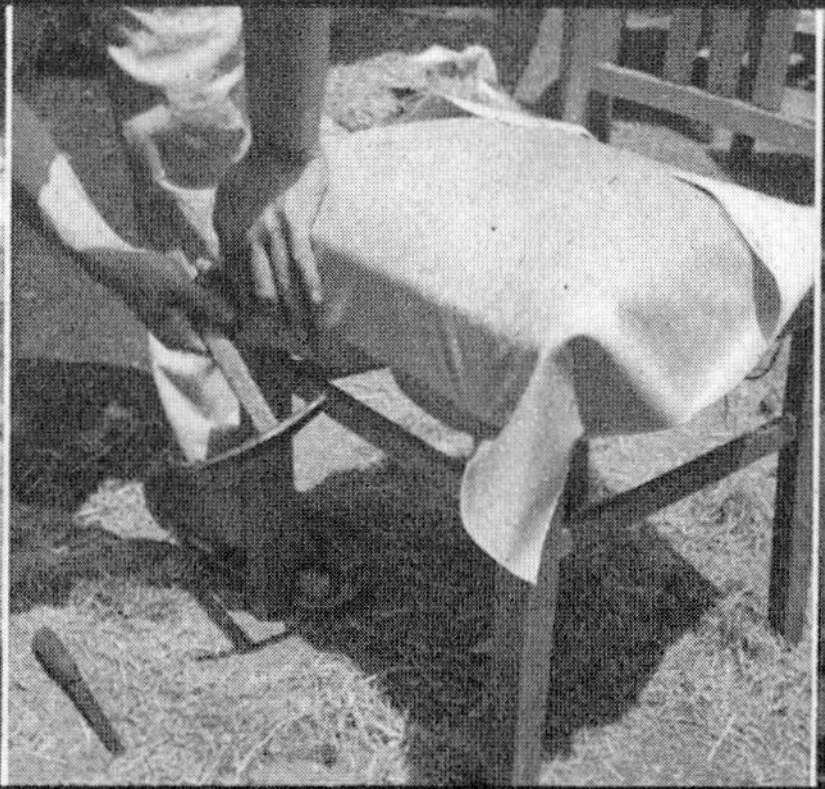

3

後をとめてから、前の方を仮り止めする。これで藁や綿の入り具合がいいかどうかよく調べる。相当強くひいてないと腰かけた時シワだらけになつて美しくない。

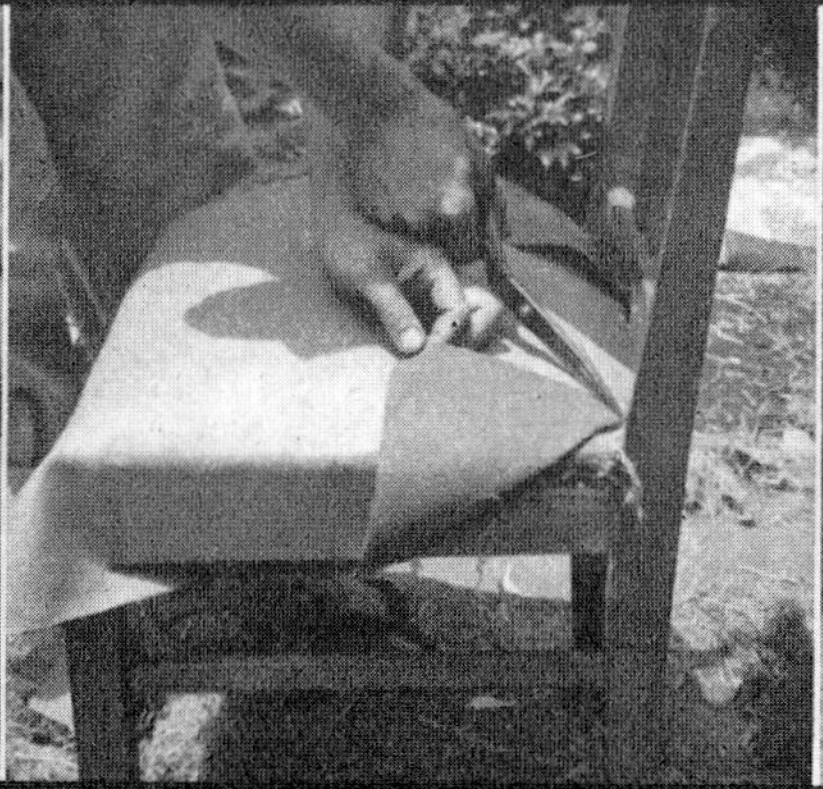

4

よりかゝりの部分の柱は切り込まなければならない。柱の大きさより一糎位小さ目に隅を鋏で切りとり、周囲に向つて強く張り乍ら三糎おき位で裏側に釘でとめます。

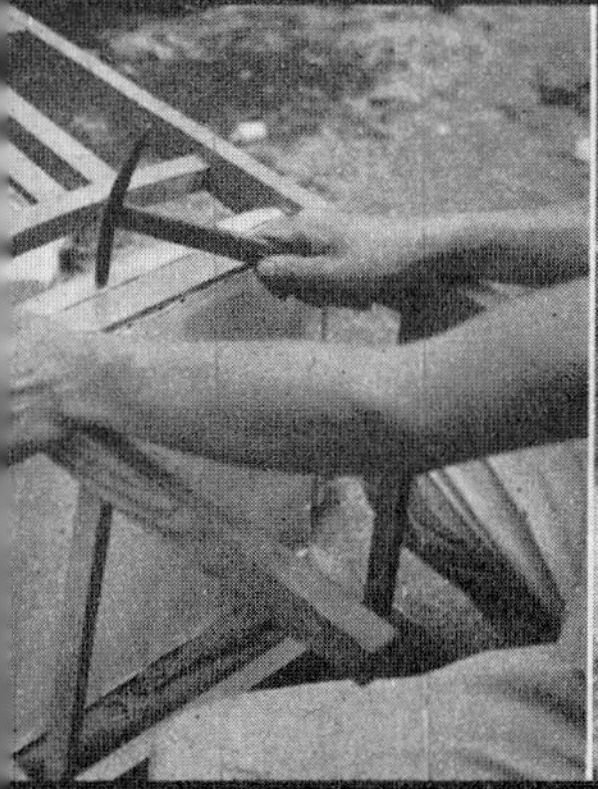

5

裏側の見苦しいところはキヤラコを釘でとめて整理し、この写真のように見える部分でレザーが終つているところはレザーを8粍巾位の三ツ折りにし飾り鋲でとめる

リゾートのたのしさをつくる木綿のきもの

宮内裕

セピアの濃淡の粗い縞の木綿で作つた、ペアスタイルのリゾート着。バストの切り替えをうかせて、ボレロのような感じに扱つてある外は、生地の感じだけを生かしてスリムな線でまとめたもの。アロハ風のシャツも、前立てにつづくヨークの横縞の扱いが効いて面白い味をみせている。このまま仕事着にしても木綿の肌ざわりが心地良いだろう

今年いろんなデザインで盛んに売出されているボーダー（裾の方に模様のあるスカート用の生地）の、上の部分だけを使つたワンピース。白地に赤の水玉と縞の布で全体を横布に扱い、ボーダーの裾の端布（耳になつてる所）をテープ状に切つて、縞模様と平行にフリルを飾つたもの。潮の香をはらんだ風が大きな衿やフリルを波立たせて快い。

右と同じボーダーの裾の方の模様の部分を使つて作つたサンドレスで、肩紐につゞく左の胸に飾つたボウが唯一のアクセント。ウエストからバストにかけてぴつたり身体にそつた身頃は思いきり肩を露わにして夏の陽をたのしむ。赤と白の模様の生地自体がかなり強い性格をもつているので、デザインは思いきりプレーンに、生地の持味で着る。

手織りのような風合のゴツ〳〵した木綿は、思いがけないほど洗煉された美しさを見せる。これもそんな木綿の一つ。焦茶と、紺の混つたグレイの太い縞でつくつたスラックスで、首を廻つた吊り紐、ピッたりと身体を包んだタイツの、思いきつた横縞の扱いが、直截で個性的な装いをつくつている。裾はだぶつかないようにファスナーで止めて、足元をすつきりと。

ハトロン紙色の芯地で作つたビーチウエア。ガバ〳〵した芯地のつつ張つたような感触はショートパンツに適しているばかりでなく、ギャバジン等とは異つた快よさがある。コートはスラックスと同じ焦茶の木綿と、海浜着に使つた芯地とを、リバーシブルに仕立てたもので、自然に打返つた見返しが後では大きなセーラーカラーのようになつている。同じ焦茶のショートパンツ、ビーチバッグ。黄色いポロシャツ。と、洗煉された色調のアンサンブル。

着るひと　大内順子
柴田吾郎

医学と芸能と二つの道を行く女性

その1

病理学教室と日活映画の河上敬子さん

医師で文士というのは洋の東西を問わず珍らしいことではない。我が国の例でも、森鷗外は医学博士だつたし、現代でも俳句の富安風生氏、推理作家の木々高太郎氏、作家の加藤周一氏などは皆医師としての生活を持つている。しかし、医師であつて芸能界に身を置く人は稀である。特に医師で女優というのは、世界でもイタリアに一人いるだけだといわれている。しかし、日本でもそういう二つの道を行く女性がいた。しかも二人、一人は映画と医学の道を行く河上敬子さん、一人は新劇と医学に進む三条三輪さんである。

その一人河上敬子さんは、昭和二十七年に東京女子医大を卒業、二十八年には医師国家試験に合格して、現在は慶応大学医学部病理学教室で研究している。一方、二十九年に日活に入社し、「沙羅の花の峠」で山村聰の夫人役でデビュー、「乳房よ永遠なれ」で看護婦の役、「太陽の季節」ではガールフレンドのミッチーと活躍している。また、新聞の医療相談欄も担当しているし、ラジオでもラジオ・ドクターとして出演しているし、近いうちに随筆集や自叙伝が、単行本として発行されるなど多角的な活躍を続け、今ではやや「時の人」になろうとしている人である。

医学に進みながら映画入りした動機はと訊ねると、河上さんは「好きだからと答えるのが一番本当でしようね」と言う。だが、その言葉からは、「好き」という以上の強いものが感じられる。「沙羅の花の峠」のロケ先で

医師である河上さんはロケ先などでは、俳優からしばしばドクトルに変る。急病人の場合から、疲労や、健康管理的な面まで。役の扮装のまま、他の出演者の診察をしたり、疲労回復にビタミン注射をすることはよくある

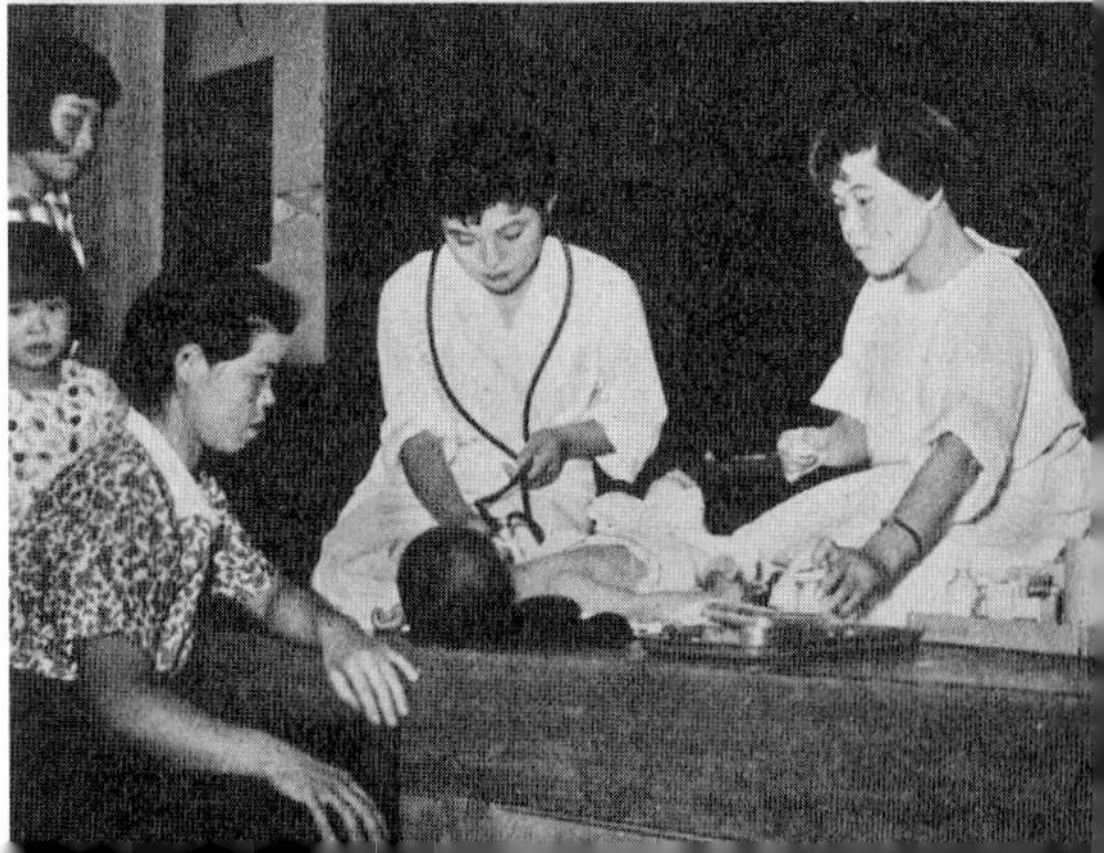

「沙羅の花の峠」は、無医村にハイキングした若いグループに医学生がいて、部落にでた急病人を助けるという映画だつた。ロケ先も山の中の無医村に行つたが、たまたま部落に急病人がでて、映画を地で行つてしまつた

河上さんのお父さんは既に亡くなられ、今は弟さんとお母さんの三人の家族。お母さんは弟さんとテレビ受信器の会社を経営している。お二人とも忙しくてだんらんの時も少いが、暇なときは二人で盆景を飾つたりする。

自分のだけでなく、お母さんの洋服まで引受けていたこともあるというほどに、洋裁は得意。近ごろは忙しいので人任せの時が多いが、それでも時には自分でデザインをしてドレスを作りあずるようなこともあるとのこと

動物はたいてい好きだが、特に犬はという河上さんは、余程忙しくない限りは、愛犬の運動は自分の担当にしているという。この秋田犬はまだ少年ぐらい。久し振りに運動にいくと、力が強くなつていて引張られそうだ。

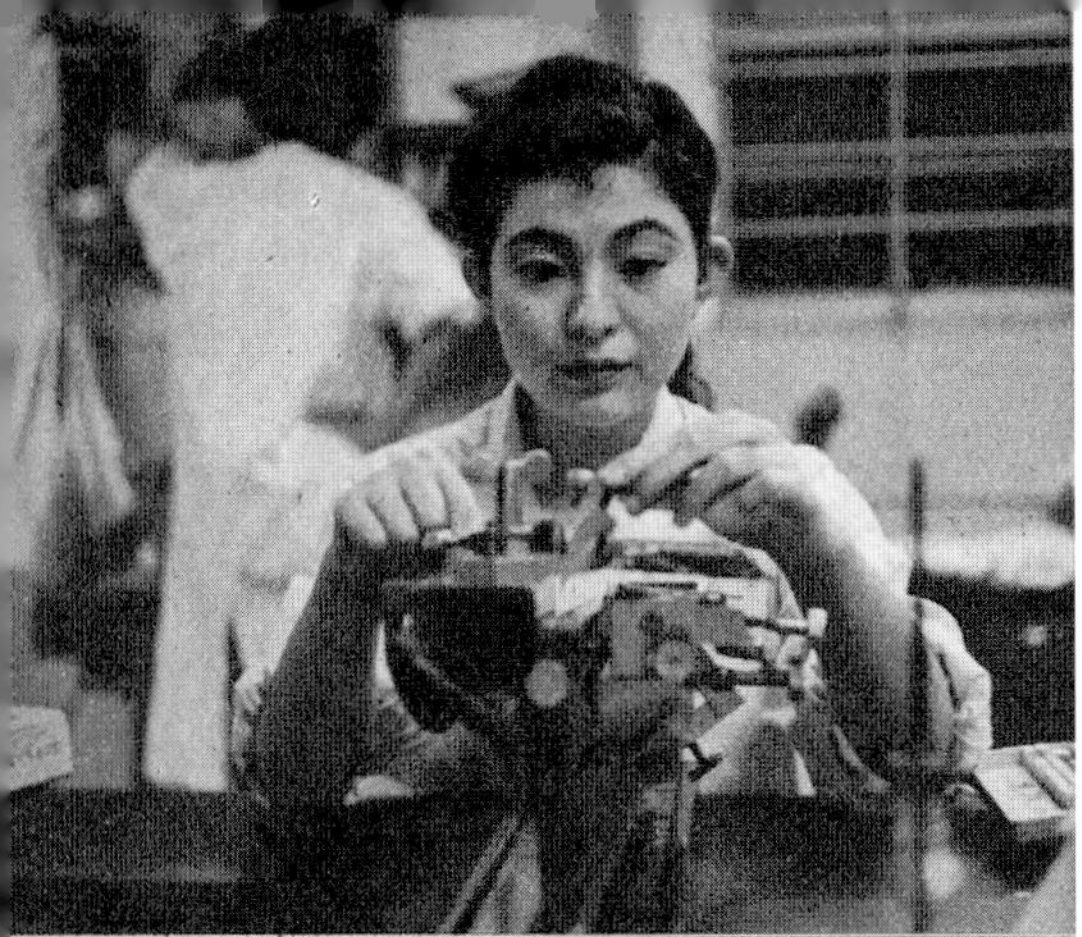

最近では家にいる時は原稿書きに追われる有様だ。というのは、前から担当している新聞の医療相談のほかに、医学的な読物や随筆を頼まれるし、単行本の出版も企画されている為。だが読書好きの河上さんは苦にしない

もちろんもう一つの職業である研究室勤めも決してなおざりにはしない。むしろ「映画なんかに入つているから、と人に非難されるようなことはしたくないよ」と、研究室ではこれが俳優をしている人かと思われるほどだ。

この春からM製薬会社の提供する家庭医学の放送にラジオドクターとして出演している医学も専門、俳優だから対談の呼吸もうまいという、ラジオドクターには最適任者だろう今日は国立清瀬病院牧野副院長と結核の話。

「結核病巣に出てくる繊維素について、ワイゲルト染色法による陽性とは何か」というのが河上さんの博士論文の研究課題だ。病巣を切つて染めて標本を作り顕微鏡をのぞくのが殆んど毎日。夜の研究室の切断機の前で。

映画や放送に時間をとられるので、研究室へ行く時間は不定。それでも、そのために研究をおろそかにはしたくないと、同僚が帰つてしまつた後でも、一人顕微鏡に向つていることも多いという。二つの道を同時に進むという難事を続けさせているのは、河上さんの強い意志の力なのだ

医学博士の女優が今に現われる。その人が難い二つの道を、二つながら大成されるように誰もの眼が暖かく見守つている。その人とは、木曽加寿子医学士である河上敬子さんだ。

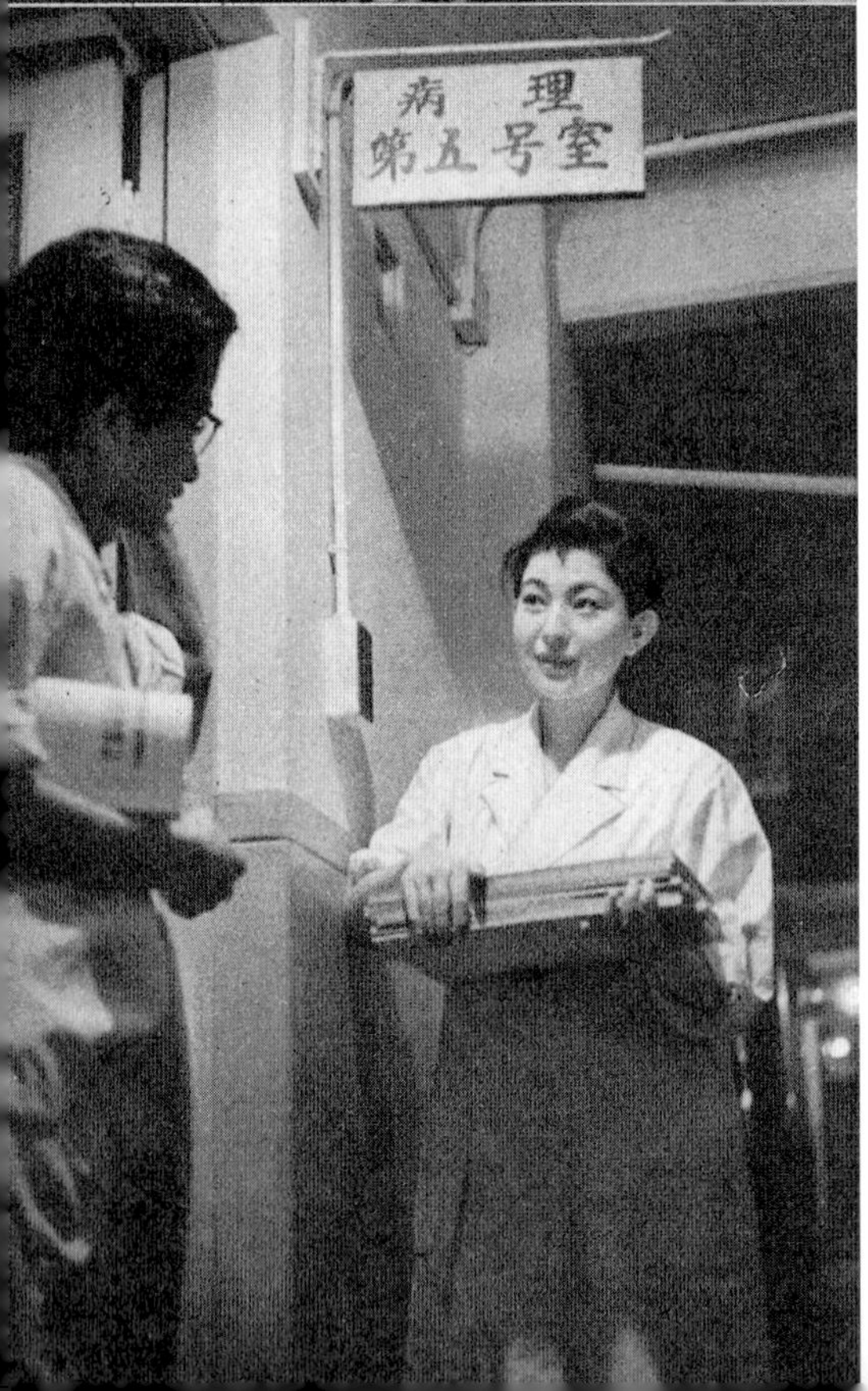

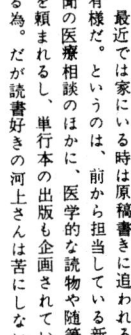

医学と芸能と二つの道を行く女性 その2

診療所と新演劇研究所の三条三輪さん

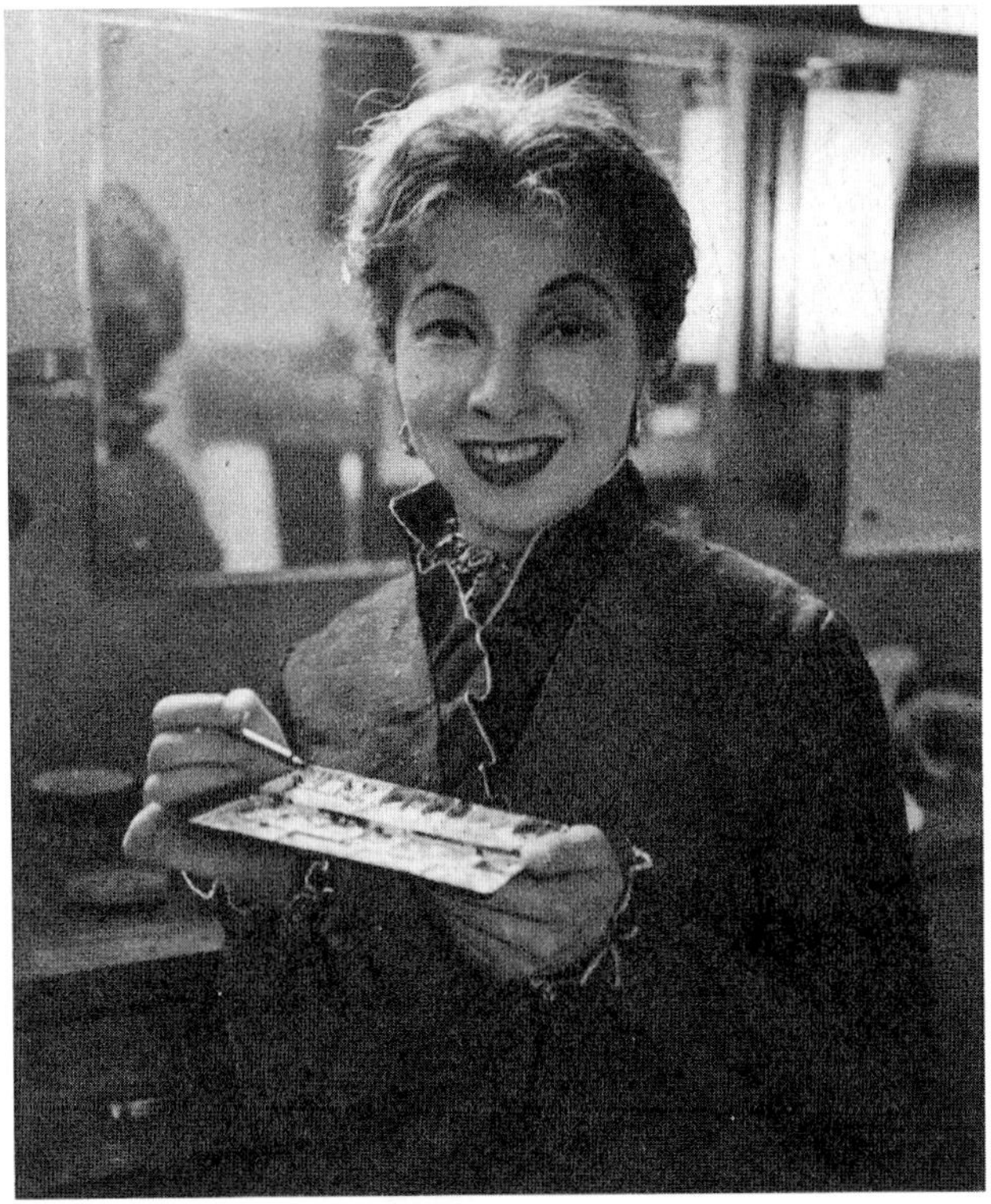

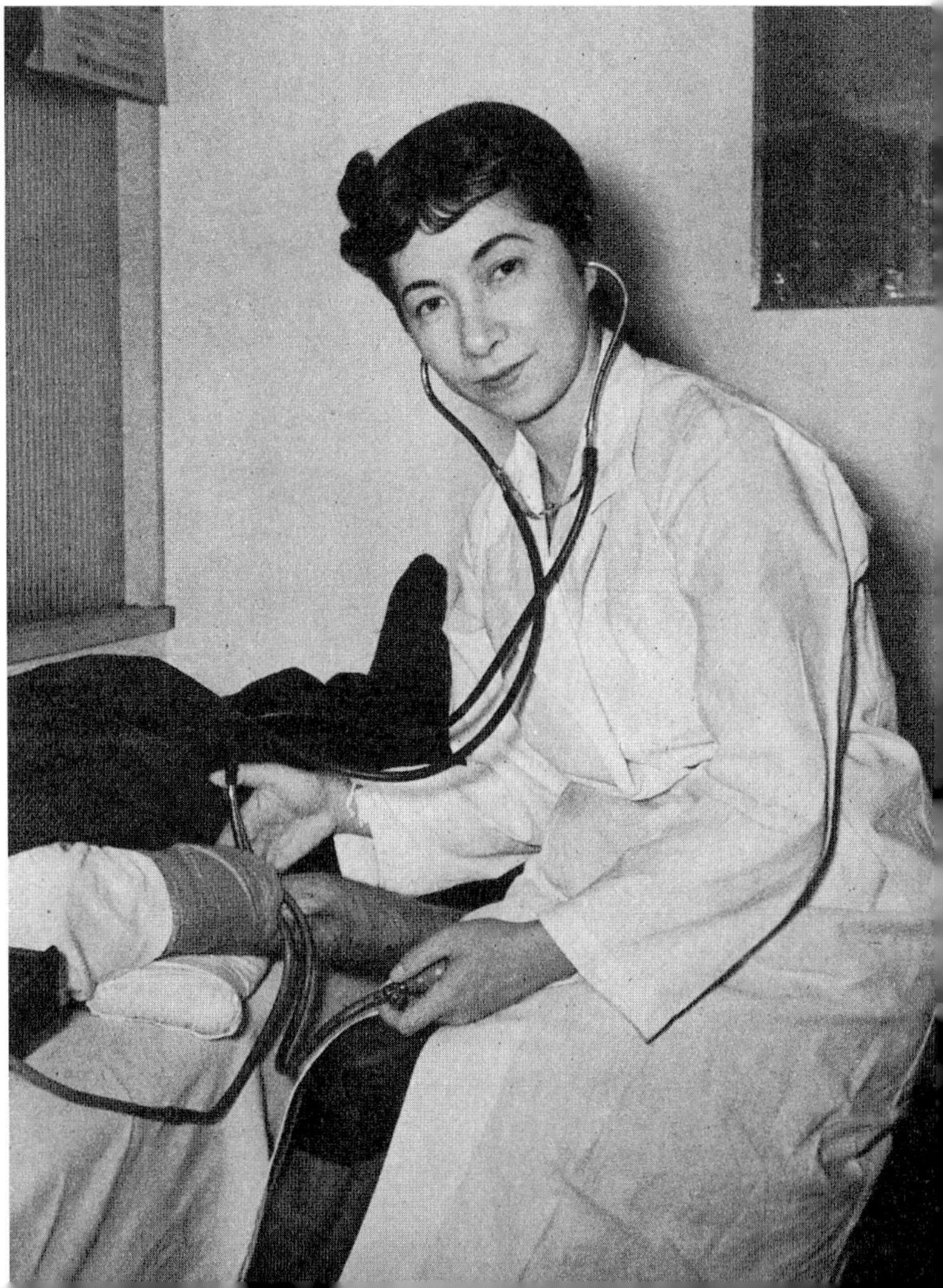

二つの道を両立させるというのは、何によらず易しいことではない　どちらかがいつかおろそかにされて、名儀だけのものになつてしまいがちだ。そうでなければ、どちらかが「余技」の範囲を出ないことが多い　まして、女性の身で二つの仕事を両立させるということは難事である　ここに紹介した二人は、二つの仕事のどちらにも等しく情熱と抱負を持ち、等しく愛情と努力を注ぐことによつて、その難事を見事になしとげている珍しい例だといえよう。医師と女優と、このおよそかけはなれたような二つの道を、二人は、どのように両立させているのだろうか

もう一人の女性三条三輪さんは東京女子医大を卆業、国家試験をパスするとすぐ済生会病院婦人科に勤め、現在は有楽町の東京診療所に内科耳鼻科をかけ持ちで勤めている　演劇の世界に入つたのは済生会に勤めてすぐ　子供のころから好きで、どうしてもやりたかつたところから、収入の道がつくと同時に新演劇研究所の二期生として参加、すでに五年間演劇の道を歩み、劇団ではベテラン格の一人である　医師と女優と、どちらも本業と自分で言う三条さんだが、そのことばのかげにある過去の努力と、将来への抱負は見逃せない

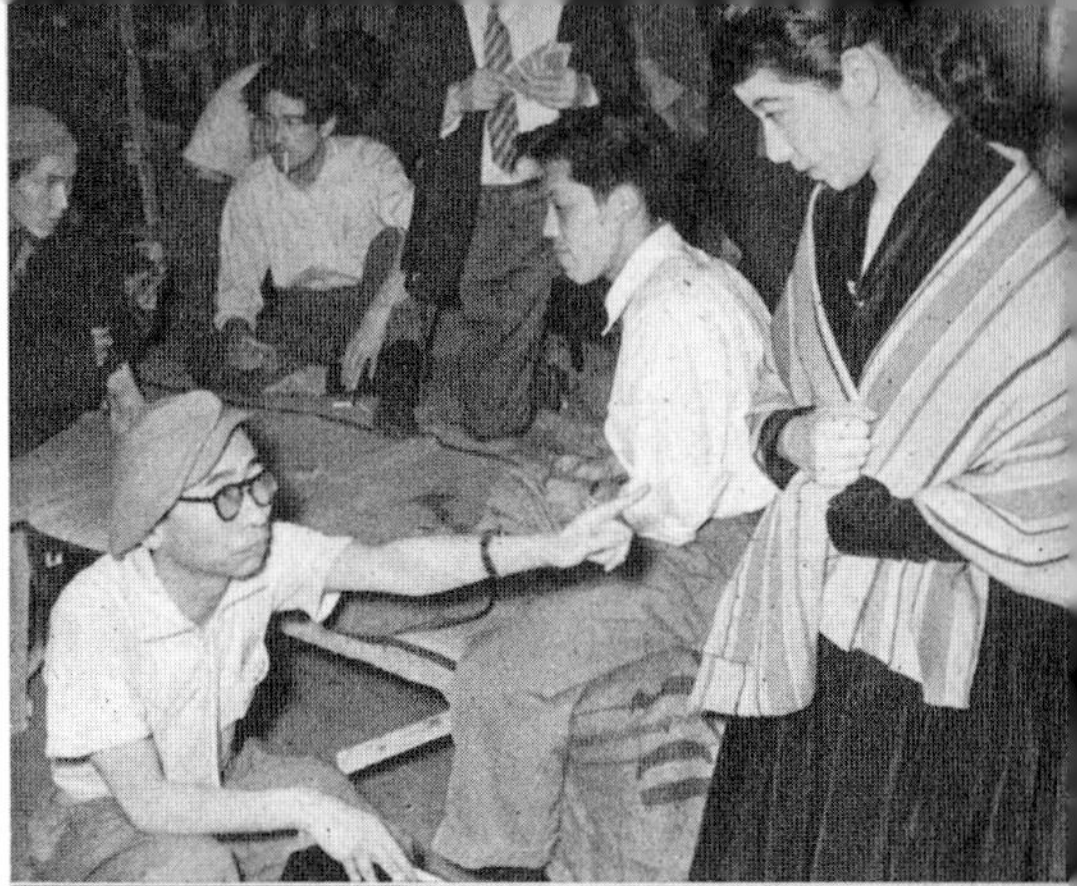

新演劇研究所は、もと民芸にいた下村正夫氏がはじめた演劇団体。厳格なシステムによる演劇制作で話題を呼んでいる。この七月上演の「どん底」では三条さんはワシリイサ役で活躍した。立ちげいこをつける下村氏と。

「どん底」第二幕の舞台。学生時代に男役をやつたという三条さんは、今は性格のはつきりした役が好きだという。ワシリイサは、「どん底」の中のセリフをかりれば「悪魔のような女」三条さんにはやり甲斐のある役だ。

学校を出て劇団に入りたいと思つているときちようど新演の募集があつて応募したわけだが「これこそ本当に確固たる主張の下に新しい演劇を創り出すグループだ」と感じたのがこの全く無名の劇団に参加の理由だという。

お父さんはもと出版社に勤めていたが、今は名誉職についているだけ。お母さんは東京女子医専を出て自宅で開業医をしている。つまりお母さんは三条さんの先輩、というよりお母さんのすすめで医学の道に進んだのだ。

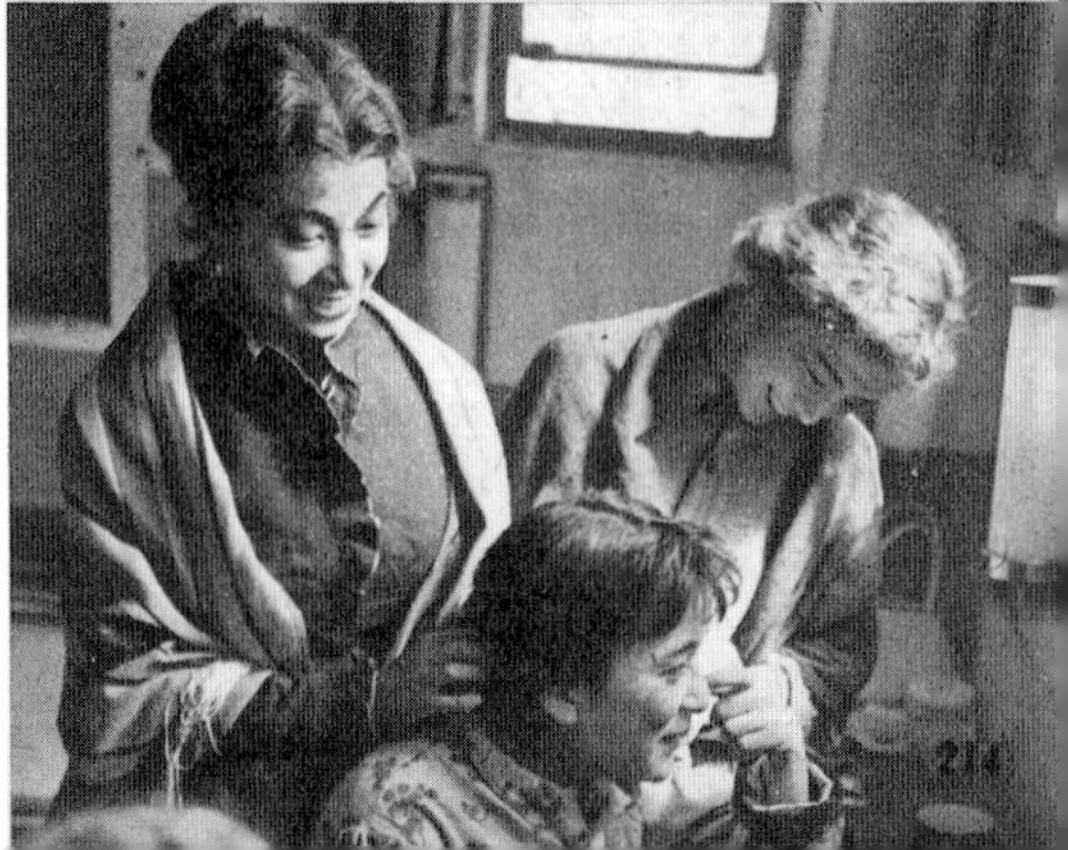

劇団員全部が働く青年男女ばかり。といつても三条さんのように定職を持つ人は少く、ほとんどが、いろいろのアルバイトをしている。それだけに演劇に対する情熱ははげしいそれだけに、出番を待つ楽屋の談笑は楽しい

英文学に進みたかつたが、結局お母さんの後を継いで医専へ入つたという三条さんの趣味の第一は読書。その次にレコードを聞くことだという。新しい音楽も好きだが、最も好きなのは民族音楽で、南方系のものが大好き

医者で女優——というと家事など縁遠いように思えるが、洋服を縫うのは、出来るというだけでなくて好きなこと。今でも自分の着るものはほとんど自分で作るという。だからミシンは三条さん自身の部屋に置かれている

演劇のためには経済的基盤が必要だというのが医師という仕事を選んだ理由だが今ではただの経済的裏付けだけではない。医学は人間の生理を、演劇は人間の心理を追求するもので、結局は一つの道だと三条さんは言う。

勤めている診療所が有楽町なので、家でよく買物をたのまれる。また、昼休みにデパートへ自分の洋服の生地を買いに行くこともよくあるという。俳優でもなく、医師でもなくこの時は、普通の一人の女性としての時間だ

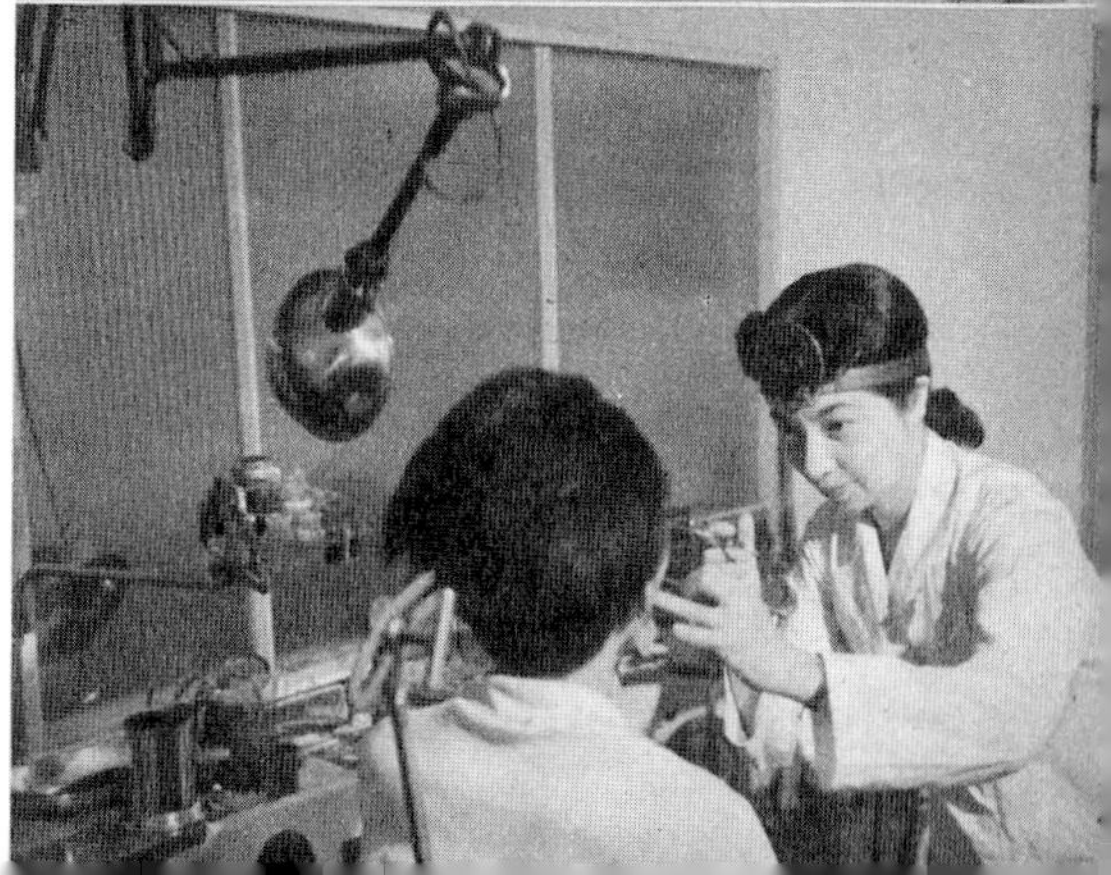

有楽町の東京診療所で三条さんは内科と耳鼻科の両方をかけもちしている。新演に入つてから俳優という仕事上、声帯のことも深く研究したという。この診療所は、もと芸能人の診療所だつたので今も芸能界の患者が多い

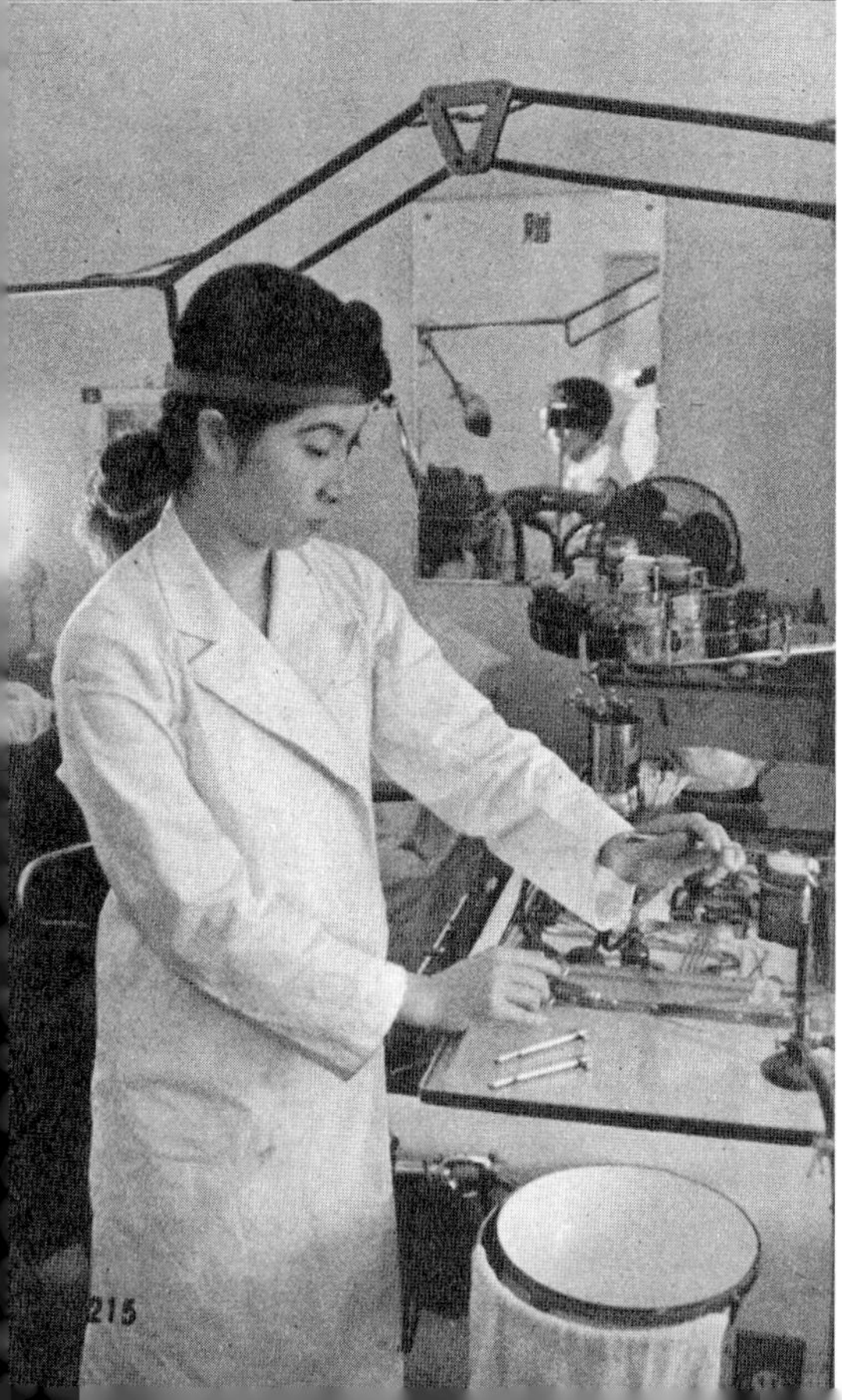

公演が近づくと、いつもは夕方からのけいこが朝からはじまるようになる。そうすると診療所を休まなければならない。幸い診療所側が大変理解があるので、二つの仕事が続けられるわけだとはいつても、二つの仕事を持つということは、時間的な面ももちろん、肉体的な疲労は決して生易しいものではない。誰でもやろうと思えば出来るというものでもない。たゞこの二つの仕事に等しく貫かれる三条さんの情熱が、あらゆる不可能を可能にしているのであろう。

1956
外車スタイルブック

最近では国産車もずい分多くなつてきたし性能も向上しているというが、やはり外国製の自動車が街にあふれている。その種類も多くて簡単には見分けがつかない。ここでは、外国車の中でも特に日本でよく知られている種類の、1956年型を選んで紹介し、その外見上の大きな特徴について簡単に説明してみた

キャディラック　クーペ・ド・ヴィル
アメリカ　ジェネラル・モーターズ社
動くサロンというアメリカ高級車の中でも代表的豪華車がこのキャディラック。クーペは屋根が幌型になつた形式。空気調節その他電気装備が完備している。ヘッドライトにひさしがついているのは新型車の一つの傾向だ

ビュイック　ロードマスター　72
アメリカ　ジェネラル・モーターズ社
世界第三位の販売成績をもつビュイック。その最豪華版がこれだ。V型に流れるモールディング（装飾銀線）と前側面に並んだホーラーがビュイックの特徴。ロードマスター以外はモールディングの角が下に届いている。

ポンティアック　860　2ドアー・セダン
アメリカ　ジェネラル・モーターズ社
前のバンパー（緩衝装置）とライト類、及びフロントグリル（冷却機の窓の飾り）が全部くつついていてその上左右に伸びている。新しい車は水棲動物か火星人に似ていると言われるいい例。スピード感を表わしている。

オールズモビル　98　デラックス・クーペ
アメリカ　ジェネラル・モーターズ社
世界二大メーカーの中で最大のジェネラルモーターズの誇る中堅車。バンパーとグリルが続いてジェット機の機首のような形になつている。V字型が横になつたモールディングは98型の特徴で88型はVの先が後部まで続く

ビュイック　スペシアル・リヴィエラ　4439
アメリカ　ジェネラル・モーターズ社
従来はロードマスター以外は3ホーラーだつたが、56年型はスペシアルだけ3ホーラーになつた。このホーラーの形も毎年変つていて、56年型は卵形を横にしたようでスピード感を強調。流行の最先端をゆくデザインだ。

シボレー　ベル・エアー　スポーツ・セダン
アメリカ　ジェネラル・モーターズ社
このモールディングはベル・エアーの特徴シボレーは米国大衆車の代表で55年度に 200万台を売つた。171 種の異つた型がある。特殊車も多く、日本にも多く来ていて、一般の外、警察車その他にも使用されているようだ

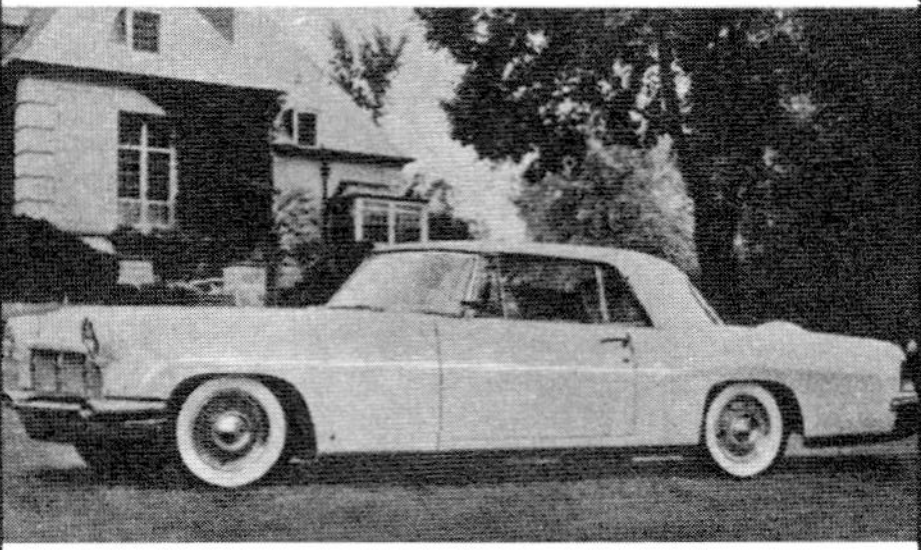

コンチネンタル　マークII
アメリカ　フォード・モーター社
1942年に製造を中止したが、不滅のデザインとして惜しまれ、昨年復活した。全米切つての最高級車で値段は約1万ドル。近代的な性能で古典味のあるデザイン。キャディラックはこれに対抗して高級車エルドラドを発表

リンカーン　プレミーア　4ドアー・セダン
アメリカ　フォード・モーター社
コンチネンタル復活まではフォード社の最高級車。カプリとプレミーアの二種がありプレミーアの方が高級。長く、巾広く、低くの主義でロウシルエットの線を守り、エンジンも増力してキャディラック打倒をめざしている

マーキュリー　モンテリー　4ドアー・セダン

アメリカ　フォード・モーター社

フォード社の中堅車。56年に13種のニューモデルを出したが、尖光形のモールディングが大きな特徴。ダイナミックな力強さのあるバンパー・グリルもマーキュリー独特。直線的でラフな感じが重量感を与えて好まれる

クライスラー　ウインザー　4ドアー・セダン

アメリカ　クライスラー社

直線のモールディングが簡素ながら美しくスピード感を表わしている。バックが自然に浮上つて、ちようどジェット機の垂直尾翼のようになり、重量感を与え大きく見せる。このため車全体の大きさも誇張されて見える。

クライスラー　ニューヨーカー　2ドアー・ハードトップ

アメリカ　クライスラー社

バンパーの両端が上後方に折れて特徴を作つている。クライスラー社製のハードトップ（布でない屋根の幌型）は後の窓枠の巾が広く幌型の面影を残している。ウインザーとの違いはグリルの形と後側面に並ぶ金属装飾。

フォード　カスタムライン　4ドアー・セダン

アメリカ　フォード・モーター社

フェアレーン、サンダーバード、カスタムラインと三つの代表的シリーズのフォードの中で最も代表的なもの。平凡ながらもあらゆる面で満足を与える性能をもつている。尖光形のモールディングがフォードの56年モードだ。

デソート　ディプロマット　カスタム

アメリカ　クライスラー社

プリムスベースと呼ばれ、プリムスの車体を利用している輸出用モデル。外見はプリムスそつくりだから、見分けるのはフロントグリルの形による。グリルは各社ともモデルごとに毎年替えるので見分けのよい標準になる

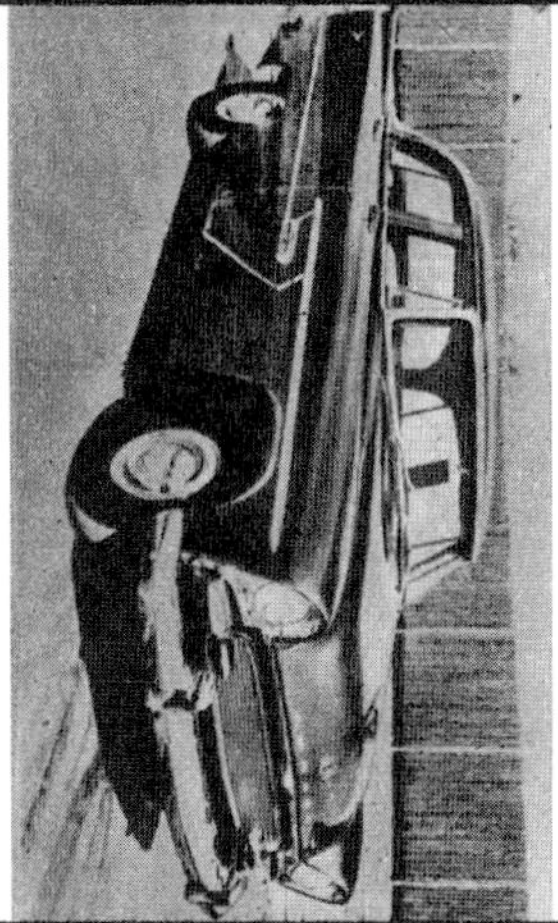

アメリカでは世界乗用車の7割が作られている。4ドアー・セダンがその中心だが、一般的に近年の流行としては、まず大型になつていること、次に色彩が豊かなことだ。2色3色に色分けしたものが非常に多くなつてきた。また56年型は後のフェンダーが上がつてジェット機を型どつたものが多くなつている

プリムス　ベルヴェデア　4ドアー・セダン

アメリカ　クライスラー社

尾灯の部分が下向きの傾斜にカットされ、この傾斜部と同じ大きさにライトがついている様はジェット機の尾翼そのまま。49年来小型化して4位に転落、挽回のためあらゆる面でヴォリュームを大きく見せようとしている

ダッジ　ローヤル・ランサー　4ドアー・ハードトップ

アメリカ　クライスラー社

運転が楽で乗心地が良いダッジは万人向きで販売成績もよい。モールディングの強い曲線が最後部でV型になつて重量感を与え、大きさを強調している。ダッジもデソートと同様に、プリムスベースのものが出来ている。

ナッシュ　アンバサダー　4ドアー・セダン

アメリカ　アメリカン・モーターズ社

フェンダー（前後部の側陵）にヘッドライトをつけると平凡になるのでグリルに取付けフェンダーラインを鋭くしている。室内換気窓を、前部窓の直下につけたのは前走車の排気を吸わぬためで肺ガン予防。他車にもある

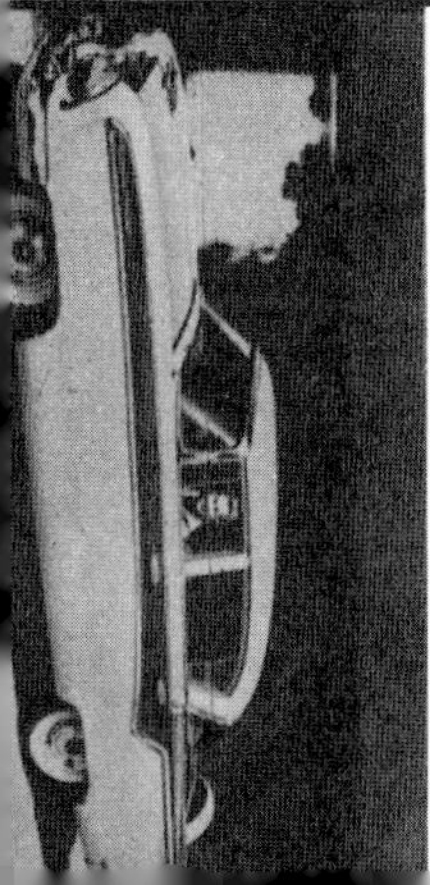

ランブラー　4 ドアー・セダン
アメリカ　アメリカン・モーターズ社
ランブラーの標準型。前部のデザインはナッシュの影響を強く受けている。窓の面積は大きく前後部の窓は一流車に肩を並べられる下から太く帯を廻したような後窓枠はハードトップ型にも共通のすぐれたニュールックだ

パッカード　クリッパー　スーパー・ハードトップ
アメリカ　スチュードベーカー・パッカード社
かつて人気の中心であり、性能向上に尽してアメリカの誇りだつたパッカードは今では業界に取残された存在。2本のモールディングがパッカード56年の特徴。クリッパーは後部のV型が強い方向感を与えて新鮮である。

スチュードベーカー　プレジデント・クラシック　4ドアー・セダン
アメリカ　スチュードベーカー・パッカード社
プレジデンドはスチュードベーカー56年の最高級車。フェンダーの車輪付近に尖光形の凹みがある点と、ゆるいV型のモールディングが特徴。クロームメッキの装飾が多くて上品ではないが、派手好みの人に受けるらしい

フイアット　1100　ファミリイ
イタリア　フィアット社
フイアット社はイタリア最大の自動車メーカーで各種中型車を作つている。これは名の通り家庭用車で、後の折たたみ座席の後に更に子供用折たたみシートがある。座席を全部たたむと荷物置場となり後部に荷物扉がある

フォルクスワーゲン　リムジーン
ドイツ　フォルクスワーゲン社
タクシーなどでおなじみのドイツの国民車で世界各国の需要に追われて生産しており史上例のない画期的なもの。エンジンが後部にある点が他車と著しく違う。ヒトラーの残した最高のものと言われ日下米国に工場建設中

オペル　オリンピア・レコード
ドイツ　オペル社
オペルはアメリカのジェネラルモーターが支配するメーカーで、日本にも多く入つて来ている。オリンピアは2ドアーで直線のモールディングが真中で切れているが、高級車のカピタンは4ドアーで尖光形モールディング

ルノー　4CV
フランス　ルノー公団
後エンジンが広く紹介されたのはこれが始め。ドイツ軍フランス進駐の置土産というがフォルクスワーゲンから構想を得たもの。日本でも製造権を得て作つている。56年型は外見上はグリル横線が太い3本のものになつた。

シトロエン　DS19
フランス　シトロエン社
角型でどこからどこまで古典的はシックさを誇つていたシトロエンが、その一枚看板を捨てて昨秋パリに登場させたのがこのDS19鋭つた鼻先、特異なボデー、角ばつた窓など特徴ある車で、フランス近年の傑作である

オースチン　A50　ケンブリッジ
イギリス　ブリティッシュ・モーター社
イギリスの実用車。ファミリイ、スタンダード、デラックスの3種がある。A50は日本で組立てているもの。これはスタンダードで側面に凹みのカーブが描かれている位置に、デラックスではモールディングが入つている。

ロールス・ロイス　シルヴァーレイス　サルーン
イギリス　ロールス・ロイス社
世界で一番良い車、というのがロールスロイスのキャッチフレーズ。装備などでは米国車がまさるが、精密さは驚くべきもので故障が少い。クラシックに洗練されたデザインはいかにもイギリス独特のものらしい風雅さ

ヒルマン・ミンクス　デラックス・サルーン
イギリス　ルーツ・グループ
日本にもファンが多い小型車。有名なアメリカの商業デザイナー、レイモンド・ローウィーのデザインによるボディに毎年手を入れて出来たのがこのツートーンカラー。中央に横線の入つたグリルがヒルマンの特徴である

フォード　コンサル
イギリス　フォード・モーター社
1950年に登場したボックス型コンサルは小型乗用車の原型といえるスタイルで、これ以上ないほど機能的に簡素化されていた。56年型は思いきつて改装されかなりアメリカ的になつたが、簡素な美しさには全く変りない。

モーリス　オックスフォード
イギリス　ブリティッシュ・モーター社
イギリスの車にはどれも共通のイギリスらしいスタイルがうかがえる。英国第　、世界第四のメーカー、ブリティッシュの製品。旧型より前部が低くなり前窓も2枚ガラスが1枚ガラスになり視界がずつと広くなつている

モーリス　マイナー　II
イギリス　ブリティッシュ・モーター社
現在では、前部風防ガラスが2枚になつている車は少いので一つの特徴となつた。フェンダーの形やエンジン室の形などは戦後モデルを替えないというイギリスらしいスタイルだ。全体に丸い感じがモーリスの特徴である

ジャガー　2 4リッター・サルーン
イギリス　ジャガー・カーズ社
サルーンというのはセダンと同じ意味で普通の箱型車をいう。XK型スポーツカーと同じ小さいグリルを用いその両脇にライト全種類集めて物々しい。スポーツカーの線が全体に取入れられた近代的デザインで好評である

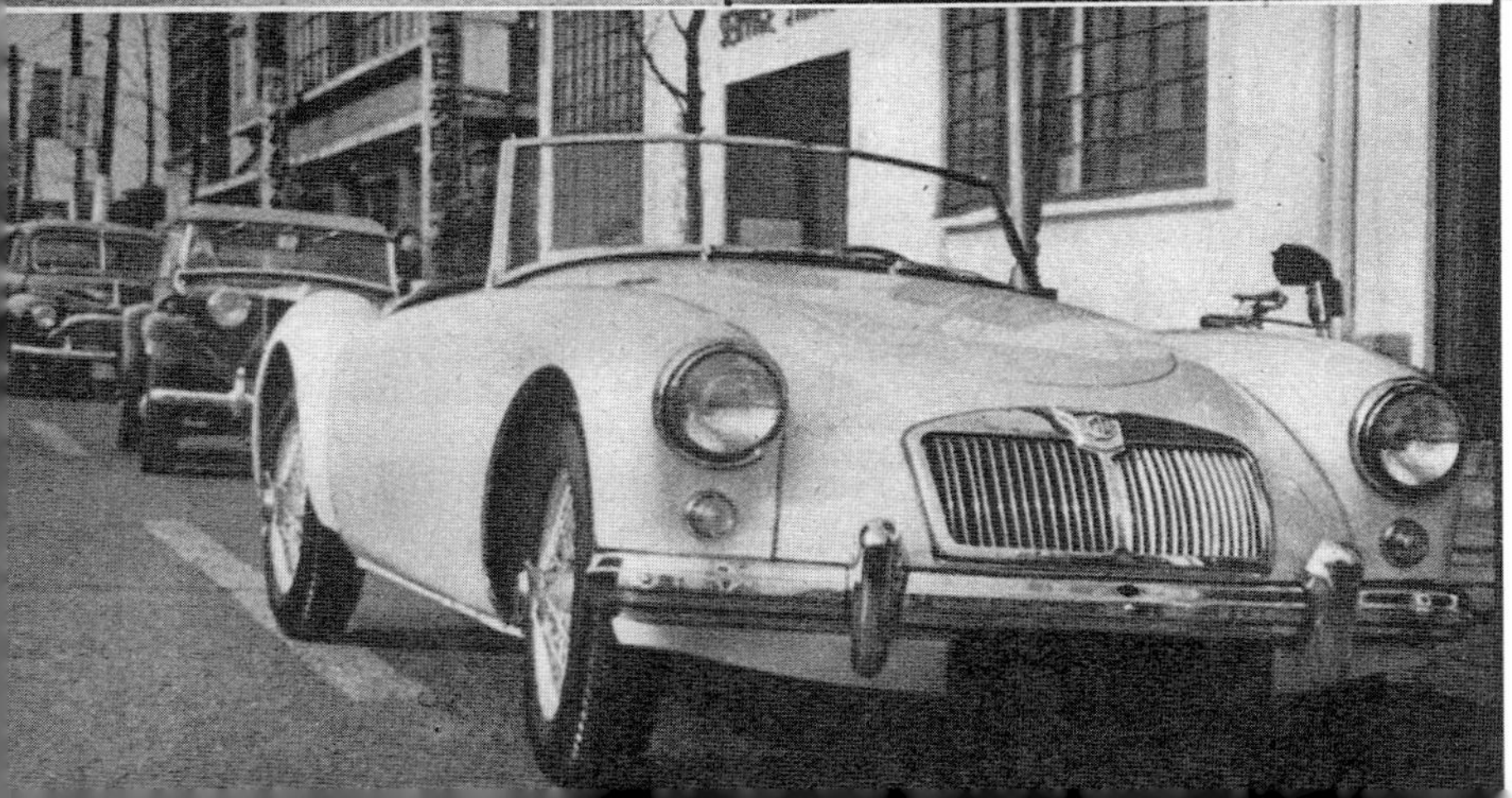

ヨーロッパ車はアメリカと逆に中型小型車に代表される。型がアメリカに比べるとクラシックなのも特徴だろう。といつても、自動車スタイルのメッカはイタリアだということは見逃せない。世界メーカーはイタリアのボデイデザインの発表に注目し、世界億万長者はその特製ボデイ車乗用を見得にしている。

MG　MGA　スポーツカー
イギリス　ブリティッシュ・モーター社
MGはジャガー、ベンツ、オースチンヒーレーなどと共に世界的なスポーツカーとして知られている。従来はイギリス的クラシックだつたMGスポーツカーが、モデルチェンジして大量生産をはじめたMGAは人気の的だ

アップリケのスカート

松島啓介

モデル　樋村三枝
布地提供　東邦レーヨン

無地のスカートに色々の残り布で絵を描くようにアップリケすると、無地の時とは違つた華やかさをかもし出すものだ。でもスカートにアップリケする時、フエルト

のような厚手の場合はい、が木綿のような薄物ではキャラコか寒冷紗、麻芯などで必ず裏打ちして布に張りを持たせる事を忘れないように。裏打ちのない薄い布にアップリケをするとその布を貼つた所だけ厚くつつぱつて、折角の美しいフレアーの線がくずれてしまうものだ。

右はオレンジ色の麻のような張りのある布に、スカートに沿つて五本の黒いテープを楽譜の五線紙のように飾り、黄、白、黒の布で音譜の型に切つたものを飛ばしてみた。**中**は淡いクリーム色のタッサーにグリー地のプンリントと卵色がかつた黄色でリボンの型を大きく飾つた可愛い、スカート。**左**は薄いブルーにたゞ黄、紺、白の大小の円をウエストの辺りを埋めるように飾つただけだが、シャボン玉を思わせる楽しいものになつた。

こんな楽しいスカートは、ちよつとしたカクテルドレスにもなるもの。

The Man in the Grey Fhannel Suit

灰色の服を着た男

それいゆ映画紹介

二宮佳景

空と海の間に

Si Tous les Tars du Monde

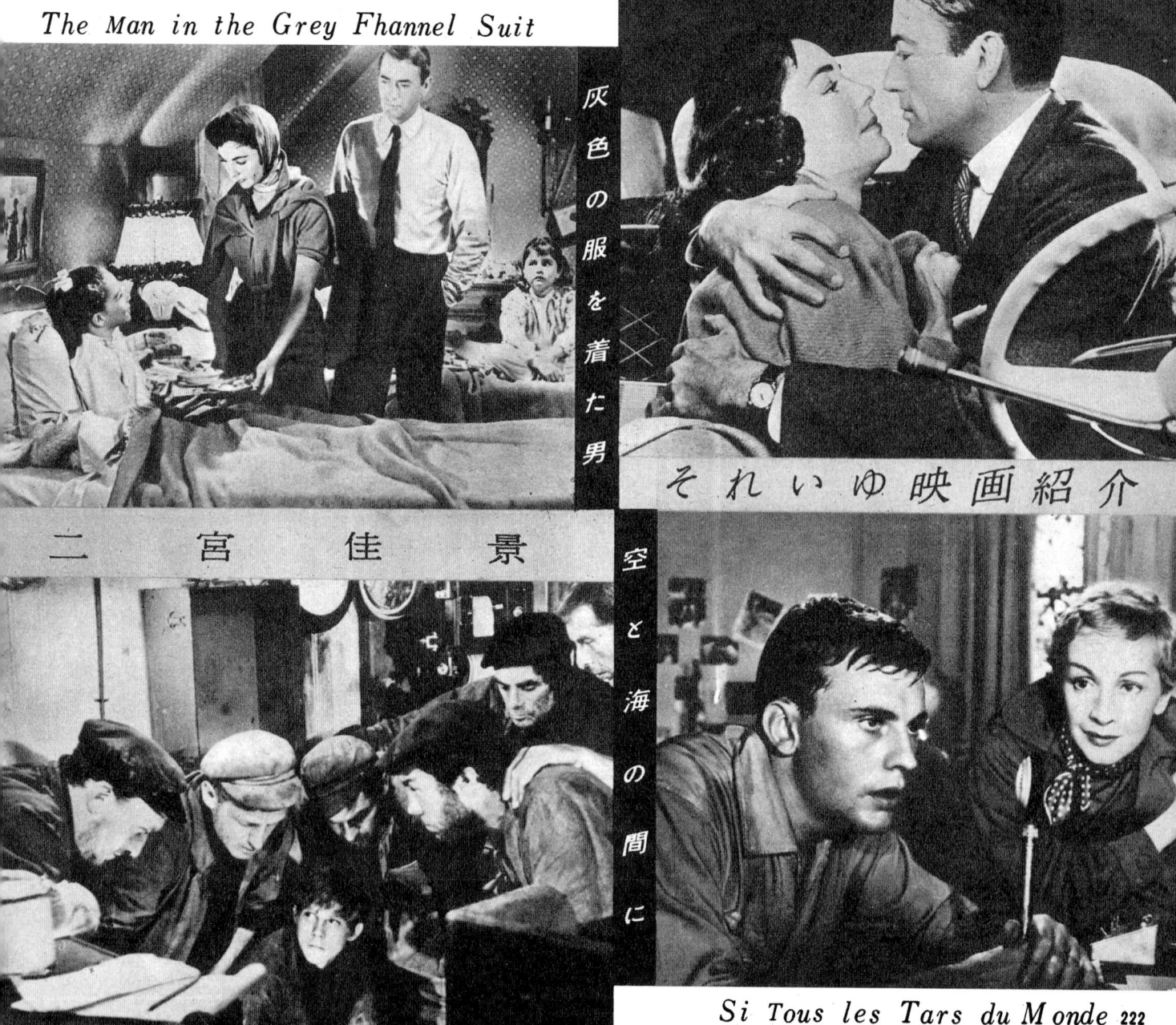

豪華で多彩なキャスト

グレゴリイ・ペックとジエニフアー・ジョーンズの顔合せ。アメリカにおける三大製作者の一人、「エジプト人」のダリル・F・ザナックの一九五六年度シネマスコープ大作。スローン・ウィルスンのベストセラー小説の映画化で、監督は「夜の人々」のナナリイ・ジョンスン。その他の出演者は、「重役室」「必死の逃亡者」のフレドリック・マーチ、「栄光何するものぞ」「バラの刺青」のマリサ・パヴァン、「波止場」「スピードに命を賭ける男」のリイ・J・コッブ、「夜の億万長者」のアン・ハーディング等、豪華で多彩な演技陣を揃えている。

いかに生くべきか—家庭型と事業型

灰色の服を着た男——とは、曰くありげな題名だが、戦後アメリカのサラリーマンのシンボルなのだそうである。もちろん、その男トム・ラースは、グレゴリイ・ペックが演じ、その妻ベッツイはジエニフアー・ジョーンズが演ずる。

サラリーマンといえば、典型的な平凡人と見なされやすい。事実、この映画で追求されている主題は、普通人の理想というべきものである。すなわち、灰色の服を着た男は、家庭と仕事の二つの面において、いかに生くべきであるかということが、少々生真面目すぎるくらいの調子で扱われている。

ストーリーのあらましを紹介しよう。祖母からの遺産を譲りうけ、その邸宅に住むことになつたトム・ラースは、友人の世話である放送会社に勤め、そこの社長ラルフ・ホプキンス（フレドリック・マーチ）の補佐役として仕事を始めることになつた。彼には、妻ベッツイとの間に、一男二女がある。

家族を愛しており、誠実で堅固な彼の性格は、長年祖母の執事だつた男との遺産をめぐる争いや、会社におけるダラ幹との気まずい対立のうちに、徐々に浮彫りにされてゆく。妻のベッツイは、たえず彼を誠実に生きるように励ましつづける。

家庭的なトム・ラースの生活と対照的なのが、社長のラルフの生活である。彼はすべてを事業に打込み、妻子を顧みるいとまがない。

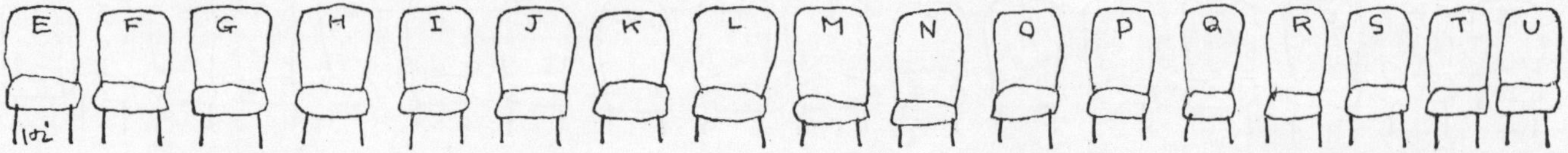

強力な製作スタッフ

先頃、愛妻のマルテイーヌ・キャロルと一緒に世界一週旅行の途中、日本にも立寄つたクリスチャン・ジャック監督の最近作。原作は、「海の牙」のジャック・レミイで、脚色は「情婦マノン」「恐怖の報酬」「悪魔のような女」のアンリ・ジョルジユ・クルウゾオが監督と共同で当つている。その他、撮影は「恐怖の報酬」「悪魔のような女」のアルマン・テイラール、美術は「花咲ける騎士道」のロベール・ジス、音楽は「フレンチ・カンカン」「夜の騎士道」のジョルジユ・ヴァン・パリスが担当し、その顔ぶれからいつて製作スタッフは強力である。

クリスチャン・ジャックといえば、派手な愛慾物や軽喜劇を得意とするメロドラマ作家として知られていたが、この作品では今までとはうつて変つた国際間の「友愛」と「協力」という誠実なテーマを追求して、地味な黒白映画に新生面を拓いてみせている。

短波がむすぶ人々

全世界には、二十万からの熱心なアマチュア無線の技士がいて、海と陸を越えて短波で通信を交換し合つている。短波は気紛れで、季節、時刻、気象などによつて著しく左右され、時には上空の電離層の状況により、小電力でも極めて遠距離と通信することができる。

こうした短波の性質から、国境、人種、思想のちがいを超えて、アマチュア技士たちが、互に協力する姿を描き出したこの映画は、さまざまな場所と境遇における人間の生活断面をみせて、オムニバスのような効果をあげている。

しかし、物語の中心は、ノールウエイから遠く離れた北氷洋上をさまようフランスの漁船「リュテス」号で、たまたま得態の知れぬ病気に乗組員が次々と冒されるところから話がはじまる。船長ル・ゲレック（アンドレ・ヴアルミ）が、最後の手段として、アマチュア無線の短波で危急を呼びかけていると、リュテス号から何千キロも離れたアフリカのトゴの土人部落で、「パリ物産館」の経営者アルベルト（ミモ・リリ）に受信される。トゴ駐在の軍医と船長の通信問答で、病気はハム

そのため、家庭生活に破綻をきたす。娘はヘッポコ作家と駈落ちし、妻（アン・ハーデング）は、二度と彼に会おうとしなくなる。

このような、いわば家庭型と事業型とのちがいを対照させながら比較的淡々と進んできた物語は、いよいよ大詰めの最大のヤマ場に突入してゆく。

ジョーンズ、迫真の演技

トムには、妻に祕めた過去がある。偶然、イタリア戦線で一緒だつた部下に会い、戦争中知合つたイタリア娘マリア（マリサ・パヴアン）が、彼と別れてから男の子を生み、今はひどい貧乏暮しをしていることを知る。彼は何とかして二人を助けたいと思い、ついに一切を妻に打明けようと決心する。

全く信頼しきつていた夫から、恐ろしい事実を打明けられたベッツィは、あまりのことに驚愕し、放心し、気狂いのように取乱してゆく。女性に特有の抑制しがたい感情の波動を、このわずか数刻の経過のうちに、ジェニファー・ジョーンズは全身で生々と表現してみせる。「そのひとは、わたしより綺麗だつたか、わたしより美しい姿をしていたか…………」というようなことを、とめどもなく口走るときなど、彼女がいわゆる美人の部類に属さないだけに、異様な迫真力があり、すべての男性の心胆を寒からしめるものがある。

取乱したあげく、ベッツィは自動車を駆つ

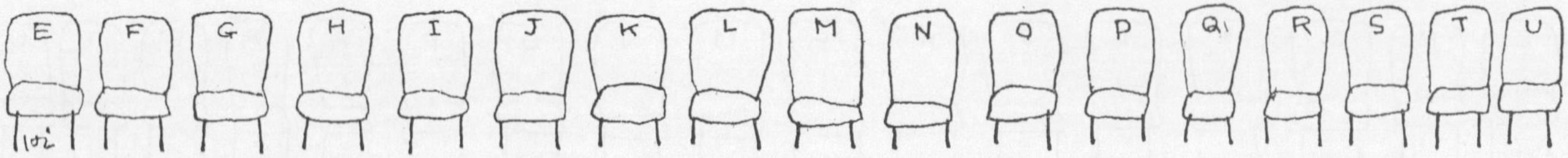

中毒だと判明する。

その時は、夜の七時四十分、翌朝八時までに血清を注射しなければ、全員は助からない。しかも、その血清はパリのパスツール研究所にしかない。軍医は、漁船に停止することを命じ、早速パリに呼び出しをかける。

時間の余裕は、十二時間。頼れるものは、アマチュア無線の技士たちの誠意と機敏な行動だけである。短波は国境を越え、パリ、ミユンヘン、ベルリンと、数々のエピソードを連ねながら連絡されてゆく。

この間、刻々と死が迫る漁船の内部の凄惨な状景が、スクリーン一ぱいに重なつてくる。死の恐怖に耐える人間の劇と、これを救出しようとする人間の劇とが、対照的に映像化され、異常に緊迫したサスペンスをもりあげてゆく。

最も印象印なシークエンス

最初に血清を手に入れ、飛行機で郵送するために協力した十八才の少年と医師の未亡人（エレーヌ・ペルドリエール）のパリの挿話も、米空軍軍曹ミッチ（チャールス・ジャーレル）とソ連の将校が顔を合せるベルリンの挿話も、それぞれ味のあるものだが、この二つの挿話に挿まれたミュンヘンの挿話が特に出色の出来である。

盲目の老人カルル（マティアス・ヴィーマン）が、ベルリンへ連絡するために、電話を求めて人つ子一人通らない深夜の街を歩いてゆく。その絶望的な表情と、歩道の縁をコツコツと叩いてゆく杖の音が、とても印象的であつた。

都会の孤独感が、これだけ深く表現されたことは、そんなに多くはない。市民のほとんどが就寝している深夜、目ざめているのは十二人の漁夫の危急を知つている盲目の老人だけだという暗示は、皮肉で、運命的で、かつまた非常に象徴的でもある。この映画では、最も静かな演技の部分であるが、内面的には最も緊張を強いられるシークエンスといえるであろう。アルマン・テイラールの黒白の撮影は、このあたりの夜の場面において素晴しく生彩を放つている。

短波がむすんだ人々の努力は無益ではなか

て邸を飛び出し、やがて警察に保護される。トムは臨時に家政婦を雇って子供たちの朝食の面倒をみさせている。その家政婦が、「こんなことは、わたしがゆくどこの家庭でも起ることです」と小味なセリフを軽く言ってみせる。

男の過ちは、ここではあくまで戦争のせいだということになっている。しかし、どんな平凡人の家庭にも、大なり小なり波瀾の種となるようなことがあるにちがいないし、人生は決して坦々たる道ではないことを、この映画は暗示してみせている。

愛と理解の一致

やがてトムは冷静にかえったベッツイを警察に迎えにゆき、二人そろってバーンスティン判事（リイ・J・コッブ）を訪ね、マリアの子供に月々の仕送りをする手続きを依頼する。終始トムの同情者である判事は、ベッツイに「今日、奥さんにお会いできたことは大変嬉しいです」といい、ワーズワースの「神、天にしろしめし、静かなる世に事もなし」の詩句を引用してみせる。

どんな映画でも“The End”となった時には、観客の心にある浄化作用（カタルシス）を与えるものだが、「灰色の服を着た男」は、中級のハピーエンド党を喜ばせるような要素がそろっている。

それに、愛というものが究極的には「理解」に通ずるということの、心理的な道具立ても行きとどいていて、特にヤマ場の設定が巧く、全体をひきしめている。「私は妻を知っている」ということは、「私は妻を愛している」ということだ、とある心理学者は言ったが、同様に、「わたしは夫を知っている」と、妻の側からも言われなければならぬことであろう。

本当の理解に達しなければ、本当の愛に達することもできない。

家庭の平穏無事を願わぬ女性はないだろうが、かたちは違っても、何らかの意味で愛は試されるものである。どんな女性にとっても、ベッツイの苦悩は、決して無縁のものとは言いきれないであろう。ホーム・ドラマとして一見の値打がある。

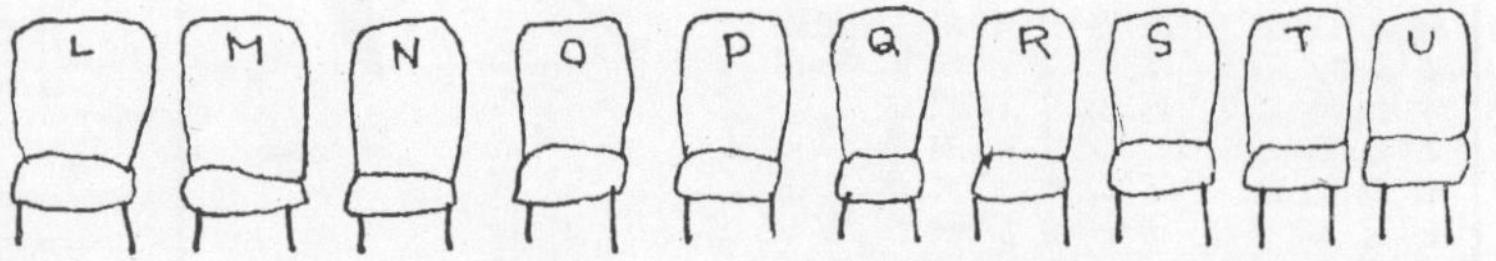

った。リユテス号の乗組員は救われ、漁船はフランスの港に帰ってくる。ラジオがその状況を世界に放送している。——ただ一夜のうちに、この善意の鎖を結ぶために、手を握り合った世界の人々に感謝を捧げます。

映画は定石通りに終って、「人命の尊さと国際間の友愛の美しさをうたい上げた感激的な作品」となるが、この作品の良さは、そんなうわべのユネスコ精神にあるわけではない。

何よりも気持がよかったのは、登場人物が無駄な動きを感じさせなかったことである。それは、どんな些細な動きでも、はっきりした目的をもっているためであって、決して俳優たちの演技の巧さによるものではない。持ってまわった演技の臭みがなく、誇張や感傷に損われない、ナマの人間の表情をヴィヴィドに写してみせている。

ここには、一人もヒーローといえる人物はいない。すべての人が、おのおの自己の役割を果しており、どの役割も「全体」の重要な部分を占めている。いわば、無名の人々の劇であり、この種の映画に必要なリアリティを生かすために、スタープレーヤーを使わず、ほとんど未知の俳優を使っている。この意図は、完全に成功したと言ってよいと思う。

せんたく

日本女子大学教授　上田柳子

私達が生活している限り免れることの出来ない洗濯を少しでも能率的にする為改めてスポットをあててみました　ISAO

洗濯用の器具 1

1 洗濯台

洗濯はしやがんでするより、立つてする方が便利であり、能率的且つ衛生的でもある。洗濯台の高さは身長の高低により多少の変動はあるが大体臍の高さより四〜五cm位下つたところが一番操作し易いとされている。身長一五〇cmの人なら台の高さは五三cm内外がよい。

第一図はたらいを使用する時の洗濯台の高さであり、第二図は、家庭で一坪内外の洗濯室を設けた場合、作りつけの洗濯台の大きさ及び高さ

図 1

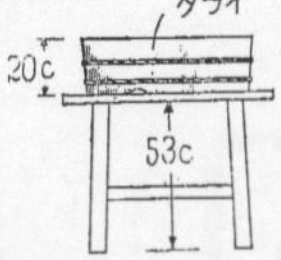

図 2

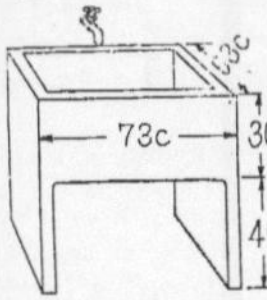

洗濯用の器具 2

2 たらい

たらいは耐水性に富む、ひのき、もみ、さわら等がよく、金属性のものは軽くてよいが薬品の使用には耐え難い欠点をもつている。出来れば琺瑯（ホーロー）引きの大きなたらいを用いるのがよい。大きさは図の様に高さ二〇cm位直径五〇cm水の容積は三〇リットル位入るものがよい。又たらいの側面下部の方へ、蛇口をつけておくと、排水を容易にし能率の面からも便利である。

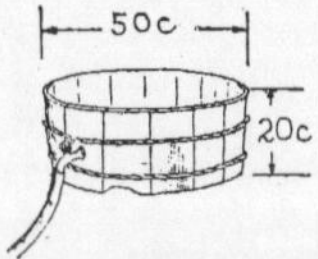

3 洗濯板

材質はたらいと同様で、片面が平な方が刷毛洗いやヘラ洗い絞の時便利。巾30cm長さ60cm位が使い易い。

洗濯用の器具 3

4 洗濯刷毛

絹、毛用には毛製の軟いものがよく、木綿、麻には棕梠製などの、幾分硬いものがよい。又刷毛の背は叩き洗いに利用出来るものを選ぶこと

5 へら

お裁縫に用いるヘラでよい

押出し洗濯器

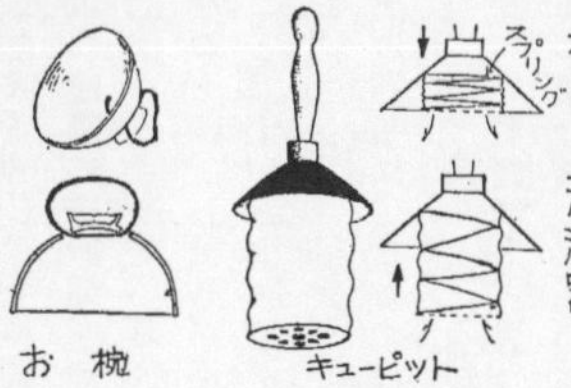

6 押し出し洗濯器

押し出し洗濯器は何でも使用出来るが、特にセーターなど毛糸類又レース、毛布類の洗濯によい。

電気洗濯機 1

市販されている洗濯機には左の様な五つの型がある。次にその特長をあげてみよう。

1 攪拌式

この型は戦前からあり、翼の往復回転により複雑な水の流れを起してその水流の力により汚れを落すものである。翼が理想的に設計され、損傷なく動いていれば、洗濯物も、ひつかかることなく、水流に乗つて動くから、布地を損うこともない。この式の洗濯機は翼の形状が生命である。

注意を要することは、細長い布や紐などは、取り外しておくとか、一まとめにして入れるなど、翼にひつかからない様にすることである。

電気洗濯機 2

2 回転式

洗濯屋などではこの大型を使つているが、攪拌式に比べてレース物や毛製品などもあまり形を崩さず洗えひつかかる心配もなく、洗剤の消費量も少くてすむ。但し家庭用の小型には逆転出来ないものもあり、一方回転だけであれば洗濯物が丸まつてしまい、中心部の汚れが落ちにくい事もある。

3 振動式

理論上では洗う力は相当あることになつているが実際は一般に洗う力の低いものが多く、汚れのひどいものは時間が大分かかる。しかし値段が安いこと、洗濯物があまり動かないから形がくずれず、従つて布地の損傷も少いのが特長である。

電気洗濯機 3

4 噴流式

洗濯液をあらゆる方向へ、それぞれ異つた速さのしかも高速回転（毎分六百回）で噴流させる。1や2に要する時間の約1/3、五分間ぐらいで汚れを落すが、それ以上になると弱い地質のものは損じ易い。

最近二重噴流式（渦巻式）が登場しているが、これは翼を水槽の底部又はその近くにやゝ斜にとりつけ、翼から少し離れたところで、水がうず巻くようにしてある。噴流式より少し時間がかゝるが、布地のいたみは少い。

5 噴流　攪拌式

1と4の短所を補い合つた最新型で、ダブルモーションとも呼ばれ水流が非常に複雑になる。

洗剤 1

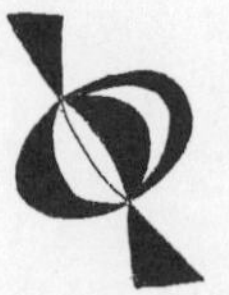

1 石鹸

一般には油脂類に苛性ソーダ、苛性カリ等のアルカリ類を作用させて作つた、ソーダ石鹸を指し、広く洗濯用、化粧用として用いられている。

形状は固形には角型、丸型、棒状のものがあり、粉末石鹸は固形に比べて三〜五％のソーダ灰が混つている。固形石鹸も良質の場合は殆んど臭いが無く、保存中にも遊離アルカリのために白い粉を吹き出す事が少く、又水分の少いものは、汗をかく事も少いし低温の水に溶け泡立ちが良い。

石鹸の洗滌力は濃度が3〜5g/1lの時に、最も効果があるが、水溶液はアルカリ性であるために、絹物、毛織物、合成繊維の洗濯には適当でない

洗剤 2

2 合成洗剤

合成洗剤は水に溶けて殆んど中性の溶液となり、遊離アルカリに依る害はない。

A高級アルコール系

高級アルコールに濃硫酸を作用させ、更に中和して造つたもので、モノゲン、エコール等が代表的なものである。

滲透性、起泡性等の汚れを落す性能は、石鹸に似ているが、石鹸と異り、油脂類を溶解する力が大きいので、毛織物の洗濯に適し、フェルトする事も少い。適当濃度は3〜5g/1lである。

洗剤 3

B石油系（ソーププレス・ソープ）

アルキルベンゼンを濃硫酸でスルホン化したもので、ニッサンウエット、ライポン等がある。

水に溶け易く滲透性、起泡性に富んでいる。

適当濃度は3g/1lである。

最近では液状の中性洗剤も出廻つている。

又、洗濯ソーダ等のアルカリ類は酸性の汚物を中和し、なお硬水の軟化作用を促し、且つ比較的安価であるので、石鹸と少量混用して使用すると、一種類の洗剤を用いる場合より、溶解力を増し、石鹸の使用量も少量で済ます事が出来る。

セスキ炭酸ソーダは、洗濯ソーダよりアルカリ度は弱い。

順序 1

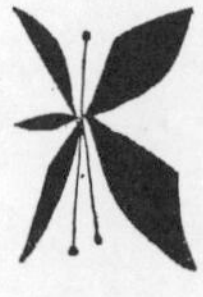

1 準備

洗濯をするのには、身仕度を完全にする事である。次に汚れが何々であるか観察し、洗濯用具、洗濯剤の準備をする。

A色物別に分けること

白いものと色物を分ける。又、洗う前に色物であれば色が落ちるかどうか、洗濯物の布端を濡らしたタオルで、軽くもんで色の出具合をたしかめておく事も大切である。

B用途別に分けること

食卓用のものと、直接皮膚にふれる下着類、装飾品などを分けておく

C組織別に分けること

織り方は洗い方に関係がある。平織物と、コール天、毛編製品などは洗い方が異なり、注意を要する。

順序 2

D繊維別に分けること

繊維別に分けることは、洗濯方法及び、洗剤の種類、温度が異なる。

2 除塵

洗濯物の表面についている塵埃を充分に払いおとす。

3 予洗

予洗では水によく浸して、水で落ちる汚れは出来るだけ除去してしまう方が石鹸の負担を軽くする。予洗の時に洗濯ソーダを少量入れて洗うと尚よい。

4 本洗

予洗で落ちない汚れを落すのが本洗いであるが、繊維や組織、色の強弱を考え、前述した洗剤の適量を使用し、次のような操作を適当にする事が大切である。

洗い方 1

1　振出し洗い・浸し込み洗い

この洗い方は殆ど手を加えない方法で、振出し洗いは多量の洗濯液中に浸した布の一端を持ち、強く振つて洗う方法で、汚れの落ち易いもの染色の弱いものなどに応用される。

2　手揉み洗い、つかみ洗い、足踏み洗い

手揉み洗いは両手で揉み洗う方法で綿、麻などの地質の丈夫なものにつかみ洗いは洗濯物を浸したまま両手で摑む様にして洗う方法で、フエルトし易い毛糸・毛織物、レース等に適している。

足踏み洗いは洗濯液を吸収させた品物を両足で踏みつけて洗う方法で大きな洗濯物、例えば、シーツ、毛布などによい。

洗い方 2

3　叩き洗い、刷毛洗い、へら洗い、押し出し洗い

たたき洗いは、平板の上に洗濯物をのせ、叩き棒やブラシの背で叩いて汚れを落す。

刷毛洗いもやはり、平板の上に汚れたところをおき、洗濯液を流しながら刷毛で汚れをはき出す洗い方。

ヘラ洗いはワイシャツのカフスやカラー、或は足袋などの様に筋になつて汚れているもの、厚くて洗い難い縫目の部分など、普通の洗い方ではなかなかとれない汚れをその部分に石鹼をつけヘラを斜に使つて落すのである。

押し出し洗いはお椀やキユーピット洗濯器を用い、手で押しつけ持上げる時に汚れを吸い出す方法で、絹物やレース製品等を洗うのに適する。

洗い方の注意 1

1　木綿、麻類

木綿、麻は洗濯に対して耐久性があるので前項で述べた洗い方を汚れの程度に応じて適宜応用すればよい

2　人絹、スフ類

木綿・麻類より、いく分弱くする

3　羊　毛、絹

羊毛は圧力、熱、アルカリを加えると縮むおそれがあるから、強い洗い方は勿論さけねばならないし、洗剤も中性洗剤を使用し、洗濯液の温度は、洗い初めから洗い終りまで同一の条件で行わねばならない。20～30度位の微温湯がよい。

洗い方は軽いつかみ洗いか押し出し洗いがよく、絹もつかみ洗いがよい。

洗い方の注意 2

4　ナイロン、アセテート、ビニロン

この種の化繊類は、よごれが布の内部まで浸透しないので、軽く洗うだけで、殆んど完全に汚れを落すことが出来る。0.3%前後の洗濯液中で(中性洗剤使用)軽くつかみ洗いか特に汚れているところは刷毛洗いを行う。

化繊はゴシ〳〵揉み洗いをしたり熱を加えたりしない事が大切である

5　サラン

サランは洗濯をするよりも、表面を清拭する。中性洗剤0.3～0.5%溶液を作り、タオルを浸して絞り、汚れている面をきれいにふきとり、液が汚れたら取り替えて拭き、あとはきれいな水をかえ石鹼分を拭つておく

濯ぎと絞り

1　濯ぎ方

折角洗濯したものでも濯ぎが不充分で石鹼分が残つていると布地を痛め、特にナイロン等は黄変を早めることになる。たらいにたつぷり清水を入れ、四～五回よく洗い、完全に石鹼分をとり除くようにする。

2　絞り方

小さいものはざつと折り畳んで板の上に押つけるか、両手で握り絞りする。着物等の大きいものはぐるぐると畳みまとめて上からのしかかる様な形で斜に立てかけた板の上で押し絞りするとよい。人絹・スフ等はねじり絞りすると布を傷めるし、ナイロン、アセテート、ビニロン等は絞ると小皺の原因になるので絞らず形を整えて干す。ナイロンは紫外線に弱いので日蔭に干すこと。

漂白 1

衣類の汚れは洗濯によつて大抵は落ちるが、特に白物の場合洗濯だけでは取り除く事の出来ない色素が附着することがあるので、純白にするために洗濯後更に繊維の種類によつて適当な方法で漂白する方がよい。

1　晒粉による方法

木綿、麻、人絹、スフ類の漂白に用いられるが、比較的安価で簡便なため、日常家庭で良く用いられる。分量は5g/1l 水の割合で木製又は琺瑯引の容器の中に浸し、時々布を反転しては30～60分して或る程度白くなつたら取り出し充分水洗いして臭気を除く。濃度を誤ると繊維を傷め又動物性繊維は黄変し、その上脆くなるので取扱いに充分注意すること。

漂白 2

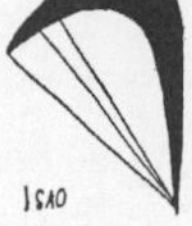

2 ハイドロサルファイト

絹、毛等の動物性繊維、合成繊維の漂白に用いられるが、木綿・麻・人絹・スフ等に用いても差支えない
分量は 5g/1l 温湯の割合で溶液を作るが、加熱すれば一層分解が早く行われるので普通熱を加え30～60度位迄とする。品物を良く浸し攪拌しながら晒すが、少量の酢酸を加えると一層効果がある。取り出したら充分に水洗する。

なお、ハイドロサルファイト溶液は強い還元力を持ち、空気酸化によつて効果を減じるので、使用する直前に溶かすことと、薬剤も空気に触れると自然分解し易いので、必ず密閉して貯蔵することが必要である。

漂白 3

3 螢光漂白

太陽光線によつて青色系の螢光を発する物質の水溶液で繊維を処理しその白さを増進させる方法で、最近では洗濯又は糊付けと同時に白さを増すように家庭用の洗剤や糊の中に混ぜてあるものや、粉末のもの、液状のものも市販されている。

螢光漂白剤は繊維を傷めないこと短時間で手軽にその目的が達せられる等の利点があるが、反面、夜間の電灯の下では効果が薄く、又一種の染色作用であるため日光、洗濯、熱湯に対して堅牢度が不充分である。

なお使用量は繊維の種類、処理方法等によつて異るが、極く少量でその目的を達するので、多すぎるとかえつて効果を阻害する。

糊つけ 1

糊つけは布地の手触りや体裁をよくするだけでなく、汚れを防ぎ、洗う時も容易に汚れを落すことが出来るという効果がある。

1 糊の種類と適用

木綿・スフ……生麩・コンスターチ・姫糊・御飯糊・C・M・C
絹・人絹……ゼラチン・布海苔・
化学繊維・合成繊維……C・M・C
毛……ゼラチン

2 糊の濃度

好みによつて一様には云えないが普通水1lに対して、乾布の時は生麩コンスターチは約20g（大匙山盛一杯）カラー・カフスには70gの割合絹、人絹に使用するゼラチン布海苔は4～5g位である。

糊つけ 2

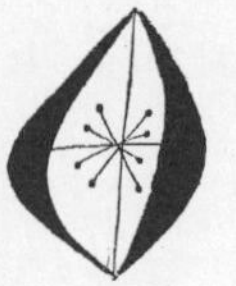

3 糊の使い方

布のり、ゼラチンはあらかじめ水で表面の塵埃を洗い、一時間位温湯に浸してから煮る。どんな糊でも永く煮たりぐら〳〵沸騰させたりすると粘りが弱くなるので気をつけること。袋に入れて漉し、適当に薄めて使用する。最近合成糊料が出廻つているが、これはどの繊維にも使用される。又使用が簡便で、腐敗しないので多めに溶いておきその都度薄めて使えるので大変よい。色々な種類があるが、C・M・C、又はサンノリン・セロゲン・純糊等、何れも水にとけて火を加えなくとも良い。

浴衣、ワイシャツ、ブラウス、ワイシャス等の丸物の衣服は浸け込みの方法が布の心までついてよい。お天気のよい日にさつと乾すのが一番

乾燥 1

1 物干場

物干場は屋外に設ける事は勿論だが、その場合冬の日照時間を中心にして場所を定めるとよい。夏は気温が上昇しているので、どんな位置でも乾燥は早いが、冬は日照時間が非常に短いので乾きにくい。そこで、太陽が洗濯物に直角にあたるように設備しておけば理想的である。

2 竹竿

竹竿を使用する際は、きれいに拭き清め、汚れが洗濯物につかないようにすること。又雨ざらしにしておくとか、夜も屋外に出し放しにしておくなどは、竿の傷みを早くするばかりでなく、干す時に竿の汚点がつくおそれがあるので気をつけたい。

乾燥 2

3 干し綱

狭い場所にも自由に張る事が出来竹竿より沢山干せる。外側をビニールで巻いたものの方が便利である。

4 衣紋竹又は洋服かけ

衣紋竹は丸洗いした和服類を干すのに便利だし、洋服かけは、ブラウス・ワンピース等を干すのによく、日当りのよいところへ簡単に動かすことが出来てよい。

5 洗濯狭み

セルロイドかアルミニウム、プラスチック製のものが錆なくてよい

6 其他の干し器

図の㈢の様に、ズボンやスカート類を干すものを利用すると、形もくずれず、又乾きも早い。

愛読者のページ

夏も盛りの八月暑さ厳しき折から皆様如何御過しですか。今号より新たに愛読者の頁を設けましたが、さつそく沢山の御便りを御送り下さいまして有難う御座いました。編集部では今後ともどしどし皆様が活潑な御意見を御寄せ下さることを望んで居ります。

なお原稿にも住所氏名をはつきりとお書き下さるようお願い致します。

あかしやの花がすぎバラの花咲く頃になりました。編集部の皆様初め愛読者の皆様お元気でいらつしやいますか。

私の本箱には十一冊のそれいゆがならんでおります。今度「愛読者の頁」が出来るとのことさつそくお仲間入りさせていたゞきたくペンを取りました。どうぞよろしくお願い致します。毎号の御誌のすばらしさと新鮮さはひまわりの頃からずうつと感じている事です。半年、一年それ以上たつてもけつして古い本という感じが致しません。手芸、洋服の作り替え、楽しいコント等。とてもぜいたくで知的でまたとても実用的で役に立つそれいゆを私はこう思つているのですが、皆様いかゞですか。

お人形作りが好きでポツリポツリ作つているのですがそれいゆの型紙は少し大きすぎますので少し小さくお願い出来たらと思つています。では皆様のお便りお待ち致します。

秋田県能代市栄町　雄鹿　国

それいゆが隔月に発行されること本当に嬉しく思つています。それいゆをとつてからもう長い。私が高校二年の時だから。それでいて少しも「退屈だな」とか「平凡だな」「婦人雑誌は一年とれば附録で役に立つ」なんて一度も考えたりしたことはなかつた。何時読み出してもどこを開いてもすぐに「あつそうだな、こんなにもたのしい生活があつたつけ」と忘れていた記事を又心に新しい生き方を見つけて喜んだり、私なぞまだ学生だし試験の時なぞ、「いけないいけない」と思いながらついそれいゆが発行されるとテストが終らないのについ〳〵読んでしまう。最後まで読むと明日にひかえたテストも忘れてしまう位に何となく又周囲の生活を見直したりしてしまう。私と同じ学生の方なら常にこんな経験を持つていらつしやるに違いない。いつも理智とそして美しさを忘れずに。

東京都武蔵野市吉祥寺一〇三二　田中　英江

それいゆの美しい表紙を開けるとどれから先きに読もうかとしばらくはたゞ頁をくつてばかり――本当に愉しい生活のすみ〴〵まで明るくする本です。私はずつと前から愛読しています。みんなきれいにしています。よれ〳〵にしたくないそれいゆですから。私は今、歌や管楽器がとびこんで聞える学校の中の寮に居ます。だから自分の思うまゝの生活をしています。机の上のかざりもロッカーの中も、私はそれいゆに書かれたことで好きになつた趣味をとり入れて楽しくやつています。今日はとても良いお天気。それいゆを側に、愛読者の皆様とお話出来て、又これからも色々私の事等もお話出来る事本当に嬉しく思つています。

この愛読者の中にジャズの好きな方いらつしやいまして？

上野芸大寮　桑田倫子

第四十号発刊お目出とう御座居ます。早いものであれから十年になるのですね。

昭和二十一年に夢の様に美しい第一号が発刊されて以来、もうそんなに歳月がたつたのですね。十年と一口に云いますが、その十年と云う歴史ほど尊いものはないと思います。その十年と云う立派な歴史が、現在の〃それいゆ〃のどの頁にも浸込んでいるのです。又その間に起つた、つらかつたこと、苦しかつたこと、嬉しかつたこと、それらがみんな現在の〃それいゆ〃の味であり色なのです。本当に編集の皆様御苦労様でした。皆様の雑誌を愛する深い愛情がこの十年と云う尊い歴史と共に、四十号の〃それいゆ〃を生みだす母体となり、又その愛情がどの頁にも溢れて、何かほのぼのとした雰囲気を生み出しているのです。

そして私達はそこに色々な歴史を感じることが出来ます。第一号から現在迄を取り出して見て、まず第一に感ずることは、中原淳一先生がいかにたゆまず御勉強と御努力をなさつたかと云うことです。それは現在迄の表紙一つを見てもよくわかることです。

本当に御苦労様で御座居ました。これからは二十年目の歴史を目指して歩み続けられるのです。なを一層の御活躍を楽しみに期待しています。

早いものであれから十年になるのですね。第四十号発刊本当にお目出とう。

木本　西

数多くの婦人雑誌、服装雑誌の中から、私の永年の（或いは生涯の）御友達であるべき本にそれいゆを選んだ理由は、この本だけが持つている美しさに惹かれたからでした。第一に中原淳一先生の夢と詩で一杯のロマンと適度にリアルな面を兼ね備えた編集には毎号を手にする度に満足と嬉しさを感じています。
どうか何時迄もそれいゆ独特のニュアンスを持ち続けて下さいますように。智性と愛らしさとロマンチシズムと現実性を程良く混合させて。

三重県員弁郡梅戸井町　荻野　桂子

それいゆのことをおしゃれ雑誌と評する人が居りました。彼女に私は無理にそれいゆを渡しました。
何日かして、その本がもどつた時彼女は「ためになつたわ」と申しました。私は「それごらんなさい」と鼻が高くなりました。世の中にはこういつた人が少くありません。若い人だけではなしにもつと読者層を拡め充実した雑誌としてもつと宣伝してよいと思います。
詩や文学の頁もふえて欲しいと思います。名作物語の中の主人公の生き方など。
私達のそれいゆがより美しく香高い雑誌となりますよう祈ります。

東京都目黒区緑ケ丘三〇〇一　村山美智子

御気嫌よう。いつも私に楽しみを与えて下さつて有難う。はじめてのお便りをします。でもそれいゆとはもう大分前からのおなじみなのよ。私は手芸が大好き今は高校生でまだ〳〵五年位学生生活が残つています。勉強にいそがしいけれどもお人形なんかつくつているときが私の最大のたのしみそれいゆのお人形がお手本になります。いつもいつもとつても可愛らしいものばかりでそう全部はつくれないので作るのを選ぶのに大変。作り方を説明していて下さつていて大変うれしく思つています。今少しお願いしたいのはお人形のお顔や手の布の寸法も記していたゞくこと。スカートやお帽子だけ寸法が書いてあつては作りあげがちぐはぐになつて困つてしまいますから、よろしくね。

岐阜市　美代

何といつたら良いのか、大阪の息つていうものがないということ、その為めにこの御本を読むということが大阪娘として少しキザで弱々しく見えるものらしい……でも私はねそべつてでもなければ、きちんと正座してでもなく、ごく自然に読んでいてふと自分の心にふりかえらせるものを与えるこの御本は好き。そしてそのそれいゆ並の反省の出来る自分に幸福を感じる……そんな意味で特集に小説に工作にドレスに或いは御料理にますます私達の夢をはぐくむものをのせていつて欲しい。

大阪市天王寺区大道二丁目三九　井本　綾子

編集部の皆様お元気でしようか。季刊より隔月刊になり非常に嬉しく思つておりましたところ、この度愛読者の頁新設のお知らせにまたまた飛び上つてしまいました。女学生の頃より愛読して来たそれいゆは今ではもうすつかり私の生活にとけこんで切り離せないものとなりました。中原先生をはじめ編集部の諸先生方の細い神経が隅々まで行きとゞいているそれいゆは、他にないユニークな雰囲気にあふれた本だと思います。そしてその様なそれいゆの読者であることをとても倖せだと感じております。
梅雨が過ぎるときらきら太陽が照りつける真夏の訪れです。八月の次号発売をもう今から待ちこがれつつお便りを書きました。全国の愛読者の皆様、これから先この愛読者の頁で楽しくお話すること楽しみに。

鹿児島県川内市向田町一三八七　正岡代志恵

それいゆ読書案内

田村隆一

現代イギリス文学の代表的な作家であり、映画『第三の男』などの原作者として、あなたがたにしたしまれているグレアム・グリーンが、一九五一年の『愛の終り』(映画では『情事の終り』)以来、五年ぶりで発表したのが、この作品です。

どちらかというと、これまでのグリーンの代表作とされている『力と栄光』『事件の核心』『愛の終り』などの小説は、個人の内心の苦悩や、罪と良心の問題を、あきらかにカトリックの立場から描きだしたものですが、この『おとなしいアメリカ人』は、一九五一年から二年までのインドシナの戦争を背景に、二つの世界の思想的対立と、その力関係という現実的な問題をとりあげ、アメリカのアジア政策に対する痛烈な批判など、いままでの彼の作品にみられない外部世界との強い接触がうかがわれて、なかなか面白いと思います。

おとなしいアメリカ人

グレアム・グリーン
田中西二郎訳
早川書房刊 二八〇円

この小説は、『おれ』という一人称で記述する、イギリスの新聞特派員ファウラーの眼を通して描かれてゆくのですが、彼は、この物語のたんなる語手である以上に、重要な役割を果していて、見方によつては、この小説の主人公であるといつても、けつして過言ではありません。

このファウラーは、もうだいぶ永いこと別居している妻のヘレンに宛てた手紙のなかで、こんなふうに書いています。

『親愛なヘレン、私は来年の四月、外交問題の論説記者の仕事をするために、イギリスへ帰ることになつた。それについて私があまり喜んでいないことは、君も想像がつくだろう。イングランドは私にとつては、自分の失敗の舞台だ。私は君とクリスチャンとしての信仰を同じくしている場合と同様に、私たちの結婚は永く、続けるつもりでいた。今日まで、いつたいどこに間違いがあつたのか、私にははつきりわからない。……しかしたぶんそれは私の気分だつたろうと思う。私の気分が、いかに残酷、無頼になるかを、私は知つている。いまは、それが少しは良いほうになつて——アジアが私をそうならせた——以前より優しくはならぬまでも、穏かにはなつたと思う。おそらく、それは単に五つ年をとつたということにすぎないかも知れぬ——五年間が残生のうちでの大きな割合を占めるようになる晩年に当つて。君は私には極めて寛容だつた、君は私たちの別居以来、一度も私に恨みがましいことを言わずにくれた。それで、君に頼みたいが、もう一息、寛容になつてはくれまいか？ 結婚前に君は絶対に離婚がありえないことを私に警告した。私はその冒険を承知して、いままで一言も苦情を言つたことはなかつた。同時に、いま私はそれを頼むのだ』

この手紙の一端から、この小説の語手であるファウラーの過去と現在の微妙なシチュエーションがあなたがたにもすこしは分ると思います。

彼はすでに初老に近く、カトリックの信者である妻や、敗残の生活をおくつたイングランドが代表する『ヨーロッパ』から、彼と同棲している美しいが無知であるアンナン娘のフウオングや、朝鮮戦争につぐ、第二の『熱い戦争』の噴火口であるインドシナが代表する『アジア』に逃避してきているのです。もつとも、彼には、特派員としての仕事をもつてはいますが、それも戦況の報告者（リポーター）であつて、それ以上を出ません。彼は自分の人生における役割を、やはりリポーターの立場に限定して、傍観者としての態度を持ちつづけてゆこうとする、シニックで、ニヒリスチックな男として、わたしたちのためのナレーター（語手）になつています。

ある偶然から、ファウラーは、ひとりのアメリカ人とバアで知り合います。ひよろ長い脚、水兵刈りの頭、きよろきよろした学生らしい眼つきをした『おとなしいアメリカ人』パイルは、ファウラーが『ヨーロッパ』から『アジア』にきた内面的なコースとは、まつたく対照的なコースで、この戦乱の地にやつてきたのです。つまり、三十をちよつと過ぎたばかりの、経済援助使節団員として現れたこのアメリカ人は、故国にいた頃からアジア問題に観念的に熱中して、アジアを救うものは、共産主義でもなければ旧式な植民地勢力でもなく、『第三勢力』が必要なのだという信条をいだいて乗りこんできたのです。初老のファウラーにとつて、『アジア』は憧憬と逃避の地であつたのに反して、青年パイルにとつて、『アジア』は、民主主義のためなら、いかなる手段にうつたえても、文明の名において救済しなければならないところだつたのです。

この無邪気で、善意なアメリカ人は、二年もファウラーと同棲しているアンナン娘のフウオングに結婚を申し込みます。『アジア』をデモクラシーで救済するように、フウオングを『結婚』で救済しなければならないと、『アメリカ人』パイルは考えたのにちがいありません。この若干ユーモラスな三角関係を起点にして、物語は血と硝煙の前線から、その背後の二つの対立する力関係へと展開してゆき、あらゆるものを、まきこまずにはおかない戦争と人間を激情におとしいれる愛の本質に突入してゆきます。そしてついにパイルは、彼自身が無邪気にも信じていた『第三勢力』を育てるために、カオダイ教団の私兵の参謀長だつたが、いまでは雑軍にすぎないテエ将軍と結びつき、サイゴンの広場に二トン爆弾を破裂させ、女子供など、多くの非戦闘員が殺されるという惨事をひきおこしてしまいます。

人生や世界の傍観者であると自認していた初老のファウラーも、ここにいたつて、ヴェトミン（共産軍）の地下組織と連絡をとつて、パイル暗殺の手引をすることになる――戦争は、彼を単なるリポーターにとどめなかつたのです。そして、「愛」もまた、彼を傍観者にとどめておかなかつた、アンナン娘フウオングにたいする肉欲的な関心から、シリアスな愛に彼を『まきこんで』ゆきます。

グリーンは、この小説において、戦争、革命、信仰、愛、アメリカ、アジアといつた現代最大のテーマを追求しながら、無神論者ファウラーの内面的な心の苦しみを通して、神を逆証明してみせたのかもわかりません。

『〝コンティネンタル〟でおれの隣に腰をおろし、向う側のソーダ・ファウンテンを眺めやつていた初対面の日のパイルを、おれは思い浮べた。あの男が死んでから、おれにはすべてが順調に行つたが、しかしおれは、もし「あいつ」が存在するものなら、すまない、と心から言えるのにと、どんなにそれをせつなく思つたことだろう』

これが、この小説の最終行ですが、このなかの『あいつ』という言葉が、読むものの心に、どのようなかかわり方をするかで、この作品の真のテーマが変つてくることと思います。これは、とにかく一読をすすめます。

昭和の精神史

竹山道雄著

新潮社刊 一五〇円

本書は、著者のつぎのような言葉からはじまっています。

『「大戦争の後には、人々は精神のバランスを失い、ただ当時の責任者に一切の罪を負わせて感情的に罵倒して事了えたりとするが、十年もたつと冷静をとりもどして、真実の原因を考えるようになる」前大戦のことを書いたもので、こういう言葉を読んだことがある。われわれの場合にも、その十年はたった――』

著者は、一市民として、遭遇した、大平洋戦争終結までの、暗黒の十年間を回想しながら、日本の大破局をもたらした今次の大戦の真の原因はなにか、自分の目に見、体験した事柄や事実から、プライベートにそれを探り出そうとしたのが、本書です。そして、わたしたちの未来も、すべて過去のなかにふくまれているのなら、この真の原因こそ、われわれの未来にとって重要なかかわりをもっていることは、疑えないことです。あなたにも、ぜひ考えてほしいと思います。そして、それには、ある固定した観念をもって歴史を観ることはつつしみなさい、つまり、歴史を解釈するときに、まずある大前提となる原理をたてて、そこから下へ下へと具体的現象の説明に及ぶ行き方は、歴史を、ある先験的な原理の図式的な展開として、論理の操作によってひろげてゆくことはできない。上からの演繹は、事実につきあたるとそれを歪めてしまい、事実を図式に合致したものと理解すべく、都合のいいものをとりあげて都合のわるいものは棄てる。このような「上からの演繹」を、あなたがたは慎まなければならないと著者は警告します。そして、いわゆる進歩主義的な歴史観の偏向や、歴史を生き生きとしたものとして感じとる、もっとも本質的な能力を、抹殺してしまう「上からの演繹」「大前提からの解釈」の悪い例を、明治維新から太平洋戦争までの、代表的な事件を例にとって批判するところは、この本のバックボーンとなっていて、あなたがたにいろいろなことを考えさせることと思います。

昭和初年から、太平洋戦争に突入してゆく、日本の近代的悲劇は、『天皇制』というわが国独特の制度が中心になっていて、しかも、『天皇制』を一元的に解釈することは、かえって真の原因の探究をさまたげるものだとする著者の指摘にも、ふかいふくみがあります。実に、この暗黒の日本の十年は、二つの天皇制の闘争であり、この闘争を理解しないかぎり、日本の近代的なジレンマと悲劇の要因をつかむことはできないとする著者の見解に、わたくしも大いに得るところがありました。

それでは、二つの天皇制とはなにか。

昭和七年の五・一五事件と昭和十一年の二・二六事件を通して、『青年将校たちは「天皇制」を仆そうとした。しかも、天皇によって！ 天皇が悪しき「天皇制」の首となっているのは、天皇と民との中間に介在するものがいて、その聖明を覆うからである。これを艾除すれば、歴史の悪しき段階は克服され、民を苦しめる「天皇制」の暗雲ははれて、天の光はただちに四民を照らすだろう。そしてこの革命を遂行することは天皇の意思であり、「これこそ聖旨に添い奉るもの」である。革新派の軍人が考えていた「国体」は、「天皇制」とはあべこべのものだった。天皇によって「天皇制」を仆そうとすること――これがあの歴史の一つの鍵だった。このころには、天皇は二重の性格をもっていた。

その第一は、政党・財閥・官僚・軍閥の頂点にあって、機関説によって運営される、いわばイギリスの王のようなものだった。天皇がこの性格のものであるあいだは、一部軍人はその意思表示をも「上御一人の真の思召しにはあらざるべし」と考えた。

その第二は、御親政によって民と直結して、平等な民族共同体の首長であるべきであり、国難を克服する、国家の一元的意志の体現者だった。一部軍人はこの性格の天皇を奉じた。

天皇の性格がこのように二重だつたから、その君臨の下に考えられていた体制も別だつた。一つは旧来の元老・重臣・政党・財閥・官僚・軍閥のヒエルアルヒー（聖職者階級制度、教職政治を意味する）による「天皇制」であり、これは汚職をしたり軍縮をしたりした。他は一君万民の軍国的社会主義的体制であり、これは社会的不正を攻撃したり外地侵略をしたりした。あるいは、前者を「機関説的天皇制」と名づけ、後者を「統帥権的天皇制」と名づけることもできようか』

この二つの「天皇制」が、昭和の動乱のキイであり、その歴史的事件の展開の最も重要な三つのステップ、㈠青年将校の運動、㈡軍の団体精神、㈢大東亜共栄圏建設と国内改革のための新体制運動の三つの窓をとおして、謎につつまれた歴史への手がかりを、一私人として求めた点に、本書の大きな特徴があります。

『どうしてあゝいうふしぎな戦争になつたのだろう?――この大きな問題を、能力も方法もきわめて限られた者に答えられるわけはないが、さりとて、いつまでも疑念をもてあぐんでいるのもくるしい。専門家の説明を読んでも、実のところ納得のいかないところが多い。自分の経験した実感をはなれないということを頼りに、一私人が十年後に一まず考えをまとめてみたらこういうことになつたというのも、あるいは意味があろうかと思い、自分のために書いた次第である』と著者はあとがきで述べています。

K.

現代アメリカ短篇集

佐藤亮一訳

荒地出版社刊　二五〇円

この短篇集には、アメリカの巨匠といわれる代表的な作家から、まだ日本には未紹介の新進作家まで入つていて、作品はどれを読んでも愉しく、味わいのあるものばかりです。

日本の読者によく知られている作家では、ジョン・スタインベック、ルイス・ブロムフィールド、ジョン・ハーシー、ウイリアム・フオークナーの四人で、あとのリング・ラードナー、メリイ・ボルト、ロジャー・アンジェル、ネーサン・アッシュの四人の作家のものは、ほとんど紹介されていないといつてもいいでしよう。

スタインベックの『ジューニアス・モルトビイという男』は、集中でいちばん古く書かれたもので、これは一九三二年のものですが、この短篇集のなかで、いちばん、わたくしの好きな作品です。ジューニアス・モルトビイという、世間と没交渉でのんびり暮している風変りな男の話ですが、彼とその子ロビイとのいきいきとした生活ぶりには、まつたくうらやましくなつてしまうほどです。ユーモアとウイットにとんでいて、しかもそれが、物質的な世界からたえず人間が追いつめられている現代を痛烈に諷刺していて、非常に面白いと思いました。

フオークナーの『二人の兵隊』とブロムフイールドの『池』は、ともに第二次大戦中に発表されたもので、『二人の兵隊』は日本が真珠湾を攻撃した日からはじまり、『池』は南太平洋上の日本軍との空中戦闘をあつかつているのも、戦時下のアメリカに生きる人たちの心を知る点で、興味あるものと思います。

ほかの作品――ラードナーの『金婚旅行』、ボルトの『恐慌終る』アンジェルの『夜間飛行』アッシュの『バスの中の人々』ハーシーの『ペゲッティのおのろけ』の五篇は、みんな一九五〇年以降のあたらしい作品ばかりで、アメリカの広大な階層と複雑な現代生活の断面を、それぞれの持味で代表していて、どの短篇を読んでも、あなたを満足させてくれるでしよう。

とくに、メリー・ボルトの『恐慌終る』は女史の処女作であり、一九五一年度の『アメリカ短篇傑作集』に収められている作品だけに、多くの人の胸をうつものがあります。

話題の人

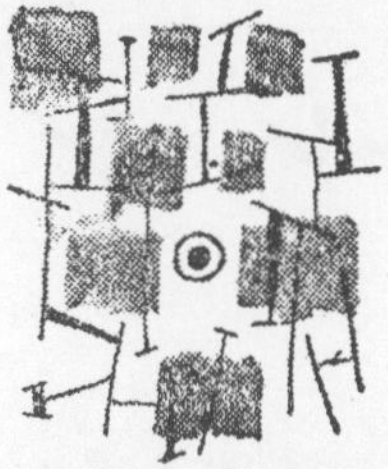

今年の上半期終盤にスポットをあて"各界話題の人"のメモをつくつてみました。クイズばやりの今日此頃，お役に立てば幸いです。

宮城　道雄（芸大講師）

大阪で開かれる関西交響楽団との協同演奏のため西下の途中、誤つて列車より転落六月二十五日死去。日本芸術院会員。

七才で失明し、二代目中島検校に生田流箏曲を学び後新日本音楽を唱え、邦楽の革新を行い日本の琴を国際的に紹介したその功績は大きい。又十七弦の箏を創案、処女作『水の変態』以来数々の名作を残し、近年箏とオーケストラによる協奏曲に力を入れていた。

加藤シヅエ（参議院議員）

参議院全国区の選挙で七十万票を突破、第一位で当選戦後選挙史上最高の投票数を獲得した。

工学博士を父に持ち、女子学習院を卒業ののち米国バラードスクールを卒業。米国滞在中にサンガー夫人の指導を受け、三十年間産児調節運動に従事し、国際及日本家族計画連盟副会長をつとめている。尚婦人問題研究会々長、社会党外交委員会委員長。欧米アジア、アフリカを視察。

馬場　祥江（ミス・ニッポン）

一九五六年度のミス・ニッポンに選ばれ、ロングビーチでの国際美人会議に出席したが惜しくも選外。ちなみに今年の馬場さんのサイズは、身長百六十四センチ、体重五五・五キロ、バスト九十センチ、ウエスト六十四センチ、ヒップ九十五センチ。昭和十二年会津若松市の旅館の娘として生れ、昨年若松高校を卒業、昨年五月、ミス若松に応募、三位に当選している。

志摩　桂子（映画女優）

ユニヴアーサルの日本ロケ、シネマスコープ『ジョー・バタフライ』の主役にアーロン・ローゼンバークに見出されて抜擢された。

東京の下谷高女を卒業してから、俳優座の研究生として演劇の勉強をし、新東宝映画でデビュー、後日活と契約して端役ながら多くの映画に出演、かなりの経験を積んでいる。

日活作品『火の鳥』に端役で出演中アーロン・ローゼンバークに見出される。

永田　清（N・H・K会長）

古垣氏の後任として、N・H・K会長に就任。注目を浴びた今後の放送方針を、如何に切り開いてゆくか、その活躍が期待されている

明治三十六年福岡県久留米市に生れ、五十三才。慶大経済学部卒、慶大、東大教授を兼任して財政学、フランス経済学を担当。経済学博士。二十六年サンフランシスコ対日平和会議に全権顧問として出席した。『現代財政学の理論』などの著書がある。

金田　正一（プロ野球選手）

セントラルリーグの国鉄スワローズ主戦投手。昭和二十五年同球団に入団以来その快速球の素晴しさは日本のプロ野球の魅力の一つとして注目されて来た。

今年のプロ野球の祭典オール・スターゲームで最高殊勲選手となり、前年の三振奪取大記録の上にまた栄を重ねて文字通り日本プロ野球現NO1投手となる。現在二十四才、六尺一分、十九貫。尚、夫人は、歌謡曲の人気歌手だつた榎本美佐江さん。

谷　洋　子（女優）

数年振りに映画『女囚』出演のため帰国。

昭和三年パリで生れ、数年後に帰国してお茶ノ水高女を経て津田英学塾を卒業昭和二十五年に渡仏してソルボンヌ大学で、美学、絵画を専攻したインテリ女性

事情あつてカジノドパリの舞台に立ち、和服を一枚一枚ぬいでストリップを演じ、パリッ子を驚かせた。フランスの俳優ローラン・ルザッフルの夫人。

花柳　輔蔵（日本舞踊家）

去る六月三十日、舞踊生活六十年の記念を歌舞伎座を借り切つて行つた。

六才の時から踊りはじめたのだから今年六十六才。江戸ッ子さがその芸風にもしのばれる花柳流の長老の中でも屈指の一人で、菊五郎吉右衛門が花やかな頃の振付け師生活が一番長い。今度の六十年記念には、芸能界の名取り小月冴子、小暮実千代、美空ひばりなどの多彩な顔ぶれが出演した。

若ノ花（力士大関）

大相撲夏場所に十二勝三敗で大晃と同点決勝、これを下して遂に待望の初優賞を飾つた。現在、角界最高の人気力士。その足腰の強さは相撲史にも例を見ないと云われている。土表上勝負度胸の良さは定評があり軽量にもかゝわらず豪快な業の見事さから、〃異能力士〃の称がある。今年二十八歳、青森県出身、本名は花田勝治、花籠部屋の所属初土俵は昭和二十一年だから、角界戦後派の出世頭。

石井　迪夫（プロ・ゴルフ選手）

プロ・ゴルフ選手の外国遠征に参加、カナダ・カップ・ゴルフで団体で四位、個人で七位となつた。

伊東に生れ子供の頃から川奈でキヤディを勤めて成長しただけあつて、二十七年のタム・オシヤンター大会をはじめ海外遠征によく選ばれ、各ショットにむらがなく、スイングがきれいなのはプロ界一の定評がある。二十八年の関西オープンに優勝している。

山下　清（画家）

去る四月作品展を東京の大丸百貨店で開催、非常な好評で日延され連日列をなす人気を得た。大正十一年東京浅草に生れ、小学校に入学したが、度々転校して五年生の時、精神薄弱児の救護施設である八幡学園に収容された。此処でちぎり紙細工をはじめ、昭和十四年その才能を認められる。以後放浪の生活を繰り返えして奇行が多く、その色彩感覚からも日本のゴッホと云われている。

森　赫子（新派女優）

永く虹彩炎を病んで視力を失いながらも舞台に立つていたが、最近失明して新派の世界に容赦なく鋭いメスを入れた、小説『女優』を出版して話題となつた。

日本で最初の女優として有名であつた、森律子の養女として松竹蒲田撮影所に入り、ついで新派に加入。「残菊物語」のお徳など娘役を得意として活躍した。天狗煙草で有名な岩谷家の四女として生れ、跡見女学校を卒業している。

清水　脩（作曲家）

岡本綺堂の歌舞伎劇に曲をつけた創作歌劇『修禅寺物語』を作曲して、第二回山田耕筰音楽賞を受けた。

大阪外語フランス語科を卒業後、東京音楽学校で作曲を学び、昭和十四年音楽コンクールの作曲部門の一位となつた。朝日放送から放送された『修禅寺物語』に対しては、芸術賞が贈られている。現在新形式のオムニバス・オペラの野心的な創作に没頭中。

槇　有恒（登山家）

去る五月、世界第八番目の高峰、マナルスを征服した第三次マナルス登山隊の隊長。わが国の代表的なアルピニストで、第一次大戦後欧州留学中に、アルプスのアイガー東山稜を初登頂。大正十五年には、スポーツの宮様として有名な故秩父宮のアルプス登山に際しリーダーとなつた。今年六十二才、仙台市の出身。慶大在学中、同大学に山岳部を創設した。日本の登山界に貢献するところが大きい。

石原慎太郎（作家）

小説『太陽の季節』で第三十四回の芥川賞を授賞し今年の文壇上半期の話題を一人じめした。讃否両論あいなかばするうちに、原作の映画化が「処刑の部屋」「狂つた果実」と続き、弟の石原裕次郎を映画スターに仕立て、自作の主題歌をレコードに吹き込ませて話題となり、次いで自分も自作「日蝕の夏」に主演。昭和七年神戸市で生れ、今春一ツ橋大学社会学部を卒業したジヤーナリズムの寵児

ロング・ランを続けるミュージカル・プレイ

ロジヤース＝ハーマスティンの“オクラホマ”をめぐつて——

(音楽評論家)
伊藤尚志

右・リチャード・ロジャース　左・オスカー・ハマースティン二世

つい先頃公開された「回転木馬（カルーゼル）」というミュージカル映画を、皆さんはもうごらんになつたでしょうか？　まだごらんにならない方も、最近ラジオでよく放送されている映画の美しい主題曲「もしもあなたに恋したら（イフ・アイ・ラヴド・ユー）」をお聞きになつたことはあるでしょう。あの大変ロマンティックな音楽は、天国に行つたビリー（ゴードン・マクレエ）とジュリー（シャーリイ・ジョーンズ）の愛のモチーフとして、映画のなかでは、夜の公園での二重唱のほか何度か効果的に流されていました。作曲はリチャード・ロジャース。そしてこれにまた素晴しい歌詞をつけているのがオスカー・ハマースティン・二世なのです。「回転木馬（カルーゼル）」は、この二人の優れた作詞作曲家がフェレンツ・モルナールの有名な戯曲「リリオム」をミュージカル化し、ブロードウエイで大ヒットした舞台を映画化したものですが、近く続いて、このコンビによるミュージカル映画「オクラホマ」が公開されることになつています。音楽映画好きの方々には大変有難いニュースではありませんか。何故なら、アメリカにいてもなかなか見られないヒット・プレイを、続けてしかも二本、本舞台の楽しさにほぼ近い条件で見られるのですから。製作されたのは「オクラホマ」の方が少し先でしたが、日本で公開されるのはちようどその逆になるようです。ですから「オクラホマ」について紹介しようと思うと、どうしても「回転木馬（カルーゼル）」を引合いに出さなければならなくなるし、すでに封切られた「回転木馬」について語ろうとすれば、どうしても「オクラホマ」に触れなければならないということになります。多くの点で、同時に論じられる二作品と言えましょう。

まず第一に、リチャード・ロジャースとオスカー・ハマースティン二世のコンビによる評判の音楽劇の映画化という点で、両者とも終戦後公開された数多くのミュージカル映画のうちでも特に正統的な作品と考えていいでしょう。「オクラホマ」はブロードウェイで一九四三年三月から同四八年五月へかけて、実に二二〇二回の続演、地方巡演を入れれば十年以上の延公演日数と一千万人の観客を動員し、三千万弗の興行収入をあげたアメリカ演劇史上劃期的なヒット作と云われています。一方の「回転木馬（カルーゼル）」の方はこれほどではありませんが、やはりブロードウェイで一九四五年四月から四七年五月へかけて八六四回の続演、その後四九年と五〇年にも再上演され、地方巡演を入れるとこれも大変な上演回数になります。第二には、映画化されるに当つて両者とも、新しい撮影方式の第一回作として公開

映画“オクラホマ”より右・アニイ（グロリア・グラハム）左・ウイル（ジーン・ネルスン）

写真左は、アグネス・デミル振付による〝オクラホマ〟の舞台の一シーン。中央で踊るのはバムビ・リン。彼女は映画でも夢の中のローリイとしてバレー場面に出演する。右は、映画〝オクラホマ〟のバレー場面。

されるという点です。「回転木馬（カルーゼル）」の方は御存知のように、従来のシネマスコープが横幅三五ミリのフィルムで撮影されていたのに対し、五五ミリのフィルムに撮影して（三五ミリに縮少プリントして映写）、画面に一層の鮮鋭度と焦点深度を加える所謂シネマスコープ55の第一回作品。（どらんになつた方は画面の粒子が従来のものに較べて細かくなつていることに気付かれたでしよう）「オクラホマ」の方はトッドAO・システムと呼ばれる、シネマスコープ55を更に上回る七〇ミリ幅のフィルムを使用した新方式の超大スクリーンの第一回作品として登場するわけです。このことからも、二作を映画化するに当つて、それぜれの製作会社がいかに力を入れたかが窺えるでしよう。というよりも、ミュジカル・プレイというアメリカ演劇が生んだ独目の綜合芸術を、舞台からスクリーンに正しく移植して表現しようと思えば、どうしてもこういう新方式による大画面と音響効果を必要とするのです。内容が形式を発展させたと考えることができますし、今後ミュージカル映画の

セレスト・ホルム扮する舞台のアド・アニイ。（〝オクラホマ〟）

場合は特にこういう傾向が強くなるでしよう。また第三には、二作とも同じ主演スタア――ゴードン・マクレエとシャーリイ・ジョーンズの男女スタア歌手が出演している点です。ゴードン・マクレエの方はラジオ歌手として、すでに「虹の女王」「二人でお茶を」などで日本のファンにもおなじみですが、シャーリイ・ジョーンズの方は全くの新人で、ロジャース＝ハマースティンに見出された彼女は、いきなり大作「オクラホマ」に主演、好評を博し、続いて「回転木馬（カルーゼル）」にもマクレエの相手役として主演することになりました。この二つのミュージカル映画の大きな魅力は一九三四年生れのこのシンデレラ姫に負うところが大きく、さして美人というのではありませんが、甘く豊かな声と素直な演技、清純な雰囲気で超大スクリーンを生き生きしたものにしています。マクレエの方も「オクラホマ」「回転木馬」以来大変人気が出て、これまでどちらかと云えば、ラジオ・テレビ歌手として知られていたのが、今後は主役映画スタアとしての活躍が期待されています。

さて「回転木馬（カルーゼル）」については、すでに公開された作品でもありこのくらいにして、ここではこれから封切られる「オクラホマ」の舞台と映画にスポットをあててみましよう。映画「オクラホマ」の原作は、もちろんシアター・ギルドのミュージカル・プレイですが、ミュージカル・プレイ「オクラホマ」の物語は、一九三一年に上演されたリン・リグスという人の戯曲「リラは緑に繁る」から籍りています。筋は単純で、オクラホマの春の農場、乾草の山を背景にした若い男女の恋のよろこびを描いたものに過ぎませんが、ここに観客は、アメリカ文化が舞台の上に切り拓いた最も新しく、最も豊かな沃野とその収獲を観ることができます。シアター・ギルドは一九一八年に演劇活動を開始して以来、それまでは現在見られるようなミュージカルものに手をつけたことはありませんでした。幹部の一人テレサ・ヘ

〝南太平洋〟の舞台の一場面。左は主演のエッチオ・ピンツア右は同じくメリー・マーチン。

ルバーン女史の冒険的な企画「オクラホマ」の成功によつて、アメリカ演劇そのものを、暗い伝統劇の桎梏から明るい可能性の沃野へ解放することになつたわけです。いくつかのバレーとともに、序曲、合唱、二重唱、三重唱、咏唱、その他オペラの要素をすべて持つたこのミュージカル・プレイは、大衆娯楽と高度な芸術形式との間の溝に貴重な橋を渡す役目を果しました。そしてこの輝やかしい成功をもたらした主人公——作詞作曲者が、即ちリチャード・ロジャースとオスカー・ハマースタイン二世の二人で、その後多くの傑作を生んだこの名コンビは、この時——つまり一九四三年三月三十一日夜、ニューヨークのセント・ジェムズ劇場に「オクラホマ」初出演の幕が上った時に誕生しました。作曲家リチャード・ロジャースは、それまでロレンツ・ハートと組んで、「マンハッタン」「我が心に歌えば」「私のおかしなヴァレンタイン」など数々のヒット・ナンバーを書いてきましたが、一九四三年、ハートが病気で倒れてからは（同年の十一月にハートは死んでいます）ハマースタインとチームをつくり、その第一作が「オクラホマ」だつたわけです。この時の演出は、映画監督としても名のあるルーベン・マムーリアン、振付はセシル・B・デミルの姪アグネス・デミルが担当しています。成功の波に乗つた二人は、一九四五年に「回転木馬」で再びヒットし、四七年には三本目の野心作「アレグロ」を発表しましたが、これは前の二作ほど評判になりませんでした。物語は小さな町における誕生、生活、死を扱つている点で、ソーントン・ワイルダーの「我が町」に大きなヒントを受けていると云われていますが、あまりに象徴的な手法と悲劇的な主題のために、興行的には失敗したようです。しかし四九年には、第二次大戦中の南太平洋の島々を舞台にしたジェームズ・ミッチナーのピュリッツアー小説をミュージカル化した「南太平洋」（サウス・パスフィック）で再び大ヒットし、また五一年には、曾て映画化されて日本でも封切られたことのあるマーガレット・ランドンの舞台劇「アンナとシャム王」のミュージカル版「王様と私」（キング・エンド・アイ）に成功し（これも「回転木馬」（カルーゼル）と同じく廿世紀フォックス社で映画化され、舞台ではユール・ブライナー、ガートリュード・ローレンス主演を、映画ではローレンスに代つてデボラ・カーが主演しています）また五三年には、コンビによる六番目の作品「私とジュリエット」を発表、愈々チーム・ワークの冴えを示しています。

話が「オクラホマ」から遠ざかりましたが、さてこの辺で、トッドAOの大スクリーンを観ることにしましよう。——時代は一九〇七年頃、場所はまだ合衆国の正式の州として認められていなかつたオクラホマの開拓地。人々は豊穣な土地で、明日への希望も明るく生活を楽しんでいます。風にそよぐ玉蜀黍の穂先を渡つて、ゴードン・マクレエ扮するカーリイの歌う「象の目程も高い玉蜀黍」が聞えてきます。彼は今夜の村祭に恋人のローリイ（シャーリイ・ジョーンズ）を誘うつもりか大変上気嫌です。ところがいざ彼女にデイトを申込むとあつさり断られてしまいます。ローリイにしてもカーリイが好きなのですが、祭の当日まで彼が誘つてくれなかつたことに、いささかお冠というわけです。カーリイはがつかりしますが、やがて「飾りのついた四輪馬車」を歌つて彼女の気をひいてみます。カーリイの美声に彼女はうつとりしますが、そんなに早く気嫌を直しては癪になるとばかり、歌い終つた彼にもう一度邪慳にして、少しも好きでない雇人のジャド（ロッド・スタイガー）と一緒にお祭に行く約束をしてしまいます。

〝王様と私〟の舞台の一場面。左はユール・ブライナーのシャム王、右はガートリュード・ローレンスのアンナ。振付はジエローム・ロビンス。

まもなく村祭に出かける娘達が賑やかにやつてきます。カーリイが娘達にもてるのを見て、ローリイも気が気でありませんが、意地つ張りの彼女は痩せ我慢をはります。ローリイの気持を見抜いたカーリイは、もう一度謝つて彼女を誘いますが、彼女は今更ジャドに断れないと云います。すつたもんだの末、カーリイは「ジャドがいなければこの世はどんなに楽しかろう」などと歌い出します。危くジャドとカーリイが喧嘩になるところを、淑女の前ということでどうにかおさまります。愈々村祭へ出かけることになつて、ローリイが嫌々ジャドと馬車に同乗すると、彼が無理矢理キスなどしようとするので、彼女は激しく抵抗し、ジャドは平均を失つて車から転げ落ちてしまいます。やつとのことで村祭の会場につくと、呼び物の催しがはじまります。婦人の手提籠に男たちが値段をつけ、せり落した者が彼女のパートナーになれるというわけです。ジャドは有金全部をローリイの手提

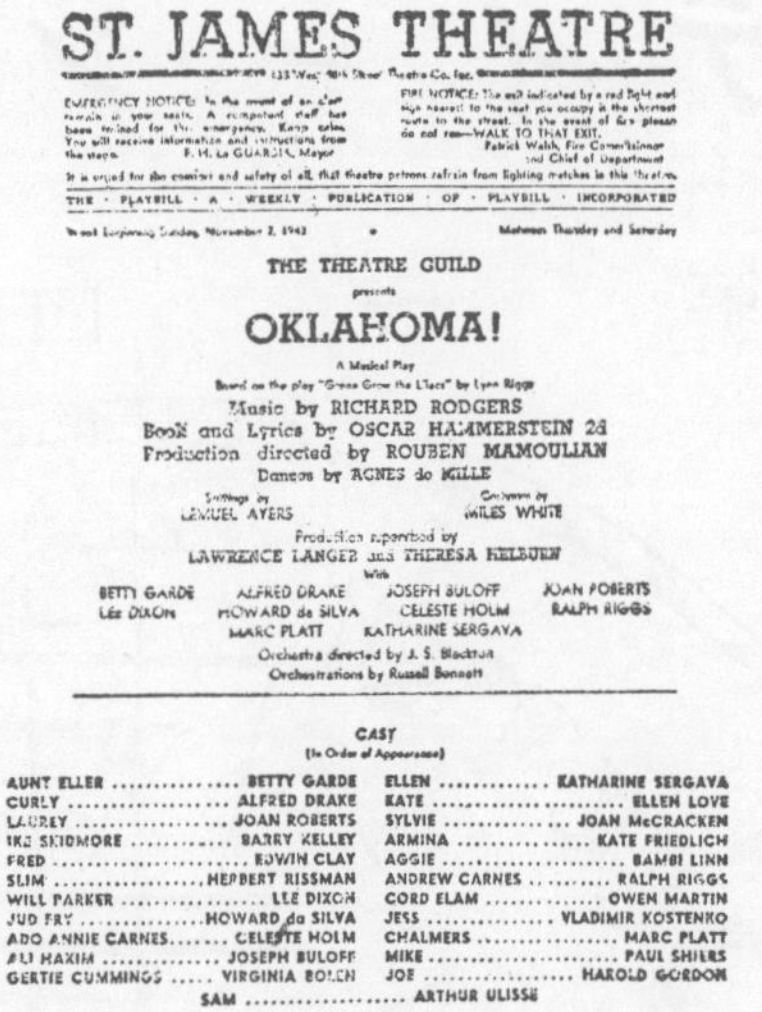

ST. JAMES THEATRE

EMERGENCY NOTICE: In the event of an alarm remain in your seats. A competent staff has been trained for this emergency. Keep calm. You will receive information and instructions from the stage. F. H. La GUARDIA, Mayor

FIRE NOTICE: The exit indicated by a red light and sign nearest to the seat you occupy is the shortest route to the street. In the event of fire please do not run—WALK TO THAT EXIT. Patrick Walsh, Fire Commissioner and Chief of Department

It is urged for the comfort and safety of all, that theatre patrons refrain from lighting matches in this theatre.

THE · PLAYBILL · A · WEEKLY · PUBLICATION · OF · PLAYBILL · INCORPORATED

Week Beginning Sunday, November 7, 1943 • Matinees Thursday and Saturday

THE THEATRE GUILD
presents
OKLAHOMA!
A Musical Play
Based on the play "Green Grow the Lilacs" by Lynn Riggs
Music by RICHARD RODGERS
Book and Lyrics by OSCAR HAMMERSTEIN 2d
Production directed by ROUBEN MAMOULIAN
Dances by AGNES de MILLE

Settings by LEMUEL AYERS — Costumes by MILES WHITE

Production supervised by
LAWRENCE LANGER and THERESA HELBURN
With
BETTY GARDE, ALFRED DRAKE, JOSEPH BULOFF, JOAN ROBERTS, LEE DIXON, HOWARD da SILVA, CELESTE HOLM, RALPH RIGGS, MARC PLATT, KATHARINE SERGAVA
Orchestra directed by J. S. Blackton
Orchestrations by Russell Bennett

CAST
(In Order of Appearance)

AUNT ELLER	BETTY GARDE	ELLEN	KATHARINE SERGAVA
CURLY	ALFRED DRAKE	KATE	ELLEN LOVE
LAUREY	JOAN ROBERTS	SYLVIE	JOAN McCRACKEN
IKE SKIDMORE	BARRY KELLEY	ARMINA	KATE FRIEDLICH
FRED	EDWIN CLAY	AGGIE	BAMBI LINN
SLIM	HERBERT RISSMAN	ANDREW CARNES	RALPH RIGGS
WILL PARKER	LEE DIXON	CORD ELAM	OWEN MARTIN
JUD FRY	HOWARD da SILVA	JESS	VLADIMIR KOSTENKO
ADO ANNIE CARNES	CELESTE HOLM	CHALMERS	MARC PLATT
ALI HAKIM	JOSEPH BULOFF	MIKE	PAUL SHIERS
GERTIE CUMMINGS	VIRGINIA BOLEN	JOE	HAROLD GORDON
SAM	ARTHUR ULISSE		

”オクラホマ”初演当時の新聞広告。

籠に賭けます。カーリイはあいにく持合せがないので、拳銃、鞍、しまいには馬まで売りはらつて遂にせり落し、恋人を確保します。なおも執拗にからむジャドを馘にしたローリイは、カーリイにはじめて愛を告白します。「オクラホマ」の大合唱が野に空に響き渡るなかで、ローリイとカーリイの結婚式があげられます。式が済むと、昔からの習慣通り、人々は新婚の二人を乾草の山の上に胴上げしてはやし立てます。この機会を待つていた復讐にもえるジャドは、遠くの乾草に火をつけます。慌てた村人が消火に立去るのを見届けたジャドは、二人が上つている乾草の山に火をつけます。気がついたカーリイは突嗟にローリイを突き落し、下でナイフを構えて待つているジャドめがけて飛び下ります。そして折重なつて倒れる拍子に、ジャドは持つたナイフで自分の胸を刺して死んでしまいます。やがて裁判が開かれますが、もちろんカーリイは無罪です。少し遅れたハネムーンに、二人は本物の「飾りのついた四輪馬車」に乗つて旅立つて行きます。ちようどその時、オクラホマがアメリカ合衆国の第四十七番目の州として認められる朗報がもたらされ、新しい人生に出発する二人へのこの上ない贈物となります。そして、若い二人の希望と夢を乗せた四輪馬車が、玉蜀黍畑の間の道を消えてゆくところで、二時間半に近い映画「オクラホマ」は終るのです。この物語には書き落しましたが、カーリイとローリイの結びつきのほかに、道化役としてアド・アニイ(グロリア・グラハム)とウイル・パーカー(ジーン・ネルスン)のおどけた恋が平行的にあつて、「カンサス・シティ」「いやとは言えない」などの陽気な歌で喜劇的な色彩を添えていることは、舞台の場合と同じです。製作はアーサー・ホーンブロウ・ジュニア、監督は「地上より永遠に」でアカデミー監督賞受賞のフレッド・ジンネマン、歌は原作舞台劇から最もポピュラーな十一曲が選ばれ、振付は舞台と同じくアグネス・デミル女史が迎えられて、新しいバレー場面を加えています。昨年十月ニューヨークで封切られ、一九五五年度アカデミー・ミュージカル映画音楽賞、ならびに録音賞の二個のオスカーが与えられていることを付け加えておきましょう。

下の写真はいずれも映画”オクラホマ”より。右・右カーリイ(ゴードン・マクレエ)左ローリイ(シャーリイ・ジョーンズ) 中・ローリイ 左・結婚式の場、中央の二人右ローリイ、左カーリイ

サラ・ディーン　キャスリン・ギャスキン

連載第一回

福島正実訳
高橋秀絵

一

十八世紀も末ちかい一七九二年六月のある日。

東印度会社所属の軍艦ジョージエット号は、島影ひとつない南大西洋を、喜望峰めざして、南へ南へと進んでいた。スペイン領アフリカ植民地リオ・デ・オロの港を出てすでに十日、ケープ・タウンにあと数日の頃だつた。

昼すぎ、船は、にわかに主帆をたたみ、航行を停止した。ドラの音と、号令とがいりまじり、艦内は一時騒然としたが、やがてそれは、にぶく、おし殺したような沈黙にかわつた。船客の一人が病死して、いま、その水葬が行なわれようとしているのだ。

「我は復活なり、生命なり、我を信ずるものは死ぬとも生きん……」

聖書を読みあげる艦長の、ひくい、単調な声が、重苦しくひびいた。人々は、おし黙つて身動きすらしない。ただ、メーン・マストに、なかばひき下げられたユニオン・ジャックが、ばたばたと音高く鳴つていた。

だが……上甲板に、艦長をとりまく一般船客たちとはつきり区別されて、下甲板に集められた一団の老若男女の姿は、異様だつた。

よごれきつたぼろぼろの衣服、やせこけて骨と皮の身体、鉛色の皮膚、幽霊のように青ざめた不健康な顔、そして、それだけが生きているかのような、けわしく、動物的な瞳……。そのまわりには、小銃で武装した兵士たちが、きびしく配置されている。

流刑囚である。

ジョージェット号は、彼らを運ぶ囚人護送船だつたのだ。

その行くさきは英帝国の新植民地ニュー・サウス・ウェールズ。まだ、その正式の呼び名さえ定まらなかつた未開の大陸——オーストラリアの東海岸、ボタニー湾の流刑地だつた。

ボタニー湾！

オーストラリアの名はおろか、新植民地の所在すら知らない当時の人々も、この名だけは知つていた。地獄の流刑地ボタニー湾！ それは、英本国のあらゆる法廷、あらゆる獄舎に鳴りひびいた、恐るべき名前だつた。どんな兇悪犯も、その名を聞いただけで身ぶるいする。ボタニー湾！ 流刑囚にとつて、この名は、絶望と恐怖の象徴だつた。伝えられる疫病と飢餓。灼熱の太陽と不毛の大砂漠と、この世の終りかとも思われる大洪水。たとえ、そのすべてに生きながらえ、刑期を終えて釈放されても、本国に還ることなど、及びもつかぬ願いだつた。そこへ送られたが最後、二度と生きて故郷の地を踏むことは許されないのだ……。

流刑囚は、多種多様だつた。老人あり、若者あり、屈強な男あり、商家の手代風のひよわな男あり、なかには、女囚も、かなりいた。刑の種類も、雑多だつた。強盗殺人を犯したものから、放火、窃盗、借金の返せなくなつた破産者、政治犯——女囚のうちには、身寄りのないために、罪のない子供を流刑地まで連れてゆかねばならぬものもいた。

悲惨な姿だつた。気力も、なにも、すべて消え、疲れ果てた姿だつた。船客の死も、葬儀も、彼らにとつてはどうでもよいことだつた。いまさら、一般人の生き死にが、なんのかかわりを持とう。

それよりも、僅かの間でも甲板に出られたことが有難かつた。長いあいだ、暗い、臭い船底に、日の目も見ずにおしこめられていたせいで、強烈な日光が、ひどくまぶしい。そして、新鮮な潮風が、たまらなく美味い。彼らは、たえずまばたきをしながら、胸いっぱいに冷い風を吸いこんでは、風にはためく帆を、輝く海を、そして、はるか果しない水平線をながめやるのだつた。

あの水平線の彼方には——恐ろしいボタニー湾が待つているのだ。そこへだけは、どうしても行きたくない、あそこへ行くぐらいなら、いつそ死のうと幾度も幾度も考え、抗つた。そのボタニー湾が、とうとう……。彼らの人生は、すでに、終つたのだ。彼らに残されたむこうでの日々は——生きなが

ら埋められたも同然の地獄の日々なのだ……。

「主よ、それゆえわれらここにつどい、亡骸(なきがら)を海に沈め、魂を主の御手にゆだねまつる――願わくは主よ……」

艦長の声が、やや高まつて終つた。白衣に包まれた死体が、舷門に運ばれ、甲板の縁をすべつて、海中に落ちた。さつと水しぶきがあがつた一瞬、死体は、黒い海にのまれて、たちまち消えた。

「アーメン」

ひくい祈禱が合唱された。船客と乗組員が、動きはじめた。

「解散！ 囚人を船底へもどせ！」

号令がつづいた。囚人たちの列が、わらわらと崩れた。また、窒息しそうな船底におろされるのだ……。

ジョージエット号の若い士官、アンドリュー・マクレイは、囚人たちの列が、よろよろと船倉への入口に消えてゆく姿を見守つていた。
いつものことながら、みじめなその姿が、彼の心に、漠然と、憐憫の情をおこさせた。くびすをかえそうとしたとたん、囚人たちのなかからあがつた叫び声が、アンドリューの足をとめさせた。それは、鋭い女の声だった。
「お気をつけ、お前たち！ この子を、階段からつきおとすところだつたじゃないか！」

「だまれ、女め！　生意気な口をきくと、しようちせんぞ……」

兵士の太い声が、女のそれをさえぎつた。アンドリユーは囚人の列にむき直つた。士官の近づいたことを知つた囚人たちは、水をうつたように静まりかえつた。女を打とうとした兵士は、あわてて腕をひつこめると、アンドリユーにむかつて言つた。

「こやつです。中尉どの。騒ぎたてて、列を乱そうとしたやつは。」

女は、腕に、泣きじやくる子供を抱きかかえてつつ立つていた。背の高い、若い女だつた。よごれきつた長い髪が、潮風に吹かれて、まるで、彼女の怒りをそのままにあらわすかのように、なびいた。気の強い女だな。アンドリユーは思つた。

女は、兵士から、アンドリユーにむきなおつた。

「あなた、士官ね！　あなたは見たはずよ！」と、兵士を指さしながら「この男は、この子を、もうすこしでつき落すところだつたのよ！」

「なにを言やがる、この罪人めが」

かつとした兵士が、小銃の先で女を威した。囚人たちの顔に、期待と恐れの入りまじつた表情がうかんだ。アンドリユーは、はげしい嫌悪を感じた。仲間の一人が打たれようとしているというのに、義憤はおろか、一片の同情だに見せぬ囚人たちの無智な顔――その顔のなかから、なりゆき如何と好奇の色をたたえた目――。

「やめろ！　お前たち、二人ともだ！」

アンドリユーは、女にむかつて言つた。

「早く行け――行けといつたら行かんか！」

女は、アンドリユーを見返した。鋭い、恐れを知らぬ瞳だつた。それから、子供をせかして、船底への入口に消えた。囚人の列はまた動きだした。

船室（キャビン）にもどりながら、アンドリユー・マクレイは、いまの情景を思いかえしてみた。あの女――罰を喰うことも恐れず、身よりのない子供を守ろうとした勝気な女――ふと彼は、兵士を叱りとばした時の彼女の声が、無智な他の囚人のそれとは異つた、教養ありげな声音だつたことに思いあたつて、なにか、はつとした。

二

その夜も、ジョージェット号の艦長室では、定例の会食がひらかれていた。いつも会食に加わるのは、マーシャル艦長、ワイルダー副艦長、アンドリユー・マクレイ、ハーディング中尉、船医のブルーク、それに乗客の一人で東イングランドの富裕な地主ジェームズ・ライダーの六人だつた。ライダーの病身な妻は船室にひきこもつて出てこなかつた。食卓には、ライダーが提供した上質のマデイラ酒が出され、いつになく人々の気分を引きたてるのに役だつていた。

ライダーは不思議な男だつた。彼は、妻と二児の一家をあげて、ニユー・サウス・ウエールズに移住するところだつたのだ。故郷に豊かな土地を持つ名士の身でありながら、なにゆえ、ところもあろうに、囚人さえ忌み嫌う不毛の地に移つて行こうとするのか、誰もその真の理由は知らなかつた。ただ、噂によれば、彼は三人いた愛児の一人を不慮の災難からなくしたために、妻の切なる願いを容れその愛児の記憶をのこす故郷を捨てたのだということだつた。

アンドリユーは、心ひそかに、そんなライダーに興味を持つていた。ただものとは思われなかつた。しかし、なぜ彼が、えりにえつてオーストラリアを選んだかは、いくら考えても判らなかつた。

会食が終りに近づいた時、ふと船医のブルークが、ライダーにむかつて言つた。

「これからは大変ですな、ライダーさん。大切な召使いに死なれては、奥さんも御不自由で、さぞお困りでしよう。」

昼のうち、死んで水葬されたのは、ライダー家の小間使だつたのだ。

「ええ、全く弱りきつているのです、ブルークさん。」

ライダーは、そう答えて、しばらく黙つていたが、やがて決心したように艦長に話しかけた。

「実は――そのことでひとつ、お願いしたいことがあるのです。妻が、この船の囚人のなかに、サラ・デインという女がいるはずだと申しておるのですが、ご存知でしようか？」

艦長は、マデイラ酒で赤くなつた顔をあげた。

「なんと言われたかな？　そのものの名は？」

「サラ・デインです」

艦長は、ハーディングにふりむいた。

「ハーディング中尉。その名前のものを憶えているのか？」

「いいえ。女囚は、六十七人もおります。どうも、いますぐには思いだせません。調べれば判ると思いますが……ライダーさん、あなたは、その女に、なにか特別の用がおありですか？」

ライダーは、すぐに返事をせず、ちよつと顔をしかめて考えた。

「さよう……。ご存知のように、妻は、病身のうえに船に弱い。私は、妻と子供の面倒を見てくれるものがほしいのです。」

ブルークが口をはさんだ。

「しかし――それでは、見も知らぬ女囚に、あなたの奥さんやお子さんの世話をさせるおつもりですか？」

「いや、全く知らないわけではない。会つたことはむろんないが、妻がある友人から、彼女の話を聞いてきたのです。この女は、本国にいた頃、ある牧師の家庭に働いていたらしい。だから、病人や子供の世話にはなれているはずなのです。」

ワイルダーが、反対をとなえた。

「それにしても——あいつらは、どれもこれも人間のくずですぞ、囚人というやつらは……」

「とは限らない。なかには、不幸な出来事から過つていまの境崖に沈んだものもいるはずだ。ことに、ボタニー湾に流刑されるもののうちには、政治的な運動に加わつたために刑をうけたものも多い。そのものたちは、道徳的には、一般人と少しも変らないものもある。」

ライダーの口調は、やや激しくなつた。ワイルダーがそれに答えた。いつか、卓子をかこんで、人々は政治論争をたたかわせはじめていた。去年、海峡ひとつへだてたフランスに起つた大革命の嵐は、好むと好まざるとにかかわらず、ヨーロッパじゆうの関心をひきつけ、尽きない論争の種となつていたのだ。そればかりではない。フランス革命によつて火をつけられた自由の精神は、英国内にも飛火して、アイルランド独立運動や、現在の統治者に反対する人々の政治運動をあおりたてつつあつた。ボタニー湾の追放地は、本来、そうした政治犯を大量に収容するために設けられたものだつたのだ

アンドリユーも、たちまち、論争の渦にまきこまれていた。気がつくと、彼は、ライダーと組んで、囚人たちを弁護する立場に、いつの間にか立たされていた。もちろん、アンドリユーには、明確な政治的立場があつたわけでもなければ、ライダーのように、新らしい思想に共鳴していたわけでもない。ただ彼は、囚人をひとしなみに人間以下のものと蔑むハーディングやワイルダーたちの傲慢さが気にいらなかつたし、そして——ついさつき、他人の子供をかばつて立つた一人の女囚の勇気が、忘れられなかつたからだつた。

「いずれにしろ」と、最後にライダーが言つた。「私の妻と子供には、世話をしてくれる人間が必要なのだ。それに——」

ライダーは、そこで、ふと唇のはたに不思議な微笑をうかべた。

「妻は、どんな兇悪な犯罪者でも、どんな悪辣な娼婦でも感化させることのできる女です。艦長、いかがでしよう、この女がいるかどうか、調べて頂けましようか？」

「おう、よろしいとも、ライダーさん。喜んで、やりましよう。」

艦長はそう言つて、アンドリユーを見た。

「マクレイ中尉、どうやらこの役目は、彼らの利益の弁護者たる君がいちばん適役らしいな。」

三

つぎの日の朝アンドリユー・マクレイは下士官を一人従え船底の囚人部屋に、降りていつた。彼は、うかうかとこの役目を仰せつかつた軽卒さを後悔していた。後悔は、むつと息づまるような悪臭のする囚人部屋に近づくにつれて、一層つのつた。一緒に積んできた豚や牛すら、まだましな取扱いを受けている。家畜は、それ相応の値うちをもつているからだ。囚人にはそれだけの価値も認められていないのだつた。

きのうは、彼らの人間性を弁護はしたものの、やはり、現実の囚人たちは、胸のむかつく相手だつた。

囚人部屋の重い扉をあけると、一層の悪臭とともに、なにやら、激しく言い争う女たちの叫びが、わつと聞えてきた。組みうちでもしているのか、どたばたと大きな音もした。アンドリユーは、不愉快さも手伝つて、かつと腹がたつた。

「番兵！　番兵！　いつたい、なかでは、何が始つたのだ？」

アンドリユーは、騒ぎを気にもかけないような顔の番兵たちをどなりつけた。

「喧嘩でさあ。いつものことで。」

「いつものことだと？　お前たちは、なぜ止めんのだ？」

「止めるんですつて？　でも、中尉どの——止めたつて、すぐまた始まりまさあ。」

アンドリユーは番兵をつきとばして囚房に足をふみいれた。はじめのうち、房内は、暗くてものの

かたちも判らなかつたが、やがて目がうす闇になれてくると、漸く、なん十人もの女囚たちが、立つたり、うづくまつたり、横たわつたりしている姿が見えてきた。騒ぎは、その間も、いつこう衰えずに続いていた。ちようど房の真中あたりに、四、五人の女が、くんずほぐれつの大格闘を演じていたのだ。

見ると、争いは、ひどく不公平だつた。たつた一人の女に、あとの全部が総がかりでかかつているのだ。下になつた一人は、多勢に無勢、次第に弱つていきながらも、なお、必死で抵抗している。

「やめろ！　やめんか！」

アンドリユーは大声をあげた。

争いの仲間の一人が、気がついて、金切声をあげた。

「やめな！　やめなつたら、ペッグ、若い好い男の士官さんが御入来だよ。」

周囲から、どつと、陰気な笑い声がおきた。

「だまれ！」

アンドリユーは声をあらげた。笑声はぴたりと止んだ。なおも争いを続けていた女たちも、漸く、犠牲者を放して立ちあがつた。女は、暫く、両手を顔にあてがつてつぷしていた。

「いつたい、これはなんのマネだ？　私闘は禁じられてあるはずだ。それとも、罰がうけたいか？」

女囚たちは、黙りこくつて立つていた。敵意にみちた顔だつた。救いがたいやつらだ、と、アンドリユーは思つた。権威には屈しながら、もし相手が、自分たちに一片の同情でも持つていると覚れば、忽ち、禿鷹のように群つてその好意を貪り喰うのだ。早く用を済まして帰ることにしよう。アンドリユーは女たちに訊ねた。

「このなかに、サラ・デインという女はいるか？」

返事がない。アンドリユーはもう一度言つた。

「サラ・デインだ。いるのか、いないのか？」

すると、それまで顔をふせていたさつきの犠牲者が、女たちの後ろから答えた。

「サラ、デインになんのご用？」

そして、前に立ち並ぶ女たちをおしのけ、アンドリユーの前に進み出た。それは、あの女だつた。昨日の昼間、子供をかばつて危うく兵士に打たれようとした女。あの冴えた声音で、妙に印象に残つた女だ。よく騒ぎを起す女だな。アンドリユーは思つた。

「お前がサラ・デインか？」

「そうよ、私よ。」

アンドリユーは、なんとなくひるんだ。

「ふうむ。今度はまたなんで騒ぎを起したのだ。不服従の罪は、鞭だということを忘れたか？」

「なんですつて？」女は、顔にかかる長い髪を、うるさげに後ろにはらいのけながら、鋭く叫んだ。

「私のものを私が守るのが不服従なの？　私のものをこいつらに、黙つて取らせなきやいけないの？」

「いつたい、何を取ろうとしたというのだ？」アンドリユーは、また、我にもなくたじろいで問いかえした。

「これよ！」

女——サラ・デインは、手にしていたものを、アンドリユーの眼の前につきだして見せた。それは、牢獄の雰囲気と、およそ不似合なピンクのハンカチだつた。どうしてそれだけが、そんなに鮮かな色を保つことができたのか。ハンカチは、四隅がきちんと結んであつて、何かがはいつている。恐らく、彼女の食事なのだろう。囚人の食事は非常に少ない。だから力の強いものは、暴力をふるつても他人のものを奪つて、飢をみたそうとするのだ。

「うそではないな？」

「うそなんかつくものか！」

サラは、はげしくかぶりを振つて叫んだ。それが、ひどくあどけなく、なにかなまなましく見え

た。アンドリューは、見てはならぬものを見てしまつたような奇妙などおくれをまた感じた。

「お前に用がある。ついて来い！」

サラは、ちよつと反抗的な身がまえをした。が、意外におとなしく、うなづいた。アンドリューは先に立つて房を出た。サラも続いた。扉が閉じようとした時、女囚たちの卑猥な言葉とそれに和する笑声が、追いかけるようにひびいてきた。


甲板に出る時アンドリューは、サラをふりかえつてみた。サラは明るい日光をあびてよろめいた。彼女は、アンドリューが思つたより、ずつと若かつた。背は高く、すらりと発達した姿態が、よごれきつた皮膚や衣服のむさ苦しさにも拘らず、なまめかしく見えた。サラは、手すりによりかかつて深呼吸した。眼をうつすらと閉じ、唇をかすかにひらいてそうした姿には、招かれて軍艦に乗船した貴夫人にも似た香気と威厳とが、ふと感じられさえした。

「ここは、とてもいい風が吹いているのね、士官さん。」

サラが言つた。アンドリューは、思わずそれに答えかけた自分に、はげしい憤りをおぼえた。いつたい、俺はどうしたのだ？　女囚の一人や二人に気が動転したとでもいうのか？

「ああ、あなたは、そうも思わないかも知れないわね。でも、あの地獄みたいな囚人部屋に、ちよつとでもいてごらんなさい……」
「もうやめろ。許しなしに話しかけてはならん。」
アンドリューは言いすてて、船室の方に歩きだした。サラは、アンドリューの大股についてゆこうと小走りに走りながら、なおも話しかけた。
「でも、なぜお話ししちやいけないの？　べつに悪いこと話してるわけじやなし——それに——私、あなたのような方と、もうずいぶん長いことお話しなかつたのですもの。」

　アンドリューはいらだつた。

「ぼくの言うことが判らんか。すこし黙つとれ！」

　サラは、アンドリューの顔をまじまじと見て、おとなしく「はい」と言つた。

四

　二人は、長い廊下を渡つてライダー夫人の船室（キャビン）についた。アンドリューは、サラをそこに残して室内にはいつた。ベッドに横たわつていたライダー夫人は、アンドリューの顔を見ると、弱々しく微笑した。船酔にやつれ、年ももう若くはないが、温い、聖母マリアのような美しさがあつた。

「ご主人の御希望によつて、サラ・デインを連れてきましたが、お会いになりますか？」

「サラ・デインがおりましたか！　それは大助りですわ！　とても駄目であろうと諦めていたところでした！」

「あの女が、奥様のお気にいる女であればよいのですが……」

　アンドリューは言いしぶつた。ライダー夫人を、余り失望させたくなかつたからだ。しかし、夫人は察しがよかつた。

「サラ・デインは、それほど悪い女ですの？」

「いえ――私は彼女のことを何ひとつ知りません。が、彼女は、いづれにせよ流刑囚です。よほどの女でなければ、ボタニー湾へ流刑されないはずです。」

　夫人はうなづいた。「あなたの御心配は判ります。サラ・デインは粗野で無学な女でしよう。おそらくは、不道徳な女でもあるのでしよう。でも、私なら、なんとか、働いてもらえると思いますわ、マクレイ中尉。」

　夫人の描写は、必ずしもサラにはあてはまらない。と、アンドリューは考えた。彼女は、粗野でもなければ、不道徳でも、なさそうだ。アンドリューは、ふと、夫人の言葉に、かすかながら不満を感じている自分に驚いた。

　しかし、ドアをあけて入つてきたサラを見て、ライダー夫人は眉をひそめた。夫人の部屋で見る囚人は、疫病の塊のようだつた。

「よく来てくれました。」

　サラは、膝を折つてびつくりするほど優雅な礼をした。

「あなたがサラ・デインね？」

「はい。」

「あなたは、お邸づとめをしたことがありますね？」

「はい」

「子供の面倒をみたことはありますか？」

「いいえ。」

「おや、そう――では、お針はできますか？」

「はい」

「読み書きは、無理でしようねぇ。」

　サラは、一瞬、口をつぐんだ。無学を恥じているのだろうと思つたアンドリューたちは、だが、意外な返事を聞いた。

「もちろん、できますわ。」

　それは、誇りを傷つけられたものの口調だつた。ライダー夫人の優しい目に、突然、警戒の光がともつた。そこに、毅然として立つサラは、すでに、ただの囚人ではなかつた。強烈な個性と、知性とをもつた対等の女だつた。

　ややあつてライダー夫人が再び口をきつた。

「驚きましたわ。そのほかに、何がおできなの？」

「フランス語とラテン語は、読み書きとも得意です。イタリア語も、少しならできます。それから、数学も。」

今度は、アンドリューが目を見張つた。女が数学を！ 同時に、彼女への尊敬が、次第に心のなかに昂まつてくるのを抑えきれなくなつた。こんな教養のある娘が、破廉恥な罪を犯すはずがない。彼女の過去には、きつと、複雑な事情がひそんでいるにちがいない……。

ライダー夫人が、おだやかに訊ねた。

「あなたは幾つなの、サラ？」

「十八才です」

「十八ですつて？ たつた十八……それで、あなた、なんの罪でこんなことになつたの？」

サラはためらつた。熱心に彼女の顔を見あげているライダー夫人から、その横に立つてやはり喰いいるように彼女を見つめている若い士官へと、視線が走つた。

アンドリューはサラの答えを待つていた。眉をひそめて、ぢり、り、と身をよじる娘の姿が、急に、いたいたしく、哀れなものに映つた。

「さあ、お話し！ サラ・デイン。なんだつたの？ え、なんだつたの？」

ライダー夫人がベッドから、なかば身を起して問いつめた。サラの表情は、一瞬、茫漠として、遠いところを見つめるようだつた。それから投げだすように言つた。

「窃盗罪でした」

アンドリューはふつと悲しくなつた。苦い苦い失望の味だつた。いま、僅かの間でも、この女のなかに、純

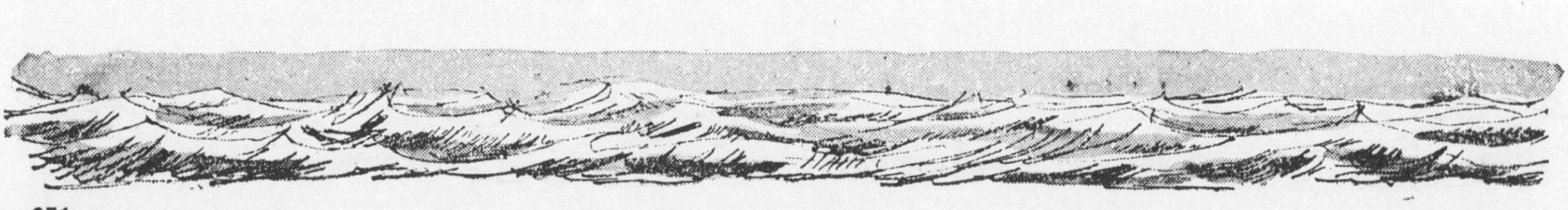

真な魂を認めたがつていた自分の感傷主義が、白々しく、ばかげてみえた。甘いぞ、おれは。アンドリユーは思つた。

「奥様——もしお気に入らなければ、サラ・ディンを囚房にもどします」

「いえ、いえ、気にいりました、マクレイ中尉。サラは、私の望みにぴつたりです」

夫人はそう言つて微笑した。

「ねえサラ、私のところで働いてくれますね？」

サラはするどく夫人を見返したが、やがて静かに答えた。

「はい、奥様」

アンドリユーは、サラを残して部屋を退いた。

だが——失望とともに抛ると思つたサラへの関心は、意外に根強いらしかつた。

（次号につづく）

＜サラ・ディーン＞の著者について

キャスリン・ガスキン近影

＜サラ・ディーン＞の著者キャスリン・ギャスキン (*Catherine Gaskin*) の作品が日本の読者にお見得するのは、恐らくこの「それいゆ」本号が始めてでしょう。ですから、皆さんが「あら、そんな名前の作者がいたかしら」と小首をかしげられたとしても、少しも不思議ではありません。そのように、ギャスキンの名は、我が国の専門家の間にすら、まだ、あまり知られていない程です。

キャスリン・ギャスキンは、1930年、アイルランドで生れました。今年まだ 26 才の写真でご覧になるような美しい女流作家です。生れたのはアイルランドでしたが、生後２ケ月の時に、両親と共に一家をあげて、オーストラリアの首府、シドニーに移住しました。キャスリンが、オーストラリアの天才少女作家として、国際的に知られるようになつたゆえんです。

彼女は非常に早熟な少女だつたと云われています。多少の誇張はありそうに思われますが、彼女は学校に入る前にすでに父親の書斉の本を片っ端から読破して、教師達を驚かせたというのです。そんなふうでしてたから、両親は無論、学校の先生たちも、彼女の女流作家としての将来を早くから予知して、今日のキャスリンの下地を作るような、沢山の書物を買つてあたえました。

その予想にたがわず、彼女が文字通りの処女作、*"This Other Eden"*（先年の東京新聞の海外文芸ニュース欄では「他のエデン」となつているもの）を書き始めたのは、ハイ・スクールに通つていた十五才の時でした。この当時のキャスリンの熱中ぶりは、大変なものでした。彼女は毎朝四時に起きて学校へ行く前の三時間を、処女作の執筆の時間にあてたのです。それも一と月や二た月ではなく、まる一年つづきました。そして、それは 1947 年にロンドンで出版され、一躍英国中に名声を高めたのです。その翌年、キャスリンは妹のモイラと共に英本土に渡りました。以来、テームズ河を見おろすアパートに住むことになりましたが、創作活動はますます軌道に乗り、それにつれて英本土、濠州のみならず、米・仏を始め諸国に紹介され、国際的に著名な女流作家として、クローズアップされるに至つたのです。この「サラ・ディーン」はキャスリンが 1955 年に発表した最新作で、「風と共に去りぬ」に匹敵する大ロマンとして絶讃されました。

一、私の推薦するレコード新譜　二、その理由

小森和子（映画評論家）

推薦する新譜との御註文ですが、近頃の私は一にも二にも「エデンの東」。ヴィクターヤングのこのSP盤をきいてはジミー・ディーンをしのんで涙を流しています。だが、これは私だけでなく同好の士がたくさんあるらしく、ヒット・パレードでも二十何週間トップを続けているのはまことに感激のきわみ。せめて彼の一周忌この九月末までこのまま続くことを願つてやみません。

また、これも新譜とはいえませんがナット・キング・コールの「ツウ・ヤング」も愛聴しています。これをきいているとしみじみ若い頃がしのばれて、その頃をもつと大切に生きればよかつたと、そぞろ後悔の念にかられます。

目下購入を楽しみにしているのは「捜索者」のテーマ・ソングのダニイ・ナイトが唄つているもの。ウエスターン・ソングはそれぞれに素朴な哀愁があつて私みたいな気の小さいものには神経をやわらげてくれるようです。

増沢　直（NHKラジオ喫煙室プロデューサー）

一　キャピトルLPで発売されている、テネシーアーニー、フォード集はなか〳〵よきものです。

二　アメリカの本当の民謡（殊に労作歌）の味がよく出ています。それに何より声が素晴しいです。

高木東六（作曲家）

LP　オペレッタ「コウモリ」ヨハン・シュトラウス作曲　指揮クレメンス・クラウス

言葉が明朗でハイカラで、典型的なオペレッタと思います。こんな娯しめる曲はめつたにありません。シュトラウスという人は大変な都会人ですネ。

EP　イヴモンタンの「太陽でいつぱい」リェシエンヌ・ドリルの「ナポリのマンドリン」

どちらも特徴があり、本当にいいシャンソンです。二人の特徴があますところなく出て、アペリティーフの香がします。

園部四郎（評論家）

一　EP盤　(1)カチューシャ、夕べの集い、序奏と〝収穫の歌〟(2)トロイカ、草はらに、黒い瞳の、ヴオルガの舟唄

SP盤　(1)さびしいアコーディオン、森の小路　(2)赤いサラファン、黒い瞳の　(3)森のかえで、お〻咲いたカリーナ　(4)美わし春の花、リラの花

二　以上すべて新世界レコードのものです。ソ連の大衆歌は実に明るく、また表情ゆたかな演奏は誰の心にも深い感銘を与えるでしょう。

まだこれらのレコードに接した方が少いと思いますので、あえて推奨いたします。EP(1)の「カチューシャ」はわが国でも有名ですが、その演奏の味がちがつて興味があります。「夕べの集い」は実に楽しい曲です。SPの「赤いサラファン」はソ連の名ソプラノ、オブーホワのすばらしい声、特にゆたかな表情、ピアノ伴奏の素朴な美しさに感心します。「黒い瞳の」のマクサーコワも同様です。

いソノてルヲ（ジャズ評論家）

一　ハーレム・ノクターン　演奏ジョージイ・オウルド（テナー・ソロ）コーラル盤

二　ジャズの都ニューヨークの一角ハーレムは我々の憧れですが、この夜曲を、ジャズの最も代表的な楽器テナー・サクスで吹いた名演奏の一つ。特に感動的なオウルドのスタイルに魅力を感じます。言うなればサクス・アピール!!

伊藤尚志（音楽評論家）

ジョージ・ガーシュウイン傑作集
フランク・チャックスフィールド楽団（ロンドン・LP及びEP）

今度発売されたLPはガーシュウインの傑作十四曲を集めています。チャックスフィールドがこれまでの絃を生かしたムード的演奏から少し変つて、ジャズ的調子を出しているところが特徴です。ダイジェスト盤ともいうべきEPも同時に出ているから、お小遣を使いすぎたひとにはこの方が買い易いでしょう。EPの方は四曲ずつ一集と二集に分れているようです。

岡部冬彦（漫画家）

一　演奏の誕生　B・ワルターとコロンビア交響楽団（SWL五〇〇三―四）

二「音楽が趣味です」「それは〳〵結構なことで」

トンデモない、音楽が趣味とはカナシイ事である。趣味なんてノンキなもの、音楽が楽しかつたり、良かつたり、気分がセイセイするなんてヒドイ。そういうアワレな人達にこれを聞いてもらいたい。僕は高価だから買わないし、買う必要もないけれど……。

五味康祐（作家）

オネガーの第三交響曲。パリ・コンセル・ヴァトワール交響楽団　指揮　R.F. Denjler

恐らく、パリ・コンセル・ヴァトワールによる最も現代的な且つフランス的な演奏であろうと思います。曲も我々に共鳴を呼びさますものです。

全五巻

監修
日本女子大学教授 氏家寿子
東京文化短大教授 沼畑金四郎

各巻体裁
- B六判
- 写真・表・カット $\frac{1}{3}$
- 本文二七〇頁
- 定価二三〇円

◉高校生のための副読本　◉女性必読の家庭教養書
◉本棚にも飾れます。台所に置いても重宝です!!
◉権威ある内容　◉豪華な体裁　◉懇切な解説

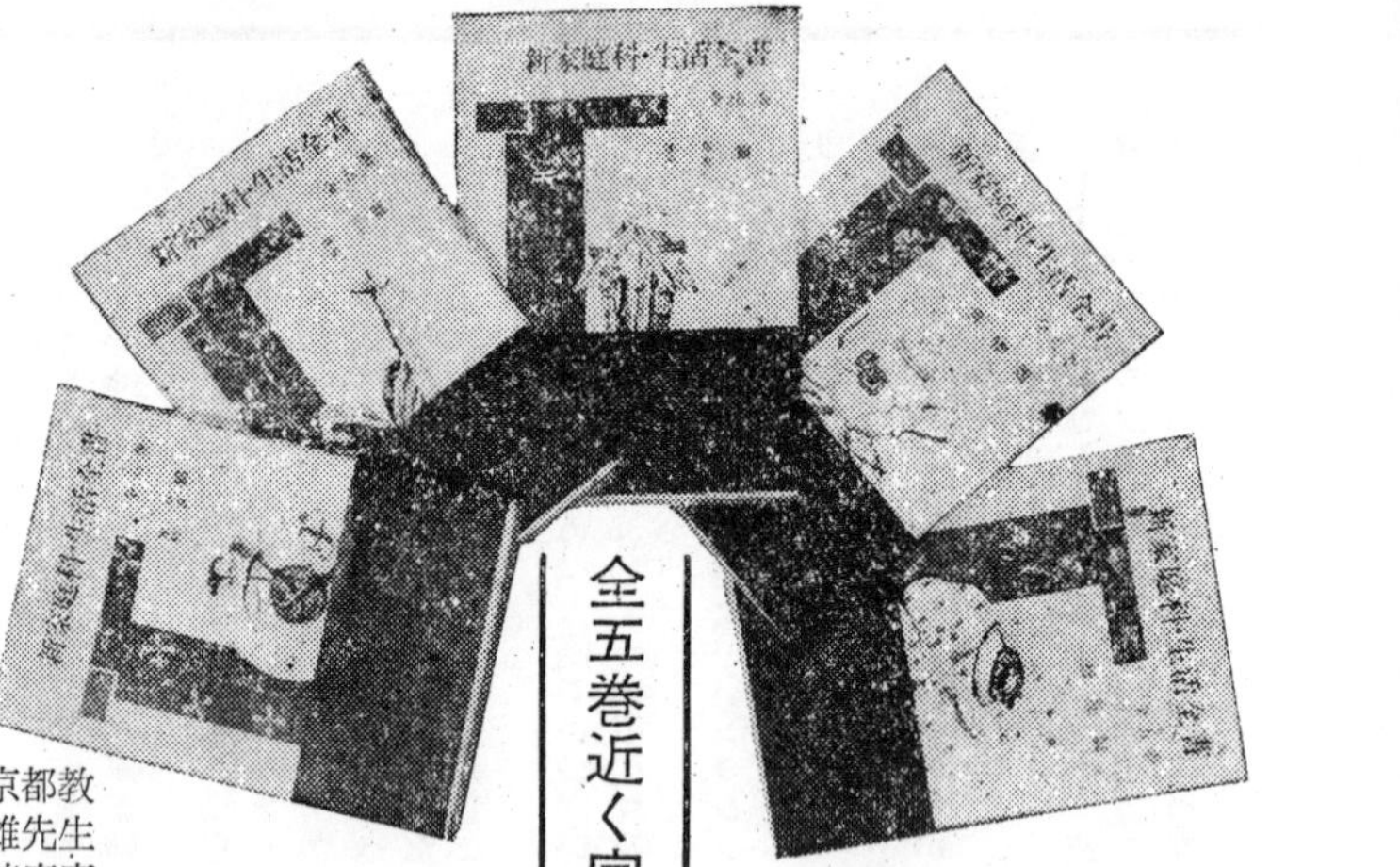

全五巻近く完成!!

（内容体裁）
口絵

推薦
文部省・山本キク先生　東京都教育庁・教育研究所・野間忠雄先生　農林省・山本松代先生・高校家庭クラブ・佃チカ先生　他　各氏

第五巻 家族・経営篇

家族の経済生活・氏家寿子、家庭の収入と支出・氏家寿子、家計と予算・石田きよ、家計簿記・石田きよ、家庭の経済準備・ものゝ購入と消費の合理化・氏家寿子・家庭経済の社会化・本位田祥男、家族の生活時間・氏家寿子、家事作業の能率・勝木新治、家族の構成と社会生活・月田寛、家族と交際・氏家寿子、家庭法律・伴琢磨、職業と適性・大羽綾子・友情・恋愛・結婚・望月衛　（近日発売）

——御申込——
最寄り書店、又は本社直接御申込み下さい。
本社直接の場合は各巻二三〇円と送料二〇円を添え、振替又は現金でお送り下さい。
宛先　東京都中央区銀座東八ノ四　ひまわり社
振替番号東京二三二四番です

ひまわり社の単行本
〒各10

ママ横をむいて　中村メイコ　¥130
大人の世界のカラクリを覗いた十代娘の、微妙な胸のときめきがズバリと描かれた思春期の公開状。他に「陽ざしの中のお友だち」「私のひとりごと」「十代とお別れの頃」など、果実のように新鮮な抒情詩にあふれています。

娘が空を見上げるとき　中村メイコ　¥130
未発表の新作詩集〝娘が空を見上げるとき〟を始め〝小さい花の背のび〟〝メイコ・モノロオグ〟〝詩のノート〟を収めた。サトウ・ハチロー氏をして〝本当の事をいうとメイ子は何か書くのが一番うまいのですと云わしめた創作集

それいゆ新書

いのちの初夜　北条民雄　¥150
島木健作——北条民雄の書き遺したすべてこそは、真に稀有な人生の書である。私は彼の文学を、癩文学の名で呼ぶことには賛成しない。癩はこの天才の発現のための啓示の如きものであった——他に「間木老人」「癩院受胎」

あざみの抗議　内村直也　¥130
従来の少女小説の型を破つて、ティンエイジャーの世界と大人の立場とを対照的に摑みながら〝10代の危機〟を描いた野心作。本書後半の中篇小説「朝の美しさ」は、現代の恋愛論理を、さわやかな抒情のタッチで描いた異色篇

現代女流戯曲選集　日本女流劇作家会編　300
円地文子、田井洋子、佐々木恵美子、秋元松代、田中澄江、水木洋子、岡田八千代など、現在、第一線に活躍している女流劇作家十五氏の力作、野心作を集めたもの。久保田万太郎、木下順二、内村直也氏他多数の方々が、推薦されています。一九五六年版。

随筆集 巴里　芹沢光治良他　280
主に戦後パリを訪れた著名文化人三十五氏が語る、パリで拾った話の花束。パリの女性の話、カフエの気楽さ、自由な学生生活、モンマルトルの紳士淑女達、シャンソン歌手の私生活など魅力あるパリを、縦から横から描いたパリのすべてです。

名作絵物語　中原淳一　280
たけくらべ、人魚のお姫さま、あしながおじさん、蝶々夫人、カルメン、赤毛のアン、小公女、白鳥など、世界中の人々から親しまれて来た名作のなかから選ばれた十三篇の物語が、中原淳一の美しい絵によつて飾られている。一家中が揃つて楽しめる豪華版。

新家庭科・生活全書

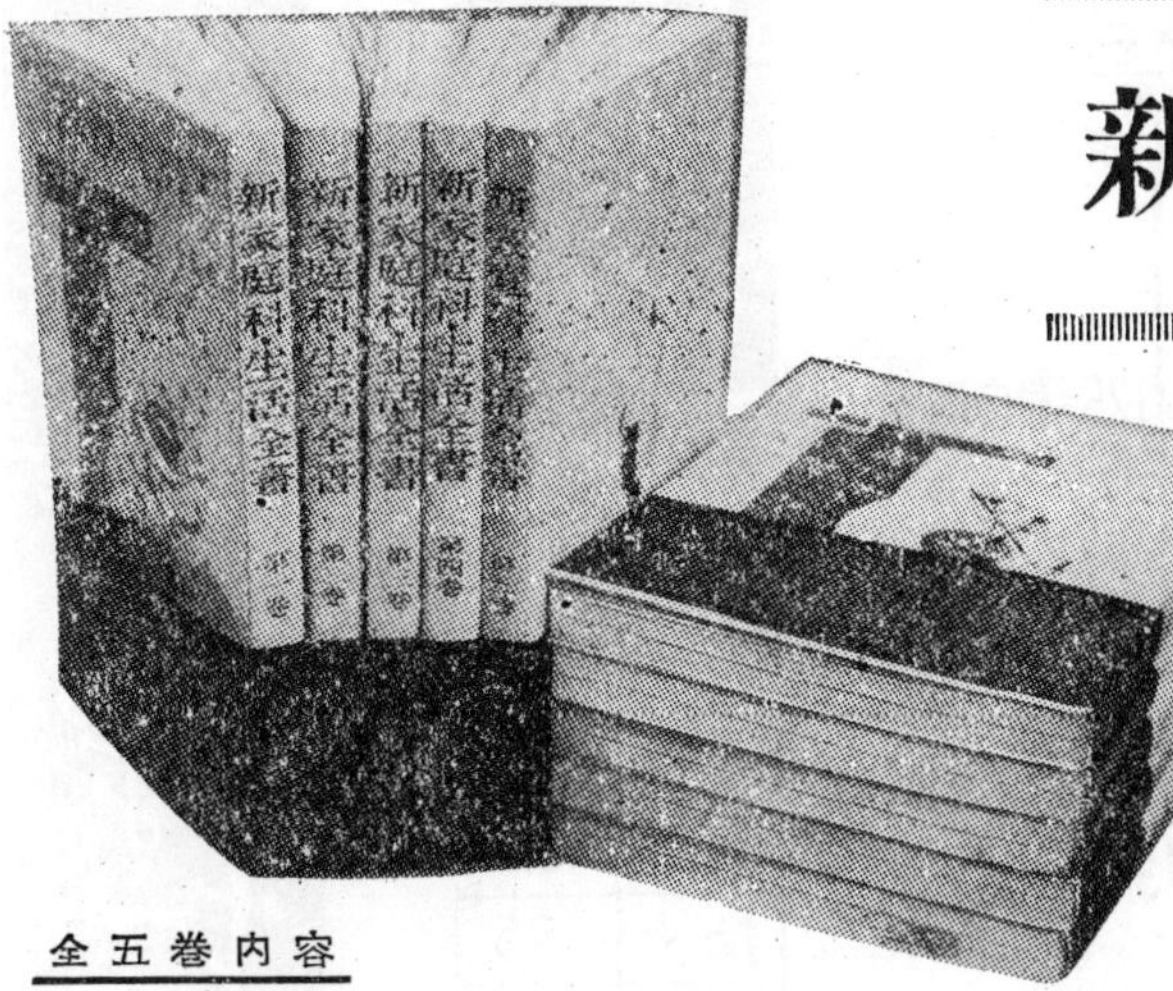

学校の学習図書に——、家庭の日常必携に——、
一流大学教授五十余人の手になる家庭科参考書の決定版

副読本・採用校
この全書は、発表後直ちに左の学校に副読本として採用になりました。
日本女子大、共立女子大、東京家政大、昭和女子大、立正学院、川村学園他、及びその附属高校

全五巻内容

第一巻 被服篇
被服と生活文化・沼畑金四郎、繊維・糸・織物の知識・宮坂和雄、衣服の洗濯と染色・内田武、衣服の手入れと保存・山下栄三、新らしい衣生活・小川安朗、衣服の変遷と流行・宮下孝雄、裁縫の基礎知識・成田順、和裁の実際・岩松マス、洋裁の実際・原田茂、編み物の基礎・佐伯周子、手芸の基礎・山脇敏子、合理的な用具の選び方とミシンの扱い方・牛込ちゑ（発売中）

第二巻 食物篇
食物と栄養・有本邦太郎、栄養の必要量・稲垣長典、消化と吸収・稲垣長典、食品の買入れ計画・黒川淳子、食品の貯蔵・川島四郎、これからの食生活・桜井芳人、日本料理の知識と実際・亘理ナミ、中華料理の知識と実際・亘理ナミ、西洋料理の知識と実際・上田フサ、食品の加工・川島四郎、調理の燃料と器具・沼畑金四郎、台所について・桜井省吾、西洋料理のエチケツト・小林文子（発売中）

第三巻 住居・光熱篇
敷地の選び方・桜井省吾、健康な住居・Ⅰ・勝田千利、健康な住居・Ⅱ・勝田千利、住居の間取り・池辺陽、住居の設備・桜井省吾、住居の防災・藤田金一郎、住居の改善・柴谷邦、住居の清掃と整理・柴谷邦、住居の歴史・沼畑金四郎、これからの住宅問題・鎌田隆男、照明について・笠原襄（発売中）

第四巻 保育・衛生篇
妊娠から出産まで・岩田正道、乳幼児の心理としつけ方・山下俊郎、乳幼児の保健について・長竹正春、乳幼児の病気と看護・長竹正春、乳幼児の栄養・長竹正春、乳幼児の世話と被服・柏木綱、こども部屋と設備・柴谷邦、乳幼児の玩具と絵本・氏家寿子、集団保育について・高橋さだ、家族の健康・佐藤やい（発売中）

朝霧 阿部知二 230
美しすぎ、純粋でありすぎるために、思春期に忘れ難い傷痕を残す、それは青春という季節に課された宿命である。何度読み返しても感激のうすれない青春の書。さきに東宝で映画化され、近来にない素直な思春期映画、と激賞された。

スマートな話し方 平井昌夫・中村裕子 250
話合い、司会、知らせかた、敬語、会話、挨拶、紹介、面接、ことわりかた、声と発声、電話、放送、朗読などを、ユーモアな実例をあげてわかりやすく指導しています。上手な話しかた、言葉のお酒落とはどういうものか

川端康成 抒情小説選集 ¥300
長篇「乙女の港」短篇「女学生」「夢の姉」「ゆくひと」「朝雲」「むすめごころ」「霧の造花」を収めてあります。著者がジュニアのために書かれたこれ等の作品は、抒情の香り高く、その独特の美しさは他に類例がありません。五月発売予定。

私のノート叢書

雲の上の散歩 森田たま ¥270
著者がヨーロッパ旅行中に書かれた随筆、スケッチなどをそのまま肉筆通りに造りあげた「私のノート叢書」の第一集「もめん随筆」の作者らしい独特の持味で書かれたノートは、筆者とじかに接しているような親しみを感じる

椒図志異（しょうずしい） 芥川龍之介 ¥270
永遠に新鮮な作品を残し、三十五才の若さで自殺した文豪芥川龍之介の、これは青年時代の未発表のノートである内容は怪奇談をメモしたもので後年の作品に関連がある。巻末に描かれた落書は、鬼才の妖気を窺わしめる。

創作ノオト（盗賊） 三島由紀夫 ¥270
…小説を書くごく若い人達に示して、最初の長篇を書くことの精神的困難のあとを如実に見てもらひ、いかにその制作が不断の自己弁護に裏づけられねばならなかつたかを読みとつてもらひたい……と著者が云うようにその創作過程を明かにする。

近刊書

抒情詩のためのノート 鮎川信夫・疋田寛吉 ¥130
島崎藤村、北原白秋、室生犀生、佐藤春夫、萩原朔太郎、高村光太郎、中原中也、三好達治等、多数の詩人の名作抒情詩の作例をあげて、抒情詩をわかりやすく説明してあるので詩を作る人にも、詩を正しく理解するためにも最も適切な本。

それいゆぱたーん作り方の頁

原型
ドレメ式

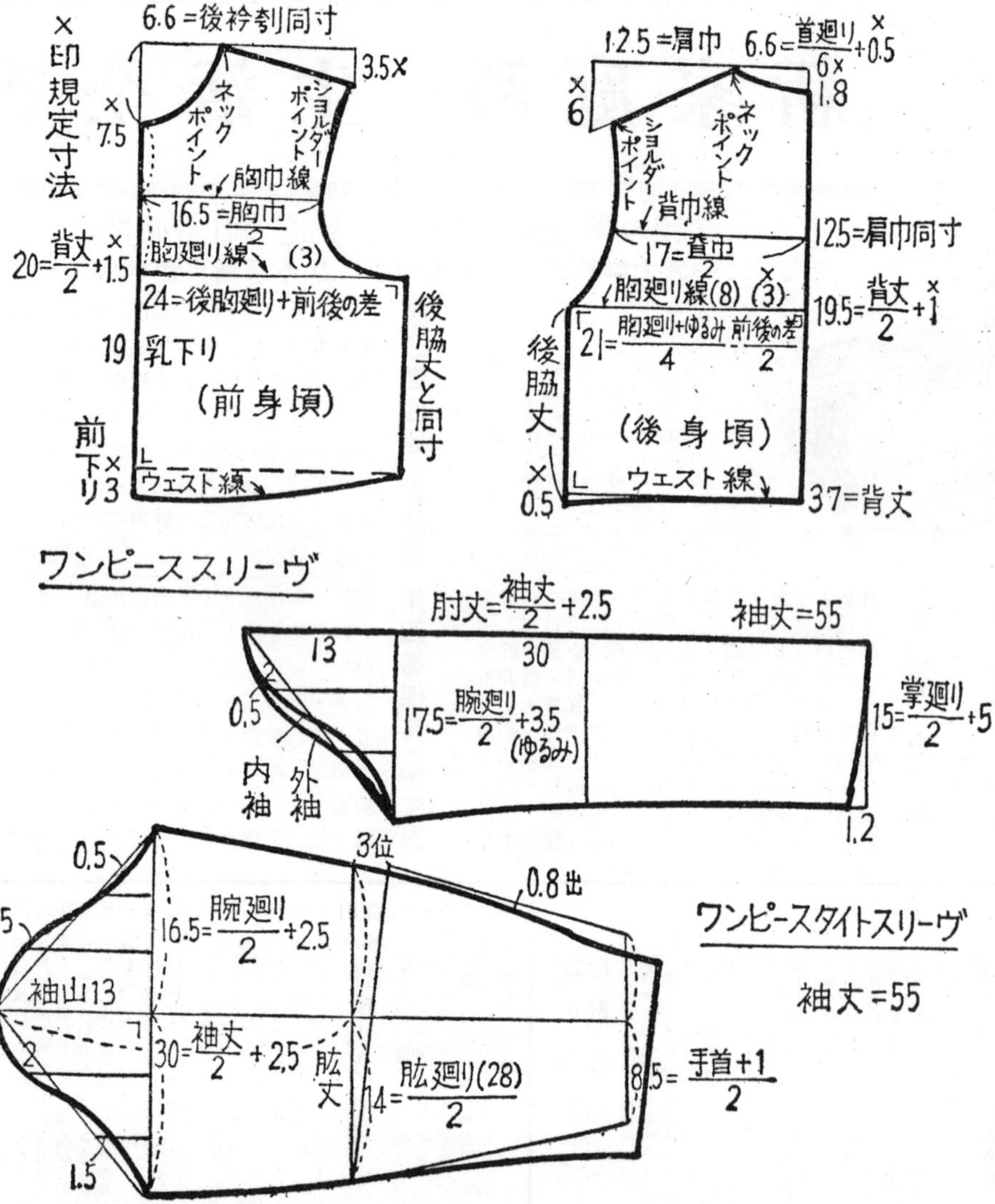

婦人服標準寸法表

名称	中寸法
首廻	36.5
肩巾	12.5
袖丈	55
腕廻り	28
手首廻り	16
掌廻り	20
背巾	34
背丈	37
背総丈	135
胸巾	33
胸廻り	82
W廻り	66
H廻り	92
H下り	20
乳下り	19

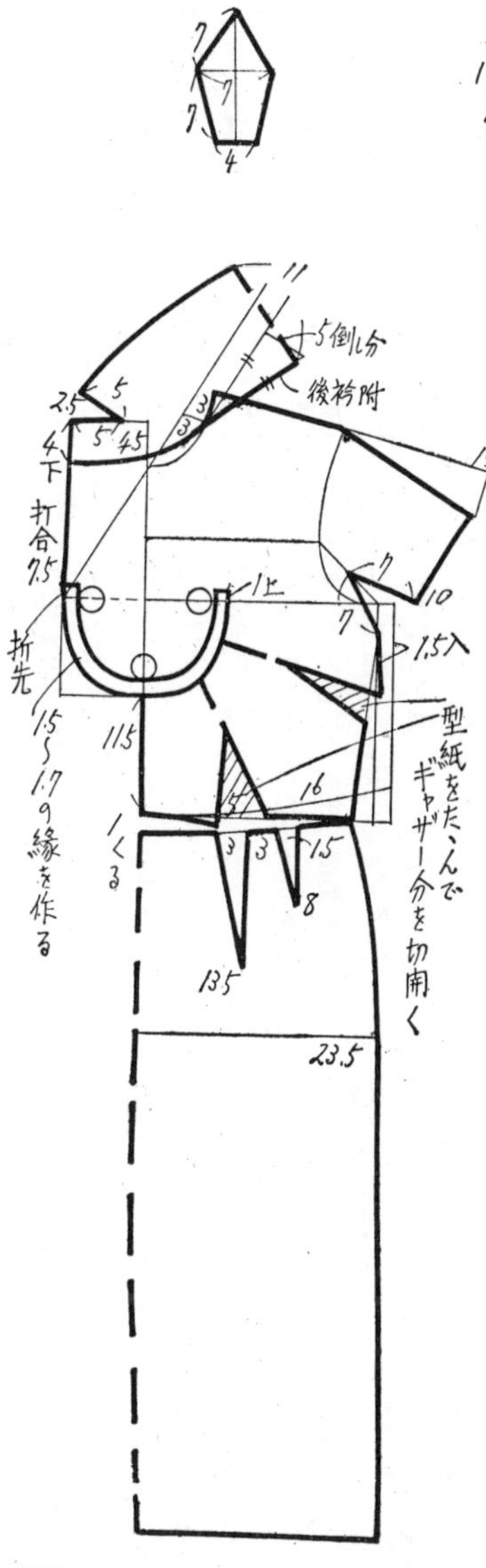

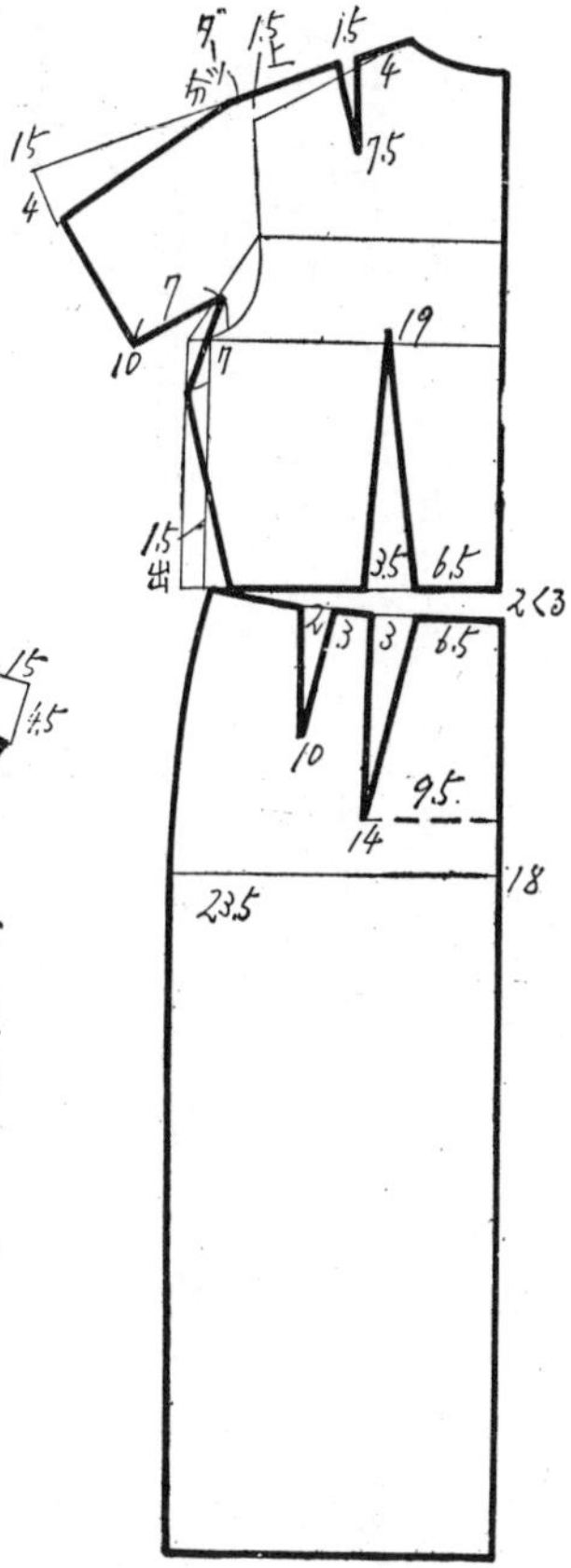

用布　Y巾 2.5 ヤール

製図解説

後身頃

脇線平行に1.5糎出します。

肩先上に1.5糎計り、NPと結んでダーツ分1.5糎と、袖丈15糎を延長します。

肩線直角に4糎下つて結び直し、袖口10糎、襠つけ、袖下7糎をそれぞれとります。

肩ダーツ、Wダーツ、脇線をひきます。

スカート丈を計り、Wで2糎くつて腰下り18糎、腰巾を計り記入の様にタイトスカートを描きます。

前身頃

脇線平行に1.5糎入れます。

肩線を延長して15糎計り、4.5糎下つて結び直し、他は後身頃同様にひきます。

記入の様に前打合せ7.5糎出してカラー及び、胸の切替えを描きます。

脇線をひき、後脇丈との差を脇ダーツでたたみ、Wもダーツ分5糎をたたんで胸のU字型の切替えに向つてギャザー分を切開きます。

スカートは後スカートを参照してひきます。

縫い方

肩ダーツ、Wダーツ、スカートのダーツを縫い、中心に向つて倒します。（前スカートは前中央へ）

スカートの脇を縫合せて割ります

前身頃にライニングを張り、玉縁釦ホールを作ります。切替えの位置にギャザーをよせ、U字型の布に縁取りをします。

前後の肩を接合せて割り、裏衿に芯を張り、身頃と縫合せます。

裏衿から続いて見返しをつけ、前中心を縫合せてU字型の布とギャザーをよせた布をステッチで押えます

前後の脇を縫合せ、袖下に襠つけをして袖口をまつります。

身頃とスカートを接合せ、身頃の方へ片返しします。

後明きにファスナーをつけ、裾を折り上げてまつります。

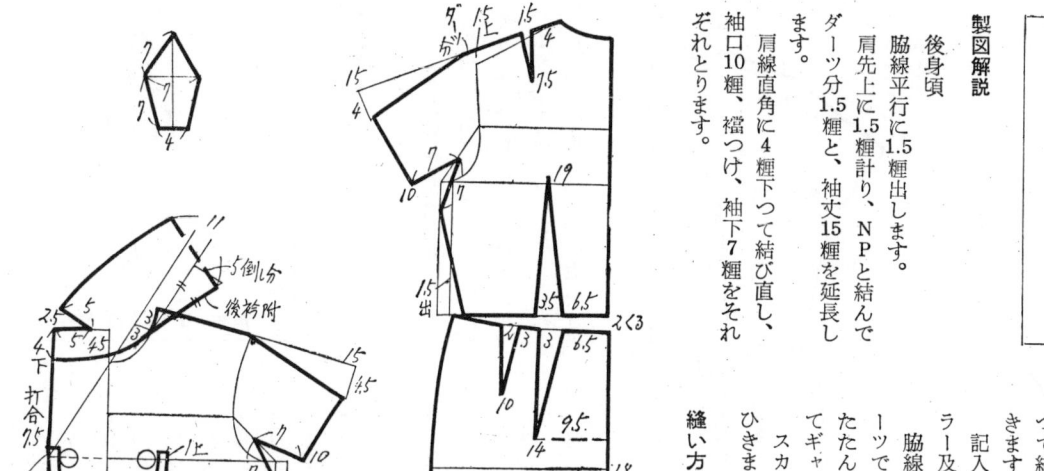

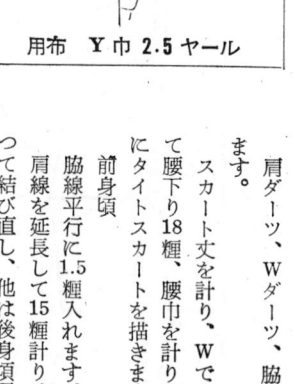

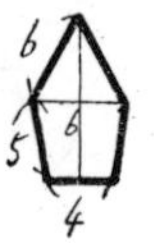

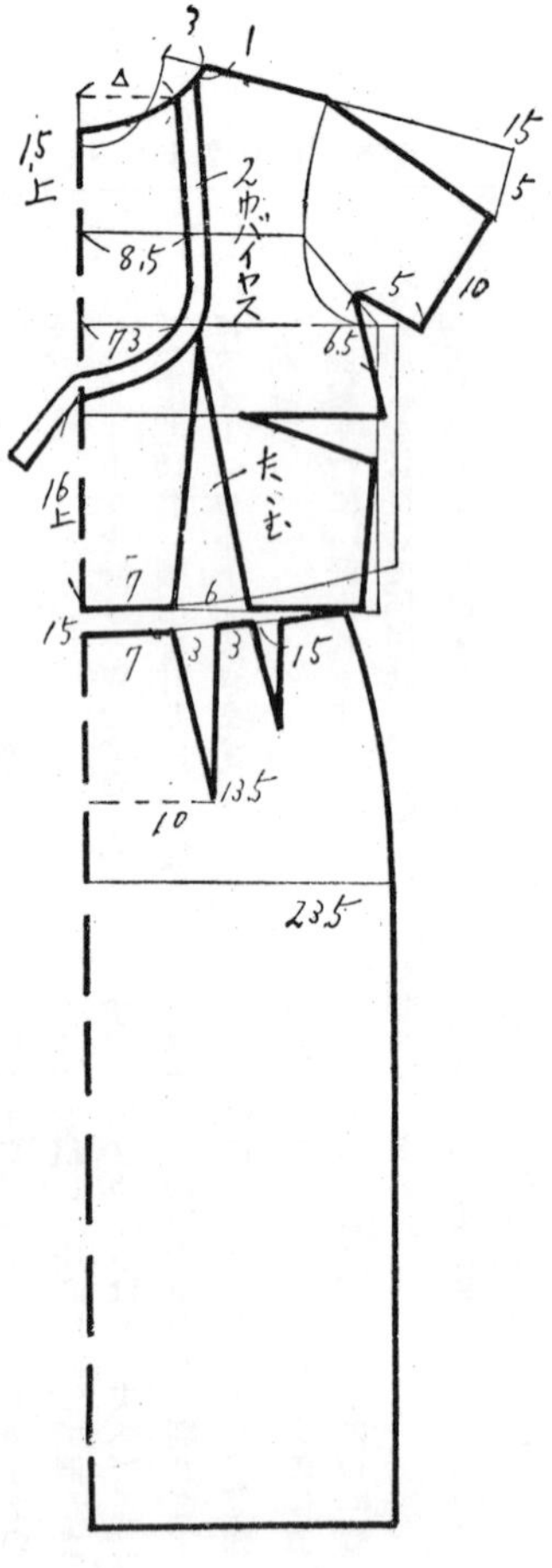

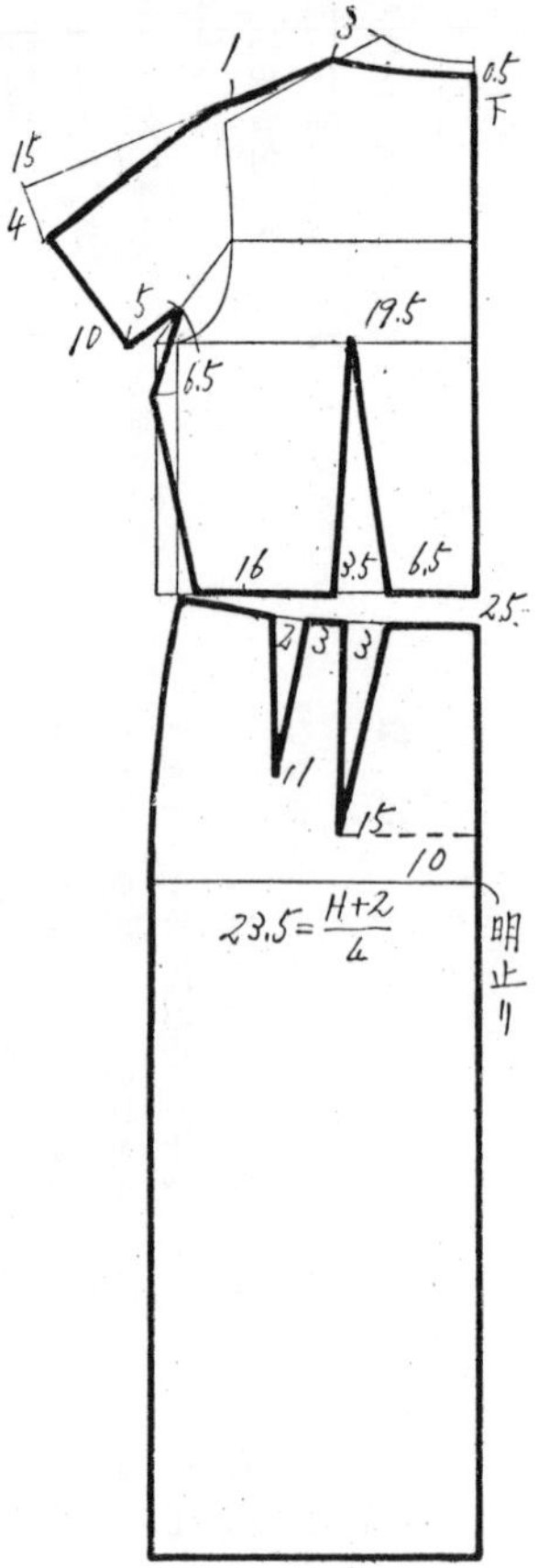

用布　Y巾 2.5 ヤール

製図解説

後身頃

原型脇より1.5糎平行に出します。

衿刳を中心で0.5糎、NPより3糎くり、肩先から1糎上つた点と結んで15糎延長します。

袖口下り4糎計つて結び直し、袖口10糎、袖下5糎、襠つけ寸6.5糎計つて脇線を結びます。

Wダーツをひき図を参照して腰下り18糎のタイトスカートを描きます

前身頃

脇線平行に1.5糎入れます。

袖丈を延長し、袖口下り5糎計つて後同様に袖口、袖下、脇線をひきます（後脇丈との差を脇ダーツに）

NPから3糎くり、前中心より1.5糎上げて衿刳を結びます。

胸の切替えを記入の方法通りに描き、Wダーツをひきます。

記入の寸法通りにカラー、襠、スカートを描きます。

縫い方

後のWダーツを縫い、背中心に倒します。

前脇ダーツを縫い、Wダーツは型紙でたたんで胸の切替でふくらみを出します。

胸の切替えを縫い、上からバイヤスで裁つたテープをのせ、ミシンステッチをかけます。

肩合せ、脇縫いをして襠をつけ、袖口の始末をします。

前後スカートのダーツを縫い、脇縫いをして身頃と接合せます。

カラーに芯を入れて記入の位置に片玉縁の釦ホールを作り、仕上げて衿つけをします。

裾を折上げてまつり、後明きにファスナーをつけ、2糎巾のテープを作つてカラーの釦ホールへ通して、衿ぐりの方へとじつけます。

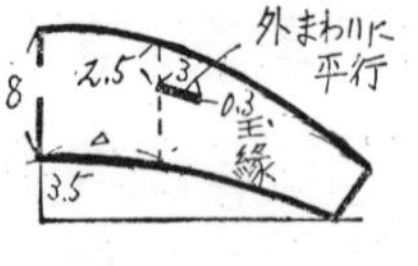

用布　Y巾　3ヤール

製図解説

後身頃

脇線平行に1.5糎出します。

衿ぐりをくり、肩先を1.5糎上げて15糎延長、4糎下つて結び直します

袖口10糎、袖下7糎、襠つけ7糎とり、脇線をひき、Wダーツをとります。

前身頃

脇線平行に1.5糎入れます。

肩線を延長して15糎計り、4.5糎下つて袖口、袖下、脇線を描きます。

衿ぐりを2糎くり、衿ぐり中心より1.5糎上げて結びます。

後脇丈との差を脇ダーツにとり、型紙でたたんでダーツ中央に向つて反動を切開きます。

襠、カラーを記入の寸法通りに描きます。

スカートは、起点より半径約31糎計り、円弧を描いてW/4寸法をとりスカート丈をひきのばします。

記入の位置に襞線を描き、襞分を切開きます。

縫い方

後Wダーツを縫つて中心に倒し、前はライニングを張つて所定の位置に玉縁の釦ホールを作ります。

Wダーツを縫わずに折りたたみ、前中心に向つて倒します。

前後の肩、脇を合せます。

袖下に襠をつけ、袖口にカフスをつけて始末します。

カラーにうすい芯を入れて作り、衿つけをします。スカートの所定の位置に玉縁釦ホールを作り、襞を折りたたんで脇縫いをします。

身頃とスカートを接合せ、裾を折り上げてまつり、仕上げをして後明きにファスナーをつけます。

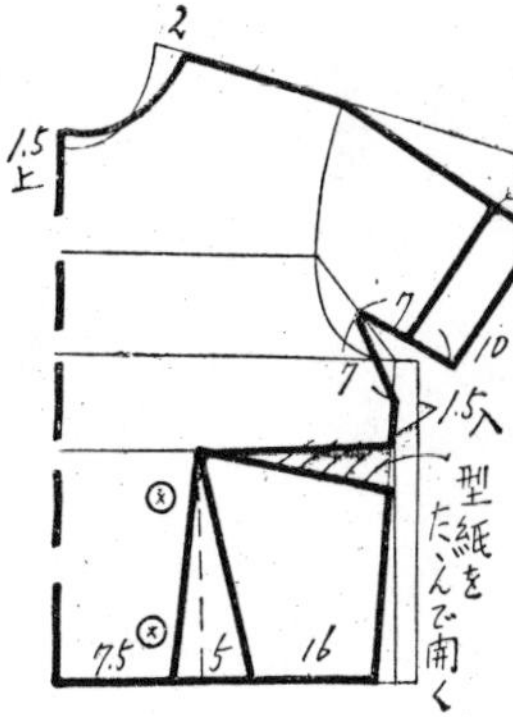

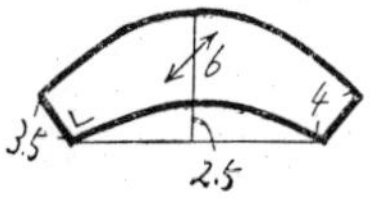

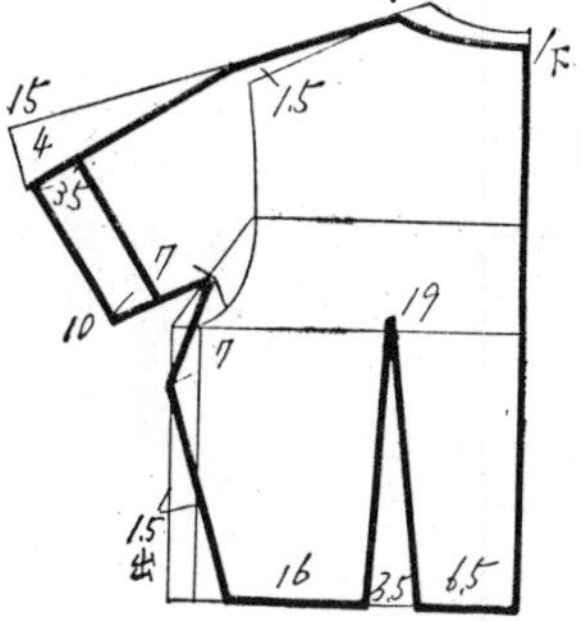

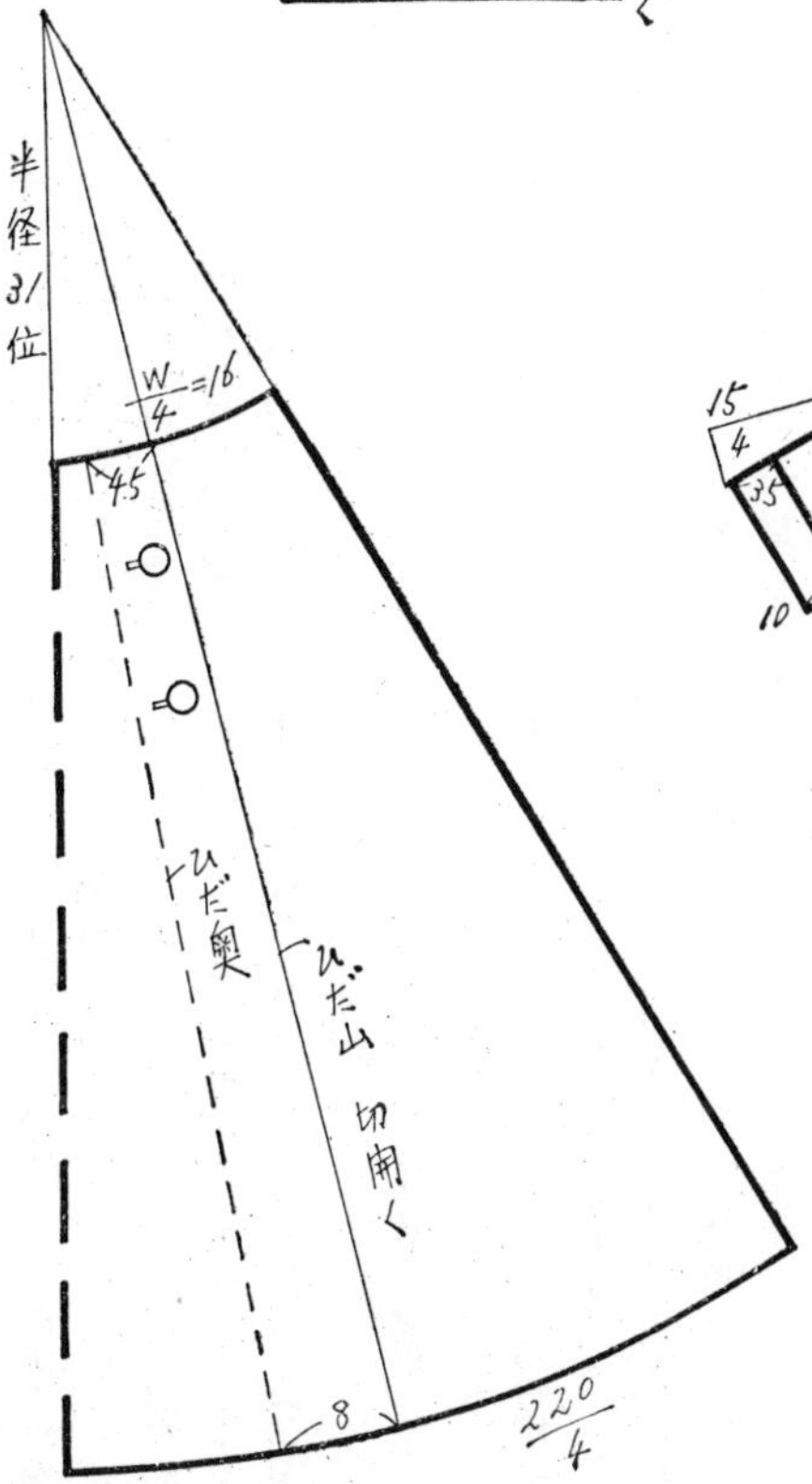

用布　Y巾 2.5ヤール

製図解説

後身頃

原型脇線平行に1.5糎出します。

肩先を1糎上げ、NPと結んで15糎延長します。直角に3.5糎下げて結び直し、袖口、襠附線、脇線、Wダーツを標します。

記入の様にタイトスカートを描きます。

前身頃

脇線平行に1.5糎入れます。

肩線を15糎延長し、5糎下げて結び直し、袖口、襠附、脇線をひきます。

脇ダーツは後脇丈との差を標します。

衿ぐりを描き、ダブルの切替えを標し、ダーツを入れます。

スカートを描き、ダーツ分をたたんで脇へ切開きダーツをとります。

カラーは直角から7.5糎上つて8糎巾のものを図の様に、前では5糎になる様に恰好よく描きます。

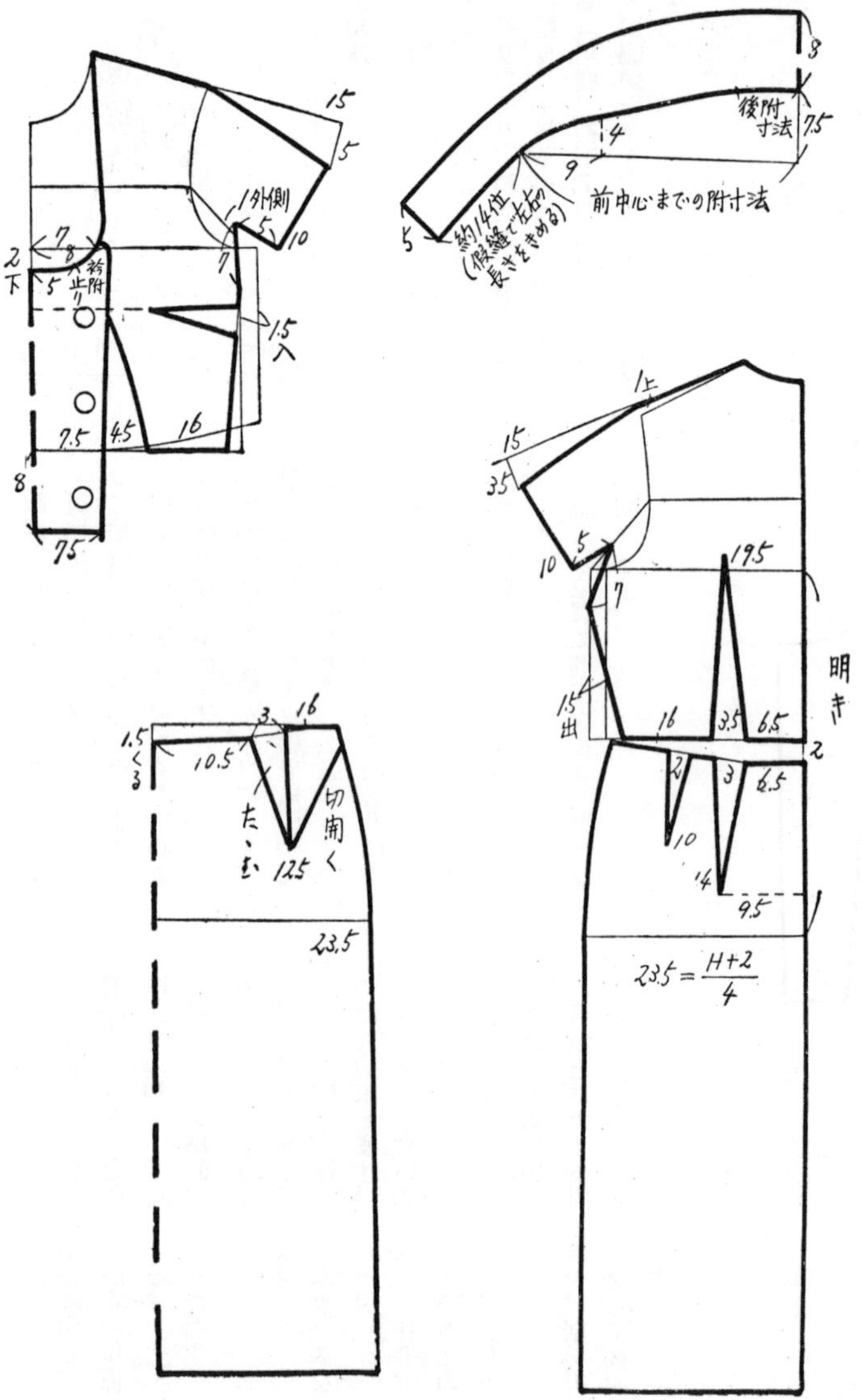

縫い方

後Wダーツ、スカートのダーツを縫います。

脇ダーツを縫い、ダブルの前布にライニングをはつて玉縁釦ホールを作り、身頃と接合せて打合せの始末をします。

Wから出ている部分は見返しをつけて浮く様に仕立てておきます。

肩合せをし、脇縫をしてから襠附をし、袖口の始末をします。

衿に芯を入れて作り、玉縁の釦ホールを作つて記入の位置に衿つけをします（見返しで始末）

スカートの脇合せをし、身頃と接合せ、裾を上げてまつります。

後明きにファスナーをつけます。

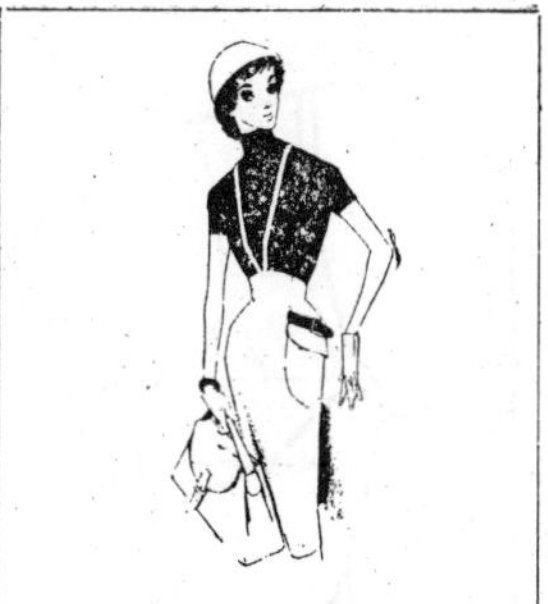

用布　Y巾 1.9ヤール

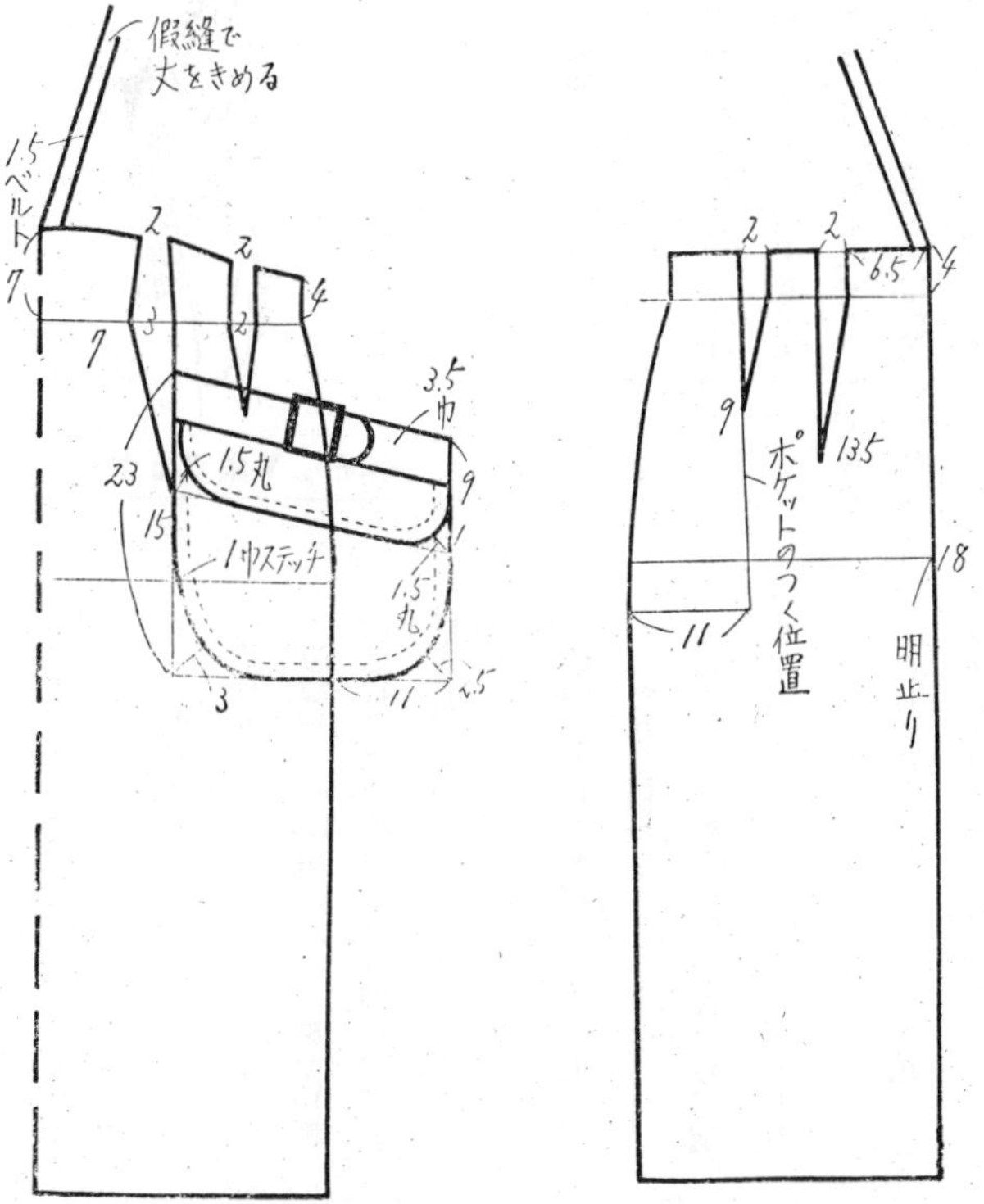

製図解説

後スカート

記入の寸法通りにタイトを描き、Wを4糎上げてハイウェストにします。

ダーツを2糎ずつ二本標します。

前スカート

基礎のタイトスカートを描き、前中心を7糎、脇で4糎上げて山型のカーブを描き、記入の様にWダーツを標します。

左脇の大きなアウトポケットは前のダーツから後ダーツまでを渡してつけるため、後ダーツから脇までの寸法を計り、前ダーツから続いて描きます。

縫い方

Wにライニングをはり、前後のダーツを縫い、割ります。

左脇を縫割り、所定の位置にポケットをつけ、フラップをつけます。

フラップの上につくベルトはダーツの横に片玉縁を作つて通します。

右脇、後中心明きを残して縫割ります。

Wに裏布をつけて始末し、ベルトを作つてとじつけます。

裾を折り上げてまつり、後明きにファスナーをつけます。

☆人気殺到のひまわりゆかた☆

前号の「それいゆ」と「ジユニアそれいゆ」に中原淳一画のひまわりゆかたを発表いたしましたら、毎日御注文が津波のように押よせて、通販係だけでは発送が間に合わず、編集部員も動員して、テンヤワンヤで荷造りいたしております。

ひまわり社はあちらもこちらもゆかたの山で、出版社か呉服屋かわからなくなりそうです，

品物の到着が御中元の小包の混雑や、地方によつては洪水のために大変遅れているようですが心配いたしております。

まだ御入用の方がいらつしやいましたら、すぐお申込下さいます様、詳細は 39 号に写真入りで出ておりますから御参照下さいませ。

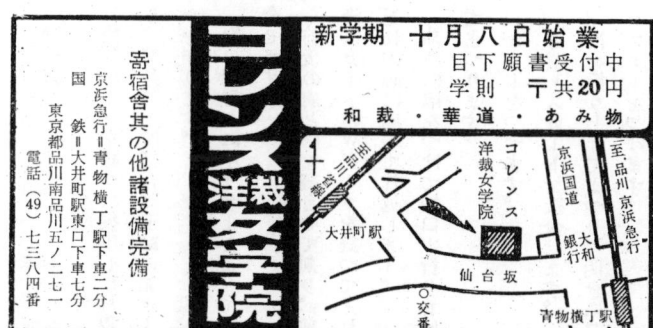

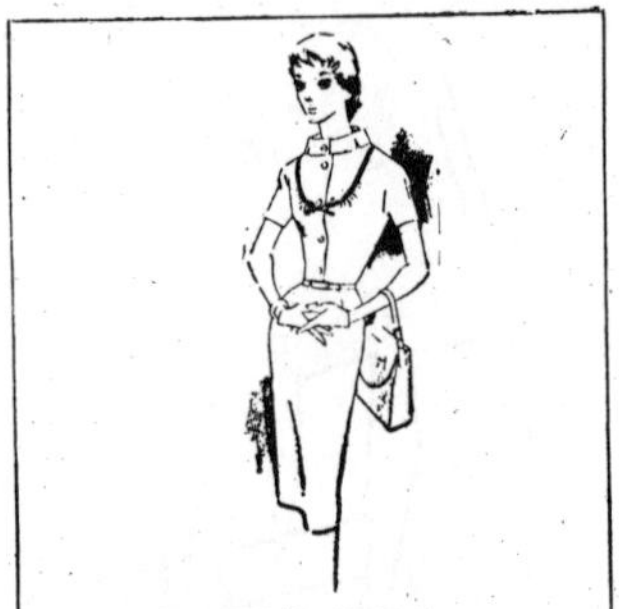

用布　Y巾 2.5ヤール

製図解説

後身頃

脇線平行に1.5糎出します。

衿ぐりをＮＰで２糎くります。

肩先より1.5糎上に計り、衿ぐりと結んで15糎延長し、**4.5糎下つて結び直します。**

袖口、袖下、脇線をひきます。

Ｗダーツ、スカートを記入の寸法通りに描き、後中心に10糎巾のボックスプリーツをとります。

前身頃

脇線平行に1.5糎入れ、肩線を15糎延長します。袖口下り５糎計つて結び直し、袖口、袖下、脇線をひきます。（脇ダーツは後脇丈との差）

前中心から２糎打合分を出します

胸の切替線を描きます。

脇ダーツ、Ｗダーツをたたみ、胸の切替線に向つてギャザー分を切開きます。

記入の寸法通りにカラーと襟、前スカートを描きます。

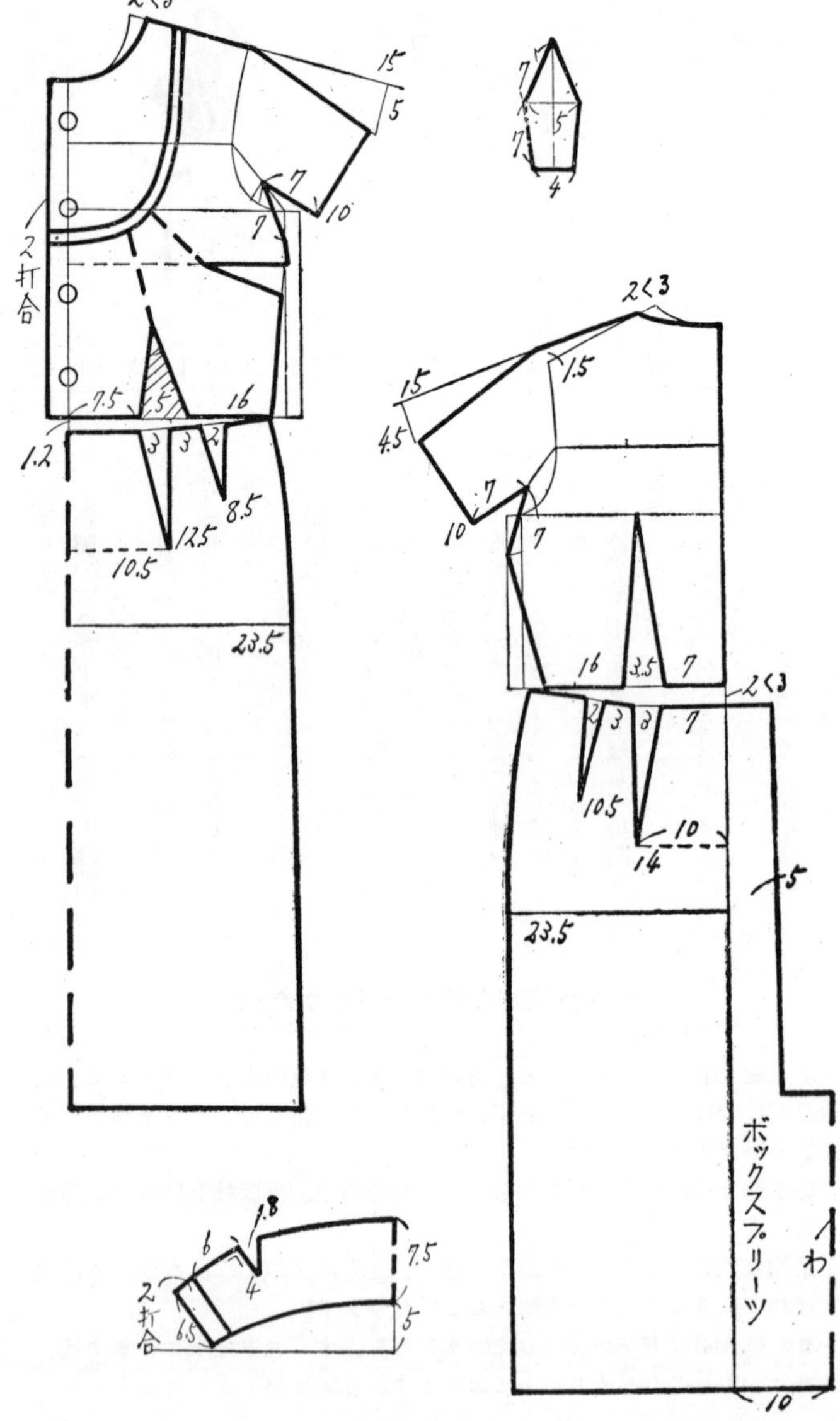

縫い方

後Ｗダーツを縫つて後中心に片返し、前身頃上前打合に玉縁の釦ホールを作ります。

胸の切替えにギャザーをよせて縫合せます。

前後の肩と脇を縫合せて割り、前後スカートのＷダーツを縫つてそれぞれ中心に向つて片返します。

袖下に襟をつけて袖口を折りまげてまつります。

カラーをつけます。

身頃とスカートを接合せます。

裾を折り上げてまつり、明きにファスナーをつけます。

用布　S巾 2.8ヤール

製図解説

後身頃

脇線平行に1.5糎出します。

肩先を1糎上げてNPと結び、12糎延長して2.5糎下げ、結び直します。

袖口、襠附線をひきます。

衿ぐり中心より0.6糎出してWと結び更に上へハイネック分として1.5糎出します。NPで1糎出し、0.3糎欠いて衿ぐりを描きます。

Nダーツ、Wダーツをとります。

スカート丈をのばし、腰下り18糎の所で腰巾を計り、Wとカーブで結び、裾まで直下します。

ローウェスト分2.5糎下げてダーツをとり、ベルト巾3糎標します。

前身頃

脇線平行に1.5糎入れます。

肩線を延長し、3.5糎下つて袖口、襠附、脇線を標し、後脇線を計つてその差を脇ダーツにとります。

衿ぐりよりハイネック分を1糎出し、記入の様に馬蹄型の胸明きを描きます。ボウ、胸当てを標します。

スカート丈をのばし、後同様にタイトスカートを描き、ローウェスト分脇2.5糎、前中心8糎計つて結びます。

Wダーツを標します。

縫い方

前後のダーツを縫い、肩合せをします。

衿明きを見返しで始末します。

脇を縫合せ、襠をつけて袖口の始末をします。

ローウェストに3糎巾のベルトをつけて仕上げ、スカートの脇を縫つて前にギャザーをよせ、身頃と接合せます。

裾を折り上げてまつり、後明きにファスナーをつけて衿明きに当布とボウをつけます。

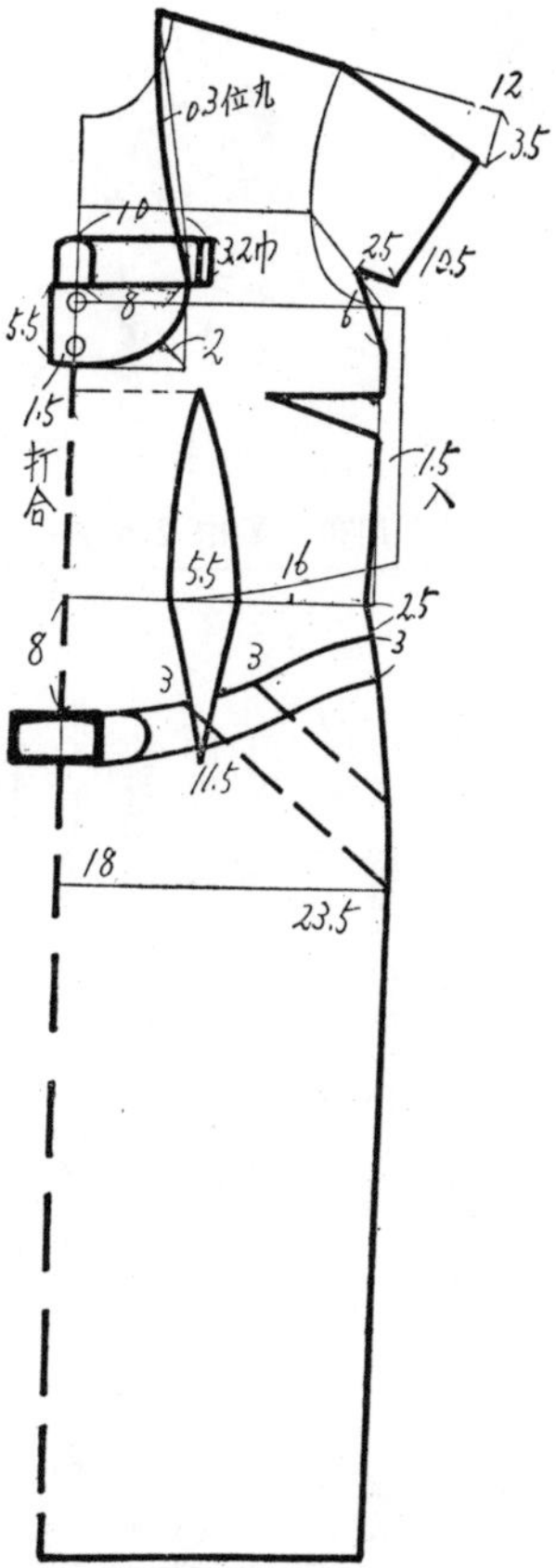

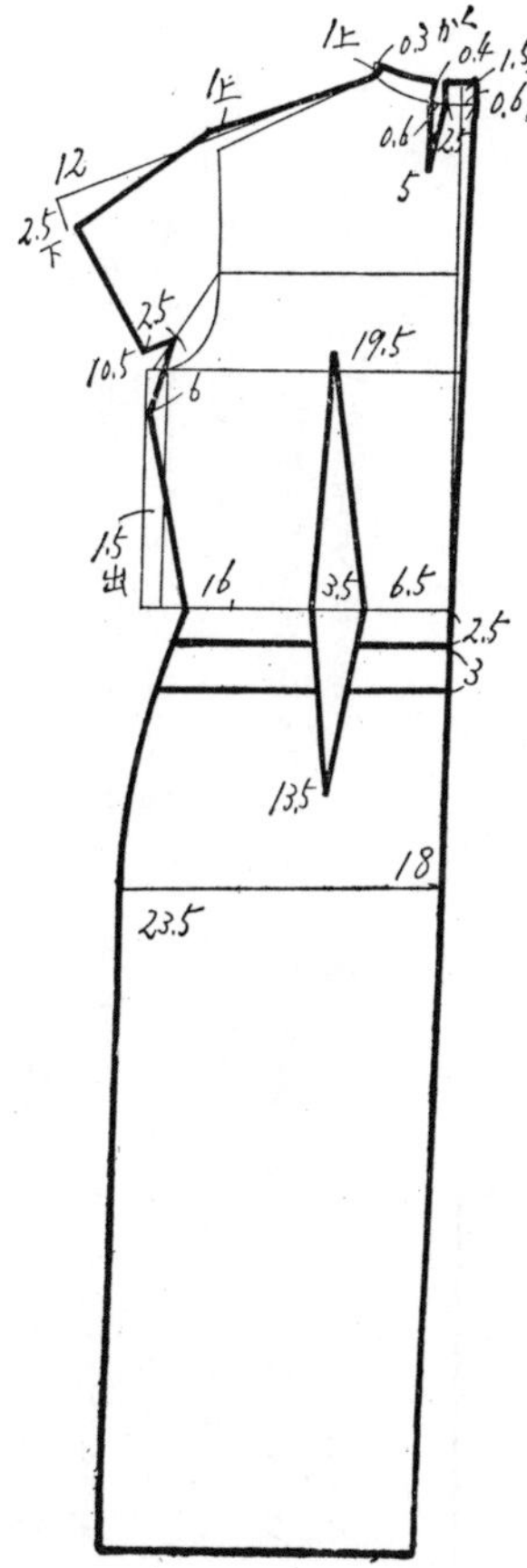

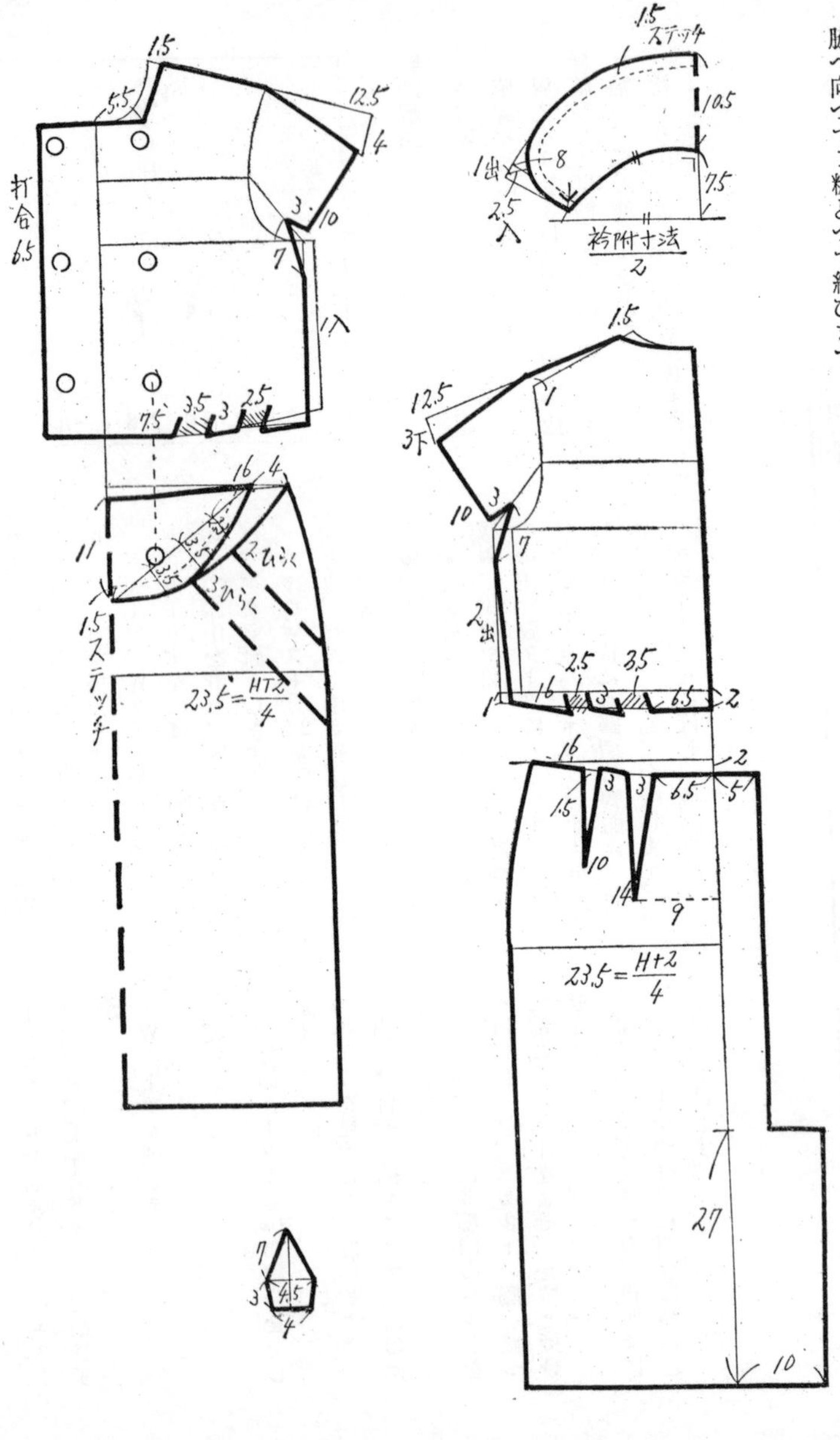

用布　Y巾 2.5ヤール

製図解説

後身頃

脇線平行に2糎出します。

NPから1.5糎くり、衿ぐり線をひき直します。

肩先より上に1糎とり、12.5糎延長し、直角に3糎とつて結び直します。

袖口、襟附、脇線をひきます。

後中心Wよりパフリ分を2糎出し脇へ向つて1糎とつて結びます。

記入の様にWはタックにします。

スカート丈を計り、記入の寸法通りにダーツ、プリーツを描きます。

前身頃

脇線平行に1糎入れます。

肩線を12.5糎延長して直角に4糎下げて結び直します。

袖口、襟附、脇線をひきます。

NPより1.5糎くり前中心より5.5糎計つてスクエアネックを描きます。

打合分6.5糎出し、Wタックを記入します。

スカートを描き、記入の様にダーツ分を切替線の中に入れこみ、更にギャザー分として記入の位置で2糎3糎を切開きます。

カラーは7.5糎上つて前衿巾8糎、後10.5糎計つて恰好よく描きます。

縫い方

前身頃裏にライニングをはり、上前に玉縁釦ホールを作ります。

肩合せをし、脇を縫つて襟をつけ袖口の始末をします。

カラーに芯を入れて仕上げ、ミシンステッチをかけます。

前打合に見返しをつけ、同じくカラーをつけて見返しで始末します。

スカート前切替布にもライニングをはり、玉縁釦ホールを作つて仕上げ、所定の位置にギャザーをよせて今仕上げた前布をのせてカラーと同じ要領でミシンステッチをかけます

スカートの脇合せをします。

身頃とスカートにタックをとつて接合せます。裾を折り上げてまつり後明きにファスナーをつけて仕上げます。

用布　Y巾 3.4ヤール

製図解説

後身頃

脇線平行に1.5糎出します。

肩先より上に1.5糎計り、Nを2糎くつた点と結んで袖丈を延長、直角に3.5糎下つて袖口、襠附、脇線をひきます。

Wダーツを標します。

前身頃

脇線平行に1.5糎入れます。

肩線を12糎延長して4.5糎下げ、結び直して袖口、襠附線を標します。

後脇丈との差をダーツにとり、N中心を1.5糎上げ、NPを2糎くつて結びます。

中心W線上に1.5糎入り、胸囲線とカーブで結びます。

Wダーツ、フラップを記入の寸法通りに描きます。

スカートは起点より半径約27糎計り、弧を描いてW附寸法を標して脇線を定め、スカート丈を計ります。

フラップの下のギャザー分を記入の様に上で5糎ずつ切開き、ヨークを標します。

縫い方

前後のWダーツ、及び脇ダーツを縫い、前ダーツは割ります。

前フラップにライニングをはり、見返しをつけて整え、前中心を縫合せて割ります。

肩合せをし、同じく脇合せをして襠を入れ、袖口の始末をします。

カラーをつけます。

フラップ下になる部分のギャザーをよせ、ヨークで始末をしてから脇縫をします。

胴を接合せ、フラップの下からベルトが出ているかんじにとじつけます。

裾を折上げてまつり、衿明きにファスナーをつけて仕上げ、衿もとにボウ、フラップに釦をつけます。

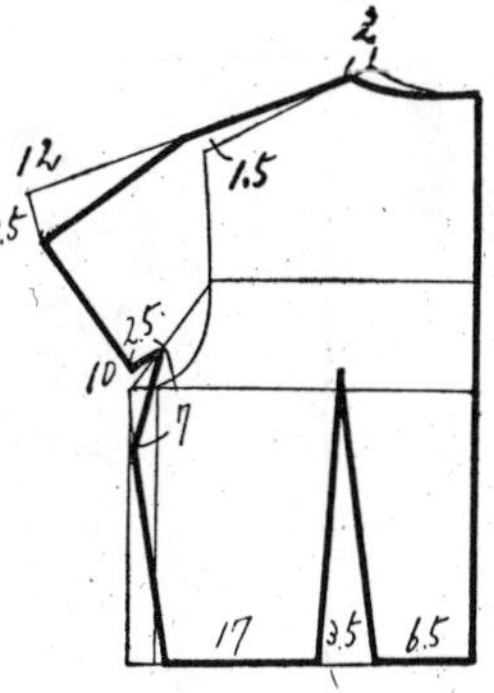

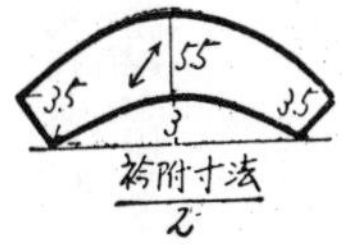

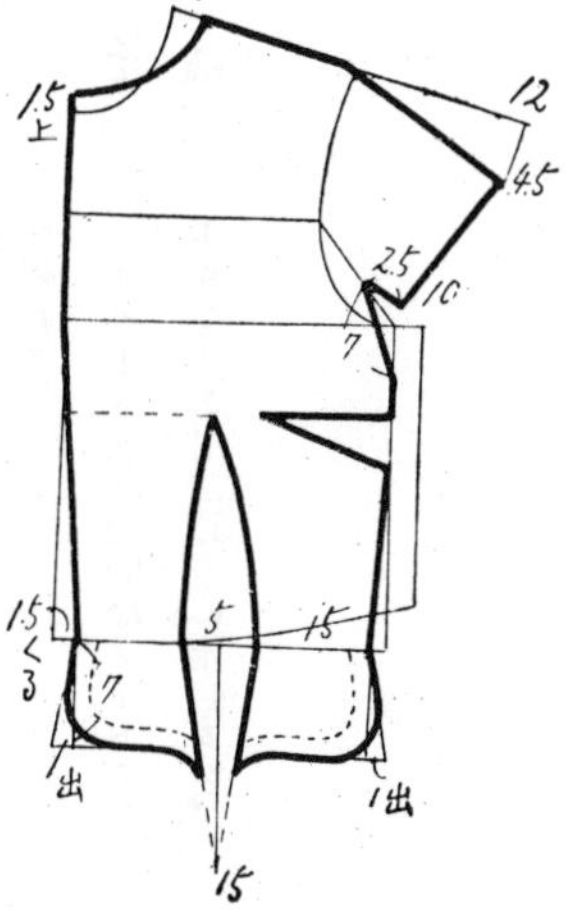

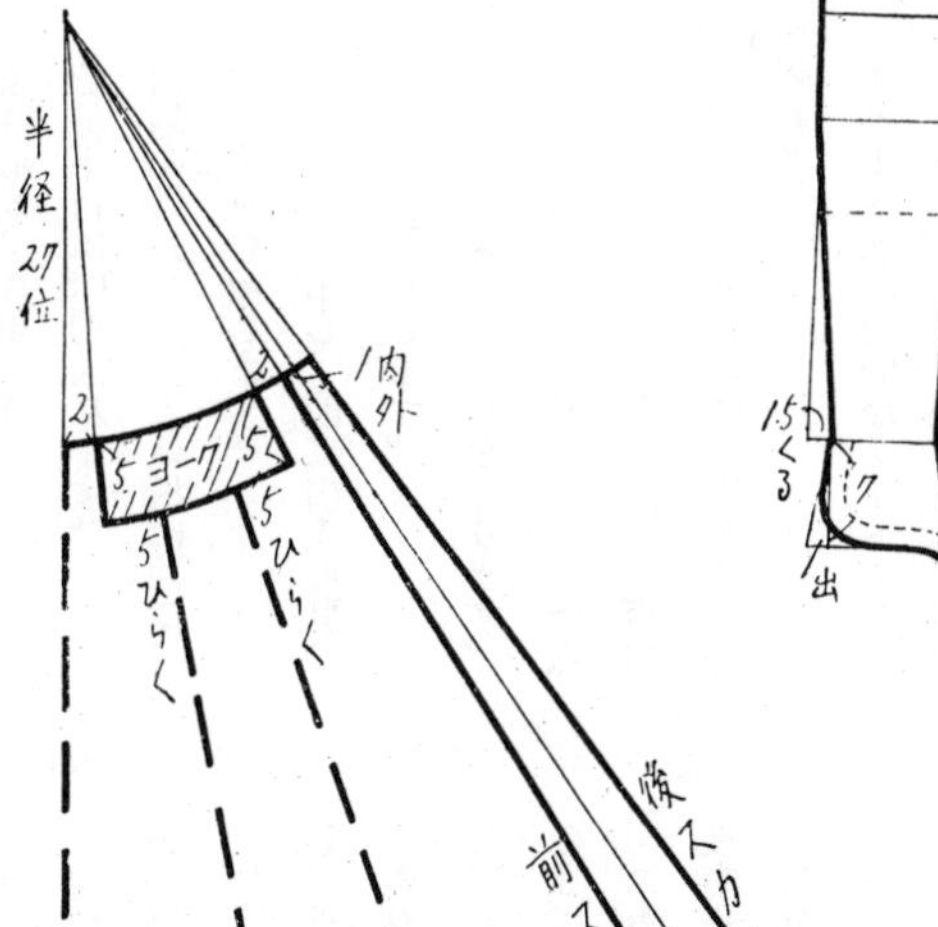

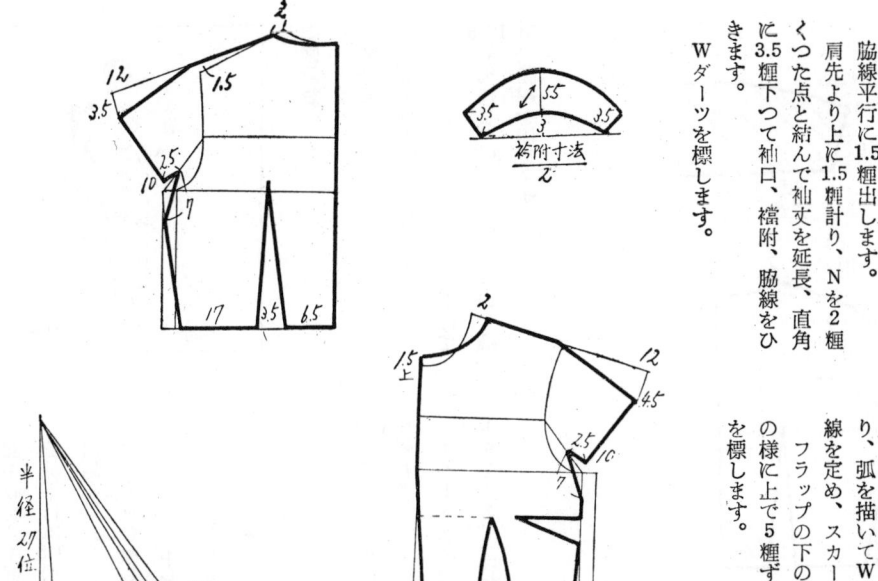

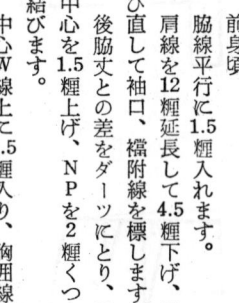

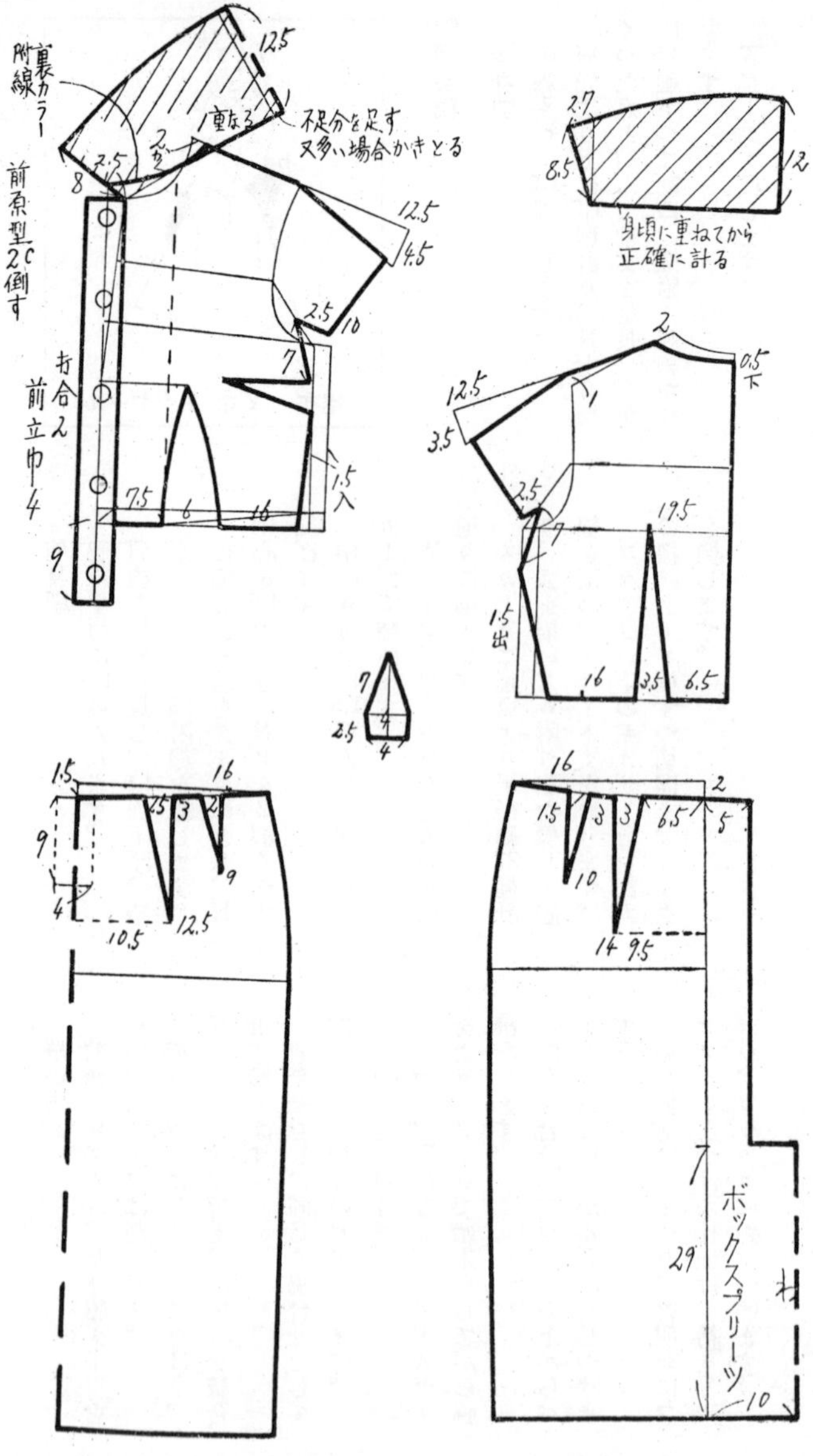

用布　Y巾 2.4ヤール

製図解説

後身頃

脇線平行に1.5糎出します。衿ぐりをくり、肩先を1糎上げて12.5糎延長し、3.5糎下げて袖口、襠附、脇線を標します。

前身頃

前中心を2糎倒します。脇線平行に1.5糎入れます。肩線を延長し、記入の様に袖口、襠附、脇線を標します。打合せ2糎出し、前立巾4糎計つてW下9糎延長します。NPから2糎衿ぐりをくります。前立巾と、NPより1糎入つた点を結んで延長し、図の様に後衿巾12.5糎、前衿巾8糎計つてカラーを描きます。

スカートは基礎的なタイトスカートを記入の寸法通りに描きます。

縫い方

前後のダーツを縫います。

前立てに玉縁釦ホールを作り、身頃に縫つけます。

肩合せをし、脇を縫つて襠つけをし、袖口の始末をします。

裏衿をつけ、表衿から続いた見返しにライニングをはつて縫い、始末します。

スカートのダーツと両脇を縫い、後中心は明きを残して縫います。

胴を接合せ、身頃から裁出してある前立てを縫いつけ、裾を折り上げてまつり、後明きにファスナーをつけます。

用布　Y巾 2.5ヤール

製図解説

後身頃

脇線平行に1.5糎出して引下します
衿ぐり中心0.5糎、肩で2糎計つて結びます。

肩先より上に1.5糎計り、NPと結んで12糎延長、直角に2.5糎下つてひき直し、袖口、襠附、脇線をひきます。次にWダーツを標します。

スカート丈をのばし、巾をHの位置で2糎、Wで1.5糎前へまわる分として出します。

前身頃

脇線平行に1.5糎入れます。

肩線をそのまま延長し、直角に3.5糎下つて結び直し、袖口、襠附、脇線をひきます。

NPで2糎くり、中央で2糎上げて結びます。

脇ダーツは後脇丈を計り、その差を標します。

Wダーツを標し、脇ダーツをたたんでその反動をWダーツへ向つて切開きます。

記入の様に胸当布を描きます。

スカートをのばし、巾は後で出た分を欠きます。

フラップの切替えを恰好よく描き後身頃へ写します。

カラーは3.5糎上つて前中心衿巾7糎、後衿巾3.5糎計つて結びます。

縫い方

後Wダーツを縫います。

前身頃ポイントのある当布に玉縁釦ホールを作り、ライニングをはります。見返しをつけて仕上げ、身頃に縫つけます。（下の方を浮かす）

肩合せをし、脇合せをして襠をつけ、袖口を始末します。

カラーにうすい芯をはり、仕上げて身頃にとりつけ、整えます。

スカートフラップの裏にライニングをはり、ダーツを縫つて割り、裏に見返しをつけて仕上げます。

スカート脇を縫合せ、フラップを躾でとめ、前Wダーツは縫わずに脇の方へ折りまげ、胴接ぎをします。

後明きにファスナーをつけ、裾を折上げてまつり、釦をつけます。

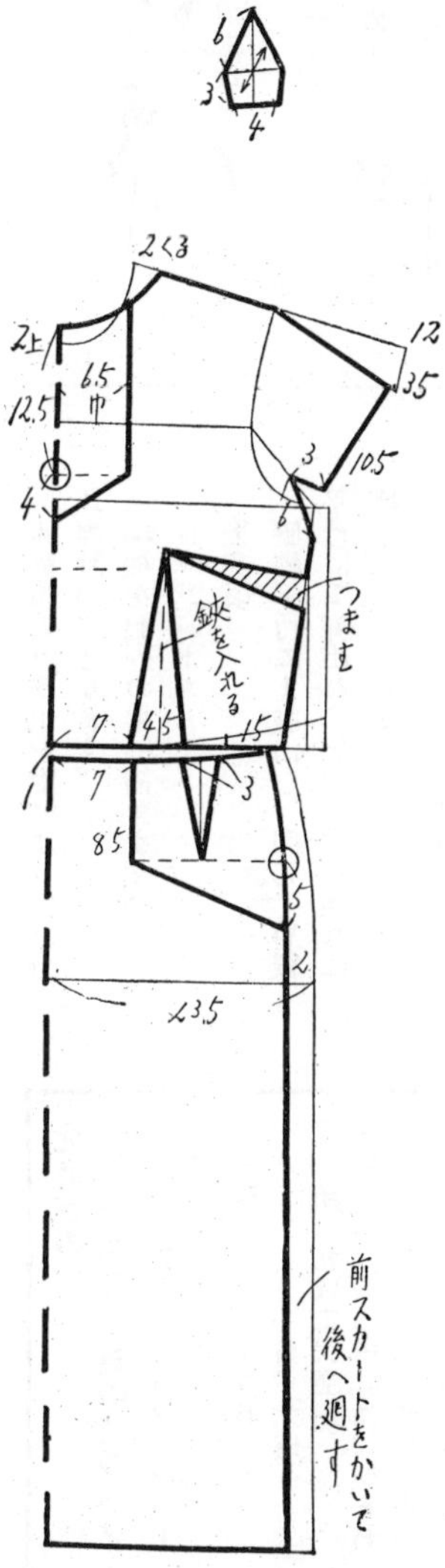

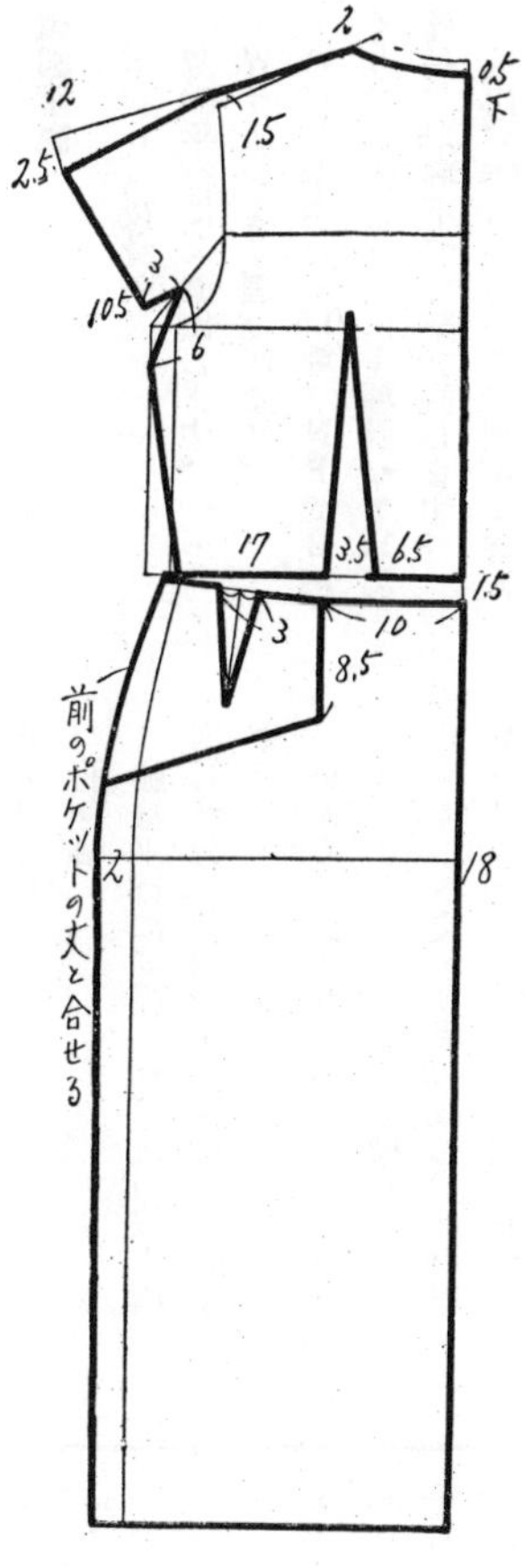

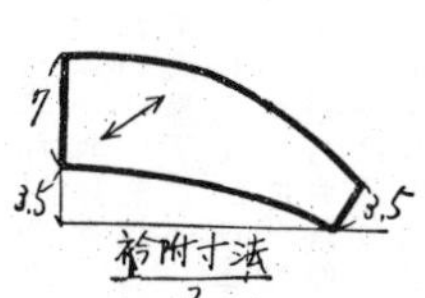

用布（Y巾）
スカート……4.5ヤール
ボレロ……1ヤール
ブラウス……1.2ヤール

製図解説

ボレロ（後身頃）

脇線平行に2糎出します。

Wラインを3糎上げます。

衿ぐりを中心で0.5糎、NPで2糎くり、肩先より上に1糎計つて11糎延長、2.5糎下つて結び直します。

袖口、襠附線をひき、裾を1糎入れて脇線をひきます。

Wダーツを入れます。

前身頃

脇線平行に2糎入れます。

後と同じ要領で袖、脇線を標し、丈を3糎短くします。

打合を2糎出し、衿ぐり中心を1.5糎上げ、NPから2糎くつて結びます。

後脇丈との差をダーツにとり、Wダーツを標します。

ブラウス

前後共丈を12糎ひきのばします。

後肩先のみ0.5糎上げ、更に1糎出して自然に袖刳へ向つて結びます。

前衿ぐり中心を0.5糎上げて結び、打合分1.5糎出します。

後脇丈との差を脇ダーツにとり、他は前後共記入の様にW下のダーツをとります。

4糎巾のカラーを附寸より結び分18糎計つてとります。

半袖を記入の様に描きます。

ジャンパースカート

後身頃

脇線平行に1糎出し、同じく肩線平行に1糎出し、記入の寸法通りに衿ぐりをつくります。

プリンセスラインを描き、スカート丈をひきのばします。

Wダーツから交叉させてフレヤー分を出します。

前身頃

脇線平行に2糎入れ、後肩線1糎出した分を前肩で1糎平行に入れます。

記入の寸法通りに衿ぐり、プリンセスライン、脇ダーツを標します。

スカート丈をひきのばし、切替線を交叉させてフレヤーを出します。

縫い方

ボレロ

前後のダーツを縫い、上前に玉縁釦ホールを作り、記入の位置にボウを通す片玉縁を作ります。

肩合せをし、脇縫いをしてから襠をつけ、袖口の始末をします。

打合に見返しをつけて始末し、裾を折上げてまつります。

カラーにうすい芯を入れて作り、見返しを身頃ではさむ様にしてつけます。

ブラウス

前後のダーツを縫います。

肩合せをし、脇縫いをします。

袖を作り袖山を少しいせ込んで袖つけをします。

前打合は見返し続きに裁つた方が便利ですから記入のカラー附止りまで縫い、切込みを入れて衿つけ縫代を出しておきます。

カラーは芯を入れずに両端を縫い続いて結び分まで縫つておきます。

衿つけをして裾を折り上げてまつり、上前に釦ホールを作ります。

ジャンパースカート

脇ダーツを縫い、前後のプリンセスラインを接合せて割ります。

両脇を縫合せて割り、肩合せをします。

後中心明きを残して縫い割ります。衿ぐり、袖ぐりを見返しで始末します。裾を上げてまつり、後明きにファスナーをつけて仕上げます。

北海道のひまわり会員の皆様へ！

中原淳一ファッション・ショーの御知らせ

日　時　八月二十九日（水）一時、六時
場　所　札幌市民会館
入場料　二〇〇円（尚、ひまわり会員の方には割引の特典があります）
出演　伊東絹子・原田良子
　　　大内順子・松田和子
解　説　中原淳一

ファン待望の「中原淳一ファッション・ショー」が、右記の通り開催されます。「それいゆ」「ジュニア・それいゆ」愛読者の皆様は、是非御来場下さい。

尚、この機会をとらえて「ひまわり会員」の皆様のために、特に「中原淳一先生を囲むお茶の会」を催します。日時は八月三十日一時、北海タイムス集会室で開きますから、会費一〇〇円を添えてひまわり社へ二十日までに御申込み下さい。

主催　株式会社北海タイムス社
共催　株式会社ネモト
　　　日本フエルト工業株式会社
　　　千代田フエルト株式会社

ボレロ

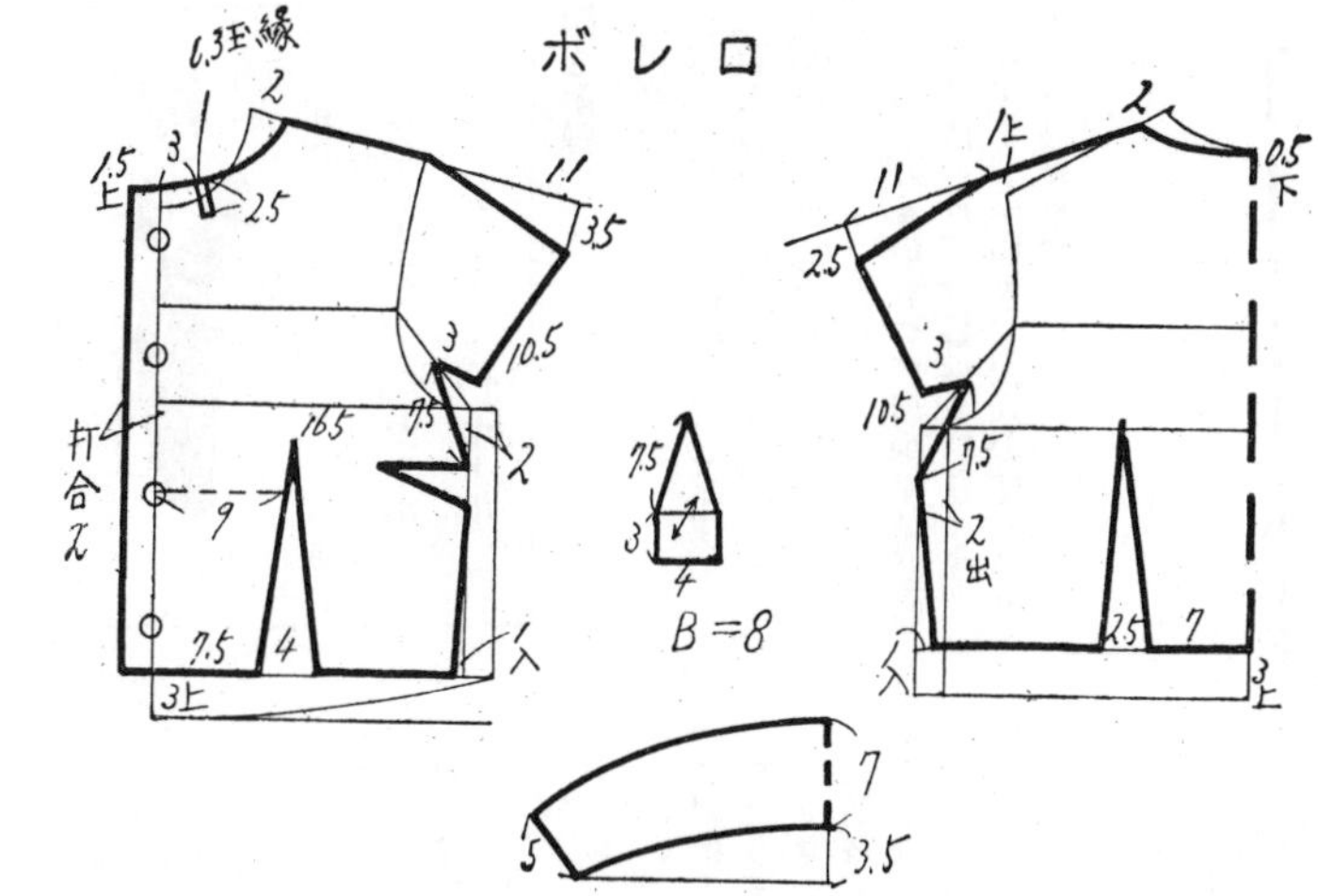

ブラウス

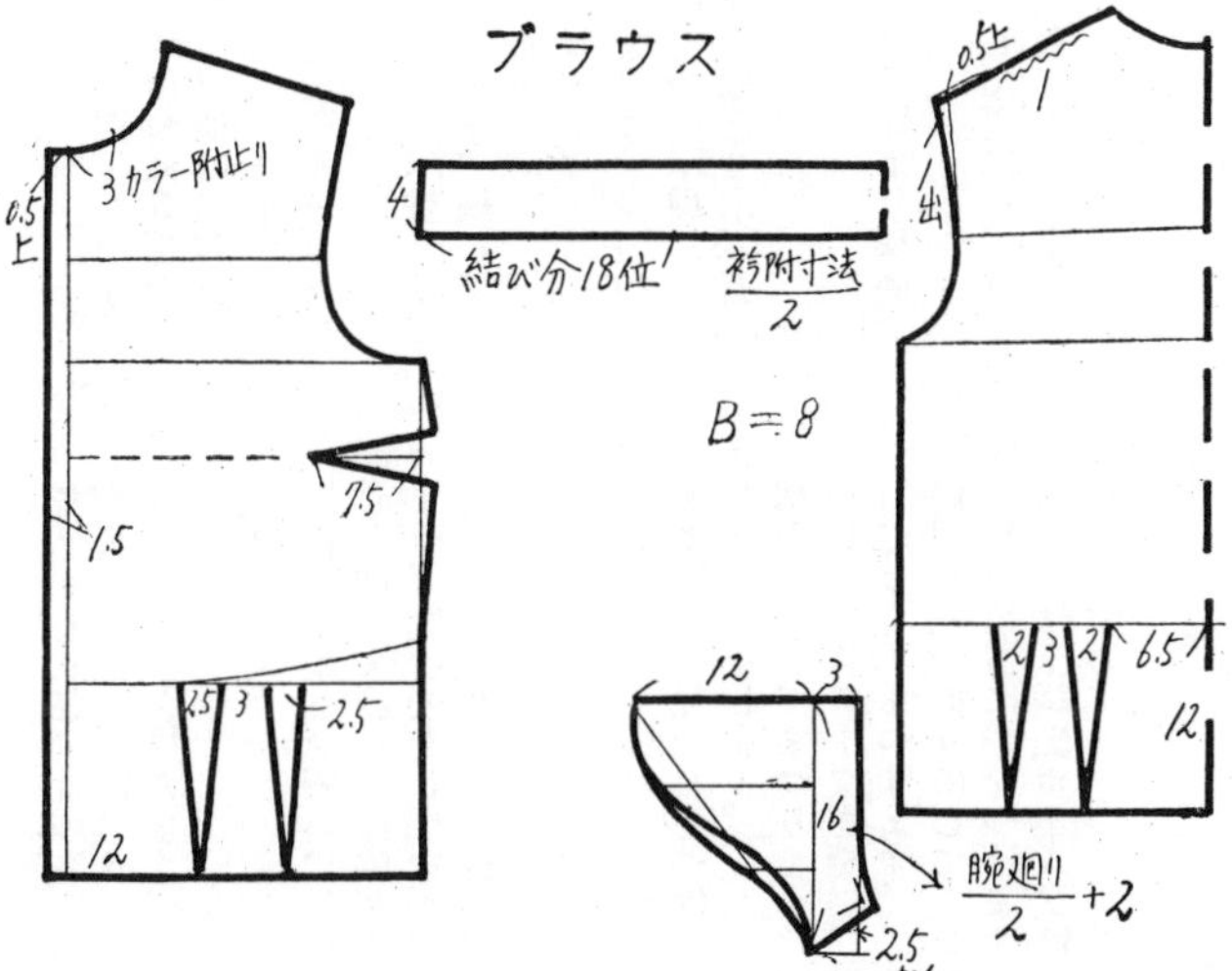

ジャンパースカート

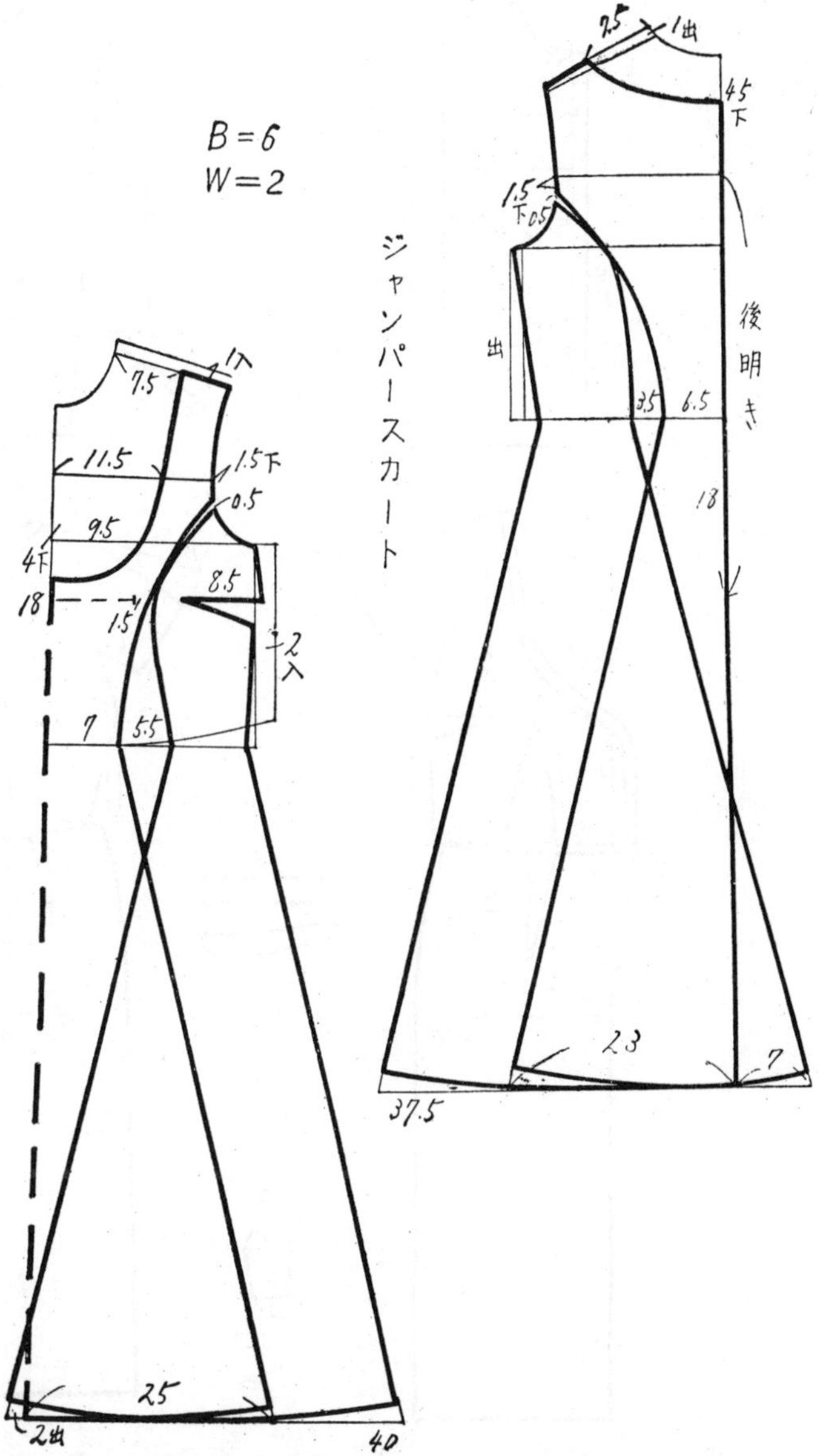

用布（Y巾）

ワンピース……2.5ヤール

ジ　レ　ー……0.7ヤール

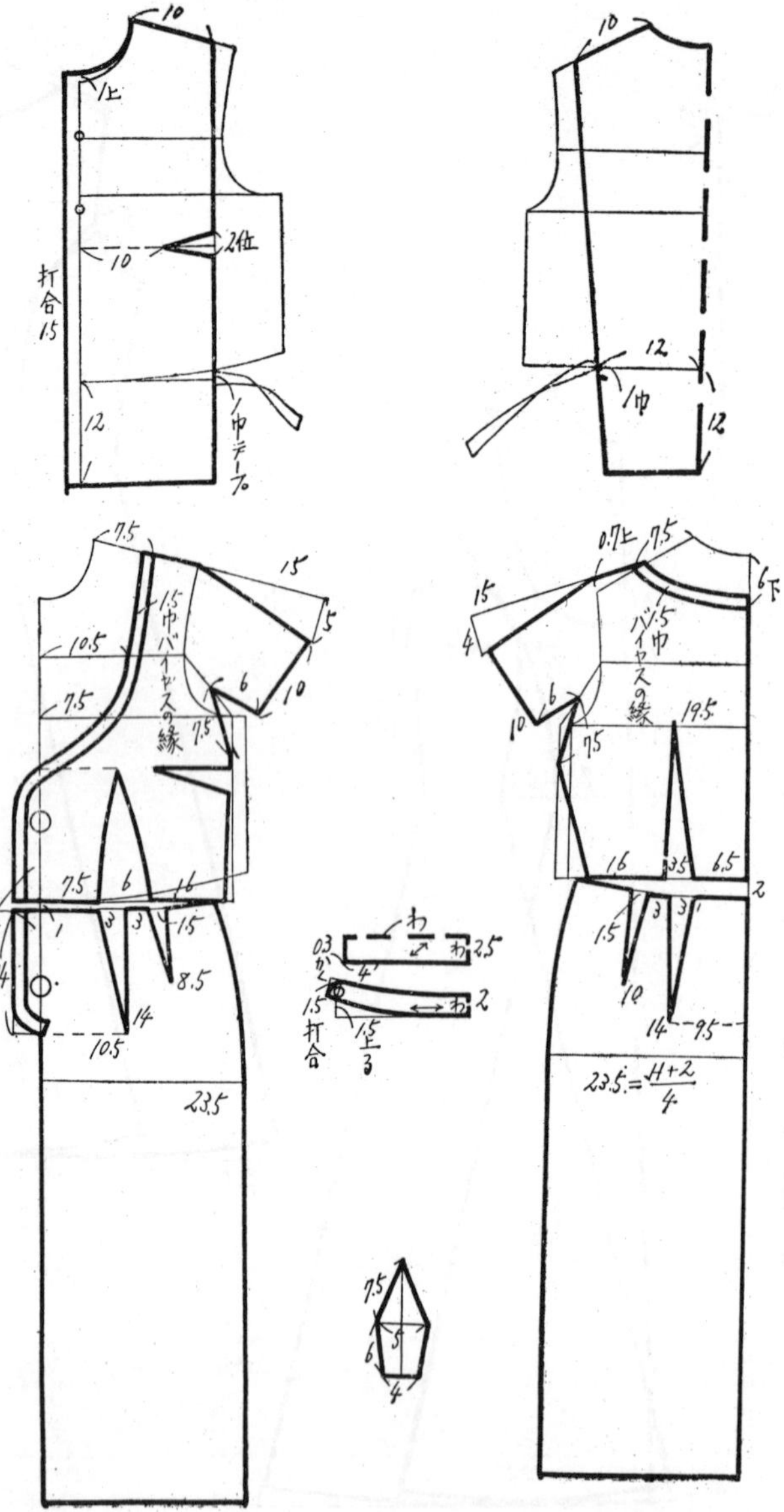

製図解説

後身頃

脇線より平行に1.5糎出します。

記入の様に衿ぐりをくり、肩先より0.7糎上つた点と結んで15糎延長します。

袖口下り4糎計つて肩線を結び直し、袖口、袖下、脇線をひきます。

Wダーツを描き、記入の様にスカートを描きます。

前身頃

脇線平行に1.5糎入れて引下します

肩線を15糎延長して直角に5糎計り肩先と結び直します。袖口、襠附け、脇線は後身頃同様にひきます。

脇ダーツは後身頃同様にひき後脇丈との差をとります。

衿ぐりを後身頃と合せて7.5糎とり図を参照して衿明きを描き、続いて前打合せを1.5糎出します。

Wダーツを6糎とります。

スカートはタイトを描き、身頃から続いたかんじに前打合せ1.5糎、長さ14糎のものを描き、縁とり巾1.5糎をとります。

フロントジレー

前後共肩巾10糎計り、Wより12糎引きのばします。

前の打合分1.5糎出して更に衿ぐり中心より1糎上に出して衿ぐりをひき直します。

記入の様に脇ダーツをとります。

記入の寸法通りにスタンドのある小さいカラーを描きます。

縫い方

前後のダーツを縫い、それぞれの中心に向つて倒し、前脇ダーツをとります。脇合せをし襟をつけます。

スカートのダーツを縫い、同じく脇合せをします。

身頃とスカートを接合せ、上前に玉縁釦ホールを作り、衿ぐりから打合せに沿つて見返しをつけ、バイヤスで縁とりをします。

裾を折上げてまつります。

ジレーの脇ダーツを縫い、肩合せをしてカラーをつけます。

周囲を三つ折りにしてミシンをかけ、Wの位置に紐をつけます。

前打合は玉縁釦ホール又は穴かがりをします。

グラビア148ページ

『黄色い宵待草』

実物大型紙

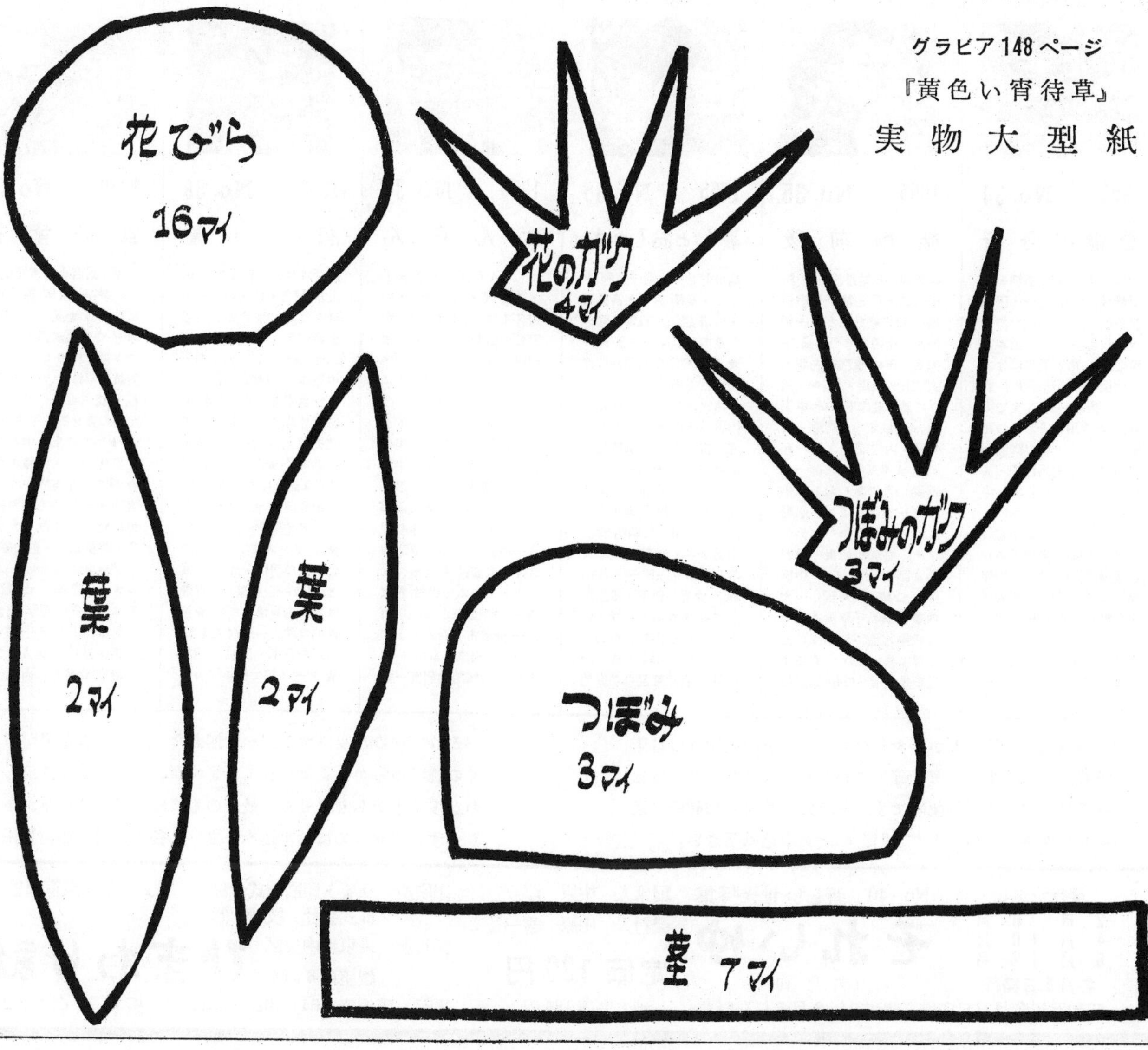

1955 No. 34

愛情の分析

女の一生と 愛の階梯…阿部静枝・中里 恒子・円地文子他 ☆一筋の道を歩む人…長谷川 一夫・山本安英他 ★仕事と愛情に生きた女性たち…阿部艶子 ☆美しい夫妻…丹羽 文雄夫妻他 ★香川京子さんの和服拝見 ☆白と黒の階調—津島 恵子・有馬稲子・淡路 恵子さんのために—中原淳一 ★僕のことあれこれ…旗照夫 ☆小説…吉行淳之介・藤原 審爾・中村正常 ★髪をつける…中原淳一 ☆夏の即席料理★流行を創つた人…中原 淳一 ☆ アツプリケのある所…水野正夫 ★長い髪をまとめる ☆車ものがたり…他

1955 No. 35

結婚前後

結婚前から結婚後へ…阿部知二・石垣 綾子・串田孫一 ☆婚歴をたどる—新婚から金婚まで…小泉 博夫妻・田村 泰次郎夫妻・大宅壮一夫妻・他 ★三通りに着る花嫁衣裳…中原淳一 ☆嫉妬心の功罪—高見順・内村 直也・杉村春子他 ★第三の新人群…十返肇 ☆秋のあしおと…中原淳一 ★はりばこ…水野正夫 ☆贈りもののエチケツト…松本恵子 ★一番安い食器をたのしむ…中原淳一 ☆私達のくらし…大内順子 ★八千草薫さんの衣裳拝見 ☆ふたりはこんな風に暮している ★特集「新婚生活への45問」他

1955 No. 36

暮しとおしゃれ

私のおしやれ考…江利 チエミ・高峰 秀子・高見順・佐田 啓二・森繁久弥他 ☆冬のしたく…中原 淳一 ★ 生活の中のお洒落の意義…古谷綱武 ☆こんなクリスマスプレゼントは…内藤留根他 ★お弁当の研究…吉沢久子 ☆娘時代…平林たい子 ★色彩のこと…中原淳一 ☆小説…永井龍男・阿部艶子 ★イタリーの思い出…丸岡明 ☆伊東絹子さんの衣裳拝見 ★暮しの研究—鍋—…片山龍二 ☆男の部屋…根上淳・宮城淳 ★新聞小説というもの…瀬沼茂樹 ☆わが家のだんらん料理 ★お洒落随想 ☆化粧品の功罪他

1956 No. 37

だんらん

だんらんを語る…岸 恵子・井上 靖・森田元子・中村メイコ・曽野綾子他 ☆家庭の団楽について…串田孫一 ★配色の研究…中原淳一 ☆小説「紅いチユリツプ」芝木 好子・「団楽の危機」耕治人 ★ネクタイ談義…高野 三三男他 ☆ 春のスカート集…中原淳一 ☆悪妻について思うこと…田宮虎彦 ★安西郷子さんのドレスを 作り直す…中原淳一 ☆北原三枝さんの衣裳拝見 ★サマセツト・モーム…西村 孝次 ☆ 一つの型紙から…中原淳一 ★着古したタイトスカートで出来るもの …宮内裕他 ☆罐詰の研究…他

1956 No. 38

恋愛

恋愛について思うこと…山本 健吉・雪村いづみ・畔柳二美・他 ☆新しい恋愛倫理のために…阿部 知二他 ★たのしいきもの…中原淳一 ☆東京の街にパリをさぐる…高 英男 ★恋愛寸言コント集 …梅田晴夫他 ☆小説…小山清・円地文子 ★花の季節に彩る(26通りに着るドレス)…中原淳一 ★恋愛百科☆サンドイツチ…飯田 深雪★ フランス文学から拾つた三人の男性…鈴木 力衛 ☆男の一生を探る…青野季吉・石原慎太郎他 ★男性的な魅力…渋沢秀雄 ☆台所の科学…沼畑 金四郎★ ビール箱で作る家具他

1956 No. 39

女の幸福

幸福…武者小路実篤他 ☆女の幸福…丸岡 秀子・石垣綾子他 ★夏の日…中原淳一 ☆現代未婚女性は何に幸福を求めているか ★対談…平林 たい子・有馬稲子 ☆三百円の帽子があなたの夏を飾る…中原 淳一 ★手芸特集…中原淳一・松島 啓介・内藤ルネ他 ☆ 僕の人生案内…木々高太郎 ★十坪住宅の実験…塩川旭他 ☆小説…大谷藤子・畔柳二美・船山馨 ★エプロンは 夏のホームドレス…中原淳一 ☆現代青春におくる…石原 慎太郎・阿部艶子・壇 一雄・池田潔・望月衛 ★カメラルポ銀座 ☆暮しの研究…他

皆様のご愛読のおかげをもつて、それいゆ売切れの書店が続出しています。毎号確実にお求めになりたい方は本社直接の予約購読が御便利です。**一年分（6冊）1080円**（送料共）を添え、何号よりと明記の上お申込み下さい。

それいゆのバックナンバーを揃えたいというご希望が多くの読者の方から寄せられていますが、すでに品切れのものが多く申訳ありません。最近のものはまだ少々在庫がありますのでお早めにお申込み下さい。**各180円　送料10円**

発行予定日
2月 8月
4月 10月
6月 12月
各月5日発行

No. 40 新しい世代特集
それいゆ
（隔月刊）

編集人 中原 淳一
発行人 中原 啓一
定価 180円
地方売価 185円

昭和31年7月31日印刷 昭和31年8月5日発行©

印刷所 ライト印刷株式会社　株式会社 東京印書館
株式会社 技報堂
発行所 東京都中央区銀座東8の4 **ひまわり社**
TEL. 東銀座（54）7025・5311〜4 振替東京2324